T0194754

Prinzipien moderner Ökonomie

Detlef Pietsch

Prinzipien moderner Ökonomie

Ökologisch, ethisch, digital

 Springer

Detlef Pietsch
München, Deutschland

ISBN 978-3-658-31585-6   ISBN 978-3-658-31586-3 (eBook)
https://doi.org/10.1007/978-3-658-31586-3

Die Deutsche Nationalbibliothek verzeichnet diese Publikation in der Deutschen
Nationalbibliografie; detaillierte bibliografische Daten sind im Internet über http://
dnb.d-nb.de abrufbar.

Springer

Springer ist ein Imprint der eingetragenen Gesellschaft Springer Fachmedien
Wiesbaden GmbH und ist ein Teil von Springer Nature.
Die Anschrift der Gesellschaft ist: Abraham-Lincoln-Str. 46, 65189 Wiesbaden,
Germany

In memoriam Klaus Pietsch

Vorwort: Ökonomie vor und nach Corona

Es gibt in der modernen Ökonomie künftig zwei Zeitalter: das *vor* und das *nach* der Coronakrise. Wer hätte geglaubt, dass die globale Wirtschaft innerhalb von wenigen Wochen und Monaten von einer mehrheitlich wachsenden Ökonomie in eine starke, nahezu lebensbedrohende Rezession oder gar Depression schlingern würde? Die Gefahr, sich durch das gefährliche Covid-19 Virus zu infizieren, war so hoch, dass ganze Länder und Volkswirtschaften buchstäblich abgeschlossen („Lockdown") wurden. Nur noch systemrelevante Geschäfte wie Lebensmittelläden, Apotheken etc. durften geöffnet bleiben. Alle anderen Läden wurden zwangsweise geschlossen. Die Bevölkerung wurde, kontrolliert von der Polizei, gezwungen zu Hause zu bleiben bzw. nur noch notwendigen Tätigkeiten nachzugehen, etwa zur Arbeit zu gehen oder dringende Besorgungen zu erledigen. Es herrschte ein Kontakt- und Besuchsverbot von mehr als einem Menschen außerhalb der Familie. Wenn man an die frische Luft ging, Besorgungen erledigte oder gar zur Arbeit gehen musste, waren Sicherheitsmaßnahmen wie Abstand halten, Desinfizieren oder gar Schutzmasken verpflichtend oder wurden zumindest dringend empfohlen. Städte wie

New York, aber auch andere Metropolen weltweit verwaisten. Die Zahl der Infizierten und Toten stieg dramatisch an und verdoppelte sich in der ersten Zeit alle zwei bis drei Tage. Wiewohl die Politik und die meisten Bürger sofort und besonnen handelten, brach die Wirtschaft in allen Weltregionen zusammen, angefangen mit China, gefolgt von Europa, den USA und dem Rest der Welt. Selbstverständlich hat die Gesundheit oberste Priorität und erst dann kommen ökonomische Überlegungen in den Blick.

Dennoch hat diese Krise drei Dinge in Bezug auf die Ökonomie ganz deutlich gezeigt:

Erstens: Die *Ökonomie ist für die Menschen* in der heutigen Zeit aus deren Leben nicht mehr wegzudenken und im wahrsten Sinne des Wortes *überlebensnotwendig.* Sie sorgt nicht nur für die Grundausstattung der Bevölkerung mit Lebensmitteln und Dingen des täglichen Lebens – das Beispiel des vielerorts „gehamsterten" Toilettenpapiers steht symbolisch dafür – sondern auch für ein regelmäßiges Einkommen der Bevölkerung, um sich ein auskömmliches Leben überhaupt leisten zu können. Der kurzfristige und unerwartete Wegfall der Geschäftsgrundlage vieler kleiner, mittlerer aber auch großer Unternehmen ließ die betroffenen Arbeitnehmer und Unternehmer urplötzlich in existenzielle Nöte abgleiten. Tausende von Unternehmen, vor allem die kleinen und mittleren wie etwa Soloselbstständige, Friseurbetriebe, Einzelhändler mussten zum Teil Insolvenz anmelden oder vom Staat vor dem sicheren Ruin bewahrt werden. Große Unternehmen der Touristik, der Luftfahrt oder auch Messebauer und ihre Zulieferunternehmen mussten ihre Aktivitäten sofort auf nahezu null zurückfahren. Automobilwerke wurden für einige Wochen komplett geschlossen, die Produktion gestoppt und die Mitarbeiter in Kurzarbeit geschickt. Wohl dem, der in diesen Zeiten zu Hause im sogenannten „Homeoffice" arbeiten konnte und zumindest seine Termine und Aktivitäten virtuell wahrnehmen konnte. Unnötig zu erwähnen, dass bei dieser Gemengelage sowohl das Angebot als auch die Nachfrage nach den meisten Produkten nahezu vollständig zum Erliegen kam. Das wurde auch nicht dadurch kompensiert, dass manche Bereiche wie etwa der Onlinehandel davon profitierten.

Zweitens: Die *Ökonomie* ist nicht nur *global, sondern auch national sehr stark vernetzt.* Was sich für Ökonomen trivial anhört und selbstverständlich zu sein scheint, wurde der übrigen Bevölkerung spätestens in der Zeit der Corona-Pandemie schmerzlich bewusst: Alle ökonomischen Aktivitäten hängen untrennbar miteinander zusammen. Die Unternehmer wie etwa Friseurbetriebe, die keine Kunden mehr bedienen können, die Einzelhändler und Restaurantbesitzer, die ihre Verkaufsgeschäfte oder Restaurants schließen mussten, konnten bereits wenige Tage oder spätestens nach einigen Wochen ihre Mitarbeiter nicht mehr bezahlen, geschweige denn ihre monatliche Ladenmiete. Deren Lieferanten brauchten auch keine neue Ware mehr anzuliefern, die Transportdienstleister mussten nichts mehr anliefern usw. Die Unternehmer selber und ihre Mitarbeiter hatten keine Einnahmen mehr, konnten im Zweifel ihre eigene Wohnungsmiete nicht mehr zahlen und leisteten, selbst wenn sie wollten, kaum mehr einen Beitrag zu dem Ertrag weiterer Einzelhändler. Dies gilt natürlich nicht nur national, sondern vor allem global. Heute sind in der Ökonomie gerade die *Lieferketten über den ganzen Globus verstreut*:

Nicht nur Autos sind in ihren Teilen und Komponenten von einer Vielzahl an Ländern abhängig, sondern auch lebensnotwendiges Obst und Gemüse eines Landes kommen aus vielen Ländern der Welt. Würden die Grenzen für den Frachtverkehr aus Boden, Luft und See geschlossen, wäre die Versorgung der Bevölkerung sehr kurzfristig nicht mehr sichergestellt. Trotz aller dieser Sonderentwicklungen rund um die Coronakrise waren bereits vorher einige umwälzende Entwicklungen in der globalen Ökonomie erkennbar. Von diesen will ich im Folgenden berichten, nicht ohne an geeigneter Stelle die neuesten Entwicklungen und Auswirkungen der Coronakrise einfließen zu lassen (zu den Maßnahmen und Konzepten zur Belebung der Wirtschaft nach Corona, vgl. u. a. Stelter 2020).

Drittens: Die *Ungleichheit* hat sich durch die Corona-Pandemie *weiter verschärft*. Die Ausgangsbeschränkungen und das zwangsweise Schließen von „nicht systemrelevanten" Unternehmen für mehrere Wochen hat vor allem die kleinen und mittleren Unternehmen betroffen: Viele Soloselbstständige, Unternehmen mit nur wenigen Mitarbeitern wie Restaurants oder Boutiquen oder auch Start-ups verfügten schnell nicht mehr über die nötige Liquidität und konnten trotz kreativer Maßnahmen wie dem Online-Handel oder „Essen to go" und staatlichen Hilfen nicht lange überleben (vgl. Weidenfeld 2020). Unternehmen wie die Restaurantkette Vapiano, die bereits vor der Coronakrise in finanziellen Nöten war, mussten zwangsweise Insolvenz anmelden (vgl. Koerth und Wahnbaeck 2020). Ihnen konnte auch der staatliche Rettungsschirm nicht mehr helfen. Größere Unternehmen mussten mehrheitlich Kurzarbeit anmelden. Mit den Unternehmen verloren auch viele Arbeitnehmer ihren Job oder mussten plötzlich mehrheitlich zu Beginn mit 60 bis 67 Prozent Kurzarbeitergeld auskommen. Selbst wenn man berücksichtigt, dass Deutschland Gott sei Dank noch ein System wie ein Kurzarbeitergeld vorhält und keinem Mieter wegen Mietrückstand gekündigt werden konnte, stand vor allem dem ärmeren Teil der Bevölkerung das Wasser schnell bis zum Hals. Wohl dem, der noch Homeoffice machen konnte und dabei pro Kopf der Familie viel Wohnfläche hatte und über einen großen Garten verfügte.

Ähnlich bedrohlich sah es in den ärmeren Regionen dieser Welt, etwa in Afrika oder Südamerika aus, die von der Pandemie doppelt betroffen waren bzw. noch sind (vgl. Dörries 2020): Wer sich und seine Familie per se kaum ernähren und keine Ersparnisse aufbauen konnte, geriet mit Beginn der Arbeitslosigkeit sofort in existenzielle Bedrängnis. Beispiele hierfür sind etwa Friseure, Touristenführer oder Fahrer (vgl. Dörries a. a. O.). Zudem ist das Gesundheitssystem dieser Länder im Gegensatz zu den westlichen Industrieländern nicht so ausgebaut und bereit, die vielen Infizierten adäquat zu behandeln und die Epidemie schnell in den Griff zu bekommen. So kommen in einem Land wie Malawi 30 Intensivbetten auf 18 Millionen Einwohner (!) (vgl. ebenda). Zum Vergleich: In Deutschland sind es fast 34 Intensivbetten pro 100.000 Einwohner (vgl. Statistisches Bundesamt, Pressemeldung vom 02.04.2020). Der Microsoft-Gründer Bill Gates geht von 10 Millionen Toten in Afrika aus. So viel wie sonst nirgendwo auf der Welt (vgl. Dörries a. a. O.). Es trifft bei solchen Krisen und menschlichen Tragödien häufig immer die finanziell klammen Bevölkerungsteile im Land und in der Welt überproportional. Aber auch unabhängig von der Corona-Pandemie war die Wirtschaft 2020 in einem großen Wandel begriffen.

Wir stehen heute an der Schwelle zu einem *neuen Zeitalter*. Dem *Zeitalter der Künstlichen Intelligenz* (vgl. u. a. Kurzweil 1993). Es wird die Gesellschaft, die Politik und vor allem die Ökonomie verändern wie kein anderes zuvor. Dabei geht es weniger darum, ob in den nächsten Jahren „nur" 15 oder bis zu 50 Prozent der angestammten Jobs bzw. Tätigkeiten in Deutschland wegfallen werden (vgl. Eckert 2018) – dies betrifft im Übrigen nicht nur die klassischen Arbeitertätigkeiten an den Maschinen, sondern auch die Angestelltenjobs mit akademischer Ausbildung und Expertenwissen. So sind etwa auch Radiologen, Übersetzer oder Steuerberater gefährdet (vgl. Lee 2018, S. 155 ff.), da diese Tätigkeiten zu einem großen Teil von der Künstlichen Intelligenz übernommen werden können – wenn man mal die persönliche, individuelle Beratungstätigkeit ausnimmt. Es geht vor allem darum, dass die Arbeit und die Welt um uns herum wie wir sie kennen, so nicht mehr existieren wird. An den Gedanken von selbstfahrenden Autos oder später auch Bussen oder LKWs haben wir uns bereits gewöhnt. Drohnen werden zunehmend logistische Tätigkeiten etwa bei der Paketauslieferung übernehmen oder gar zu Lufttaxis mutieren (vgl. etwa Erlenkämper 2017). Die Künstliche Intelligenz (KI) wird mit ihren lernenden Maschinen und Algorithmen durch ihre immer weiter optimierten Fähigkeiten der Sprach- und Bilderkennung zunehmend mehr menschliche Tätigkeiten übernehmen:

So können, basierend auf Millionen von Diagnosedaten der Vergangenheit, medizinische Diagnosen online per App gestellt werden. Konkrete Anwendungen findet die Künstliche Intelligenz vor allem in der radiologischen Diagnostik: So können etwa bösartige Melanome, also der schwarze Hautkrebs, durch Algorithmen besser von harmlosen Muttermalen differenziert werden als es ein Arzt könnte (vgl. Ekkernkamp 2019). Lernfähige Roboter können einfache Routineoperationen durchführen und sogar ganze menschliche Organe lassen sich von 3D-Druckern künstlich erzeugen (vgl. ebenda). Steuererklärungen können von intelligenten Maschinen zumindest teilweise erstellt werden, Versicherungsmodelle durchgerechnet und ausgewählt oder auch Übersetzungen per Spracheingabe getätigt werden. Durch die teilweise Nutzung von intelligenten Algorithmen werden sich die Profile dieser Berufsgruppen in den nächsten Jahren stark verändern (vgl. Fuest 2016). „Social Bots", das ist die Kurzform von Robot, d. h. Roboter in sozialen Netzwerken wie Instagram oder Facebook können in sozialen Netzwerken automatisierte und „gelernte" Konversationen führen. Etwa indem sie solange ein Thema über einen Hashtag, d. h. ein Schlagwort im Netz, das mit einem Doppelkreuz versehen die Identifikation und das Wiederauffinden eines Themas im Kurznachrichtendienst „Twitter" erleichtert, wiederholen, bis ein Trend gesetzt ist, oder indem sie die Verbreitung von Hasskommentaren oder von manipulierten Informationen initiieren (vgl. Christ 2018). Sogar journalistische Texte sind vor dem Zugriff der Künstlichen Intelligenz nicht sicher. So lassen sich mit Hilfe des Computers sachkompetente Texte mit abwechslungsreicher Formulierung und exakter Terminologie u. a. in den Bereichen Sport, Wetter und Finanzdaten verfassen (vgl. Graff 2018).

Häuser und die elektronischen Geräte darin sind zunehmend über das *Internet der Dinge* miteinander vernetzt und kommunizieren miteinander. So warnt etwa der Kühlschrank, wenn die Butter zur Neige geht oder die Kaffeemaschine, dass nicht mehr genügend Kapseln vorhanden sind. Selbst wenn „nur" die einfachen, automatisierbaren Tätigkeiten wegfallen, werden auch andere Jobs durch die Errungenschaften der Künstlichen Intelligenz verändert. So können zwar medizinische Diagnosen leichter maschinell erstellt werden. Die Auswertung und Erläuterung der Diagnosen werden selbstverständlich keine Maschinen, sondern nach wie vor die Ärzte vornehmen. Ihre Arbeit wird sich aber dadurch ändern und der menschliche, beratende Faktor wird stärker hervortreten. Das wird für nahezu alle Jobs in der Welt passieren.

Das wird passieren, ganz egal, ob man der Meinung ist, das wird so nicht oder zumindest nicht so schnell kommen.

Unabhängig davon, ob man einer Utopie folgt, die besagt, dass das Ende der Arbeit bzw. der Vollbeschäftigung gekommen ist und ein bedingungsloses Grundeinkommen die Gesellschaft wird auffangen müssen. Tatsache ist, dass in den nächsten 10–15 Jahren *kaum ein Arbeitsplatz mehr so unverändert bleiben wird* wie zuvor. Ob die wegfallenden Jobs durch andere, neuartige Jobs zum Teil oder ganz kompensiert werden können ist nicht ausgemacht. Kein Mensch kann heute exakte Prognosen in die Zukunft abgeben. Wir stehen erst am Anfang eines neuen Zeitalters, buchstäblich haben *die ersten Minuten eines neuen Jahres* erst begonnen. Die Künstliche Intelligenz basiert nicht nur auf ausgeklügelten Algorithmen, die von hochkompetenten IT-Experten permanent optimiert werden. Sie wird vor allem mit Millionen von Daten gefüttert, die Verhaltensweisen der Menschen online speichern und neu miteinander kombinieren. Je mehr Verhaltensweisen, „Patterns", ich abspeichern und auswerten kann, desto genauer kann ich Vorhersagen für künftige Käufe und Entscheidungen treffen. *Daten sind das neue Zahlungsmittel.* Diese riesigen Datenmengen so zu verwalten, dass ich noch Herr meiner persönlichen Daten bin und kein Missbrauch damit getrieben wird, wird eine der größten Herausforderungen der Neuzeit werden (vgl. das in dieser Hinsicht beängstigende Werk der emeritierten Harvard Professorin Shoshana Zuboff, vgl. Zuboff 2018).

Gleichzeitig bleiben aber die anderen Probleme der Ökonomie nach wie vor ungelöst: Wie gehen wir mit der *Armut* in der Welt um? Wie bekämpfen wir die zunehmende weltweite *Ungleichheit* zwischen den Ländern aber auch innerhalb eines Landes? Was tun wir dagegen, dass gefühlt das eine Prozent der Reichsten immer wohlhabender wird, während die anderen 99 Prozent Mühe haben, nicht immer stärker abgehängt zu werden (vgl. Seibel 2018)? Geht es auf der Welt noch gerecht zu? Die Entwicklungen der *Globali-*

sierung und der Digitalisierung werden, so sieht es zumindest aus heutiger Sicht aus, nicht dafür sorgen, dass die Armut und Ungleichheit zumindest relativ gesehen wesentlich besser wird. Auch hier wirkte die Corona-Pandemie als Brandbeschleuniger, da die bereits finanziell klammen Unternehmen, Menschen aber auch Staaten (vgl. Hecking 2020) in nur wenigen Wochen am Rande der Pleite bzw. des Ruins standen. Die Ungleichheit verschärfte sich. Gleichzeitig müssen wir uns ernsthafte Gedanken um unsere *Umwelt* machen. Sie ist in keinem guten Zustand. Die Stichworte hier sind der Klimawandel, die Umweltverschmutzung, die Überfischung der Meere, die Plastikflut in den Weltmeeren und Vieles mehr. Auch hier ist ein Umdenken dringend geboten.

Es stellen sich heute zu Beginn dieses neuen Zeitalters viele drängende Fragen. Wie werden wir es schaffen, den Wohlstand nicht nur sicherzustellen und zu mehren, sondern auch dafür zu sorgen, dass der *Wohlstand bei allen* ankommt? Das Ziel Ludwig Erhards des „Wohlstand(s) für alle", so der Titel seines bekanntesten Buches (vgl. Erhard 1964), gilt heute mehr denn je als wichtige Zielorientierung der Wirtschaft. Die *Soziale Marktwirtschaft* als Wirtschaftsform, ist sie noch die richtige oder muss auf mehr Staat oder mehr Markt gesetzt werden? Schaffen wir es dort zu einem Kompromiss zu kommen, der uns allen weiterhilft und gleichzeitig Antworten auf die drängenden Fragen des aufziehenden Zeitalters gibt? Sozusagen eine *Soziale Marktwirtschaft 2.0*? Der Kapitalismus als System ist sicher nicht zu Ende, aber kann er so bleiben wie er ist oder muss er mit Blick auf die Menschen angepasst werden? Schließlich möchte ich in einem kurzen Kapitel darauf eingehen, inwieweit aus meiner Sicht die *aktuelle ökonomische Theorie* in der Lage ist, die drängenden Probleme unserer Zeit angemessen zu beschreiben.

Es gibt sicher mehr Fragen als dieses Buch beantworten kann. Dennoch werde ich versuchen, basierend auf den Erkenntnissen der Vergangenheit und der Gegenwart mögliche Antworten zu geben. Sie können aufgrund der Komplexität, der Vielstimmigkeit und der Kürze des Buches sicher nicht vollständig sein. Dennoch, so hoffe ich, werden alle wesentlichen Fragen der modernen Ökonomie aus meiner Sicht behandelt und erörtert werden. Ich möchte mit diesem Buch eine *Diskussion über die Prinzipien moderner Ökonomie* anstoßen. Wenn ich damit nicht nur Zustimmung ernten, sondern auch eine kontroverse Diskussion in Gang bringen kann, habe ich mein Ziel erreicht. Wichtig ist aus meiner Sicht nur, dass wir uns angesichts der revolutionären Entwicklungen der nächsten Jahre einen klaren Überblick darüber verschaffen, wie die ökonomische Welt in Zukunft aussehen könnte. Ob das alles so tatsächlich kommen wird, wie ich es im Folgenden skizzieren werde, steht auf einem anderen Blatt. Wenn wir uns jetzt Gedanken über die Zukunft machen und vorbereitet sind, können wir noch rechtzeitig reagieren. Gehen wir es an.

München, Deutschland   Detlef Pietsch

Dank

Wenn heute nach vielen Monaten der Reflektion und des Schreibens wieder ein neues Buch entstanden ist, dann ist das vor allem folgenden Personen zu verdanken: Zunächst Frau Dr. Isabella Hanser und Frau Lisa Wötzel vom Springer Verlag, die mich mit ihrem Team während des Entstehungsprozesses dieses Buches wieder hervorragend begleitet haben. Sie alle haben mich auch dieses Mal wieder hoch motiviert und sehr unterstützt. Ich bin ihnen vor allem für die sehr konstruktiven formalen und inhaltlichen Hinweise dankbar, die das Buch wieder in vielen Bereichen verbessert hat.

Darüber hinaus bin ich vielen Freunden und Bekannten sehr verbunden, die mir durch viele Kommentare, Anregungen und zahlreiche Gespräche Tipps mit auf den Weg gegeben haben, was ich in diesem Buch zusätzlich thematisieren bzw. noch vertiefen sollte. Sie waren nicht nur geduldige Zuhörer meiner Ideen und Konzepte, sondern haben auch geholfen, meine Gedanken zu sortieren und verschiedene Blickwinkel einzunehmen. Ich möchte stellvertretend dafür vor allem drei Personen erwähnen: Herr Dr. Markus Seidler, Herr Dr. Patrick Strunkmann-Meister und Herr Peter Balogh.

Schließlich möchte ich wie immer meiner Familie danken. Zunächst meiner Frau und meinem Sohn, die den Fortgang auch dieses Buches wieder aktiv verfolgt und mich immer unterstützt und motiviert haben, dieses Projekt umzusetzen. Nicht zuletzt bin ich meinen Eltern sehr dankbar, dass auch sie sich immer wieder mit den Themen meines Buches auseinandergesetzt und mir ihre Sicht der Dinge geschildert haben. Damit haben die Ideen mehrerer Generationen Eingang in dieses Buch finden können, was das Buch meiner Meinung nach sehr bereichert hat. Leider hat mein Vater das Erscheinen dieses Buches nicht mehr erlebt. Ihm ist es gewidmet.

München, im Oktober 2020

Inhaltsverzeichnis

1

Einleitung

Gibt es so etwas wie *die* Prinzipien moderner Ökonomie? Lassen sich sämtliche wirtschaftlichen Entwicklungen und ökonomische Theorien der letzten Jahrhunderte auf einige wenige Grundprinzipien reduzieren und wenn ja welche sind das? Wir wollen hier keine Nabelschau der ökonomischen Theorien und Ideen der Vergangenheit betreiben. Dies habe ich bereits in großen Teilen in meinem letzten Buch „Eine Reise in die Ökonomie. Über Wohlstand, Digitalisierung und Gerechtigkeit", (vgl. Pietsch 2019), versucht, sondern wollen vor allem in die Zukunft schauen und überlegen, welche ökonomischen Grundprinzipien künftig eine stärkere Rolle spielen werden als bisher. Bereits der Neoklassiker Alfred Marshall hatte sich Gedanken zu den Kernprinzipien der Ökonomie gemacht und führte vor allem ein mathematisches Grundgerüst ein, mit dem heute noch wissenschaftlich in dem Fach gearbeitet wird (vgl. Rieter 1989, S. 135 ff.). So hatte er etwa die Angebots- und

© Der/die Herausgeber bzw. der/die Autor(en), exklusiv lizenziert durch
Springer Fachmedien Wiesbaden GmbH, ein Teil von
Springer Nature 2020
D. Pietsch, *Prinzipien moderner Ökonomie*,
https://doi.org/10.1007/978-3-658-31586-3_1

Nachfragekurven gezeichnet, das Prinzip des fallenden Grenznutzens dargestellt und die Begriffe der Produzenten- und Konsumentenrente eingeführt. Doch reichen die Überlegungen zur ökonomischen Theorie noch viel weiter zurück. Während die Steinzeit noch keine theoretischen Erörterungen zur Ökonomie kannte – die Entwicklung ging damals von der selbstversorgenden Gruppe zur arbeitsteiligen Form des Jägers und Sammlers, zu der später noch der Tausch über lange Wege hinzukam – setzte das bekannte Denken darüber erst in der Antike an.

Platon und Aristoteles, die wirkmächtigsten abendländischen Philosophen aus Griechenland, schrieben und diskutierten über ökonomische Fragen vor allem aus ethischer Sicht (vgl. Schefold 1989, S. 19 ff.). Platon, der in seinem Hauptwerk der Staat, „Politeia", vor allem einen von Intellektuellen, den sogenannten „Philosophenkönigen", beherrschten Staat sah, hielt nicht viel von ökonomischen Fragestellungen. Dies war weniger eine Frage der Intellektuellen, sondern mehr ein Thema, um die sich die niedrigeren Schichten kümmern sollten. In Platons Staat sollte das Eigentum der Gemeinschaft gehören, Zinsen zu nehmen war verpönt, Reichtum um des Reichtums willen wurde geächtet. Übermäßiger Reichtum sollte verteilt werden. Wichtiger waren Platon aber auch Aristoteles die Kardinaltugenden wie Klugheit, Gerechtigkeit, Tapferkeit und Besonnenheit. Auch wenn Aristoteles von seinem Lehrer Platon in der Frage des Eigentums abwich und Privateigentum zulassen wollte, galten doch die ähnlichen ethischen Prinzipien wie bei Platon.

Im Mittelalter kam dann vor allem die Gottesfrage, vor allem aber der Einfluss des in Europa damals herrschenden Christentums hinzu. So diskutierte Thomas von Aquin (vgl. Beutter 1989, S. 56 ff.) die Frage des „gerechten Preises", des *pretium iustum* (vgl. Beuster 2001). In der frühen

Neuzeit kamen viele Vordenker ökonomischer Fragen vor allem aus dem politischen Umfeld, die entweder eine Staatsutopie entwickelten wie Thomas Morus' „Utopia" oder wie der Staatsmann Jean Baptiste Colbert, der im Sinne des Merkantilismus möglichst viel Geld und Gold im Staatswesen anhäufen und entsprechend wenig aus dem Land wieder herausgehen sehen wollte (vgl. Born 1989, S. 96 ff.). Erst der erste „moderne" Ökonom Adam Smith stellte originär ökonomische Fragen in den Vordergrund seiner Überlegungen, indem er nach den Ursachen des Wohlstands einer Nation fragte (vgl. Streminger 2017, S. 150 ff.). Doch auch er war von Hause aus Moralphilosoph und hatte kurz davor, beeinflusst von seinem väterlichen Freund, dem schottischen Moralphilosophen David Hume, ein Werk zur *Theorie der ethischen Gefühle* verfasst. Dort hatte er sich intensiv mit dem Menschen und seinem ethischen Empfinden und Handeln auseinandergesetzt. Entgegen der landläufigen Meinung ergänzen sich diese beiden Hauptwerke – der Wohlstand der Nationen und die Theorien der ethischen Gefühle – anstelle sich zu widersprechen: Der Mensch als maßgeblicher Akteur im Wirtschaftsgeschehen mit allen seinen moralisch-ethischen Verhaltensweisen.

Im Ringen um die vorherrschenden Prinzipien der Wirtschaft und deren Erklärung gelangte natürlich auch der internationale Handel in den Fokus der Überlegungen. David Ricardo revolutionierte mit seiner *Idee der komparativen Kostenvorteile* – ein Land tauscht ein Gut auch mit einem anderen Land, wenn es in allen zu betrachtenden Gütern Wettbewerbsnachteile hat und zwar das Gut, in dem die Wettbewerbsnachteile relativ gering sind – den Außenhandel (vgl. Eltis 1989, S. 188 ff.). Friedrich List dachte dagegen über die Abschottung des Landes durch „Erziehungs- und Schutzzölle" nach (vgl. Häuser 1989, S. 225 ff.). Der eine, Jean Baptiste Say, sah das Angebot sich seine Nachfrage schaffend (vgl. Krelle 1989, S. 172 ff.). Der andere, John Maynard Keynes, sah Jahrhunderte später das Problem in der fehlenden effektiven Nachfrage, die zu einem Gleichgewicht bei Unterbeschäftigung führt, das durch schuldenfinanzierte staatliche Investitionen zu beseitigen sei (vgl. Keynes 2017, vor allem S. 205 ff.). Während es Marx vor allem gesellschaftstheoretisch darum ging, den Arbeiter von seiner „Entfremdung" bei der Arbeit und der Abhängigkeit von seinem „Ausbeuter", dem „kapitalistischen" Unternehmer zu vermeiden (vgl. Hoffmann 2009, S. 219 ff.), suchten andere wie die Neoklassiker wie William Stanley Jevons, Alfred Marshall und Léon Walras die Prinzipien der Ökonomie eher in der Mathematik und der Grenznutzentheorie (vgl. Hoffmann 2009, S. 254 ff.).

Welches aber sind *die Prinzipien der Ökonomie von heute* oder anders ausgedrückt, welche wesentlichen Parameter werden in Zukunft das Wesen der Wirtschaft bestimmen? Dies ist zugegebenermaßen ein sehr ambitioniertes Unterfangen, zumal von einem langjährigen Praktiker wie mir mit einer wissenschaftlichen Ausbildung. Ich will hier kein Lehrbuch schreiben wie es etwa der berühmte Harvardprofessor Gregory Mankiw in seinem Standardlehrbuch „Grundzüge der Volkswirtschaftslehre" dargelegt hat (vgl. Mankiw und Taylor 2012). Im Gegenteil will ich Sie anregen, mich auf meinen Gedanken zu den Prinzipien moderner Ökonomie zu begleiten. Meine Strukturierung der Kernprinzipien orientiert sich zwar auch an der Geschichte des Faches und der gegenwärtigen Theorie (s. u. a. Mankiw und Taylor 2012), macht sich aber eine neue Perspektive zu Eigen: Ich nehme den Menschen und seine Bedürfnisse in den Mittelpunkt und betrachte sämtliche ökonomische Entwicklungen der nächsten Jahre aus diesem Blickwinkel heraus. Daher läuft implizit das Thema „Der Mensch als Maß aller Dinge" (der sogenannte „Homo mensura"-Satz von Prótagorás, zitiert nach Platon, Theaitetos 152a, vgl. Hülser 1991, S. 185) in dieser Prinzipienfindung mit. Was also aus meiner Sicht fehlt, ist die noch stärkere Integration des Menschen in die ökonomische Theorie (vgl. auch Pietsch 2017, vor allem S. 89 ff.).

Anstelle des rationalen, umfassenden informierten und klar strukturierten Menschen mit egoistischen, gewinnstrebenden Motiven („Homo oeconomicus") tritt ein realistischeres Menschenbild, eines mit Mängeln behaftetes Wesen, das im Zweifel selbstlos handelt, Mitleid empfindet und auf Fairness und Gegenseitigkeit im Wirtschaftlichen achtet. Zahlreiche Experimente gerade der jüngeren Verhaltensökonomie haben die psychologischen Auswirkungen menschlichen Handelns deutlich aufgezeigt (vgl. u. a. Kahneman 2012). Zudem agiert der Mensch immer in der Gruppe, lässt sich von dieser leiten und beeinflussen. Dies hatte auch der US-amerikanische Ökonom und Soziologe norwegischen Ursprungs mit seinem schichtspezifischem „Statuskonsum" in seinem bahnbrechenden Werk „Die Theorie der feinen Leute" nachdrücklich dargestellt (vgl. Veblen 2007). Die Familie, die Freunde und Bekannten, die Arbeitskollegen, der Kulturkreis aber auch die religiöse Zugehörigkeit beeinflussen den Konsum und auch die ökonomische Theorie in der Summe. Nicht zuletzt die Medien wirken auf ökonomische Entscheidungen ein.

Hier geht es mir vor allem um die Zukunft der Ökonomie, sei sie kurzfristig oder längerfristig gedacht. Dabei werden wir auch die Auswirkungen der jüngsten Corona-Pandemie auf die Ökonomie diskutieren müssen. Denn eines ist vollkommen klar: Die Ökonomie wird nach der Coronakrise eine andere sein als vorher. Ich werde darauf in den einzelnen Kapiteln ebenfalls zu sprechen kommen. Man könnte das Buch auch unter den Titel „Sozialer Kapitalismus" (Paul Collier, vgl. Collier 2019) stellen oder auch die „Zukunft

der Sozialen Marktwirtschaft" bzw. eine „Soziale Marktwirtschaft 2.0". Sie können es auch Auswirkungen der Digitalisierung, der Ökologie oder auch die „Ökonomie für
den Menschen" (Amartya Sen, vgl. Sen 2000) nennen. Das
Ergebnis bleibt das gleiche: Ich möchte die Kernprinzipien
moderner Ökonomie aus meiner Sicht darlegen und dabei
die Perspektive des Menschen in den Mittelpunkt rücken.
Schließlich geht es in der *Ökonomie als Sozialwissenschaft
und den Menschen als die handelnde Person,* an der sich alle
Maßnahmen und Zielsetzungen der Ökonomie als Maßstab ausrichten müssen. Damit setze ich den Schlusspunkt
zu der von mir als Trilogie konzipierten Reihe von drei ökonomischen Schriften, die zwei vergangenen Werke (Pietsch
2017, 2019), die sich mit der Vergangenheit und der Gegenwart beschäftigen, mit dem aktuellen und dritten Werk,
das sich der Zukunft der Ökonomie widmet. In den folgenden Seiten des Buches will ich mehrere Themenbereiche
diskutieren, die aus meiner Sicht die Kernprinzipien moderner Ökonomie ausmachen und in den einzelnen Kapiteln abgehandelt werden sollen.

Das Kap. 2 wird sich mit den *Grundlagen der Ökonomie*
beschäftigen wie den unterschiedlichen Arten von Märkten, der Preisbildung über Angebot und Nachfrage und
dem ökonomischen Gleichgewicht. Märkte wie Güter-,
Geld-, Arbeits- und Kapitalmarkt gehorchen zum Teil unterschiedlichen Gesetzmäßigkeiten und werden sich in Zukunft in unterschiedlichem Maße verändern. Denken Sie
vor allem an die Auswirkungen der Digitalisierung auf die
Arbeitsplätze und die Struktur der Arbeit (vgl. exemplarisch
Precht 2018, vor allem S. 101 ff.). Aus Sicht des Menschen
werden auch die kritischen Fragen nach dem „höher, weiter,
schneller, reicher" diskutiert d. h. die Frage nach den Grenzen des Wachstums und des Konsums (vgl. Meadows 1972).
Nach dem Zweiten Weltkrieg war vor allem in der Bundes-

republik die wesentliche Frage, wie ein wohlstandförderlicher Wettbewerb zu etablieren sei, der die Produktion und die Nachfrage in die richtigen Bahnen lenken kann (vgl. Müller-Armack 1990, vor allem S. 103 ff.). In der Vergangenheit kam es immer wieder zum Teil zu erfolgreichen Bestrebungen, diesen „gesunden" Wettbewerb mit allen Mitteln einzuschränken. Dabei spielen vor allem die Absprachen einiger weniger Unternehmen im Rahmen eines sogenannten Oligopols ebenso eine große Rolle wie die Ausnutzung der Alleinstellung eines Monopolanbieters. Ich will das alles nicht theoretisch diskutieren, sondern vor allem die praktische Seite mit den Auswirkungen auf den Konsumenten durchdeklinieren.

Kap. 3 wird sich mit den *Grundfragen der Wirtschaftsordnung* als konstitutives Element beschäftigen. Hier verbirgt sich, wenn Sie so wollen, für die Bundesrepublik Deutschland die Frage, die im heute des Jahres 2020 lauten muss: *Wie sieht eine Soziale Marktwirtschaft 2.0 aus?* Wie kann eine überarbeitete, zeitgemäße Form der Sozialen Marktwirtschaft wieder mehr die sozialen Fragen der ökonomischen Gerechtigkeit u. a. der Altersarmut, der bezahlbaren Wohnungen und der sicheren und auskömmlichen Rente erfolgreich adressieren? Dazu müssen wir uns auch den *Grundfragen des kapitalistischen Systems* stellen und diese kritisch hinterfragen, ob in der Vergangenheit nicht einiges schiefgelaufen ist. Dabei werden wir die in der Welt existierenden unterschiedlichen Formen der Marktwirtschaft diskutieren, allerdings mit einem Schwerpunkt auf die „westliche" Welt. So existieren unterschiedliche Schattierungen der Marktwirtschaft in Skandinavien, Südeuropa und in den anglofonen Ländern wie Großbritannien und die USA. Je nach kultureller Vorprägung werden stärkere soziale Elemente in das freie Spiel der Kräfte eingebaut und so die wirtschaftlichen Aktivitäten vom Staat abgefedert oder

„umverteilt". Dabei sind natürlich Extremformen wie ein „idealer" Liberalismus als freiheitlichste Variante ebenfalls zumindest als Theorieexperiment konjugierbar wie eine theoretisch „gleichverteilende" Variante, die eher einem kommunistischen Ansatz mit starken Staatseingriffen gleichkommt. Zum Schluss dieses Kapitels wollen wir uns einer idealen Wirtschaftsform zumindest theoretisch nähern und überlegen, inwieweit eine solche Wirtschaftsform z. B. in Deutschland eine Realisierungschance hat. Der Maßstab ist dabei immer der Mensch, wie auch immer wir seine Bedürfnisse im Durchschnitt herausarbeiten wollen.

Kap. 4 steht ganz im Zeichen der Frage, *wie Staat und Wirtschaft zusammenarbeiten sollten.* Es ist eine der wesentlichsten Fragen der modernen Ökonomie, die weltweit diskutiert wird (vgl. exemplarisch Mazzucato 2015) und je nach Land, politischer Ausrichtung und individueller Geschichte zu einer unterschiedlichen Antwort gelangt. Diese Frage hat insbesondere vor dem Hintergrund der richtigerweise massiven *Intervention des Staates* in die Wirtschaft zur Abwendung bzw. zur Milderung der Coronakrise eine hochaktuelle Bedeutung gewonnen. Dabei geht es weniger um die konstitutive Grundordnung der Wirtschaft (Kap. 2), sondern um die Befugnisse des Staates und seiner Gebietskörperschaften wie Länder und Gemeinden, in den Wirtschaftskreislauf mit welcher Begründung auch immer einzugreifen. In der ökonomischen Ideengeschichte bleiben die beiden großartigen Ökonomen und wissenschaftlichen Kontrahenten des letzten Jahrhunderts, John Maynard Keynes und Milton Friedman, unvergessen (vgl. Keynes 2017 und Friedman 2016). Anhand ihrer intellektuellen Grenzlinie verlaufen auch heute noch die Fronten der Diskussion: mehr Staat (Keynes) oder mehr Markt (Friedman). Was das im Einzelnen und für einen Staat konkret bedeuten kann, diskutieren wir in diesem Kapitel.

Darüber hinaus wollen wir uns die staatliche Tätigkeit in relevanten Ausschnitten ansehen: Wie gestaltet sich der Staatshaushalt mit seinen Ausgaben und seiner Einnahmenstruktur verteilt auf die einzelnen Körperschaften? In Zeiten der Globalisierung spielt natürlich der Außenhandel und dessen Gestaltung aus Sicht des einzelnen Landes eine gewichtige Rolle. Wer hier geglaubt hat, diese Diskussion um die Kernprinzipien des Außenhandels, wie etwa die der komparativen Kostenvorteile (vgl. die Theorie David Ricardos in Eltis 1989, S. 188 ff.), sei eine selbstverständliche und klare, der sei spätestens zu Zeiten von Donald Trump daran erinnert, dass diese Prinzipien auch in Zukunft wieder in Frage stehen könnten. Ferner betreibt der Staat von jeher eine Interessenpolitik, die sich in den verschiedenen Formen der Wirtschaftspolitik äußert. Auch hier wird es sich lohnen, einen Blick hinter die Kulissen zu werfen und uns u. a. die angebots- und nachfrageorientierte Wirtschaftspolitik näher anzusehen. Schließlich sind eine Reihe von ökonomischen Institutionen involviert wie etwa die Banken – von der Geschäftsbank über die Zentralbank zur Europäischen Zentralbank (EZB). Der Wettbewerb wird vom Kartellamt überwacht.

Im Kap. 5 geht es um die Frage, die schon Adam Smith in seiner Zeit interessiert hat: *Wie kommt der Wohlstand einer Nation zustande* und was kann getan werden um eine Volkswirtschaft in diese Richtung zu bewegen (vgl. Smith 2009)? Dabei werden wir Themen wie das Wachstum einer Volkswirtschaft ebenso erörtern wie die Frage, wovon die Konjunktur abhängt und wie diese zu beeinflussen ist. Der Wohlstand einer Nation hängt darüber hinaus natürlich von anderen Faktoren ab wie z. B. die Frage nach der Schaffung von Arbeitsplätzen, dem Ausbau des internationalen Handels und der Investitionen und des Konsums. John Maynard Keynes hat gerade diese letztgenannten Faktoren als bedeutend für die Stabilisierung der effektiven Nachfrage gesehen (vgl. Keynes 2017, vor allem Kap. 6, S. 57 ff.). Schließlich müssen wir uns die Situation in Deutschland genauer ansehen. Die deutsche Wirtschaft stand zumindest bis zur Coronakrise sehr gut da, die Arbeitslosigkeit war so niedrig wie selten (vgl. Timmler 2020). Hier basiert der Wohlstand der Nation vor allem darin, vor allem in die Bildung junger Menschen zu investieren, um sie fit zu machen für das Zeitalter der Digitalisierung. Wir haben aber auch gesehen, wie schnell der Wohlstand in Deutschland aber auch weltweit durch das monatelange Lahmlegen der Wirtschaft brüchig werden kann!

Wiewohl ich kein Lehrbuch schreiben will, möchte ich in Kap. 6 doch kurz auf die *in der Ökonomie vorherrschende Forschungsmethodik* zu sprechen kommen. Keine Angst, es soll keine akademische Abhandlung in mathematischer Formensprache sein. Im Gegenteil, ich verspreche keine Formeln zu verwenden und diesen Theorieteil so praxisnah und verständlich wie möglich zu formulieren. Wenn man von den grundlegenden Prinzipien moderner Ökonomie spricht, kommt man an den theoretischen Prämissen nicht vorbei. So werden wir die *Grenznutzentheorie* skizzieren, die vor allem in der Neoklassik seinen Aufschwung nahm, in der u. a. so berühmte Ökonomen wie Alfred Marshall, Léon Walras und Vilfredo Pareto die ersten Überlegungen zu dem Thema anstellten (vgl. Hoffmann 2009, S. 254 ff.). Wir werden uns ansehen, was es mit den Optimierungen in Form der mathematischen Maxima und Minima auf sich an und das *Konstrukt der Elastizitäten* erörtern. Überhaupt hat die *Mathematik* in der Wirtschaftswissenschaft seit der Zeit der Neoklassik unter der Ägide von Ökonomen wie Alfred Marshall *eine dominante Rolle* eingenommen. Kein Standardlehrbuch kommt ohne eine zum Teil exzessive Darstellung von ökonomischen Vorgängen in mathematischer Sprache aus. Über die Sinnhaftigkeit eines solchen Vorgehens zu Lasten einer sozialwissenschaftlichen Fokussierung – Ökonomie hat mit Menschen und ihrem Handeln zu tun! – möchte ich in gebotener Kürze eingehen.

Die ökonomische Forschung arbeitet zu Recht auch mit *statistischen Verfahren* zu Berechnung von Zusammenhängen und Trends in der Wirtschaft, und wertet historische Zeitreihen aus. Diese Vorgehensweise hat im Vergleich zur abstrakten Mathematik den Vorteil, auf Basis von Vergangenheitsdaten der realen Welt Aussagen für die Zukunft zu treffen. Welche Vor- und Nachteile dies mit sich bringt werde ich kurz skizzieren. Schließlich hat sich als Folge der Finanzkrise 2008 eine neue Bewegung in der Ökonomie gebildet, getragen von Ökonomiestudenten aus der ganzen Welt, die mit der vorherrschenden neoklassischen Lehre unzufrieden waren, da sie die Krise nicht vorausgesehen hat: Die *plurale Ökonomie*, die im Kern verschiedene ökonomische Lehrmeinungen zu Wort kommen lassen wollen. Ferner setzen sie stärker auf einen *interdisziplinären Ansatz* und berücksichtigen die *Historie der ökonomischen Ideen*. Auf sie und ihre Kernforderungen als *ein* möglicher Weg in die Zukunft der ökonomischen Theorie möchte ich ebenfalls kurz eingehen.

Die Ökonomie als Wissenschaft gehört nicht nur zu den Sozialwissenschaften und basiert vor allem auf menschlichem Verhalten. Sie muss sich auch, soll sie erfolgreich sein, in ihren Mechanismen an dem Menschen ausrichten und ihn in den Mittelpunkt der Betrachtungen nehmen. Die ökonomische Theorie wird noch heute größtenteils von mathematischen Modellen und Gleichungen beherrscht und berücksichtigt noch viel zu wenig den in der Praxis handelnden Menschen sowohl als Individuum als auch in seiner Gesamtheit. Daher beschäftigen wir uns am Ende des sechsten Kapitels mit dem *Menschenbild des Homo oeco-*

nomicus in der Ökonomie und seinen Schwachstellen. Wir werden uns als Kontrapunkt zu dem rational und vollkommen informierten *Homo oeconomicus* den realen Menschen ansehen. Dazu benötigen wir so Begriffe wie Werte, Einstellungen, die Sozialisation aber auch psychologische Phänomene wie die selektive Wahrnehmung und kulturelle Unterschiede.

Kap. 7 wird „last but not least" den Kern dieses Buches ausmachen und ganz im Zeichen der künftigen ökonomischen Herausforderungen des 21. Jahrhunderts stehen: Wie kann die Ökonomie *ethischer* werden und die durch sie produzierten Resultate für *mehr Gerechtigkeit* sorgen? Damit ist nicht nur die Chancengerechtigkeit wie die Teilhabe an Bildung und Aufstieg gemeint, sondern auch und vor allem die „gerechtere" Verteilung der erarbeiteten Ergebnisse, des Wohlstands, auf möglichst die gesamte Bevölkerung. Es kann nicht sein, dass sich der erarbeitete Wohlstand eines Landes zunehmend ungleich auf ein Prozent der Bevölkerung konzentriert zu Lasten der 99 Prozent anderen. Dabei werden wir sicherlich zu diskutieren haben, was wir unter Gerechtigkeit verstehen und werden uns daher verschiedene ethische Konzepte seit der Antike ansehen müssen. Nach dieser definitorischen Klärung werden wir dann im nächsten Schritt überlegen müssen, wie wir zu mehr Gerechtigkeit kommen, ohne gleich wieder neue Ungerechtigkeiten zu produzieren. Eine einfache Umverteilung des Erwirtschafteten oder eine Verstaatlichung der Ökonomie wird sicher nicht der geeignetste Weg sein.

Andererseits können wir auch nicht so weitermachen wie bisher. Schließlich wird das Thema Armut eine wesentliche Rolle in diesem Kapitel spielen: Armut hat verschiedene Ursachen, ob es nun die der (Jugend)Arbeitslosigkeit, der Alleinerziehenden und Geringverdienenden oder der Rentenarmut ist. Häufig ist Armut ein Teufelskreis aus ungünstigen persönlichen Umständen, Krankheit, fehlender Bildung oder mangelnden Aufstiegschancen, der schwer zu durchbrechen ist. Auch hier müssen Ansätze diskutiert werden, wie wir aus diesem *circulus vitiosus* herauskommen können. Ökonomen und Armutsforschende wie Anthony Atkinson haben in dieser Richtung bereits eine glänzende Vorarbeit geleistet (vgl. Atkinson 2015). Dieses Kapitel wird sich mit dem Attribut „gerecht" beschäftigen.

Mindestens genauso drängend sind die Fragen, wie wir mit den erschöpfbaren Ressourcen unseres Planeten umgehen und die Umwelt auch für die nach uns kommenden Generationen
bewahren können. Dabei wird nicht nur von den Auswirkungen eines grenzenlosen Wirtschaftswachstums auf die Umwelt die Rede sein, sondern auch wie wir die Themen wie *Klimawandel*, CO_2 und NO_x Schadstoffbelastung eindämmen können und die natürliche Umwelt inklusive die Artenvielfalt auf unserer Erde bestmöglich erhalten können (vgl. Heinisch et al. 2019, S. 29 ff.). Dazu müssen wir uns die Frage stellen, welchen Beitrag die Ökonomie dazu erbringen kann in Form von Zertifikaten, CO_2-Steuer, Emissionshandel, Förderung alternativer Energie etc. Die Zeit drängt. Wir haben nicht mehr viel Zeit gegenzusteuern. Es fehlt jetzt ein klares, umfassendes Konzept, das nicht nur national, sondern im Idealfall global umgesetzt werden kann (vgl. Heinisch et al. 2019, S. 57, 58) und das schnellstmöglich im Sinne der Menschen und unserer Erde.

Darüber hinaus schauen wir noch weiter in die Zukunft und werden die drängenden Themen diskutieren, die heute schon ersichtlich sind, aber gerade in der Zukunft noch viel stärker an Gewicht zunehmen werden als uns das heute bewusst ist. Das erste drängende Gebiet, das wir näher untersuchen werden, ist die *Digitalisierung* und ihre Auswirkungen auf die Gesellschaft, die Unternehmen, die Arbeitsplätze und das Leben der Menschen an sich. Dabei reicht die Diskussion von neuen Geschäftsmodellen z. B. in der Automobilindustrie über neue Arbeitsprofile, neu entstehende und künftig wegfallende Jobs bis hin zu Fragen der digitalen Bildung und den Fragen der Datentransparenz und -sicherheit (vgl. auch den populären Wirtschaftsphilosophen Anders Indset, der sogar die nächste Stufe in Form einer „Quantenwirtschaft" sieht, vgl. Indset 2019, dort vor allem Kap. 12, S. 249 ff.). So wird die *Globalisierung*, die zwar kein neues Thema ist, aber immer mehr unliebsame Ergebnisse produziert, das zweite große Thema sein. Wir werden uns die Folgen der Globalisierung ansehen, Gewinner und Verlierer diskutieren und Maßnahmen entwickeln, die vor allem die Negativwirkungen eindämmen helfen. Wie können z. B. Finanzexzesse verhindert werden und die „Ausbeutung von Menschen" etwa durch Kinderarbeit (vgl. etwa Heidenreich 2019) in bestimmten Ländern gestoppt werden?

Der letzte Teil des siebten Kapitels wird sich an ein Gedankenexperiment wagen, analog Thomas Morus' Utopia *eine Zukunftsutopie*, ein mögliches *ökonomisches Narrativ*, wie man sich ein „gutes" Leben für alle vorstellen kann. Warum sollte nicht auch die Ökonomie für die Zwecke des Menschen eingespannt werden können? Zunächst werden wir uns mit der bereits in der Antike aufgeworfenen Frage beschäftigen, was wir unter einem guten Leben verstehen. Mit der Befriedigung der reinen physischen Bedürfnisse nach Nahrung, Kleidung und Unterkunft wird es sicherlich nicht getan sein. Darüber hinaus werden uns sicher solche Themen begegnen wie Bildung, eine interessante Arbeit, Zeit für Muße etc. Selbstverständlich lässt sich das nicht für alle Menschen auf der ganzen Welt erreichen. Aber warum sollte man sich nicht volkswirtschaftliche Ziele setzen, die in nachvollziehbaren, messbaren Schritten erreichbar sind? So werden heute ganze Unternehmen gesteuert, warum sollte das für den Menschen und seinem Wohlergehen nicht auch möglich sein? In Deutschland sind wir zu Recht darauf stolz sagen zu können, dass bei uns niemand mehr hungern muss. Warum können wir nicht ein nächstes Etappenziel definieren, das da heißt: In Deutschland haben alle eine Unterkunft, in der sie wohnen können ohne schlimmstenfalls erfrieren zu müssen. Menschengerechtes Wohnen ist hier das Stichwort. Letztendlich ist die Frage, wie das zu finanzieren ist. Was kann der Staat zur Verfügung stellen, z. B. über ein bedingungsloses Grundeinkommen (vgl. Bohmeyer und Cornelsen 2019), was könnte sogar über einen „Solidarfonds" – in dem der reichere Teil der Bevölkerung freiwillig einen größeren Betrag einzahlt als der ärmere Teil – an Geldern eingesammelt werden (vgl. Pietsch 2019, S. 389 f.)? Wie sieht es mit Finanztransaktionssteuern aus zur Finanzierung einzelner Maßnahmen (vgl. Precht 2018, S. 135 ff.)?

Das letzte Kapitel mit der Zukunftsutopie soll noch einmal unterstreichen, worum es mir in diesem Buch geht: *Wie kann sich die Ökonomie in den Dienst der Menschen stellen?* Wie können wir praktisch aber auch theoretisch in der ökonomischen Wissenschaft dazu beitragen, diese drängenden Themen der Welt ein Stück weit anzugehen und zu lösen? Selbstverständlich wird in diesem Buch nicht genügend Raum sein, alle Themen erschöpfend zu behandeln. Ich möchte allerdings einige Impulse und Gedankenanregungen nicht nur für die Wissenschaft, sondern vor allem für die Praxis geben. Wenn wir die eine oder andere Maßnahme auf den Weg bringen können, die die ökonomische Lage der Menschen auf der Welt ein stückweit verbessert, haben sich die Überlegungen bereits ausgezahlt. Begeben wir uns jetzt auf den Weg zu den einzelnen ökonomischen Grundprinzipien, die uns helfen, die Wirtschaft von heute und morgen voranzubringen.

2

Prinzipien des Marktes

2.1 Das Prinzip von Angebot und Nachfrage

Wenn wir über die Grundprinzipien moderner Ökonomie sprechen, kommen wir an einem Begriff nicht vorbei: der Markt. Der Markt, dessen Bezeichnung aus dem lateinischen *mercatus* für Handel (vgl. Menge 1981, S. 330) abgeleitet wurde, meint zunächst einmal nichts anderes als einen zentral gelegenen Ort, an dem Waren gehandelt werden. In der Steinzeit (vgl. Bick 2012) war so etwas nicht üblich, da sich jede Gruppe, jede Familie zunächst selbst versorgte. Die Männer spezialisierten sich auf die Jagd und die Frauen sammelten die Beeren und versorgten die Kinder. Erst später, als die Menschen sesshaft wurden und Viehzucht betrieben oder Ackerbau verrichteten, wurde ein Überschuss an Waren produziert, der dann getauscht wurde. Waren Märkte zunächst lokal angesiedelt, fanden

© Der/die Herausgeber bzw. der/die Autor(en), exklusiv lizenziert durch **17** Springer Fachmedien Wiesbaden GmbH, ein Teil von Springer Nature 2020
D. Pietsch, *Prinzipien moderner Ökonomie*,
https://doi.org/10.1007/978-3-658-31586-3_2

die Tauschgüter immer mehr Liebhaber auch in den entferntesten Gegenden. Je weiter die Transporttechnik mit Schiffen, zu Land mit Pferden und später mit LKWs oder heute mit Flugzeugen fortschritt, desto weiter entfernt waren die Märkte auf denen in die Waren getauscht wurden. Natürlich waren Märkte damals wie heute auch Orte der Begegnung von Menschen, die sich für bestimmte Güter interessierten und auf dem speziellen Markt Gleichgesinnte fanden, mit denen sie tauschen konnten.

Heute ist wie jeder weiß der Markt global und umfasst alle Länder dieser Erde. Die Warenströme sind unendlich fein differenziert nach bestimmten Branchen, Artikeln oder besser: Problemlösungen für den konkreten Bedarf des Kunden. Es werden nicht nur neue, sondern auch gebrauchte Waren verkauft und gehandelt. Das Prinzip der Flohmärkte ist in jedem Land zu Hause. Je nach kultureller Prägung wie etwa in den romanischen Ländern ist der ambulante Handel, der sich außerhalb der traditionellen Läden unter freiem Himmel abspielt, eine feste Größe. In Zeiten des Internets findet dieser Markt in immer größerem Umfang rein virtuell statt:

Waren aller Art werden in steigendem Maße bei Amazon gekauft und zumeist direkt nach Hause geliefert. So vereint Amazon 2019 bereits ein Drittel des deutschen Online-Umsatzes auf sich (vgl. Pech 2019). Pauschalreisen werden zunehmend online gebucht (vgl. SZ online vom 07.03.2018), so sie nicht allzu erklärungsintensiv sind wie aufwändige Individualreisen. Entsprechend nahm der Anteil der Online-Buchungen zwischen den Jahren 2012 und 2017 von 20 auf 30 Prozent zu (vgl. a. a. O.). Der Kauf und Verkauf findet häufig auf der Versteigerungsplattform Ebay statt und folgt auch hier wie traditionell klaren, rechtlich verbindlichen Regeln. 2018 wurden auf den weltweiten Marktplätzen über eBay fast 90 Mrd. Dollar umgesetzt (vgl. Kirsch 2019). So werden Landesgrenzen mühelos überschritten, jedes Produkt steht prinzipiell auf jedem Ort der Welt für jeden zur Verfügung der über einen Internetanschluss verfügt.

Märkte sind heute hochgradig spezialisiert. Es reicht nicht, nach Güter- und Faktormärkten zu unterscheiden wie es die Volkswirtschaftslehre vorgenommen hat. Alleine der Markt der Konsumgüter lässt sich tausendfach weiter untergliedern je nachdem, welches Produkt im Zentrum steht. So gibt es Märkte für Fahrräder, Autos, Staubsauger, Parfüms, Computer etc. Für jedes Produkt, jede Produktkategorie existiert ein eigener Markt und der lässt sich wieder in einzelne Segmente untergliedern wie etwa den Premiummarkt für Autos zum Beispiel. Jeder dieser einzelnen Märkte gehorcht einer eigenen Gesetzmäßigkeit, bestimmten Rahmenbedingungen und vor allem Kunden mit unterschiedlichen Bedürfnissen. Nicht umsonst beinhaltet das englische Wort Marketing den Begriff Markt: Produkte sind in diesem spezifischen Markt an den Mann und an die Frau zu bringen. Dazu muss man zunächst den Markt und seine Kunden genau kennen. Wir wollen uns hier für unsere Zwecke vor allem auf den Güter-, Geld-, Kapital- und Arbeitsmarkt konzentrieren. Diese Märkte werden wir uns auf den nächsten Seiten etwas genauer ansehen. Märkte schaffen – online wie traditionell – Transparenz, bringen Käufer und Verkäufer zusammen und koordinieren vor allem *Angebot und Nachfrage*.

Wie sollen Waren so getauscht werden, dass Verkäufer als Gegenleistung das erhalten, was sie sich erhoffen und nicht leer ausgehen? Was muss passieren, damit Kaufende ihre Bedürfnisse befriedigt bekommen und ihr Wunschprodukt im Rahmen ihrer finanziellen Möglichkeiten erhalten? Beide Parteien treffen sich auf dem Markt, sei es virtuell im Netz oder physisch auf einem zentralen Platz, um Waren zu tauschen. Früher tauschte man Ware gegen Ware, heute gegen Geld zumeist in Form einer Kreditkarte. Künftig wird vermehrt über eine Zahlungsfunktion per App abgerechnet, die auf dem Smartphone installiert ist. Dies ist z. B. in China bereits sehr verbreitet (vgl. im Folgenden Cheung 2019), S. 2019 nutzten über 577 Millionen Chinesen bereits die Möglichkeit, mit ihrem Smartphone zu zahlen. Das sind etwa 10 Prozent mehr als noch ein Jahr zuvor. 81 Prozent aller Smartphone Besitzer in China zahlen so bereits online. Die größten Anbieter sind *Alipay*, eine Tochter von Alibaba, der größten B-2-B Handelsplattform der Welt bzw. der Finanztochter Ant Financial und *WeChat Pay* von Tencent, dem Chinesischen Kurznachrichtendienst. Es wird damit gerechnet, dass 2020 bereits mehr als eine Milliarde Menschen im Geschäft online bezahlen (vgl. ebenda).

Allerdings spielt es keine Rolle auf welchem Weg und mit welcher Technik die Zahlungen stattfinden: Es gilt für sämtliche Transaktionen auf dem Markt das *Prinzip von Angebot und Nachfrage*. Wer etwas anzubieten hat, tauscht mit denen, die sich für das Produkt interessieren. Entscheidend für den Kauf und den Verkauf ist allerdings der Wert der angebotenen Ware gemessen und ausgedrückt im Preis. Der Preis dient nicht nur zur Information der potenziellen Kaufenden über das finanzielle Opfer, das sie mit dem Kauf zu tragen haben. Er dient auch als *Indikator der Knappheit eines Gutes*. Je weniger Produkte einer Kategorie auf dem relevanten Markt vorhanden sind und je höher die Nachfrage ist, desto höher wird der Preis festgesetzt werden können. Das gilt natürlich auch umgekehrt. Aus Sicht der Verkäufer ist er so hoch wie möglich und aus Sicht der Kaufenden so niedrig wie es das individuelle Budget erlaubt.

Nach oben sind Verkäufern keine Grenzen gesetzt. Sie können den Preis beliebig hoch setzen, Kaufende können nur aus ihrer subjektiven Wertschätzung für das Gut sagen, ab welchem Preis sie auf es verzichten können. Das haben wir alle schmerzlich während der Corona-Pandemie erleben müssen, als viele von uns *das knappe Toilettenpapier* auf Ebay zu einem Vielfachen des normalen Preises erstanden haben. Manche Marktbeobachter waren sogar der Meinung, nun den Gegenwert einer Mercedes C-Klasse im Abstellraum vorzuhalten (vgl. Krall 2020, S. 8)! Anders sieht es aus, wenn es aus Sicht der Käufer mehrere subjektiv vergleichbare Produkte gibt. Dann wird er oder sie das vergleichbare Produkt mit dem besten Preis- Leistungsverhältnis auswählen. Das Vorhandensein dieser Produktalternativen setzt natürlich voraus, dass es mehrere Unternehmen oder Verkäufer gibt, die sich um Gewinn zu erzielen auf den Verkauf dieses Produktes konzentrieren. Umgekehrt muss ein Produkt auch „einen Markt" haben, d. h. Kunden, dessen Bedürfnisse mit dem Produkt befriedigt werden und im finanziellen Rahmen liegen. Wird ein Produkt „am Markt vorbei" produziert, werden buchstäblich Antworten auf Fragen gegeben, die keiner gestellt hat.

Angebot und Nachfrage reagieren auf die *Knappheit der Güter*. Wasser etwa, das in unbegrenzter Menge verfügbar ist, wird genauso wenig „vermarktbar" sein wie Sand an einem weiten Sandstrand. Anders wiederum verhält es sich bei Trinkwasser in der Oase oder bei speziell behandeltem Wasser wie Mineralwasser oder besonders reinem Wasser bspw. destilliertem Wasser für Laborzwecke. Besonders seltene Güter, die aber von hohem Prestigewert sind, verfügen dann über einen sehr hohen Preis wie etwa Diamanten. Die Knappheit wird über den Preis wiedergegeben: je knapper, desto teurer. Der US-amerikanische Soziologe und Ökonom mit norwegischen Wurzeln Thorstein Veblen hat allerdings festgestellt, *dass es Güter gibt, deren Nachfrage steigt wenn der Preis steigt* (vgl. Veblen 2007). Dabei handelt es sich um Luxusgüter wie etwa Handtaschen von Prada, Krawatten von Hermès oder Turnschuhe von Gucci. Hier hat der Kauf nicht nur einen modischen Hintergrund, sondern stellt vor allem einen Statuskonsum zur Abgrenzung zu den anderen Schichten dar. Veblen hat dies in seinem Werk „Die Theorie der feinen Leute" (vgl. Veblen 2007) zugegebenermaßen etwas satirisch aber überzeugend dargelegt.

Ökonomie hat auch immer etwas mit *Effizienz* zu tun. Nicht umsonst wird regelmäßig kritisiert, dass die Gesellschaft zu stark „ökonomisiert" ist: Beziehungen werden immer stärker nach dem Kosten/Nutzen Prinzip eingegangen. Man erwartet sich vom Partner häufig einen gesellschaftlichen und/oder finanziellen Aufstieg. Zumindest aber erwartet man eine Bewunderung der Mitmenschen für die Attraktivität des Partners. Viele Menschen wollen aus ihrer Beziehung das meiste herausholen. Keine Leistung erfolgt ohne Gegenleistung nach dem Prinzip des „do ut des" – ich gebe, damit Du gibst. Selbstverständlich kann man nicht über alle Menschen ein pauschales Urteil fällen. Aber jeder Leser, jede Leserin hat bestimmt das eine oder andere Paar im Kopf, die so handeln oder gehandelt haben. Alles folgt dem *ökonomischen Prinzip* (vgl. etwa Behncke 2017a):

Der gegebene Mitteleinsatz muss ein maximal mögliches Ergebnis bzw. Ziel liefern (Maximalprinzip), sei es in der Arbeit oder sei es im privaten Umfeld. Oder umgekehrt: Das gewünschte Ergebnis bzw. Ziel soll mit minimalem Aufwand erreicht werden (Minimalprinzip). Ich engagiere mich so weit in der Nachbarschaft als es mir Vorteile verschafft oder die Nachbarn mir ebenfalls einen Gefallen tun. In der Politik ist das häufig der Fall. Mehrheitlich aber, so meine ich, sind die Menschen doch in ihrem Verhalten weniger egoistisch, haben Mitleid mit anderen Menschen und engagieren sich ehrenamtlich ohne eine Gegenleistung zu erwarten oder gar einzufordern. Es ist klar ersichtlich, dass eine Übertragung ökonomischer Gesetzmäßigkeiten und Verhaltensweisen in sozialen Austauschbeziehungen häufig kontraproduktiv wäre und den Menschen in der Gleichung dabei vergessen würde.

2.2 Schlaraffenland Gütermarkt

Jeder kennt die Situation: Wir kaufen Güter des täglichen Bedarfs wie Lebensmittel, Textilien oder auch größere, teurere Produkte wie Mountain Bikes oder Autos. Dies alles sind Konsumgüter, die im Konsum verbraucht werden wie etwa Lebensmittel oder gebraucht werden z. B. im Fall von Kleidung etwa getragen werden. Im Gegensatz dazu existieren sogenannte Investitionsgüter, die u. a. für die gewerbliche Produktion bestimmt sind wie Maschine, Roh- und Betriebsstoffe, die in die jeweiligen Fertigungserzeugnisse mit aufgehen. Konsumgüter sind für den privaten Konsum des Einzelnen oder eines Haushalts bestimmt, während Investitionsgüter langlebig sind und von Unternehmen angeschafft werden z. B. Maschinen (vgl. BWL-Lerntipps 2020). Wovon hängt es nun ab, ob und welches Produkt wir kaufen? Die volkswirtschaftliche Theorie konzentriert sich vor allem auf das Verhältnis von Angebot und Nachfrage. Dort wo Angebot und Nachfrage zusammenfallen, ergeben sich der Gleichgewichtspreis und die entsprechende Menge. Wovon aber hängt in der Praxis die Wahl eines Produktes abgesehen vom Preis noch ab?

Während die Frage des individuellen Budgets – kann ich mir das Produkt überhaupt leisten bspw. ein neues Mountainbike – natürlich ebenfalls in den mikro- und makroökonomischen Modellen integriert wird, fehlen weitere Parameter der Nachfrage vollständig. So ist es nicht nur eine Frage des Geldes oder der Wettbewerbsprodukte und deren Preis/Leistungsverhältnis, sondern auch eine Frage von Einflüssen des sozialen Umfelds. Kenne ich das Produkt überhaupt, was weiß ich schon davon? Haben mir Freunde, Arbeitskollegen oder Familienmitglieder zu dem Produkt geraten? Was empfiehlt der Verkäufer? Was sagen die relevanten Fachmedien? Wie stehe ich zu der Marke des Produktes, ist es in meinem Handel in der Nähe erhältlich, wie ist der Service, was z. B. beim Autokauf eine entscheidende Rolle spielt, und vieles mehr. Der Kaufentscheidungsprozess ist ein äußerst komplexer Prozess (vgl. vor allem Homburg 2012, S. 104 ff.).

So unterscheidet Homburg z. B. ein vierstufiges Kaufentscheidungsmodell:

1. Grundsatzentscheidung zum Kauf oder Nichtkauf. 2. Wahl der Produktkategorie. 3. Produktauswahl und 4. Entscheidung über die Kaufmenge (vgl. Homburg a. a. O., S. 104). Bei der Kaufentscheidung spielen viele Faktoren eine Rolle u. a. die damit verbundene Emotionalität, die Einstellungen, die individuelle Nutzen- und Risikobewertung (vgl. Homburg a. a. O., S. 106 ff.). Die Marketingexperten aus aller Welt forschen bereits seit Jahrzehnten, diesen Prozess in allen seinen Phasen im Detail zu verstehen, um ihn dann nach allen Regeln der Kunst im Sinne des Anbieters beeinflussen zu können. Wie wird das Bedürfnis nach einem neuen Produkt geweckt z. B. ein neuer leistungsfähiger Fön, der sehr leise zu Werke geht, das neueste Design aufweist und einfach „cool" ist.

Die gleiche Frage stellt sich dann natürlich auch für alle Haushalte einer Volkswirtschaft: Wovon hängt der Konsum eines Gutes oder Produktes ab? Wie kann der Konsum dazu helfen, eine ganze Volkswirtschaft zu Wachstum zu verhelfen und die Arbeitslosigkeit zu verringern? Der wohl wirkungsmächtigste Ökonom des 20. Jahrhunderts, der Brite John Maynard Keynes, hat dazu in seinem Werk „Allgemeine Theorie der Beschäftigung, des Zinses und des Geldes" (vgl. Keynes 2017), eine relativ einfache aber pragmatische Antwort gegeben. Zunächst ist der Konsum C nicht nur eine Frage des verfügbaren Einkommens – je mehr Geld ich netto jeden Monat zur Verfügung habe, desto mehr kann ich ausgeben – sondern auch meiner individuellen Sparrate S ist (vgl. Keynes 2017, Kap. 6, S. 57 ff.).

Die wiederum hängt davon ab, ob ich die Zukunft für mich persönlich eher positiv sehe und meine Einkommen die nächsten Jahre konstant bleibt oder ich eher eine Krise der Wirtschaft vor Augen sehe und meinen Arbeitsplatz gefährdet sehe (s. aktuell die Coronakrise). Zudem hängt es natürlich von meiner Großzügigkeit im Umgang mit Konsumausgaben ab oder ob ich auf etwas Bestimmtes spare, etwa ein Hauskauf und vieles mehr. Investieren zusätzlich die Unternehmen I und der Staat G und exportiere ich als Volkswirtschaft mehr als ich importiere, dann kann ich, einfach gesprochen, die Nachfrage und den Konsum so steigern, dass alle etwas davon haben. Arbeitsplätze werden geschaffen, etwa wenn Straßen gebaut werden, Firmen in neue Produkte und Branchen investieren wie etwa in die Elektromobilität. Die privaten Haushalte verdienen gutes Geld, haben relativ sichere Arbeitsplätze und konsumieren was wiederum Arbeitsplätze schafft oder erhält.

Häufig wird allerdings der Konsum an sich und die *„Konsumgesellschaft"* kritisiert, dass sie konsumiere des Konsums wegen, die sogenannte „Ex- und Hopp-Mentalität" (vgl. Krol 2019). So seien viele, vor allem reiche Mitbürger permanent am Kaufen und erwerben Dinge wie etwa Schuhe, Taschen oder auch Luxusmäntel, die sie schon ein Dutzend Mal im Schrank haben und die außer einem demonstrativen Mehrwert gegenüber Freunden und Bekannten kaum einen Sinn ergäben. Das Statistische Bundesamt hat für 2017 ermittelt (vgl. Krol a. a. O.), dass jeder Haushalt im

Durchschnitt über drei Telefone und 37 (!) Unterhaltungs-Elektronikgeräte verfügt. Tatsächlich ist hier seit Jahren ein Umdenken in der Gesellschaft zu beobachten. Jedem Menschen steht statistisch gesehen 1,7 Hektar natürliche Fläche zur Verfügung, um den Bedarf an natürlichen Ressourcen zu befriedigen. Tatsächlich benötigen sie aber mehr als das Doppelte (vgl. ebenda). Jedes Jahr werden 310.000 Hektar Regenwald abgeholzt, eine Jeans benötigt im Schnitt 12.000 Liter Wasser in der Herstellung und wird 50.000 Kilometer rund um den Globus geschickt bis es den Endverbraucher erreicht. Gleichzeitig landen aber 80.000 Tonnen Müll in Deutschland jedes Jahr auf den Müll (vgl. Krol 2019). Die Frage ist wirklich, ob man von jeder Produkt- oder Kleiderkategorie immer viele Varianten im Schrank bzw. zu Hause haben muss oder ob man nicht mit deutlich weniger Produkten aber dafür dauerhafter auskommen kann.

Produkte werden nicht mehr gekauft, sondern geliehen bzw. mit mehreren geteilt. So werden Autos im Car Sharing über Plattformen wie *Drivenow* gebucht und nur für den Transport von A nach B verwendet. Wohnungen werden z. B. von *Airbnb* privat an privat für den Urlaub oder eine Städtereise ausgeliehen. Die Firma *BlaBlaCar* bietet professionelle Mitfahrzentralen an, der Betreiber Uber ersetzt den klassischen Taxidienst durch Privatfahrer, die sich in den Dienst von Uber stellen. Diese Angebote, sämtlich über das Netz oder entsprechende Apps auf dem Smartphone zu buchen, verdrängen immer mehr den eigenen Kauf oder Besitz an einem Gut durch die Erlaubnis, für eine gewisse Zeit dieses Gut zu nutzen ohne es zu besitzen. *Besitz wird künftig weniger wichtig*, Statuskonsum à la Veblen wird durch reinen funktionalen Konsum ersetzt:

Anstelle des Porsches vor der Haustür wird ein Kleinwagen gemietet, mit dem man von A nach B kommt. Wenn schönes Wetter ist, mietet man ein Cabrio ansonsten eine Limousine. Der Umwelt zu liebe fährt man vor allem in den Großstädten vermehrt Fahrrad. Spätestens mit den autonom fahrenden Autos wird die „Sharing Economy", die vom Teilen der Güter an möglichst viele Personen lebt, ihren Höhepunkt erleben. Der Konsum um des Konsums willen wird immer mehr zurückgehen auch wenn es sicher noch viele Menschen geben wird, die den Konsum im Sinne Thorstein Veblens (vgl. Veblen 2007) als Statuskonsum und soziale Differenzierungsmöglichkeit ansehen werden.

Interessant ist in diesem Zusammenhang, dass sich der Konsum der Deutschen im Rahmen der Corona-Pandemie kurzfristig stark verändert hat. Eine Studie der Marktforschungsplattform Appinio hat herausgefunden (vgl. Appinio 2020), dass in der Zeit der Coronakrise die Deutschen mehr Fernsehen geschaut, Serien gestreamt, Social Media genutzt oder im Internet gesurft haben. Es wurde darüber hinaus mehr gelesen, Sport gemacht oder Online-Spiele gespielt. Dies ist sicher kein Wunder, da die Menschen unfreiwillig zu Hause bleiben mussten. Gleichzeitig wurden größere Anschaffungen wie etwa Autos, Möbel, Urlaubsreisen oder Smartphones verschoben. Gewinner waren vor allem der Online-Handel und die Online-Versender wie Amazon mit seinem Lieferservice. Verlierer waren natürlich die vielen stationären Geschäfte oder die Luftfahrgesellschaften und Reiseanbieter. In dieser Zeit wurde uns allen schmerzlich bewusst, wie schnell der ausbleibende Konsum manchen Anbieter an den Rand des Ruins bringt und wie wichtig dieser Gütermarkt für uns alle ist. Allerdings gilt auch: *Weniger ist mehr und ich muss nicht mehr alles selbst besitzen.*

2.3   Das Schmiermittel der Ökonomie: Der Geldmarkt

Geld hat viele Funktionen und kann Fluch und Segen gleichzeitig sein. Bevor das Geld eingeführt wurde, wurden Waren gegen Waren getauscht (vgl. u. a. Bick 2012). Das wurde zunehmend unpraktisch, da nicht jeder Anbieter für seine Ware eine Ware von einem anderen Händler angeboten bekam, die des Tausches wert war und vom Anbieter benötigt wurde. Außerdem wurden Waren immer häufiger auf langen Wegen transportiert, um sie dann an entlegenen Ecken auf einem Marktplatz wieder zu handeln. Das Geld bot dagegen den unschlagbaren Vorteil, dass man mit ihm zahlen und rechnen konnte (vgl. Mankiw und Taylor 2012, S. 761) und zwar in der Höhe seines bedruckten Wertes, seien es Papierscheine oder Münzen. Geld ließ sich auch leichter transportieren als zum Teil tonnenschwere Waren wie Fälle oder Holzfässer mit Wein etc. zum Tausch. Da war Geld als Wertbewahrungsmittel schon praktischer (vgl. ebenda).

Auch der Geldmarkt wird natürlich wie jeder Markt von Angebot und Nachfrage beherrscht. Das Angebot von Geld in einer Volkswirtschaft wird von der Zentralbank und den Geschäftsbanken bestimmt und auch „geschöpft" wie es so schön heißt. Kredite von Privatpersonen oder auch Unternehmen bei einer Bank führen zur Entstehung neuen Bargeldes, das dann in der Wirtschaft zirkuliert. Über den Geldmarkt ist in der modernen Ökonomie viel nachgedacht und geschrieben worden (u. a. Keynes 2017, vor allem Kap. 17, S. 188 ff.; Friedman und Schwartz 1963, in jüngerer Zeit Issing; vgl. Issing 2006). So hat der bereits erwähnte John Maynard Keynes die Nachfrage nach Geld nach bestimmten Gesichtspunkten differenziert. So fragen private Haushalte aber auch Unternehmen Geld nach, um für kurzfristige Ausgaben gewappnet zu sein und nicht illiquide zu werden (vgl. Keynes 2017, S. 101 und 102). Sie halten also *Geld zur Vorsicht* (vgl. a. a. O., S. 102). Ferner benötigen sie das Geld vielleicht auch, um kurzfristig am Aktienmarkt spekulieren zu können oder weil sie auf höhere Zinsen hoffen (vgl. ebenda, S. 101). Schließlich muss man auch immer Bargeld zur Verfügung haben, um als Unternehmen bestimmte Transaktionen wie etwa Anlageinvestitionen tätigen zu können (a. a. O., S. 102).

Ein wesentliches Element des Geldmarktes ist der Zins. Denn er ist die entscheidende Größe am Geldmarkt und gilt als dessen Preis. Der Zins ist sozusagen der Preis für die Nutzung des Geldes. Banken arbeiten mit dem Geld der Einleger und erzielen damit Gewinne. Im Gegenzug bezahlen sie dem Anleger einen Zins dafür, dass sie mit dem Geld arbeiten dürfen und der Sparer sein Geld nicht anderweitig nutzt z. B. zum spontanen Konsum. Ein anderer großer Ökonom des 20. Jahrhunderts, des US-Amerikaner Milton Friedman, sah die Geldpolitik als die entscheidende Größe einer Volkswirtschaft an. Einerseits würde die steigende Geldmenge in einer Volkswirtschaft das Bruttosozialprodukt steigen helfen, da die Menschen dann mehr Geld für den Konsum zur Verfügung hätten und dies der Wirtschaft und damit den Arbeitsplätzen zugutekam. Andererseits führt aber eine zu stark steigende Geldmenge zu einer steigenden Inflation was den realen Wert des Geldes verringert. Zu dieser Erkenntnis war Friedman durch eine mit seiner Kollegin, der Ökonomin Anna Schwartz, verfassten Geschichte des Geldes in den USA mit dem Titel „A Monetary History of the United States, 1867–1960" im Auftrag des „National Bureau of Economic Research", (vgl. Friedman und Schwartz 1963) gekommen. Sein Fokus auf die Geldpolitik hat ihm und seinen Anhängern den Namen „Monetarist", von englisch *money*, eingetragen.

In Zeiten der Corona-Pandemie musste die Europäische Zentralbank in den Geldmarkt eingreifen und den Zins senken, um die Investitionen anzukurbeln. Gleichzeitig schob sie aber auch ein großes *Anleihen-Kaufprogramm* in Höhe von 120 Milliarden Euro zusätzlich hinterher, um die europaweite Geldversorgung der Geschäftsbanken sicherzustellen (vgl. SZ online 2020, Geldpolitik). Ohne eine ausreichende Versorgung der Wirtschaft mit den nötigen Geldmitteln kann eine Wirtschaft nicht auskommen. Gleichzeitig erhöht eine steigende Geldmenge wiederum die Inflation wie man an der historischen Studie von Milton Friedman gesehen hat (s. o.).

Während Geld wie wir gesehen haben eine sehr nützliche Funktion in der Wirtschaft einnimmt, kann es auch hier zu Übertreibungen kommen. Geld wird nicht nur des Konsums und des reinen Überlebens willens erstrebt, sondern *um des Geldes willen*. Mehr Geld, mehr Reichtum, mehr Macht und mehr Status. Der ehemalige Topmanager und Multimillionär Thomas Middelhoff beschreibt in seinem jüngsten Buch „Schuldig", (vgl. Middelhoff 2019) schonungslos und selbstkritisch seinen finanziellen und gesellschaftlichen Absturz und dokumentiert seine wesentlichen Antriebe und Motivationen, u. a. „Gier", zu Macht, Reichtum und Ansehen. Das große Thema der Zeit ist nicht der vernünftige, maßvolle Umgang mit dem Geld, sondern die zum Teil maßlose Gier nach immer mehr des Geldes, das nur den glücklich macht, der unersättlich ist. Viele denken da sicherlich an die sogenannten „Heuschrecken", Unternehmen, die mit viel Geld andere Unternehmen übernehmen, sie ohne Rücksicht auf Arbeitsplatzverluste filetieren oder sanieren bzw. „aufhübschen" um sie dann für viel Geld und einen möglichst hohen Gewinn zu verkaufen (vgl. etwa Peters 2008). Im Gegensatz zur sogenannten „Realwirtschaft", in der reale Werte geschaffen werden wie etwa Immobilien, Autos, Maschinen oder Windkrafträder, schaffen diese Transaktionen keinen Wert außer dem Profit, den die Investoren sich davon versprechen.

Dagegen hat sich in den letzten Jahren ein weiterer Trend entwickelt, der sich dem „mehr, höher, weiter, schneller und reicher" entgegenstellt: die *Frugalisten*. Der Begriff stammt aus dem englischen Begriff *frugal* für einfach, bescheiden, bzw. der lateinische Ursprung *frugalis als bieder, ordentlich* (vgl. NeuesWort.de 2020). Anstelle eines Lebens, das der Gier, dem Reichtum und dem Konsum gewidmet ist, versuchen die Anhänger dieser Lebensphilosophie durch genügsames Leben beizeiten Geld für das Alter zurückzulegen, um im Alter von 40 bis 45 vorzeitig in Rente gehen und von den Ersparnissen leben zu können (vgl. Wagner 2019). Dann können sie nämlich leben wie sie wollen, ohne Tätigkeiten nachzugehen, die ihnen keinen Spaß bereiten und nur vom Sinn des Lebens ablenken. Somit wird ein glückliches Leben erreicht (vgl. Wagner 2019, S. 38 ff.). Eine Familie solle lieber ein finanzielles Polster für die frühzeitige Rente ansammeln, anstatt sich über Jahrzehnte für den Kauf eines Eigenheims zu verschulden. So kündigte eine Familie sämtliche Versicherungen, mietete die Wohnung ab, verkaufte ihr Auto und durchforstete sämtliche Ausgaben nach Einsparpotenzialen (vgl. Seith 2018). Andere wiederum versagten sich zwar das Leben des tourenden Hippies, durchforsteten aber die Raten für Strom, Gas und Mobiltelefon und wechselten zum günstigsten Anbieter. Das frei gewordene Geld – bei den gut verdienenden Frugalisten sind schon 2000 Euro im Monat möglich – wird dann alternativ bspw. in Aktienfonds investiert, die langfristig eine gute Rendite versprechen (vgl. Seith 2018).

Die Anzahl der Menschen, die *keinen Sinn mehr in dem ewigen Arbeiten* und Scheffeln von immer mehr Geld sehen, wird in der Zukunft eher noch zunehmen (vgl. Stöhr 2019).

Nicht das „Leben um zu arbeiten" wird künftig immer stärker im Vordergrund stehen, sondern umgekehrt das „Arbeiten um zu leben". Ganz im Sinne der Maslowschen Bedürfnispyramide (vgl. Maslow 2020) steht die Selbstverwirklichung zunehmend im Fokus der Bemühungen. Unternehmen und Abteilungen suchen nach dem Sinn ihres Handelns, dem „Purpose". Eigene Jobportale widmen sich explizit den „Jobs mit Sinn" (vgl. Stöhr a. a. O.). Selbstverständlich wird es weiterhin diejenigen geben, die sich der Karriere widmen und es zu Reichtum und Wohlstand bringen wollen. Dagegen ist nichts einzuwenden. Nur werden die Anteile der Gesellschaft größer werden, die ein sinnvolles Leben nur jenseits der Fixierung auf das Geld sehen. Viele würden sogar für einen sinnvollen Job auf Geld verzichten (vgl. Lüüs 2020). Allerdings setzt das voraus, dass man zumindest für eine gewisse Zeit einen guten Job hat, der diese mehr oder minder lange Ansparphase bis zum frühzeitigen Renteneintritt ermöglicht. *Geld ist also häufig nur Mittel zum Zweck und nicht Lebenssinn.*

2.4 Existentielles Grundbedürfnis: Der Arbeitsmarkt

Eine sinnvolle Arbeit kann eine Bereicherung sein. Jeder Mensch strebt nach Anerkennung, nach Sinn und der Teilhabe an gesellschaftlicher Prosperität. Arbeit hat vor allem eine soziale Dimension: Menschen als soziale Wesen arbeiten miteinander und bereichern das eigene Leben (vgl. zur sozialen Dimension der Arbeit vor allem Herzog 2019, hier vor allem S. 32 ff.). Aber nicht jedem Menschen ist es vergönnt, einer solchen von der Gesellschaft wertgeschätzten, für ihn sinnvollen Tätigkeit nachzugehen. Ökonomisch hört es sich vergleichsweise einfach an:

Auch der Arbeitsmarkt ist ein Zusammentreffen aus Nachfrage nach Arbeitskräften und einem entsprechenden Angebot (vgl. im Folgenden Mankiw und Taylor 2012, S. 468 ff. und 478 ff.). Der Preis, der sich bei dem sogenannten Gleichgewicht auf dem Arbeitsmarkt ergibt, ist der (Gleichgewichts)Lohn, bei Angestellten Gehalt genannt. Die Ursachen für die Arbeitslosigkeit sind mannigfaltig. Daher werden auch unterschiedliche Arten der Arbeitslosigkeit unterschieden (vgl. Wirtschaftslexikon24 „Arbeitslosigkeit" 2020). Am einfachsten zu ertragen ist die sogenannte *friktionelle* Arbeitslosigkeit, die beim Übergang zwischen einer und der anderen Arbeitsstelle geschieht und meist nur von kurzer Dauer ist. Die *saisonal* bedingte Arbeitslosigkeit ist in manchen, vor allem wetterabhängigen Branchen gang und gebe wie etwa in der Landwirtschaft, im Baugewerbe im Winter oder etwa in der Gastronomie bzw. der Hotellerie in der sogenannten „Nebensaison". Dabei wird aber zumeist Geld für diese Zeiten angespart oder in einen Topf eingezahlt, der dann in den saisonal schwachen Zeiten genutzt wird, um die finanziellen Engpässe zu überbrücken. Oder aber es wird ein Zweitjob gesucht.

Viel gravierender sind dagegen die Ursachen bei der *konjunkturellen* oder der *strukturellen* Arbeitslosigkeit. In Zeiten des Konjunktureinbruchs, sei es auf einzelne Branchen bezogen oder generell, entlassen Unternehmen, die Verluste erwirtschaften Teile ihrer Belegschaft um zumindest Teile des Unternehmens zu retten. Keynes hat in seiner bahnbrechenden Analyse der „Allgemeinen Theorie" darauf hingewiesen, dass diese Form der Arbeitslosigkeit durch *mangelnde effektive Nachfrage* entstehen kann und nur durch staatliche geförderte Investitionen – idealerweise durch Kredite finanziert – abgebaut werden kann (vgl. Keynes 2017, vor allem Kap. 3 zum Prinzip der effektiven Nachfrage, S. 34 ff.). So kann der Staat Straßen, Flughäfen,

Schulen etc. bauen und kurbelt damit die Konjunktur der betroffenen Branchen an. Gleichzeitig verfügen die Mitarbeiter dieser Unternehmen wieder über Jobsicherheit bzw. die Beschäftigung allgemein nimmt wieder zu und die Menschen haben mehr Geld zur Verfügung und können wieder stärker konsumieren (vgl. ebenda, S. 37). Dies wiederum hilft auch den Unternehmen anderer Branchen. Werden gleichzeitig die Steuern nicht erhöht, um die staatlichen Ausgaben zu finanzieren, werden die Konsumausgaben der privaten Haushalte auch nicht gedrosselt und die Konjunktur kann wieder anspringen. Milton Friedman hat darauf hingewiesen, dass im Falle eines Konjunkturabschwungs auch die Geldmenge steigen muss, um den Haushalten mehr Geld zur Verfügung zu stellen. Von Eingriffen des Staates in die Wirtschaft hielt der Liberale bekanntlich nichts. Stattdessen plädierte Friedman für eine gesetzlich festgelegte Wachstumsrate der Geldmenge (vgl. Friedman 2016, S. 77).

Die *strukturelle Arbeitslosigkeit* schließlich beruht auf der Tatsache, dass Arbeitsplatz-angebote und -nachfragen sich nicht oder nur unzureichend decken. So gibt es derzeit in Deutschland mehr offene Stellen für Altenpfleger („Deutschlands Mangelberuf Nummer 1", vgl. Leubecher 2019) oder Krankenschwestern als qualifizierte Personen am Arbeitsmarkt zur Verfügung stehen. Ob das an der unzureichenden Bezahlung oder den harten Anforderungen und der mangelnden gesellschaftlichen Wertschätzung liegt, sei einmal unberücksichtigt. Arbeitslose anderer Qualifikation können dann mit diesen offenen Stellen wenig anfangen. Generell können ganze Branchen einem Wandel unterlegen sein wie etwa der Bergbau und die Kohlebranche generell, die nicht zuletzt aus ökologischen Gründen immer weniger Bedeutung erlangt. Ferner spielen auch regionale Gesichtspunkte eine Rolle wie die fehlende Passform von Zahl der offenen Stellen einer Branche in einer Region und den potenziellen Arbeitnehmern, die in einer anderen Region leben und nicht mobil sind. Natürlich werden die fortschreitende Automatisierung und vor allem die Digitalisierung (wir werden im Kap. 7 darauf zurückkommen) zu einem massiven Stellenabbau bzw. zu einer Rationalisierung führen (vgl. u. a. Precht 2018, S. 23 ff.). Schließlich wird auch zu einem – allerdings geringen Maße – ein zu hohes Arbeitslosenentgelt im Vergleich zu einem Arbeitslohn den Anreiz zur Arbeit und damit zum Abbau der Arbeitslosigkeit reduzieren.

Arbeitslosigkeit bedeutet für die allermeisten Menschen ein Leben in Armut, in Sinnkrise, Verlust an gesellschaftlicher und wirtschaftlicher Teilnahme und nicht zuletzt Selbstachtung. Untersuchungen von Jahoda und Lazarsfeld (vgl. Pietsch 2017, S. 119 ff.) haben gezeigt, dass Arbeitslosigkeit fast immer mit Apathie, Verzweiflung und Resignation einhergeht. Künftig wird sich aber auch für diejenigen, die Arbeit haben, die Art und Weise der Arbeit immer stärker verändern. Die Globalisierung und die Digitalisierung haben bereits neue Jobs geschaffen wie etwa die „Agile oder Scrum Master" im Rahmen der agilen Programmierung und andere Jobs werden sich auf lange Sicht entscheidend verändern wie etwa Buchhalter, Versicherungsspezialisten, Juristen, Steuerberater etc. (vgl. Precht 2018, S. 23/24). Darüber hinaus werden weitere, niedriger qualifizierte Jobs wegfallen zugunsten von höhe rqualifizierten, die der Internetaffinität und dem digitalen Zeitalter entsprechen (s. Kap. 7, vgl. Lee 2018, S. 155/156). Die Arbeit an sich wird sich ändern: Großraumbüros ersetzen die klassischen Chefbüros mit Vorzimmer, sofern es überhaupt noch fest zugeteilte Arbeitsplätze gibt und nicht jeder Arbeitnehmer den gerade frei werdenden mit seinem Rollcontainer besetzt („open space"). Gearbeitet wird von überall, von zu Hause aus im sogenannten *„Homeoffice"*, vom Biergarten, auf Reisen im Hotel oder wo auch immer in der Welt ein Laptop zur Verfügung steht. Internettelefonie und Videokonferenztechnik à la Skype oder Zoom wird überall zum Standard. Vor allem in der Zeit der Corona-Pandemie hat ein hoher Anteil der Bevölkerung *nolens volens* die Vor- und Nachteile des Arbeitens von zu Hause aus erfahren müssen.

Die *Arbeitszeiten werden immer flexibler.* Junge Eltern nehmen Auszeiten, sogenannte „Sabbaticals", um ihre Kinder in den ersten Monaten oder Jahren gemeinsam großzuziehen. Die Familie und die „Work Live Balance", d. h. die ausgewogene Balance zwischen Arbeit und Freizeit wird der jüngeren Generationen immer wichtiger werden. Dies gilt insbesondere für die Frauen, die zu Recht nach einer exzellenten Ausbildung häufig die Frage stellen, warum sie immer hintenanstehen müssen, wenn es um die Vereinbarkeit von Beruf und Familie geht. Dabei wird von jungen Arbeitnehmern immer häufiger die Familie und sinnvolles Leben anstelle von maximaler Karriere bei maximaler Arbeit gewählt, auch wenn es noch genügend Arbeitnehmer geben wird, die nach oben wollen. Überhaupt: Hierarchie wird künftig in den Chefetagen klein geschrieben. Die Mitarbeitenden wollen anspruchsvolle, selbstbestimmte Jobs, in denen sie etwas Sinnvolles bewegen können und kollegial zusammenarbeiten (vgl. Herzog 2019, S. 145).

Herzog sieht vor allem in der digitalen Transformation eine gute Gelegenheit, „das Prinzip der Hierarchie in der Arbeitswelt zu hinterfragen" (a. a. O., S. 145). Anzug und Schlips sind von gestern, angesagt ist die Kleidung à la Start-up Unternehmen mit Jeans, schicken „Sneakers" und einem coolen Hemd. Die egalitäre Duzkultur bestimmt den Ton, nicht die distanzierte Sie-Form des gestern und vorgestern. Was zählt ist die Leistung und nicht die Titel und die Errungenschaften der Vergangenheit. Die Bezahlung gerät im Vergleich zur Sinnhaftigkeit des Jobs in den Hintergrund (vgl. Lüüs 2020). Diesen neuen Trends müssen sich Arbeitgeber und Arbeitnehmer stellen. Die Rezepte von gestern, die sich rein auf die konjunkturelle Steuerung verlassen haben, greifen dann nicht mehr so ohne weiteres.

Wie schnell die Arbeitslosigkeit weltweit Einzug halten und welche dramatischen Folgen das Ganze für die Bevölkerung haben kann, haben wir ebenfalls in der Coronakrise gesehen. So haben alleine in den USA binnen vier Wochen 22 Millionen Menschen ihren Job verloren (vgl. Schäuble 2020). Da in den USA vielfach der Arbeitgeber die Beiträge zur Krankenversicherung zahlt, waren damit auch auf einen Schlag viele Millionen US-Bürger ohne Krankenversicherung. Gerade in den Zeiten, in denen eine solche Krankenversicherung an meisten benötigt wird. Viele Arbeitgeber waren plötzlich zahlungsunfähig, Fabriken stoppten ihre Produktion, Gastronomie, Kinos, Theater, Clubs und viele mehr wurden quasi über Nacht geschlossen. Die insolvent gegangenen Firmen verringern damit zumindest kurzfristig natürlich die Nachfrage nach Arbeitskräften, so dass die Arbeitslosigkeit dort noch eine Weile anhalten wird. Das in Deutschland so erfolgreiche Kurzarbeitergeld kennt die USA in dieser Form so nicht. Die Bedeutung aber auch die Volatilität des Arbeitsmarktes für die *Sinnsuche des Menschen* wird einem spätestens hierbei schlagartig bewusst.

Gerade in den Zeiten der Corona-Pandemie ist allen Bürgern die gesellschaftliche Bedeutung der „systemrelevanten" Berufsgruppen wie etwa den Krankenpfleger, Supermarktkassierern etc. noch viel deutlicher vor Augen geführt wurden. Hier muss die Gesellschaft, müssen wir alle sicherstellen, dass der aufopferungsvolle und lebensrettende Job auch ausreichend vergütet wird und alle davon leben können. Das gilt generell auch für die Niedriglohnempfänger: *Alle*

Arbeitnehmer müssen von ihren Löhnen und Gehältern aus-
kömmlich leben können! Das ist nämlich auch eine Form der
Wertschätzung.

2.5   Sinnvoll, aber oft Ort der Exzesse: Der Kapitalmarkt

Während kurzfristige Transaktionen auf dem Geldmarkt
getätigt werden, gilt der Kapitalmarkt als Quelle für die
mittel- bis langfristige Kapitalbeschaffung (vgl. im Folgenden Wirtschaftslexikon24 „Kapitalmarkt" 2018c und
Franke und Hax 2009, vor allem S. 369 ff.). Hier treffen
Banken, Versicherungen aber auch private Haushalte und
die öffentliche Hand aufeinander. Mal als Kapitalgeber mal
als Kapitalnehmer. Es werden u. a. Darlehen, Anleihen
oder Aktien jeglicher Art gehandelt. Der Preis des Kapitalmarktes ist der Kapitalmarktzins. Kapitalmärkte erfüllen in
der Wirtschaft unterschiedliche Funktionen und dienen so
in der Regel der Allgemeinheit. So benötigen z. B. Kom-
munen Gelder für anstehende Investitionen wie Straßen,
Gebäuden, öffentliche Infrastruktur und leihen sich die
notwendigen Mittel zum Teil auf dem Kapitalmarkt in
Form von Investitions- oder Kommunalkrediten. Unternehmen leihen sich ebenfalls Geld auf den Kapitalmärkten
für ihre Expansions- und Investitionspläne. Der Kapitalmarkt sorgt dafür, dass Kapitalgeber ihr eingesetztes Kapital
verzinst bekommen und Kapitalnehmer die notwendigen
Finanzmittel mittel- bis langfristig zur Verfügung gestellt
bekommen. Um ihr benötigtes Kapital zu erhalten, müssen
Unternehmen ihre Bonität z. B. im Rahmen des Jahresab-
schlusses ausweisen und so die Kapitalgeber über die Kreditwürdigkeit informieren. Börsenkurse sollten idealerweise
den Wert eines Unternehmens widerspiegeln: Je höher der

Aktienkurs, desto mehr ist das Unternehmen wert und desto erfolgreicher agiert es am Markt.

Was aber passiert, wenn die Kapitalmärkte aus dem Ruder laufen? Es ist sicherlich sinnvoll, wenn finanziell „klamme" Gemeinden sich am Kapitalmarkt die notwendigen Mittel am Kapitalmarkt organisieren, um Schulen zu bauen oder Unternehmen ihre Investitionen z. B. in neue Produktionsstätte alimentieren. Etliche private Haushalte investieren sinnvoller Weise ihr Geld in den Aktienmarkt, um durch ein ausgewogenes Portfolio an der Wertsteigerung teilzuhaben und so für das Alter vorzusorgen. Problematisch wird es, wenn diese nützliche Funktion des Kapitalmarktes in sein Gegenteil verkehrt wird. So werden die Kapitalströme längst um den ganzen Globus gejagt auf der Suche nach der besten Anlage. Der Fokus liegt dabei nicht auf der Unterstützung des sogenannten „Realmarktes", also der Unterstützung von Unternehmen, die „reale" Waren produzieren, sondern auf die *Maximierung des Profits*. So entstehen Konstruktionen von sogenannten „Heuschrecken", die Unternehmen mit dem geliehenen Geld aufkaufen und dann in Teile zerlegen und wieder verkaufen. Es kommt zu Spekulationen auf Märkten wie Lebensmitteln, wo auf steigende Preise gesetzt wird. Die Folge sind zum Teil drastische Preiserhöhungen bis hin zu einer *Spekulationsblase* (vgl. Investor Verlag 2015). Grundnahrungsmittel werden damit im Schnitt 70 Prozent teurer (vgl. ebenda). Das ist für den ärmeren Teil der Welt ein kaum noch zu bezahlender Preis, da sie häufig schon 75 Prozent ihres Einkommens für Lebensmittel ausgeben (vgl. a. a. O.). Riskante Spekulationen auf der Suche nach immer höheren Profiten verdrängen die eigentliche Funktion des Kapitalmarktes der Beschaffung von Kapital für Investitionen, die Menschen Arbeitsplätze liefern.

Wie aber sieht es z. B. bei den Bürgern und deren Tätigkeit am Kapitalmarkt aus? Die Antwort ist denkbar einfach: Am Kapitalmarkt investieren können nur diejenigen, die Kapital haben. Danach scheidet bereits die untere Hälfte der deutschen Bevölkerung fast vollständig aus, da sie über kein oder nur geringes Vermögen bzw. Kapital verfügt und froh ist, wenn sie keine Schulden hat (vgl. Zschäpitz 2019). So kommt die untere Hälfte der Deutschen gemäß einer Studie der Bundesbank auf gerade einmal drei Prozent des gesamten Vermögens. Fünf Prozent der Haushalte in Deutschland verfügen über ein durchschnittliches Nettovermögen von 2800 Euro (vgl. a. a. O.). Auch wenn hierbei die Rentenansprüche nicht hineingerechnet werden (und die sind für viele Haushalte in Deutschland relevant), so dokumentiert dies doch die soziale Schieflage in Deutschland. Die Bundesbank empfiehlt, stärker auf Aktien- und Immobilienvermögen zu setzen (vgl. ebenda). Doch ein großer Teil der anderen, „reicheren" Hälfte in Deutschland, die über ein wenig Vermögen verfügen, hat zumeist wenig bis keine Ahnung von den Aktienmärkten und muss sich entweder irgendwelchen Börsengurus oder anderen Experten verschreiben oder dem allgemeinen Trend, der Herde folgen, wo auch immer sie hinzieht.

Der Wert einer Aktie spiegelt entsprechend nicht immer die reale wirtschaftliche Entwicklung des Unternehmens wider wie es an betriebswirtschaftlichen Kennziffern ablesbar ist (vgl. Pietsch 2017, S. 11), sondern ist zumeist reine Massenpsychologie: Beobachten Sie mal Aktienkurse einer Branche etwa der Automobilbranche, wenn ein Unternehmen aus dieser Branche einen Gewinneinbruch verkündet. Über die anderen Unternehmen dieser Branche, die möglicherweise einen gegenläufigen Trend aufweisen, wird dabei überhaupt nicht gesprochen. Die Schere zwischen denjenigen, die sich diese Investitionen leisten können und denen, die das nicht vermögen, geht immer weiter auseinander (vgl. Zschäpitz 2019). Ursache ist u. a., dass die Immobilienquote in Deutschland im Vergleich zu anderen Ländern überdurchschnittlich gering und der Handel mit Aktien nicht so ausgeprägt. Gewinne in Form von gestiegenen Aktienkursen inklusive Dividenden und von steigenden Immobilienpreisen können nur vom reicheren Teil der Bevölkerung eingestrichen werden (vgl. Jauernig 2019).

Der ärmere Teil der Bevölkerung hat dagegen mit steigenden Mieten zu kämpfen (vgl. Goebel 2018). Für das untere Fünftel der Einkommensschicht in Deutschland ist der Anteil der Wohnausgaben an dem Nettohaushaltseinkommen zwischen 1993 und 2013 von 27 Prozent auf 39 Prozent um 12 Prozentpunkte gestiegen (vgl. Goebel 2018). Bei dem oberen Fünftel der Einkommensbezieher ist der Anteil der Wohnausgaben an dem Nettohaushaltseinkommen dagegen um zwei Prozentpunkte von 16 auf 14 Prozent gefallen (vgl. a. a. O.). Selbstverständlich kann sich Normalverdienende mit ein wenig Hintergrundwissen ebenfalls etwas dazuverdienen – der deutsche Aktienindex DAX hat sich in den letzten 20 Jahren, von 1999 bis 2019 fast verdoppelt: von 6958 auf 13.249 Punkte (vgl. Statista 2020a). Nimmt man 1987 als Referenzbasis, so hat sich der DAX von 1000 (1987) auf 13.249 in 2020 (vgl. Statista 2020a) mehr als verdreizehnfacht! Diese Strategie kann allerdings nur aufgehen, wenn man einen langen Atem hat und im Zweifel auf das eingesetzte Kapital verzichten kann. Was zunächst bedeutet, dass man über ein ausreichendes Kapital und die notwendigen Kenntnisse zum Aktienhandel verfügen sollte. Denn Kursabstürze einzelner oder einer Reihe von Aktien sind keine Seltenheit und kann manchen nicht so finanziell potenten Anleger in den Ruin stürzen. Gerade die Corona-Pandemie hat gezeigt, wie empfindlich die Aktienmärkte auf Krisen reagieren. Noch schneller als der

Anstieg des DAX in den letzten Jahren (s.o.), ging es im März 2020 wieder abwärts. Der DAX stürzte in nur drei Wochen (!) um mehr als 30 Prozent ab: Von 13.800 Punkten auf 9075 Punkte! (vgl. Scherff 2020). Dabei übertraf dieser Absturz sogar noch den der Finanzkrise in 2008, bei dem die Kurse in zwei Wochen um 25 Prozent absackten (vgl. ebenda).

Prof. Wolfgang Gerke, langjähriger Professor und Spezialist für Kapitalmärkte zieht ein ernüchterndes Fazit in seiner Rede an der Universität Erlangen (vgl. Gerke 2006, S. 7):

Nach dreißig Jahren Lehrtätigkeit auf verschiedenen Banklehrstühlen und sechzig Semestern mit Veranstaltungen zur Kapitalmarkttheorie beobachte ich auf den globalisierten Kapitalmärkten und an den Produktionsstandorten in Amerika, Asien und Europa den empirischen Beleg für die Überlegenheit der Theorie effizienter Märkte. Viele Politiker bemerken gar nicht, wie die Welt dabei ihren Händen entgleitet und in die Hände der (...) Investment Banker und Asset Manager fällt. (...) Im Kapitalmarktmodell tauchen Menschen nur noch als austauschbare Produktionsfaktoren bzw. Investments auf, die anhand ihrer Substitutionsbeziehungen zu den übrigen Produktionsfaktoren bewertet werden.

Selbst wenn man sich die vernichtende Kritik an den handelnden Akteuren am Kapitalmarkt nicht anschließen mag, gibt die Bewertung Gerkes *zur Ökonomisierung des Menschen* doch zu denken. Kein Wunder, dass Kritiker des Kapitalmarktmodells wie der Philosoph Richard David Precht eine Finanztransaktionssteuer propagiert um z. B. das bedingungslose Grundeinkommen für alle Bürger zu finanzieren (vgl. Precht 2018, S. 135 ff.). Es kann nicht sein, dass die kapitalstarken Investoren immer reicher werden, während große Teile der Bevölkerung eher wenig bis gar nicht vom Kapitalmarkt profitieren. Diese Entwicklung wird künftig sehr intensiv zu beobachten sein. Der Kapitalmarkt soll die *realwirtschaftlichen* Transaktionen unterstützen und nicht ein Spielplatz für *profitmaximierende Spekulationen* werden.

2.6 Schön wär's: Ökonomisches Gleichgewicht

Der Begriff des ökonomischen Gleichgewichts spielt in der Ökonomie spätestens seit der Klassik eine entscheidende Rolle (zur ökonomischen Klassik vgl. u. a. Pietsch 2019, S. 39 ff.). Dabei wird unterstellt, dass sich auf welchem Markt auch immer ein Gleichgewicht dann einstellt, wenn das Angebot gleich der Nachfrage ist (vgl. Mankiw und Taylor 2012, S. 93 ff.). Dies ist bei einem bestimmten Preis der Fall, der entsprechend „Gleichgewichtspreis" genannt wird. Zu diesem Preis wird buchstäblich der Markt „geräumt". Der Vater der modernen Ökonomie, der schottische Moralphilosoph Adam Smith, war der Meinung, der Markt reguliere sich selbst mit Hilfe der „unsichtbaren Hand" (vgl. Smith 2009, S. 451). Jean Baptiste Say, sein französischer Kollege kam nach zahlreichen Analysen und Überlegungen zu dem Schluss, dass das Angebot seine Nachfrage schaffe (vgl. Krelle 1989, S. 172 ff.). Das sah der Ökonom und Philosoph Karl Marx dagegen naturgemäß kritischer, da er im Kapitalismus nur eine liberale Ideologie zur „Ausbeutung des Proletariats" sah, die die wirtschaftliche Ungleichheit zwischen den reichen Unternehmern und den mit von ihrer Arbeit „entfremdeten" Arbeitern sah (vgl. Hoffmann 2009, S. 219 ff.).

Tatsächlich war man der Ansicht, dass sich ein solches Gleichgewicht auf allen Märkten einstelle: Auf dem

Gütermarkt ergibt sich über das Gleichgewicht zwischen Angebot und Nachfrage der Güterpreis, auf dem Geldmarkt der Geldmarktzins, auf dem Arbeitsmarkt das Gleichgewicht über den Gleichgewichtslohn etc. Diesem Prozess wohne eine natürliche Logik inne: Jeder Markt tendiere von Natur aus zu diesem Gleichgewicht und zu dem entsprechenden Gleichgewichtspreis. Was aber, wenn dieses Modell, diese Annahme der klassischen Ökonomen der Realität nicht standhält? Wie kam es bspw. zu Wirtschaftskrisen wie in den zwanziger Jahren des 20. Jahrhunderts? Wieso kam es auch in Deutschland nach den Boom Jahren nach dem Zweiten Weltkrieg, den sogenannten Wirtschaftswunderjahren der 50er- und 60er-Jahre, zu einer stagnierenden Wirtschaft und dem rapiden Anstieg der Arbeitslosigkeit?

Die Antwort darauf hat der Jahrhundertökonom John Maynard Keynes in seiner bahnbrechenden Schrift „Allgemeine Theorie der Beschäftigung, des Zinses und des Geldes" (vgl. Keynes 2017) gegeben: Es kann durchaus ein Gleichgewicht auf dem Arbeitsmarkt existieren, obwohl die Nachfrage nach Arbeit bei einem bestehenden Nominallohn das Angebot im Sinne der benötigten Beschäftigungsmenge bei diesem Nominallohn überschreitet (vgl. Keynes 2017, S. 28). Den Grund sah Keynes in der fehlenden effektiven Nachfrage (vgl. ebenda, S. 34 ff., vor allem S. 39). Die Nachfrage kann prinzipiell von privaten Haushalten, Unternehmen und dem Staat erfolgen. Zusätzlich ist die Nachfrage des Auslands nach heimischen Produkten zu berücksichtigen.

Dies wird über den Außenhandel abgebildet, konkret in der Handelsbilanz. Zur Stärkung der Nachfrage und zur Beseitigung der „unfreiwilligen" Arbeitslosigkeit – es kann ja auch temporäre d. h. friktionelle Arbeitslosigkeit zwischen zwei Jobs geben oder eine freiwillige Nichtbeschäftigung – können dann sämtliche Quellen der Nachfrage angeregt werden. So können die privaten Haushalte z. B. durch Steuersenkungen oder durch Erhöhung ihrer Konsumneigung zum vermehrten Konsum angeregt werden. Unternehmen können durch niedrige Zinsen zu Investitionen ermutigt werden und der Staat kann in seine Infrastruktur wie Straßen, Schulen, öffentliche Gebäude etc. investieren. Werden die Investitionen über Kredite finanziert und nicht etwa über zusätzliche Steuern – die das verfügbare Einkommen der Bürger reduziert und die Unternehmen in ihren Investitionen bremst – dann wird so die Konjunktur angeregt. Dies ist allerdings automatisch mit einem Eingreifen des Staates in die Wirtschaft erkauft, was wiederum marktliberale Ökonomen wie Milton Friedman nicht erfreut hätte.

Heute hat sich die Definition eines gesamtwirtschaftlichen Gleichgewichts durchgesetzt, die von einer gleichzeitigen Verwirklichung von vier wirtschaftspolitischen Hauptzielen ausgeht, das sogenannte „magische Viereck" (vgl. Statistisches Bundesamt 2020a): *Preisstabilität, Vollbeschäftigung, außenwirtschaftliches Gleichgewicht und stetiges und angemessenes Wirtschaftswachstum.* Diese Ziele wurden 1967 im Rahmen des „Gesetzes zur Förderung der Stabilität und des Wachstums der Wirtschaft (Stabilitätsgesetz)" definiert (vgl. ebenda). Die Zielerreichung wird jeweils an bestimmten statistischen Größen gemessen (vgl. a. a. O.), etwa das Wachstum anhand des preisbereinigten Bruttoinlandsprodukts, das Preisniveau anhand der Entwicklung des Verbraucherpreisindexes, der Beschäftigungsgrad an der Arbeitslosenquote und das außenwirtschaftliche Gleichgewicht anhand des Außenhandels-überschusses d. h. der Exporte minus der Importe. Wir werden uns schnell einig werden, dass eine hohe Inflation mit entsprechender Geldentwertung – ich kann mir für mein Geld immer weniger leisten, denken Sie z. B. an die zum Teil enormen Mietsteigerungen gerade in den deutschen Metropolen der letzten Jahre wie München, Berlin, Frankfurt oder Stuttgart (vgl. Immowelt 2018) – genauso wenig zu befürworten ist wie eine hohe Zahl an Arbeitslosen in einem Land (etwa Griechenland mit 18,5 Prozent, Spanien 14 Prozent und Italien 10,2 Prozent, Zahlen für März 2019, Griechenland von Januar 2019; vgl. Eurostat 2019).

Ein außenwirtschaftliches Gleichgewicht im Sinne einer ausgewogenen Handelsbilanz zwischen Exporten und Importen ist dagegen immer wieder Stein des Anstoßes zwischen einzelnen Ländern. So wird Deutschland immer wieder für seinen enormen Exportüberschuss kritisiert bspw. im Handel mit den USA. Präsident Trump wird nicht müde, Deutschlands Handelsüberschüsse im Vergleich zu den USA zu verurteilen (vgl. Böcking 2017) und droht mit hohen Zöllen auf deutsche Produkte (vgl. ebenda). Allerdings lässt sich der individuelle Geschmack der mündigen Verbraucher eines Landes z. B. in der Nachfrage nach deutschen Premiumautos auch nicht durch Zölle unterdrücken. Im Zuge der Coronakrise ist allerdings die Frage aufgetaucht, inwieweit nicht die heimische Wertschöpfung zu stärken ist (vgl. Heisterhagen und Laurin 2020). Die Abhängigkeit der deutschen Wirtschaft von globalen Lieferketten ist in dieser Zeit allen deutlich vor Augen geführt worden. Schließlich ist die Forderung nach einem stetigen und angemessenen Wirtschaftswachstum zu begrüßen, da nur so langfristig die Arbeitslosigkeit niedrig gehalten werden kann und der Wohlstand einer Nation nur durch ein moderates Wachstum zu halten sein wird. Allerdings *nicht ein Wachstum um des Wachstums willen*. Wir werden darauf in späteren Kapiteln noch zurückkommen.

2.7 Ist es das alles wert? Preise und Preisbildung

Preise verfügen in der Ökonomie über wesentliche Funktionen und sind in der heutigen Wirtschaft unverzichtbar (vgl. im Folgenden vor allem Mankiw und Taylor 2012, S. 95 ff.). Einerseits drücken Preise sowohl den vom Verkäufer als auch vom potenziellen Käufer dem Produkt subjektiv zugemessenen Wert aus. Was bin ich individuell bereit für ein bestimmtes Produkt etwa ein Paar Sportschuhe zu zahlen? Im Gegenzug fragen sich die um die maximale Rendite abzielenden Unternehmen, was sie für einen Preis setzen können, den der Markt gerade noch zu zahlen bereit ist und ihren Gewinn optimiert. So trifft im Rahmen der Nachfrage nach dem Produkt die Preisbereitschaft der Käufer auf die höchstmögliche Preissetzung durch Verkäufer. Dabei gibt der Preis die Begehrlichkeit – oder ökonomisch gesprochen: die Knappheit – eines Produktes an, das Kaufende zu erwerben gedenken. Dabei gilt in aller Regel, dass *je höher die Nachfrage nach einem Gut, desto höher der Preis und umgekehrt.* Verdienen Unternehmen mit einem Produkt gutes Geld, werden sie das Angebot erhöhen und sukzessive auch den Preis und zwar solange bis die Nachfrage zurückgeht. Der Markt koordiniert über den Preis Angebot und Nachfrage und allokiert ökonomisch gesehen das Angebot dahin, wo die stärkste Nachfrage besteht.

Preise werden betriebswirtschaftlich gesehen unter Berücksichtigung verschiedener Aspekte gebildet (vgl. zu den vielfältigen Aspekten der Preispolitik u. a. Homburg 2012, S. 651 ff.). Da gilt es zunächst einmal die *Nachfrage der Kundschaft* zu betrachten (vgl. zur nachfrageorientierten Preisbestimmung Homburg 2012, S. 704 ff.). Idealerweise wird die Preisbereitschaft der Kunden mit dem Preis maximal möglich abgeschöpft. Dies ist sicherlich eine der schwierigsten Aufgaben von Produktmanagement, den idealen Preis für neue Artikel zu definieren. Wird der Preis zu niedrig angesetzt, verzichtet das Unternehmen auf Rendite, da die Kundschaft bereit gewesen wäre, mehr für das Produkt zu zahlen. Wird der Preis zu hoch angesetzt, fällt die Nachfrage zu gering aus und die eingesetzten Entwicklung- und Produktionskosten werden nicht wieder hereingeholt. Schwieriger wird es natürlich noch, wenn das Produkt international angeboten werden soll, da in jedem Markt eine unterschiedliche Nachfragesituation existiert und kulturelle Faktoren berücksichtigt werden müssen.

So unterscheidet sich der Markt für Automobile in China nicht nur ausstattungstechnisch von denen in den USA – von den unterschiedlichen Schriftzeichen in den Navigationssystemen etc. gar nicht zu reden – sondern auch vom Preis, da der Markt in den USA viel umkämpfter ist und die Preisbereitschaft der US-Kundschaft viel niedriger. Die Preise werden analog dem Marktumfeld, der lokalen Kaufkraft und vor allem der unterschiedlichen Steuer- und Zollsituation gemäß angepasst (vgl. Motortalk 2015). Zusätzlich sind natürlich die Währungsrelationen zu berücksichtigen (vgl. Perlitz und Schrank 2013, S. 525). Kein Unternehmen möchte sein Produkt zu einem Preis auf einem ausländischen Markt anbieten, das umgerechnet in die Heimatwährung unter Berücksichtigung der Kostenseite einen Verlust einbringt.

Ein anderer bei der Preisbildung zu berücksichtigender Aspekt ist der *Preis der Wettbewerber* (vgl. Homburg 2012, S. 729 ff.). So kann sich ein Unternehmen schnell „aus dem Markt preisen" wenn es für ein vergleichbares Produkt ohne sich durch bestimmt Eigenschaften zu differenzieren einen um 50 Prozent höheren Preis verlangt. Gerade bei den Konsumgütern des täglichen Lebens wie etwa Lebensmittel wie z. B. Müsli, können auch noch so hoch elitär positionierte Marken mit einem vergleichbaren Inhalt nicht deutlich über dem Marktpreis liegen. Oder denken Sie an Bücher. Ein Buch, das einen Roman enthält, darf für die Leser eine gewisse Preisschwelle nicht überschreiten um gekauft zu werden. Gebundene Bücher dürfen so den Referenzpreis von 20 Euro nicht wesentlich überschreiten, um noch in großer Zahl gekauft zu werden (zum Konzept des Referenzpreises vgl. Homburg 2012, S. 694 f.). Ähnliches gilt für Referenzstrecken im internationalen Flugverkehr wie etwa Frankfurt – New York, die in der günstigsten Klasse nicht für über 1000 Euro verkauft werden sollten. Schließlich ist natürlich der Preis für ein Produkt zu setzen, der nach Abzug sämtlicher ihm zurechenbaren Kosten wie u. a. Entwicklungs- Produktions- und Logistikkosten immer noch einen Gewinn, eine Marge, erwirtschaftet.

Die Preisbildung erfolgt heute zunehmend im Onlinehandel. Bei online Versteigerungen oder Marktplätzen wie Ebay oder unzähligen Spezialmärkten für Liebhaberprodukte wie etwa Oldtimer werden die Preise in Echtzeit gehandelt und auch variiert, etwa auf der Plattform des Online-Händlers für Oldtimer www.rdclassics.de. Das Internet sorgt für die schnelle Transparenz auch von Angeboten generell. Sämtliche Produkte können im Netz miteinander verglichen werden: Portale bieten Preisvergleiche für Pauschalreisen oder Hotelübernachtungen wie etwa *expedia* etc. *Booklooker* vergleicht auffindbare Preise für Bücher. Die Anzahl der Preisvergleichsportale wird immer größer und bietet den jeweils günstigsten Preis für einzelne Produkte wie etwa *idealo.de, geizhals.de, billiger.de, guenstiger.de, geizkragen.de* etc. Die Suche nach Preisschnäppchen wird immer mehr zum allgemeinen Volkssport (vgl. Webhandel 2008), vor allem, wenn teure Marken für nur noch die Hälfte oder weniger des ursprünglichen Preises erworben werden können. Outlets wie in Metzingen, einer Kleinstadt in Baden-Württemberg, wo viele Luxusmarken ihre ehemals fabriknahen Outlets angesiedelt haben, haben da vor Jahren ein äußerst profitables Geschäftsmodell geschaffen. So wird der bereits genannte „Snob-Effekt" von Thorstein Veblen, der im Statuskonsum der Edelmarken den sozialen Unterschied erkennen lassen möchte, nivelliert und auch „Normalbürger" können sich dem Luxus frönen und sich bewundern lassen.

Schließlich hängt die Preisbildung natürlich auch davon ab, ob ich mich in einem Oligopolmarkt mit nur wenigen überschaubaren Anbietern befinde – die sich in ihrem Preisverhalten nicht absprechen dürfen, weil sie ansonsten Besuch vom Kartellamt bekommen – oder gar in einem Monopol (vgl. Meffert 1998, S. 490 ff.). In einem Monopol kann der einzige Anbieter am Markt seinen Preis ohne Rücksicht auf die Konkurrenz definieren (vgl. Mankiw und Taylor 2012, S. 377 ff.). Kaufende können lediglich für sich definieren, ob sie das Produkt kaufen möchten oder nicht, d. h. maximal die Abnahmemenge für sich definieren. Eine weitere Art der Preisbildung geschieht auf zentral gelenkten Märkten wie es sie etwa in der DDR im Rahmen der Zentralen Planwirtschaft gegeben hat oder wie sie in den Kriegsjahren in Deutschland praktiziert wurde. Dort wurden die Preise und die Güter, die angeboten werden durften zentralseitig d. h. vom Staat und seinen Behörden festgelegt. Dabei wurde nicht nur die Autonomie des Kunden beseitigt d. h. die Bedürfnisse des Kunden wurden nicht berücksichtigt, sondern Bedarf und Produktion bzw. Angebot und Nachfrage konnten so nicht zur Deckung gebracht werden. Der *Preis konnte seine Signalfunktion*, die *Allokations-* und vor allem die *Knappheitsindikator-Funktion* nicht gerecht werden. Nicht umsonst schrieb Alfred Müller-Armack, der geistige Vater der sozialen Marktwirtschaft, in seinem berühmten Werk „Wirtschaftslenkung und Marktwirtschaft"

(Müller-Armack 1990, S. 107): „Der marktwirtschaftliche Preisapparat ist zweifellos ein unentbehrliches Signalinstrument, durch das Konsum und Produktion ohne großen Verwaltungsaufwand höchst rationell aufeinander abgestimmt werden." Der *Preis* als Ergebnis von Angebot und Nachfrage regelt das Warenangebot *besser als es jede zentrale Planung* könnte.

2.8 So ist's richtig: Freier Wettbewerb

In Deutschland und den Marktwirtschaften in aller Welt hat sich das *Wettbewerbsprinzip als wesentliches Element* herausgebildet. Wettbewerb lässt die Anbieter d. h. Unternehmen im Ringen um die Gunst der Kundschaft das bestmögliche Preis-Leistungsverhältnis ihrer Produkte entwickeln. Verkaufe ich ein vergleichbares Produkt wesentlich teurer als mein Wettbewerber auf dem gleichen Markt, dann werde ich in aller Regel von der Kundschaft nicht belohnt und das Produkt wird nicht gekauft. Es sei denn, ich kann mich mit irgendwelchen Produkteigenschaften von meinem Wettbewerber unterscheiden, sei es die Qualität, die Funktionalität oder nicht zu vergessen der Status. Ein Burberry Mantel hält sicher genauso warm wie ein „No name" Mantel, verfügt aber zumeist über eine höhere Qualität und vor allem signalisiert er die finanzielle Potenz des Tragenden. Der freie Wettbewerb sorgt dafür, dass sich alle Marktbeteiligten darum bemühen, der Kundschaft die bestmögliche Qualität oder Differenzierung zu einem bestmöglichen Preis anbieten zu können. Das ist vor allem für Konsumenten gut, da sie nicht nur zumeist unter vielen verschiedenen Anbietern auswählen können, sondern auch noch einen vergleichsweise niedrigen Preis zu bezahlen haben. Ökonomen bezeichnen einen Markt entsprechend dann als einen Wettbewerbs- oder Konkurrenzmarkt, wenn es auf diesem so viele Käufer und Verkäufer gibt, dass keiner von ihnen den Marktpreis entscheidend beeinflussen kann (vgl. Mankiw und Taylor 2012, S. 78 ff.).

Die Anbieter zwingt es dazu, ihre Produkte permanent weiterzuentwickeln oder gar neue Produkte oder Verfahren zu entwickeln. Ferner müssen sich die Unternehmen mit ihren Produkten gegenüber dem Wettbewerber zu differenzieren und/oder die Kosten ständig reduzieren, um einen marktadäquaten Preis anbieten zu können und konkurrenzfähig zu bleiben (zu den Möglichkeiten der Produktdifferenzierung vgl. Perlitz und Schrank 2013, S. 515 f. und Homburg 2012, S. 544 ff.). Dabei haben die Unternehmen verschiedene Möglichkeiten sich vom Wettbewerb zu differenzieren: Sie können eine globale Logistikkette aufbauen und die Produkte in einem effizienten, permanent weiterentwickelten Prozess an die Kundschaft bringen, wie etwa Amazon. Künftig sind sogar Drohnen denkbar oder Auslieferungen an alle möglichen Plätze. So liefert z. B. der Paketversender UBS verschreibungspflichtige Medikamente per Drohne an Privathaushalte (vgl. Endres 2019). Ein Pizzadienst kann sich einer bestimmten Termintreue rühmen. Das Unternehmen hat sogar in einigen Verkaufsgebieten LKWs gekauft, in denen während der Fahrt in eigens vorgesehenen Pizzaöfen eine Pizza gebacken werden kann, um so die Kundschaft in den Genuss einer extrafrischen Pizza kommen zu lassen (vgl. Aleff 2002, S. 145).

Weitere Differenzierungsmöglichkeiten ergeben sich für findige Unternehmer und Unternehmen durch einen besonderen Service für die Kundschaft, die Qualität der Produkte e.g. Premiumautos, die Auswahl z. B. im Lebensmitteleinzelhandel, die Verfügbarkeit der Waren e.g. Amazon und Vieles mehr. Die beteiligten Unternehmen streichen dabei normalerweise den Gewinn ein, den ihnen gemäß ihrer Leistung am Markt zusteht. Schließlich tragen sie das unternehmerische Risiko und müssen im Falle des Scheiterns bzw. des Verlierens im Wettbewerb die entstandenen Verluste in Kauf nehmen und ggfs. Konkurs anmelden. Schwierig wird es allerdings, wenn der Wettbewerb systematisch ausgeschaltet wird. Wir werden das im nächsten Abschnitt vertiefen.

Ähnlich wie bei dem Preis sorgt auch der Wettbewerb dafür, dass die eingesetzten Produktionsfaktoren wie Arbeit, Boden und Kapital bestmöglich kombiniert werden, um den Bedarf der Konsumenten zu decken. Voraussetzung für einen funktionierenden Wettbewerb ist allerdings, dass die rechtlichen Rahmenbedingungen gegeben sind (vgl. u. a. Behncke 2017a): Privates Eigentum muss möglich sein, die Gewerbe-, Niederlassungs- und Vertragsfreiheit muss gegeben sein. *Der Markt muss transparent und ohne Einschränkungen des Wettbewerbs funktionieren.* Dazu gehört, dass jeder potenzielle Anbieter eines Gutes oder einer Dienstleistung in den Markt eintreten kann und daran prinzipiell nicht gehindert wird. Dass nicht jeder ein Auto bauen kann, der über die entsprechenden Kompetenzen, Mitarbeitenden oder gar Fabriken verfügt, ist leicht einzusehen – wiewohl es beim Bau von Elektrofahrzeugen aufgrund der geringeren Komplexität der Elektromotoren leichter geworden ist. Nicht jeder wird einen Friseursalon oder eine Bäckerei eröffnen können, wenn er oder sie nicht zumindest Ahnung von dem Geschäft hat und idealerweise Friseur- oder Bäckermeister ist. Schließlich muss der Markt transparent sein und über ein funktionierendes Preis- und Währungssystem verfügen (vgl. Behncke a. a. O.). Der *freie Wettbewerb* führt in der Regel dazu, dass sich die *besten Ideen und Geschäftsmodelle am Markt durchsetzen* und der Kundschaft ein bestmögliches Ergebnis liefern.

2.9   Es muss nicht immer schlecht sein: Monopole und Oligopole

Was passiert aber, wenn der freie Wettbewerb nicht mehr gewährleistet ist? Wird ein Anbieter so mächtig oder seine Stellung so marktbeherrschend, dass es keinen weiteren vergleichbaren Anbieter auf dem relevanten Markt gibt, dann kann es zu einem *Monopol* kommen (vgl. Mankiw und Taylor 2012, S. 377 ff.). In einem Monopol stehen einem einzigen Anbieter eines Gutes, zu dem es keinen vergleichbaren Ersatz gibt, (vgl. Mankiw und Taylor a. a. O., S. 378) viele Nachfrager gegenüber. Diese haben dann immer nur die Wahl, ob sie das Gut erwerben wollen oder nicht. Bestenfalls können sie in Abhängigkeit vom Preis die präferierte Menge bestimmen. Wie entsteht ein solcher Zustand? Zunächst versuchen Unternehmen immer auf der Suche nach dem maximalen Gewinn sich vom Wettbewerber zu differenzieren. Das ist nur natürlich und bringt in der Summe die Wirtschaft auch voran. Neue Ideen für Produkte, Prozesse oder auch ganze Strategien helfen den Unternehmen, sich abzuheben von der Konkurrenz und möglichst viele Kunden an sich zu binden. Davon profitieren vor allem die Verbraucher, da schlankere Prozesse und neue bzw. verbesserte Produkte die Angebotsvielfalt auf dem Markt verbessern helfen. Problematisch wird es allerdings immer dann, wenn der einzige Anbieter auf dem Markt seine Marktmacht ausnutzt und entsprechend hohe Preise setzt.

Erinnern wir uns noch etwa zehn Jahre zurück, als die ersten Smartphones von Apple, die sogenannten „iPhones" erstmalig auf den Markt kamen. Diese „intelligenten Telefone" unterschieden sich von den damals gängigen Mobiltelefonen nicht nur durch ihr gefälliges Design und dem Touchbildschirm, sondern auch durch die vielen zusätzlichen Funktionen wie E-Mail, Internetverbindung, Wetterinformationen, Karten etc. Zusätzlich konnten für eine Vielzahl von Anwendungen des täglichen Lebens sogenannte „Apps" entwickelt werden. Diese waren nichts anderes als Software, die nach bestimmten, von Apple vorgegebenen Standards entwickelt wurden, um die Prozesse des täglichen Lebens online abwickeln zu können wie etwa Informationen über freie Parkplätze und Autos im Car Sharing, Kauf von S-Bahntickets oder generell Tickets aller Art. Waren diese anfänglichen iPhones um ein Vielfaches teurer als die herkömmlichen Mobiltelefone, setzten sie sich sehr schnell weltweit durch und verhalfen der Firma Apple zu einer einzigartigen wirtschaftlichen Entwicklung. Heute sind diese „Smartphones" à la iPhone, Samsung etc. vom globalen Telefonmarkt nicht mehr wegzudenken. Im Jahr 2018 besaßen weltweit mehr als 2,5 Milliarden Menschen ein Smartphone (vgl. Informationszentrum Mobilfunk online 2020, befragt wurden 33.000 Menschen in 27 Ländern). Bei insgesamt 5 Milliarden Mobiltelefonen weltweit sind das schon deutlich mehr als die Hälfte der Mobiltelefonnutzer. Differenziert man nach den 18 befragten „fortgeschrittenen" Ländern, sprich den Industrieländern, dann nutzen im Durchschnitt sogar 76 Prozent der Mobiltelefonnutzer Smartphones (vgl. ebenda).

Diese Produktinnovation definierte damals einen neuen Markt der intelligenten Telefone. Kurzfristig konnte die Firma Apple so ein Produktmonopol aufbauen – keine andere Firma konnte ein solches vergleichbares Produkt aufweisen – und konnte die „Pioniergewinne" am Markt abschöpfen. Der ursprünglich aus Österreich stammende, später aber u. a. lange Zeit in Harvard lehrende Ökonom Joseph Schumpeter hatte dieses Phänomen des „Pioniergewinns" als erster prominent adressiert (vgl. März 1989, S. 251 ff., vor allem S. 268):

Jedes Unternehmen erhält den Anreiz, ein neues Produkt, eine neue Geschäftsidee generell zu entwickeln mit der Aussicht, zunächst der einzige Anbieter zu sein. Diese *temporäre Monopolstellung* erlaubt es den Unternehmen, den Gewinn solange als einziger abzuschöpfen bis ein weiterer ernst zu nehmender Wettbewerber in den Markt eintritt, mit dem er sich den Gewinn am Markt teilen muss. Diese Entwicklung ist gesund und verschafft den Unternehmen einen Anreiz, in neue Produkte und Geschäftsmodelle zu investieren. Der gravierende Nachteil von Monopolen ist allerdings, dass der potenzielle Konsument dem Anbieter auf „Gedeih und Verderb" ausgeliefert ist. Bei Unzufriedenheit mit dem Anbieter oder seinem Produkt gibt es keine Alternativen. Es gibt nur die Alternative, nichts zu kaufen oder weniger. Gleichzeitig kann der Anbieter seinen Preis nahezu nach Belieben setzen, muss allerdings damit rechnen, dass die Kunden ab einem gewissen Preis nichts mehr kaufen. Nicht umsonst wird eine marktbeherrschende Stellung von den Kartellbehörden kontrolliert und ggfs. aufgelöst (vgl. Bundeskartellamt.de, Marktmissbrauch 2020a). Das Kartellamt geht von einer marktbeherrschenden Stellung eines Unternehmens aus, wenn „es keinem wesentlichen Wettbewerb ausgesetzt ist oder eine im Vergleich zu seinen Wettbewerbern überragende Marktstellung hat." (Bundeskartellamt.de ebenda). Gemessen wird die marktbeherrschende Stellung u. a. anhand der Marktanteile des Unternehmens und seiner Wettbewerber, den Marktzutrittsschranken für neue Anbieter, Wechselkosten für Kunden etc. (vgl. ebenda). Ein Beispiel für den Missbrauch einer marktbeherrschenden Stellung liefert jüngst das soziale Netzwerk Facebook (vgl. Dachwitz und Reuter 2019).

So war das Bundeskartellamt der Meinung, dass das Unternehmen Facebook seine marktbeherrschende Stellung dazu nutze, umfangreiche Daten der Nutzer zu sammeln, über ihre weiteren Dienste wie Instagram, WhatsApp und diverse Webseiten zusammenzuführen und detailliert auszuwerten (vgl. ebenda). Die Nutzer von Facebook, so das Bundeskartellamt, müssten in die Lage versetzt werden, der Zusammenführung der Daten aktiv zu widersprechen und dennoch ihr Konto bei Facebook zu behalten. Bislang war die Nutzung von Facebook an die Zustimmung des Nutzers zur Datensammlung und -auswertung gebunden (vgl. a. a. O.). Ferner werden Zusammenschlüsse von Unternehmen auf einem abgegrenzten, „relevanten Markt" vorab hinsichtlich ihrer marktbeherrschenden Stellung untersucht und erst bei Unbedenklichkeit von den Kartellbehörden genehmigt (vgl. Bundeskartellamt.de, Fusionskontrolle 2020b).

Künftig wird sich allerdings die Anzahl der temporären Monopole noch weiter verstärken. So schießen sogenannte „Start-ups", kleine Unternehmen mit einer neuen Geschäftsidee und einem neuen Geschäftsmodell wie die Pilze aus dem Boden in der Suche nach einem neuen Produkt, einer neuen Idee oder nur einer Digitalisierung bestimmter Prozesse. Während vorübergehende Monopole prinzipiell einen Anreiz für die Unternehmen darstellen, können langlebige Monopole eher schaden. So ist sicher zu begrüßen, dass ein Unternehmen wie Amazon angefangen von der Buchbranche die Art und Weise des Kaufens revolutioniert hat. Heute werden nahezu alle Artikel des täglichen Bedarfs online bestellt und über ein ausgeklügeltes Logistiksystem punktgenau am Zielort, an der Zieladresse ausgeliefert. Google erlaubt es, sämtliche Wissensbereiche nach Stichworten zu kategorisieren und Milliarden von Einzelinformationen zu verdichten und auffindbar zu machen. So praktisch das ist, so problematisch wird die wohl auch mittelfristig *anhaltende Monopolstellung von Amazon und Google*. Ein Beispiel für die dominante Stellung Amazons ist

z. B. die Maßgabe an alle Verkäufer über Amazon, ihre Artikel zum jeweils niedrigsten Preis anzubieten (vgl. Stiglitz 2020a, S. 131). Wer kann über einen anderen Logistikdienstleister ein so weites Produktspektrum online kaufen und welches Suchportal wird auch nur annähernd so häufig konsultiert wie Google? Joschka Fischer, der ehemalige Bundesaußenminister, stellt in seinem neuen Buch sogar die hypothetische Frage, was geschehen würde, wenn sich eines Tages *Ali Baba*, die chinesische Variante von Amazon, und Amazon zusammenschlössen? (vgl. Fischer 2020, S. 124). Selbst wenn man unterstellt, dass ein US-amerikanisches Unternehmen und ein chinesisches schon aus politischen Gründen höchst unwahrscheinlich zusammengingen (vgl. Fischer a. a. O., S. 124), dann entstünde durch die Fusion ein *globales Monopol* bei den Handelsplattformen (vgl. ebenda, S. 125). Die Aufgabe wird künftig sein, bei den vielen neuen Unternehmen im Internet oder auch generell bei den „Start-ups" dafür zu sorgen, dass eine solche Monopolstellung nicht dauerhaft bestehen bleibt.

Ähnliches gilt für *Oligopole* (vgl. Mankiw und Taylor 2012, S. 435 ff.). Ein Oligopol besteht *per definitionem* aus wenigen (*oligos*=altgriechisch für wenige) Anbietern und vielen Nachfragern. Der Markt ist also überschaubar. Das kann der Markt für Telekommunikation mit so namhaften Unternehmen wie T-Mobile, Vodafone, E-Plus oder der Strommarkt in Deutschland mit Firmen wie EON, RWE, Vattenfall, EnBW etc. Der wesentliche Unterschied zu einem Markt mit vielen, nicht überschaubaren Anbietern ist, dass *jede Aktion des einen Anbieters eine Reaktion des anderen provoziert*. In einem so überschaubaren Marktsegment sind sämtliche Aktivitäten des Wettbewerbers gleich marktrelevant und können die Marktposition des einzelnen Unternehmens kurzfristig zum Teil dramatisch verändern. So besteht grundsätzlich die Gefahr, dass sich Unternehmen in einem Oligopol hinsichtlich des Preises, der Menge und des Wettbewerbs, den sie sich gegenseitig machen wollen, absprechen können. Sprechen sich aber alle Marktteilnehmer ab, dass sie einen bestimmten Preis nicht unterschreiten, dann bleibt Verbrauchern nur die Wahl zu dem höheren Preis einzukaufen was für sie und die Gesellschaft Wohlfahrtsverluste bedeutet.

Alle diese Absprachen und Reaktionen auf Monopol- und Oligopolmärkten *reduzieren den Wettbewerb* und schränken die Wahl und reduzieren die „Konsumentenrente", d. h. das was Verbraucher als Gewinn für sich verbuchen können z. B. durch einen niedrigeren Preis (vgl. u. a. Mankiw und Taylor 2012, S. 173). Künftig werden solche Marktkonstellationen durch die vielen Unternehmensgründungen und dem Nachholbedarf im Netz zunehmen und müssen analog der heute bereits existierenden Kartellregelungen intensiv beobachtet und verhindert werden. Nachdem wir uns in diesem Kapitel mit dem Wesen des Marktes und den unterschiedlichen Märkten und Angebotsformen auseinandergesetzt haben, wollen wir uns im Folgenden die *Wirtschaftsordnung* als Regelwerk der ökonomischen Aktivitäten näher ansehen.

3

Prinzipien der Wirtschaftsordnung

3.1 Ist der Kapitalismus noch zeitgemäß?

Die Zahl der kritischen Stimmen zum Kapitalismus ist nahezu unüberschaubar (vgl. exemplarisch aus einer sehr langen Liste von Veröffentlichungen jüngster und jüngerer Zeit Piketty 2020, 2014; Collier 2019; Ziegler 2018; Zuboff 2018; Wagenknecht 2011; Dönhoff 1997): Der Kapitalismus „beutet die Menschen aus" „entfremdet ihn von seiner Arbeit" (Karl Marx 2009, S. 210 ff.), „Diese Wirtschaft tötet." (Papst Franziskus 2013, S. 95); er schaffe eine Leistungsgesellschaft, die mit Ellenbogen durchs Leben geht und die Solidargemeinschaft der Menschen aufkündigt (vgl. u. a. Wagenknecht 2016, S. 13). Der Kapitalismus kehre das Schlechteste im Menschen hervor, die in ihrer grenzenlosen Gier nach immer mehr aus seien und ihren persönlichen Nutzen maximierten (vgl. a. a. O., S. 31 ff.).

D. Pietsch, *Prinzipien moderner Ökonomie*,
https://doi.org/10.1007/978-3-658-31586-3_3

Mitleid und Mitmenschlichkeit bzw. der Gemeinsinn (vgl. Habeck 2020) blieben auf der Strecke, seien aber gerade jetzt in dieser Krisenzeit immer wertvoller. Mehr und immer weiter. Das produziere eine Heerschar an Egoisten, die nur auf ihren Vorteil bedacht seien. Die Natur werde zerstört in dem Streben nach immer mehr Profit (vgl. Wagenknecht 2011, S. 7 ff.). Menschen hätten Angst ihre Jobs zu verlieren, Depressionen seien an der Tagesordnung, der Leistungsdruck nähme zu etc.

Vor allem ragt eine Kritik am Kapitalismus besonders hervor: Er schaffe eine *weltweite Ungleichheit* zwischen den Ländern, innerhalb der Länder in den verschiedenen Schichten (vgl. u. a. Piketty 2020, vor allem S. 14). Längst sei ausgemacht, dass die unteren 99 Prozent der Bevölkerung nur für das eine Prozent der Reichen arbeite und nur diese wirklich vom kapitalistischen System profitierten und „den Mehrwert" (Karl Marx) einbehalten. Manche könnten sehr gut in dem System leben, andere wiederum seien arm und erhalten trotz jahrzehntelanger Arbeit später keine lebenswerte Rente. Daher wurde 2020 die Grundrente beschlossen, die 1,3 Millionen Menschen mit niedrigen Renten zugutekommen soll (vgl. Eubel 2020). Zahlreich sind auch die kritischen Bewegungen, seien sie G20 Protestierer, globalisierungskritische Bewegungen wie *attac* oder die Gegner internationaler Handelsabkommen wie etwa *TTIP*. Spätestens nach der weltweiten Wirtschaftskrise 2008 war allen Kritikern des Kapitalismus klar, so kann es nicht mehr weitergehen. Und das Gefühl hält bis heute bei einer Mehrheit der Bevölkerung an. Heute, im Jahr der Coronakrise gilt der Kapitalismus als „verwundbar" (vgl. Heuser 2020). Ein Kapitalismus, der nicht bis ins letzte ausgereizt werden sollte. Finanzielle Reserven, „Slack", seien allerorten vonnöten. Gefordert sei ein Kapitalismus, der vor allem künftig eine innere Widerstandskraft aufweise (vgl. ebenda).

Dabei steht der *Kapitalismus eigentlich für etwas Positives*, nämlich eine Gesellschafts- und Wirtschaftsordnung, die vor allem durch die Merkmale Privateigentum und die Steuerung des Wirtschaftsgeschehens durch den Markt charakterisiert werden kann. Man könnte noch mit Sauerland, (vgl. Sauerland 2018 „Kapitalismus"), ergänzen: konstitutiv für den Kapitalismus sind die „kapitalistische Gesinnung", d. h. das Streben nach Gewinn durch rationale Arbeitsorganisation, die Dominanz von Großbetrieben und freien Unternehmern. Kaum ein Begriff hat in der Geschichte der Ökonomie so polarisiert wie der Begriff des Kapitalismus. Während der Begründer der modernen Ökonomie, der schottische Moralphilosoph Adam Smith, das Kapital als Grundlage zur Ertrags- und Gewinnerzielung gesehen hat bzw. ganz neutral zur Finanzierung von Investitionen (vgl. Smith 2009, S. 106 ff.), sah der Philosoph und Ökonom Karl Marx u. a. im Kapital eine bestimmende Größe für die Gesellschaftsordnung schlechthin (vgl. Marx 2009). Haben oder nicht Haben von Kapital scheidet die Gesellschaft in die „ausgebeuteten, entfremdeten" Arbeiter (vgl. Hoffmann 2009, S. 219 ff.) und die Kapitalisten und Eigentümer der Produktionsmittel, die nur von ihrem Kapital und dem „Mehrwert" leben, den die Arbeiter im Schweiße ihres Angesichts erwirtschaften. Selbst wenn man sich dieser sehr negativen Sichtweise des Kapitalismus nicht anschließen möchte und vor allem die positiven Errungenschaften auf den Wohlstand der Nationen und seiner Bevölkerung hinweist, so ist die *Frage nach der richtigen Wirtschaftsform* aktueller denn je.

Vor allem ist es die Frage, welche *Rolle der Staat in der Wirtschaft* spielen sollte. Zahlreich sind die Forderungen nach staatlich subventionierten Leistungen wie etwa kostenlose Kindertagesstätten, ein bedingungsloses Grundeinkommen, kostenlose Bildung (s. etwa die Forderung des

damaligen Kanzlerkandidaten Martin Schulz im Bundestagswahlkampf 2017, vgl. Wehnert 2017) etc. Während
viele der Forderungen legitim sind und die Wohlfahrt der
Bevölkerung eindeutig fördern würden, geht es um die
prinzipielle Frage, wie stark sich der Staat in die Belange der
Wirtschaft einmischen sollte. Liberale Ökonomen setzen
stärker auf marktwirtschaftliche Gesetzmäßigkeiten mit
privaten Anbietern und Nachfragern (vgl. Friedman 2016,
S. 46 ff.), die effizienter seien als es staatliche Stellen könnten, da letztere den Bedarf simulieren müssten und nicht
den tatsächlichen Bedarf in Form eines Preises erkennen
könnten. So könnten z. B. private Schulen aus Sicht der liberalen Ökonomen eine bessere Bildung zur Verfügung
stellen, da sie sich gegenüber ihren Wettbewerbern durch
Leistung differenzieren und durchsetzen müssen und einen entsprechenden Preis setzen können (vgl. Friedman
a. a. O., S. 109 ff.). Die Kundschaft hat dann die freie Wahl,
welche Schule sie für ihre Kinder auf Basis der monatlichen
Schulgebühren auswählen. Staatliche Schulen ließen dagegen keine Wahl, da sie in Deutschland nach dem „Spren-
gel-Prinzip" der geografisch am nächsten gelegenen Schule
zugeteilt würden. Dagegen argumentieren die Kritiker, dass
die Bildung dann durch den „Geldbeutel" der Eltern definiert würde und nicht nach der Leistung (vgl. Piketty 2020,
S. 1238 bezogen auf die USA und Frankreich). Die kostenlose Bildung in der Form staatlicher Schulen sei gerechter,
von ungleichen Prägungen und Förderungen in den einzelnen Haushalten – Akademiker versus Arbeiter – einmal
abgesehen. Wie auch hier die Coronakrise eindringlich
gezeigt hat, sind es gerade die Pflegekräfte, Post- und Trans-
portmitarbeitenden, Kassierer in den Supermärkten, Reini-
gungskräfte, Erziehungskräfte etc., die als „systemrelevant"
die Wirtschaft der Welt am Laufen gehalten haben. Gerade
diese Gruppen gilt es besonders zu fördern!

Was bei diesem Beispiel klar geworden ist, ist dass die einen, liberalen Vertreter der ökonomischen Theorie, exemplarisch Friedman, den Staat so weit wie möglich aus dem Wirtschaftsgeschehen heraushalten und so die individuelle Freiheit stärken wollen, während die staatsnahen Ökonomen eher die Gleichheit der Chancen, exemplarisch Piketty, in den Vordergrund ihrer Überlegungen stellen. Selbst liberale Ökonomen vor allem deutscher Prägung haben in den letzten Jahrzehnten neben dem marktwirtschaftlichen Prinzip zumindest dem Staat eine *ordnungsgebende, Rahmen schaffende Funktion* zugeordnet. Gemäß dieser *ordoliberalen*, von ordo=lateinisch, die Ordnung, *Idee* solle der Staat die rechtlichen Rahmenbedingungen setzen wie z. B. Eigentumsrechte, Vertragsrechte aber auch das Wettbewerbsrecht und vor allem einen *funktionierenden Wettbewerb* sicherstellen (vgl. u. a. Pietsch 2019, S. 221). Staatliche Institutionen wie das Kartellamt sollen lediglich für die Durchsetzung dieser Wettbewerbsprinzipien sorgen und sich ansonsten aus der Wirtschaft tunlichst heraushalten. Der *Ordoliberalismus*, der in Deutschland vor allem mit dem Namen *Walter Eucken* und der *Freiburger Schule* verbunden ist (vgl. Pietsch a. a. O., S. 220 ff.), war die Antwort auf die negativen Erfahrungen mit dem Staatsinterventionismus der zentralen Wirtschaftslenkung im nationalsozialistischen Deutschland und einerseits und dem „laissez-faire-Liberalismus", der auf einen Eingriff des Staates in die Wirtschaft in jeglicher Form verzichtet.

Um die Jahrtausendwende wurde vor allem in Großbritannien aber auch in Deutschland unter der Regierung des Kanzlers Schröder ein sogenannter „*Dritter Weg*" diskutiert: Die damaligen Regierungschefs von Großbritannien und Deutschland, Tony Blair und Gerhard Schröder, definieren einen Mittelweg zwischen „Keynesianischer Nachfragesteuerung und neoliberaler Deregulierung". Er war vor allem eine Antwort auf die „neoliberale" Wirtschaftspolitik der Achtziger Jahre unter Premierministerin Margaret Thatcher in Großbritannien und US-Präsident Ronald Reagan in den USA, die die Wirtschaft durch eine beispiellose Steuersenkung und Privatisierungswelle staatlicher Unternehmen voranbringen wollten, dabei aber die sozialen Fragen vernachlässigten. In den Worten des Soziologen Anthony Giddens (2000, S. 73):

> Die Sozialdemokratie alten Stils konzentrierte sich auf Industriepolitik und Nachfragemaßnahmen Keynesianischer Prägung, während sich Neoliberale auf die Deregulierung und Liberalisierung der Märkte konzentrierten. Die Wirtschaftspolitik des „dritten Weges" muss sich mit unterschiedlichen Prioritäten beschäftigen, der Bildung, Anreizsystemen, unternehmerischer Kultur, Flexibilität, Dezentralisierung und die Kultivierung von sozialem Kapital. Das Denken des *„dritten Weges"* betont, dass eine starke Wirtschaft zwar eine starke Gesellschaft unterstellt, diese Verbindung aber nicht von einem Interventionismus alten Stils herrührt. Das Ziel makroökonomischer Politik ist es, die Inflation niedrig zu halten, die staatliche Kreditaufnahme zu begrenzen und angebotsorientierte Maßnahmen (wie u. a. Steuersenkungen, Anmerkung des Verfassers) zu nutzen, um das Wachstum und eine hohes Beschäftigungsniveau zu fördern. (Übersetzung durch den Verfasser).

Mit „sozialem Kapital" war vor allem bürgerschaftliches Engagement gemeint, die Stärkung der „Zivilgesellschaft", der Gemeinschaft im Einsatz zum Wohle aller Bürger. Ehrenamtlich tätige Bürger, die sich um die Armen und Schwachen dieser Gesellschaft bemühen wie Obdachlose, arme Menschen ohne ausreichend bezahlbaren Wohnraum und Lebensmittel aber auch Menschen mit Behinderung oder in letzter Zeit Flüchtlinge. So übernehmen Tafeln, karitative Einrichtungen und ehrenamtliche Helfer Aufgabe ohne Entgelt, die anderweitig nur über bezahlte Arbeitskräfte und Unternehmen der privaten Wirtschaft geleistet werden könnten. Ziviles Engagement ersetzt marktwirtschaftliches. Das hat sicher auch damit zu tun, dass der Mensch eben auch ein mitfühlendes, Mitleid empfindendes Gesellschaftsmitglied ist und nicht nur ein rationaler „Homo oeconomicus", der rein sachlich, emotionslos nur nach rational-analytischen Kriterien entscheidet und handelt. Wir wollen uns im Folgenden mit den verschiedenen Nuancierungen der wirtschaftlichen Organisationsform beschäftigen. Dies wird sicher eine sinnvolle Vorüberlegung sein, wenn wir uns mit der Frage beschäftigen, *ob es eine ideale Wirtschaftsform gibt*, sozusagen eine „Soziale Marktwirtschaft 2.0".

3.2   Wie frei ist die Marktwirtschaft?

Der Begriff der Marktwirtschaft ist in der heutigen Zeit so zentral, dass sich kaum jemand, der nicht Ökonom ist, näher damit auseinandersetzt, was er eigentlich konkret bedeutet. Der inhaltlichen Bedeutung der Marktwirtschaft nähert man sich am besten, wenn man sich ihre Kerncharakteristika genauer betrachtet. So bezeichnet die Marktwirtschaft eine Wirtschaftsordnung, bei der die *Produktionsmittel im privaten Eigentum* liegen und die Planung und Koordination des gesamten Wirtschaftsprozesses *dezentral* über den *Preismechanismus* erfolgt (vgl. Sauerland „Marktwirtschaft" 2018b). Der am Markt zu erzielende Preis leitet sich aus Angebot und Nachfrage ab und signalisiert so die Knappheit eines Gutes. Unternehmen sind auf der Suche nach Gewinn, entwickeln Produkte oder Dienstleistungen, die sich von denen der Wettbewerber abheben und schaffen damit eine Auswahl für Verbraucher. In der Theorie reguliert sich ein solches System der freien Marktwirtschaft selbst, es optimiert sich permanent und schafft so eine prosperierende Gesellschaft. Dass dies so nicht der Fall ist, haben die Entwicklungen vor allem im Rahmen der Globalisierung gezeigt, die nicht die Wohlfahrt für alle verbessert hat, sondern neben Gewinnern auch viele Verlierer produziert hat (vgl. etwa Funk 2016).

Abgesehen davon, dass die *Marktwirtschaft sich nicht um öffentliche Güter per se kümmert* wie etwa Parks und öffentliche Anlagen, Schulen und kulturelle Einrichtungen, kann man dem Markt auch hoheitliche Aufgaben wie Polizei, Grenzschutz, Militär etc. nicht überlassen, da sie der staatlichen Kontrolle unterliegen müssen um Missbrauch vorzubeugen. Die freie Marktwirtschaft bringt vor allem die Herausforderungen mit sich, dass Ergebnisse des Marktes ohne Korrektur so bleiben, wie das Marktgeschehen es gerade ergibt. So nimmt die Marktwirtschaft keine Rücksicht darauf, ob alle Marktteilnehmenden die gleichen Möglichkeiten haben, am Marktgeschehen teilnehmen zu können. Die leistungsstarken, erfinderischen und cleveren Marktteilnehmenden erhalten viel Geld und werden wohlhabend. Andere, weniger gut qualifizierte Arbeitskräfte wiederum fallen durch das Rost und können dem harten Wettbewerbsgedanken nicht mehr folgen und haben keine Arbeit, folglich kein Einkommen und können sich nicht einmal mehr die Grundlagen menschlicher Existenz wie Nahrung und Wohnung erlauben. Zurecht hat der Sozialstaat in fast allen Ländern dieser Welt seiner Bevölkerung unter die Arme gegriffen.

Einerseits werden öffentliche Güter wie Parks, Schulen etc. und hoheitliche Aufgaben von Steuergeldern aller Bürger finanziert, jeder nach seiner Leistungsfähigkeit: Wer mehr verdient, muss mehr Steuern zahlen. Andererseits werden die Armen, Schwachen, Benachteiligten in der Gesellschaft auch in einer Marktwirtschaft durch Sozialleistungen alimentiert und zumindest zu einem gewissen Minimumstandard gebracht. Die Ausprägungen der Marktwirtschaft unterscheiden sich vor allem darin, inwieweit der Staat – und damit die Gesellschaft – bereit ist, die Wirtschaftsergebnisse durch aktives Eingreifen in den Wirtschaftsprozess zu korrigieren. Dies ist keine rein ökonomische Frage, sondern hängt vor allem davon ab, *welchem Menschenbild* ich verpflichtet bin und welche Einstellung ich zum Gedanken der Freiheit habe (vgl. Pietsch 2017, S. 165 ff.). Bin ich ein aktiver Verfechter der Freiheit an sich und der Wirtschaft, dann *lehne ich sämtliche Eingriffe des Staates in die Wirtschaft entschieden ab.*

Ein Grundkonsens scheint allerdings darüber zu herrschen, dass wie oben erwähnt die Sicherung des Existenzminimums benachteiligter Bürgerinnen und Bürger und die Entwicklung öffentlicher Infrastruktur von der Gemeinschaft, also dem Staat, zu leisten ist. Manche Ökonomen wie etwa Mariana Mazzucato gehen sogar so weit zu behaupten, dass der Staat aktiv seine Hand im Spiel hat und haben muss, wenn technologische Innovationen zu Wohlstand geführt haben, etwa am Beispiel von Apple oder der Pharmaindustrie (vgl. Mazzucato 2014, vor allem Kap. 2, S. 45 ff. und Kap. 5, S. 115 ff.). Dissens existiert allerdings bereits zu der Frage, ob Bildung mehrheitlich staatlich oder privat zu organisieren sei. Dies ist sicher auch eine Frage der unterschiedlichen Kultur und Geschichte eines Landes. Wir wollen uns diese Unterschiede bei der Ausgestaltung der Wirtschaft im Folgenden vor allem vor dem Hintergrund unterschiedlicher kultureller Prägungen ansehen.

3.3   Die Erfindung der Sozialen Marktwirtschaft in Deutschland

Die *Soziale Marktwirtschaft* entstand in der Bundesrepublik Deutschland nach dem Zweiten Weltkrieg vor allem als Antwort auf die negativen Erfahrungen mit der zentral gelenkten Wirtschaft nationalsozialistischer Prägung (vgl. Müller-Armack 1990, S. 7). Gleichzeitig wurden die beiden Teile Deutschlands, die Bundesrepublik Deutschland im Westen und die Deutsche Demokratische Republik im Osten, von den Alliierten einerseits von der angloamerikanischen und andererseits der sowjetischen Kultur und Wirtschaftsform geprägt. Auf der einen Seite, der westlichen, stand die freie Marktwirtschaft wie oben kurz skizziert, und auf der anderen Seite eine zentral gelenkte Wirtschaft sowjetischer Prägung mit starken planwirtschaftlichen Elementen. Hier soll es vor allem um die Soziale Marktwirtschaft als neu geschaffene Wirtschaftsform in der Bundesrepublik Deutschland gehen. Die Planwirtschaft der Deutschen Demokratischen Republik wird an späterer Stelle dieses Kapitels skizziert werden.

Wiewohl Ludwig Erhard derjenige Politiker und Ökonom ist, mit dem die meisten Deutschen das Wirtschaftswunder der Nachkriegsjahre in Deutschland verbinden, war er doch nicht der „Erfinder" des Konzepts der sozialen Marktwirtschaft. Ihm ist es zwar gelungen, den *„Wohlstand für alle"* (vgl. Erhard 1964) zu schaffen: Die Wirtschaft blühte wieder auf, die Nachfrage vor allem der vielen Menschen ohne Habseligkeiten, geflohen aus allen Teilen des ehemaligen Reiches konnte durch wieder gegründete und aufstrebende Unternehmen sukzessive befriedigt werden. Die Exporte steigerten sich und der Wohlstand der Bevölkerung wuchs. Der Ideengeber der sozialen Wirtschaft war aber der in Köln lehrende Wirtschaftsprofessor *Alfred Müller-Armack*.

In seiner 1946 veröffentlichten Schrift „Wirtschaftslenkung und Marktwirtschaft" (sämtliche folgende Zitate beziehen sich auf Müller-Armack 1990) schuf Müller-Armack nicht nur den Begriff der *„Sozialen Marktwirtschaft"*, den er immer mit einem *großen S* schrieb, sondern konnte auch als Leiter der Grundsatzabteilung bei Ludwig Erhard und späterer Staatssekretär seine Ideen in die Praxis umsetzen (zur Biografie vgl. u. a. Pietsch 2019, S. 225 ff.). Ihm ging es vor allem darum, „… die marktwirtschaftliche Ordnung auf ihre Vereinbarkeit mit jenen wirtschaftlichen und sozialpolitischen Zielen zu überprüfen, die wir heute zum Grundbestand aller staatlicher Gesinnung rechnen." (Müller-Armack 1990, S. 67). Herzstück dieser „gelenkten" Marktwirtschaft solle vor allem eine „konstruktive Wettbewerbspolitik" (ebenda, S. 105) sein, die einen fairen und geordneten Wettbewerb zulasse und so die besten Wirtschaftsleistung der am Markt teilnehmenden Personen gewährleisten. Dabei sollten nicht nur Kartelle, sondern auch staatliche Interventionen in die Wirtschaft verhindert werden, so sie nicht zur Aufrechterhaltung eines Wettbewerbs notwendig sind (vgl. a. a. O., S. 106). Müller-Armack ging es vor allem um eine planvolle, integrative Sicht auf die Wirtschaftspolitik: Nicht die mehr oder minder abgestimmte Summe an Einzelmaßnahmen sollte seitens des Staates durchgeführt werden, sondern es sollte ein Gesamtplan der Wirtschaftspolitik entworfen werden (vgl. ebenda, S. 107).

Grundsätzlich solle zwar der Preis als Signal- und Verknappungsindikator wirken, der die Begehrlichkeit eines Produktes anzeigt. Allerdings kann es vor allem bei Oligopol- und Monopolstrukturen durchaus angezeigt sein, *„angesichts von Preisschwankungen, denen keine produktionssteu-*

ernde Funktion zukommt, staatliche Preisinterventionen zu vertreten." (a. a. O., S. 109) Der wesentliche Aspekt für Müller-Armack war, dass die Soziale Marktwirtschaft nicht nur eine reine Wirtschaftsform darstellt, sondern auch die Werte, die „sozialen und kulturellen Ziele" (a. a. O., S. 116) einer Gesellschaft widerspiegeln müsse (vgl. ebenda, S. 114). Frei übersetzt könnte man sagen, dass *nicht der Mensch für die Wirtschaft, sondern die Wirtschaft für den Menschen* da sein solle.

Dies kann nun einmal nur geschehen, wenn die Werte des Sozialen wie etwa der innere Zusammenhalt der Gesellschaft, die Solidargemeinschaft sich in der Wirtschaftsordnung wiederfindet. Als sozialpolitische Maßnahmen nannte Müller-Armack, damals schon sehr weitblickend und aus heutiger Sicht modern, den *Mindestlohn* einzuführen (S. 119). Dies sei durchaus als „Ordnungstaxe" verstanden im Einklang mit den marktwirtschaftlichen Prinzipien (S. 119). Während Marktpreise staatlicherseits nicht fixiert werden dürfen, forderte Müller-Armack die unterschiedliche, progressive Besteuerung von hohen und niedrigen Einkommen. Zugleich favorisierte er direkte Kinderbeihilfen, Miet- und Wohnungsbauzuschüsse, die er einen „marktgerechten Eingriff" (ebenda, S. 119) nannte. Wirtschaftspolitisch legte er den Schwerpunkt vor allem auf die Förderung kleiner und mittelständischer Betriebe (vgl. ebenda, S. 120/121).

In der Bauwirtschaft forderte Müller-Armack eine staatliche Begrenzung der Mieterhöhung (S. 125). Der Wohnbau sei zweierlei zu fördern: Einerseits durch staatlich subventionierte verbilligte Baukredite für private Haushalte oder gemeinnützige Bauherren oder durch staatlichen Wohnungsbau. In der Summe war er überzeugt, dass „(d)er Wunsch, von der Gemeinschaft aus eine Rahmenkontrolle über die Wohnungs- und Bauwirtschaft auszuüben, ist mit einer marktwirtschaftlichen Ordnung durchaus verträglich." (S. 127) Um die kleinen und mittelständischen Betriebe zu fördern, schloss Müller-Armack auch eine bewusste Steuerung und Beeinflussung der Unternehmen und ihrer Betriebsformen nicht aus. (S. 134/135) Im Außenhandel schließlich sah er staatliche Interventionen eher kritisch mit Ausnahme einer *„aktiven Handelspolitik"* (S. 144) und einer „autonome(n) inneren Konjunkturpolitik" (S. 144/145), die hilft, die binnenländische Wirtschaft und deren Unternehmen am Weltmarkt wettbewerbsfähig zu halten. Die Konjunkturpolitik müsse sich des wichtigsten Ziels der Schaffung der Vollbeschäftigung unterordnen (S. 149). Geld- und Kreditpolitik aber auch die Währungspolitik müssten vom Staat aktiv zur Förderung der Konjunktur und zur Stabilisierung der Marktwirtschaft betrieben werden. (S. 146 ff.) So solle der Staat u. a., wenn die Politik des „billigen Geldes" für die Kreditaufnahme alleine nicht ausreiche, sogar seinerseits staatlich investieren – hier sind eindeutig die Ideen von John Maynard Keynes abzulesen – um die Konjunktur anzukurbeln. (S. 153)

Für Müller-Armack war die Soziale Marktwirtschaft vor allem eine an klaren Werten orientierte Wirtschaftsform wie er vor allem im Schlusssatz seines Werkes formulierte: „Wir verschreiben uns damit nicht einer fühllosen Organisationsform, sondern können gewiß sein, auf dem Weg dahin unseren **sozialen und ethischen Überzeugungen** (Hervorhebungen durch den Verfasser) folgen zu können" (S. 157). Wenn wir uns vor allem die Gegenwart ansehen und in die Zukunft schauen, wird es dringend notwendig, diese Werte der Gemeinschaft, des sozialen Zusammenhalts im Vergleich zum Egoismus und grenzenlosen Gewinnstreben und Gier mancher Einzelpersonen wieder zurückzugewinnen. Wenn man sich heute ansieht, wie die ungleiche Verteilung der Einkommen und Vermögen in Deutschland nd den wesentlichen Industrieländern immer weiter voranschreitet – die 45 reichsten Haushalte in Deutschland besitzen so viel wie die ärmere Hälfte der Bevölkerung (vgl. Diekmann 2018); manche Menschen können ihre Miete nicht zahlen – wenn man überhaupt vor allem in den Ballungsräumen eine bezahlbare Wohnung findet – , während andere eine Immobilie nach der anderen erwerben, dann wird die Dringlichkeit einer Überarbeitung und ein Weiterdenken der Sozialen Marktwirtschaft nachvollziehbar. Vor allem in Zeiten der Globalisierung und der Digitalisierung wird die Einkommens- und Vermögensschere weiter auseinandergehen und *soziale Maßnahmen zur Abfederung der marktwirtschaftlichen Ergebnisse* immer bedeutender.

3.4   Die Marktwirtschaft hat viele Gesichter: Das Beispiel Skandinavien

Die konkrete Ausgestaltung der Marktwirtschaft ist vor allem eine Frage der Kultur, der Geschichte und des Sozialkonsenses eines Landes. In Skandinavien ist es eher verpönt, sich von der Masse zu differenzieren und seine eigene Leistungsfähigkeit und seinen Reichtum zu zeigen. Was in Deutschland der Sozialneid ist, nennt sich in Schweden „Jante" und bedeutet, dass man als Bürger versuchen sollte, möglichst nicht den Neid seiner Mitbürger zu erregen. Sinngemäß bedeutet es, dass alle Schweden gleich sind und niemand der Meinung sein sollte, über dem anderen zu stehen oder wichtiger zu sein (vgl. Pietsch 2017, S. 63). Das Ziel der Gleichheit ist in Skandinavien stärker ausgeprägt als in anderen Ländern beispielsweise angloamerikanischen Ursprungs. In Skandinavien sind die Frauen eher gleichberechtigt, Kinder werden gemeinsam erzogen und die Familie steht hoch im Kurs. Es wird viel Wert darauf gelegt, dass die Arbeit die Freizeit nicht überlagert und die sogenannte „Work Life Balance" ausgeglichen ist. Kürzere Arbeitstage bestimmen das Land in der Regel, so dass noch genügend Zeit für die Familie und für sich selbst bleibt. Passend dazu existieren ein umfassendes Netz an Kindertagesstätten, die sogenannten „Dagis", (vgl. Alltag in Schweden 2020) und ein vollständig steuerfinanziertes Gesundheitssystem. Dafür werden etwas mehr als zehn Prozent der Einkommensteuer von jedem Bürger einbehalten (vgl. Steuer 2017). Es existiert auch nur eine staatliche Krankenkasse mit der Möglichkeit einer privaten Zusatzversorgung (vgl. ebenda).

Die Steuern sind generell hoch d. h. die Staatsquote, also das Verhältnis der Staatsausgaben zum Bruttoinlandsprodukt in Prozent, ist mit Ausnahme von Norwegen deutlich höher als im Rest Europas und liegen über 50 Prozent (Schweden 47,9, Finnland 51, Dänemark 51,9, Norwegen 38 (!); zum Vergleich: Deutschland liegt bei 43,9, Zahlen von 2019. Zahlen von Norwegen 2016, vgl. BMF-Monatsbericht Februar 2018). *Damit finanzieren die Skandinavier den Wohlfahrtsstaat mit überproportional hohen Sozialleistungen*, einer aktiven Forschungsförderung und einer staatlich subventionierten qualitativ hochwertigen Bildungspolitik (vgl. im Folgenden u. a. Scherer 2019). Die skandinavischen Länder schneiden bei internationalen Studien zur Bildungsqualität regelmäßig im Spitzenbereich ab. Der öffentliche Bereich ist überproportional groß im Vergleich zum Rest Europas und beschäftigt viele Erwerbstätige. Wiewohl der Zentralisierungsprozess der Verwaltungen im Laufe der Jahre zugunsten von mehr dezentralen Strukturen in den Gemeinden aufgeweicht wurde, ist der staatliche Apparat, der Wohlfahrtsstaat (vgl. Scherer 2019) noch vergleichsweise mächtig. Die Einkommen sind relativ gering ausdifferenziert und liegen näher beieinander als in anderen europäischen Ländern. Wenn man dann noch die sehr hohen Steuern für Bezieher von Spitzeneinkommen dazurechnet, werden die Einkommensunterschiede weiter nivelliert und *die Gleichheit weiter vorangetrieben.*

3.5   Können wir von den USA lernen? Das US-amerikanische System

Am anderen Ende des marktwirtschaftlichen Spektrums, mit *Skandinaviens stärker egalitärer Ausprägung,* Deutschland mit seiner *Sozialen Marktwirtschaft,* liegen die anglo-amerikanischen Länder Großbritannien und die USA mit einer relativ *freien Marktwirtschaft.* Auch hier wird die unterschiedliche kulturelle und historische Prägung der einzelnen Länder deutlich. So kamen nicht nur religiöse Gruppen wie die Pilgrim-Väter mit der Mayflower in das Land der unbegrenzten Möglichkeiten. Viele wanderten auch aus aller Welt aus, seien sie verfolgt oder auf der Suche nach einem neuen Leben im Wohlstand, um in den Vereinigten Staaten von Amerika eine neue Heimat zu finden. Viele hatten bei der Ankunft auf der berühmten Einwandererinsel Ellis Island nur noch das, was sie am Leibe trugen und bestenfalls einen Koffer mit ihren gesamten Habseligkeiten. Sie alle einte der Traum, es hier zu schaffen auf dem Weg zu einem besseren, wohlhabenderen Leben. Der Sozialneid oder das skandinavische *Jante* wurde ersetzt durch das Diktum des amerikanischen Traums „from dishwasher to millionaire" (vgl. American Dream 2020), also vom Tellerwäscher zum Millionär: Diejenigen, die es in den USA geschafft hatten, wurden von ihren Mitbürgern aufgrund ihres Erfolges und Reichtums nicht etwa beneidet, sondern im Gegenteil bewundert. Bildlich gesprochen: Der George

stand vor Jahren neben mir bei der Einreise mit seinen ver-
lausten Kleidern und seinem kleinen, schäbigen Koffer.
Wenn er es geschafft hat, dann können wir das auch.

Der Reichtum und das Unternehmertum wurden immer
schon bis zum heutigen Tag in den USA bewundert. Folglich wurde nach dem Prinzip „Jeder ist seines eigenen Glückes Schmied" gehandelt. Dies galt auch für die Wirtschaftsform der liberalen Marktwirtschaft. Eigen- und
Privatinitiative wurden von Anfang an gefördert. Der Staat
sollte sich möglichst aus dem Wirtschaftsgeschehen heraushalten. Die Steuern waren vergleichsweise niedrig und wurden immer wieder nach unten korrigiert – die Hochphase
war in den Achtziger Jahren des 20. Jahrhunderts unter
dem Republikaner Ronald Reagan und der nach ihm
benannten (neo)liberalen „Reaganomics". Die Wirtschaft
solle dadurch wachsen, dass das Wachstum des Staates
gebremst wird (vgl. Niskanen 2020). Das Wirtschaftsprogramm des damaligen US-Präsidenten Reagan umfasste
1981 vier wesentliche Punkte (vgl. Niskanen a. a. O.):

1. Die Staatsausgaben eindämmen,
2. den Grenzsteuersatz von Arbeit und Kapital verringern;
   de facto wurde der Grenzsteuersatz von 70 auf 28 Prozent gedrückt, der Unternehmenssteuersatz von 48 auf
   34 Prozent vermindert (vgl. ebenda),
3. die Regulierung und Bürokratisierung verschlanken und
4. die Inflationsrate durch die restriktive Steuerung des
   Geldangebots reduzieren.

Dadurch sollten Anreize zur Investition und zum privaten Konsum geschaffen werden, die wiederum die Konjunktur ankurbeln sollten. Die Gründung von Unternehmen zur Schaffung von Arbeitsplätzen wurde gefördert,
die bürokratischen Hemmnisse, Erklärungen in „dreifacher
Ausfertigung", auf ein Minimum reduziert. Kein Wunder,

dass die sogenannte „Start-up-Szene", die Vielzahl schneller Neugründungen von kleinen Unternehmen vor allem im Silicon Valley von den USA aus seinen Anfang nahm. Nicht alle Ziele der „Reaganomics" wurden erreicht, die US-Wirtschaft erholte sich allerdings durch diese Maßnahmen wieder (vgl. Niskanen 2020). Andererseits, kritisiert der US-Ökonom Joseph Stiglitz, seien durch diese enormen Steuersenkungsmaßnahmen der Reagan-Administration eine „Ära gigantischer Haushaltsdefizite, schwächeren Wachstums und größerer Ungleichheit" (Stiglitz 2020a, S. 15) entstanden.

Die Kundschaft entscheidet mit ihrem Kauf über das Überleben des Unternehmens und nicht der Staat. Die relativ geringe Steuerquote wird allerdings mit einem vergleichsweise schwachen Sozialhaushalt erkauft: Eine staatliches Gesundheitssystem war im Vergleich zu Deutschland z. B. nicht verpflichtend. Bezeichnend ist, dass die Gesundheitsreformen des früheren US-Präsidenten Barack Obama („Obamacare"), der dies für zumindest einen Großteil der Bevölkerung nachholen wollte, von seinem Nachfolger Donald Trump 2017 wieder zurückgenommen wurde (vgl. Stiglitz 2020a, S. 249). Gerade in Zeiten der Corona-Pandemie ist diese Entscheidung besonders hart, da in den USA die Krankenversicherung in vielen Fällen an den Arbeitsplatz gebunden ist und bei Arbeitslosigkeit komplett wegfällt (vgl. Krankenversicherung in den USA 2020). Im März 2020 meldeten sich alleine in einer Woche 6,65 Millionen Arbeitnehmer in den USA arbeitslos (vgl. Coronakrise 2020). Die beste Bildung gibt es nur auf teuren Privatschulen und Universitäten wie Harvard, Stanford, Princeton und Yale etc. Die staatlichen Schulen und Universitäten verfügen dagegen über einen vergleichsweise schlechten Ruf. Staatliche Unternehmen sind entsprechend auch eher unterrepräsentiert. Man setzt eher auf privatisierte bzw. privatwirtschaftliche Unternehmen.

Die Sozialhilfe und die Altersversorgung in den USA existieren nur zu einem absoluten Minimum. So wird das Arbeitslosengeld nur für einen Zeitraum von 26 Wochen gezahlt, mit einem Höchstsatz von 275 $ wöchentlich in Florida und 536 $ in New Jersey (vgl. Arbeitslosengeld USA 2020). Danach geht es gleich zum Sozialamt. Viele Rentner sind auf einen Nebenjob angewiesen, viele Menschen mit niedrigen Einkommen haben sogar mehrere Jobs gleichzeitig um über die Runden zu kommen. Eine Lohnfortzahlung im Krankheitsfall existiert genauso wenig wie Kinder- oder Erziehungsgeld. Der Staat greift im Vergleich zu Europa relativ wenig in die Wirtschaft ein, korrigiert entsprechend aber auch weniger die Ergebnisse. Die Staatsquote erreicht entsprechend auch nur einen relativ niedrigen Wert von etwa 35 Prozent (vgl. Urmersbach 2019a). So hat nicht umsonst die Ungleichheit vor allem in den USA zwischen dem einen Prozent der reichsten und den 99 Prozent restlichen Teil der Bevölkerung in den letzten Jahrzehnten weiter zugenommen (vgl. vor allem die überproportionale Einkommensentwicklung des obersten einen Prozent der US-Bevölkerung im Vergleich zu den unteren 90 Prozent der Bevölkerung, vgl. Stiglitz 2020a, S. 62). Wir werden auf das Thema im Kap. 7 noch einmal ausführlich zu sprechen kommen.

Letztlich kann man das US-amerikanische Wirtschaftsmodell vereinfacht auf die Devise „swim or sink" – schwimme oder gehe unter – reduzieren: Wenn man Erfolg hat, stehen einem als Unternehmer alle Türe offen und man wird vom Staat nicht über Gebühr behelligt. Scheitert man aber, dann wird man aber auch vom Staat nicht bzw. nicht im umfangreichen Maße aufgefangen. Fairerweise muss man allerdings sagen, dass die Amerikaner eine „Kultur des

Scheiterns" entwickelt haben: Passend zum Unternehmer-
geist ist es nicht etwa wie in Deutschland eine Schande, mit
seinem Unternehmen gescheitert zu sein. Im Gegenteil,
nach einem Konkurs strauchelt man, aber man bleibt nicht
liegen, man steht gleich wieder auf und versucht es weiter.
Ein Scheitern ist in den USA kein Grund für eine gesellschaftliche Ächtung.

In Großbritannien, dem „Mutterland des Kapitalismus",
steht man ähnlich zur freien Marktwirtschaft. Bereits Adam
Smith hat im Kern eine liberale Marktwirtschaft favorisiert
(vgl. u. a. Pietsch 2019, S. 39 ff.). Ähnlich wie in den USA
ist die Staatsquote niedriger, nämlich bei etwa 38 Prozent
(für 2018, vgl. Urmersbach 2019b UK), das Sozialsystem
weniger ausgebaut. Private Unternehmen oder auch Bildungseinrichtungen beherrschen die Szenerie, wiewohl etwas weniger stark ausgeprägt als in den USA. Vor allem
unter der legendären Premierministerin Margaret Thatcher
wurden die Steuern im Sinne einer angebotsorientierten
Wirtschaftspolitik massiv gesenkt, staatliche Unternehmen
privatisiert und soweit es geht alles auf ein marktwirtschaftliches System abgestimmt. Sogar die Macht der Gewerkschaften wurde eingeschränkt und die Finanzmärkte libera-
lisiert (vgl. Kaden 2013).

Selbst wenn sich eine neue starke Linke im Land unter
Jeremy Corbyn herausgebildet hatte, die das Rad wieder zu-
rückdrehen wollten und u. a. eine Verstaatlichung von
Bahngesellschaften, Wasserwirtschaft und Energieversor-
gern und höhere Steuern für Besserverdienende forderten
(vgl. Wanner 2019), bleibt das englische System im Kern
eines der freien Marktwirtschaft. Wie wir anhand der exem-
plarischen Schilderung einzelner Ausprägungen der Marktwirtschaft gesehen haben, tragen vor allem kulturelle und
von der Erfahrung getragene Unterschiede zwischen den
einzelnen Ländern zur differenzierten Ausgestaltung der

Marktwirtschaft bei. Der Unterschied liegt vor allem darin, *inwieweit ich in die Ergebnisse des Marktes* zugunsten einer sozialen Unterstützung der Bevölkerung *eingreifen möchte*. Den krassesten Gegensatz zur (freien) Marktwirtschaft bildet das Modell des kommunistischen Wirtschaftssystems wie es u. a. in der untergegangenen Sowjetunion und der Deutschen Demokratischen Republik (DDR) eingeführt wurde.

3.6 Es war nur eine Idee? Der Kommunismus

Wiewohl der Begriff des Kommunismus, (von lateinisch *communis*=gemeinschaftlich, gemeinsam), und die ersten Ideen nicht von ihm geprägt wurden, ist dieser dennoch vor allem in Deutschland mit dem Namen Karl Marx verbunden. Der 1848 in Trier geborene Sozialphilosoph, Journalist und Ökonom hatte in seinem Hauptwerk „Das Kapital" vor allem die Unzulänglichkeiten des kapitalistischen Systems herausgearbeitet (vgl. Marx 2009). Im vorherrschenden System des „Kapitalismus" herrsche das reine Profitstreben vor, die Arbeiter würden von den Eigentümern der Produktionsmittel, den Kapitalisten, „ausgebeutet" und würden sich zunehmend von ihrer Arbeit „entfremden". Unter Einsatz ihrer kompletten physischen wie psychischen Kraft würde der Arbeiter einen sowohl absoluten wie relativen „Mehrwert" schaffen, den der Kapitalist abschöpfe. Die Arbeiter selbst erhielten nur so viel zum Leben wie sie benötigten um ihre Arbeitskraft am Leben zu erhalten. Einfach ausgedrückt: Der Unternehmer lebt auf Kosten des Arbeiters ohne einen Finger zu krümmen. Soziologisch gesprochen würden sich dann die Klassen der Arbeiter, des „Proletariats", der Bourgeoisie bzw. den Kapitalisten gegenüberstehen und miteinander um die Vorherrschaft kämpfen. Dieser „Klassenkampf" könne nur durch die „Diktatur des Proletariats" überwunden werden, in der die Arbeiter herrschten und das Privateigentum an Produktionsmittel aufgehoben würde.

Selbstverständlich setzte Marx mit seinen Ideen auf den frühen Sozialisten wie Babeuf, Proudhon und Lassalle auf (vgl. dazu Euchner 1991, Bd. 1). Doch keinem gelang es ähnlich Karl Marx mit seinem kongenialen Partner Friedrich Engels, einem Sohn reicher Eltern, die Misere seiner Zeit so auf den Punkt zu bringen. Wiewohl sich im Nachhinein herausgestellt hat, dass das kommunistische System und vor allem das daraus abgeleitete Wirtschaftssystem letztlich zum Scheitern verurteilt war, wollen wir uns die wesentlichen Elemente einer solchen sozialistischen Wirtschaftsform ansehen wie sie am ehesten in der Deutschen Demokratischen Republik (DDR) und der Sowjetunion verwirklicht wurde. Vor dem Hintergrund der gerade diskutierten unterschiedlichen Spielarten der Marktwirtschaft, sei sie sozial oder in unterschiedlichen Nuancen frei, möchte ich diese sozialistische Planwirtschaft als Kontrapunkt verstanden wissen. Sie ist quasi der *Gegensatz zur freien Marktwirtschaft*, in der nicht die individuelle und gesellschaftliche Freiheit des Menschen im Mittelpunkt steht, sondern die relative *Gleichheit aller am Wirtschaftsprozess* beteiligten.

Eine besondere Spielart des kommunistischen Wirtschaftssystems war die von der damaligen Sowjetunion beeinflusste *Zentralverwaltungswirtschaft* der DDR (vgl. u. a. KAS 2020). Das Wirtschaftssystem sollte den Aufbau der sozialistischen Gesellschaft unterstützen (vgl. ebenda, S. 7). Während in der Marktwirtschaft der Preis und die daraus abgeleitete Nachfrage in aller Regel das Angebot und die Produktion von Gütern des täglichen Lebens definierten, wurden in der DDR die Lebensmittel und Konsumgüter auf Basis eines Fünfjahresplans staatlich festgelegt. Der Staat und seine staatlichen Organe bestimmten also den mutmaßlichen Bedarf der Bevölkerung im Vorhinein, wobei man sich auf Statistiken des Konsums in der Vergangenheit beruhte. Das Eigentum an privaten Produktionsmitteln wurde zugunsten von staateigenen Betrieben abgeschafft. So wurden ehemals privat getragene Betriebe in Staatsbetriebe umgewandelt: Es entstanden die Landwirtschaftliche Produktionsgenossenschaften (LPG), die Volkseigenen Betriebe (VEB), die Handelsorganisationen (HO) und die Produktionsgenossenschaften des Handwerks (PGH). Staatliche Betriebe produzierten und verteilten die Güter, die andere staatliche Stellen auf Basis eines zentralen Plans bestimmt hatten.

Der Plan stellte sicher, dass alle Bürger eine Arbeit fanden ("Recht auf Arbeit", ebenda, S. 7) und staatliche Arbeitsplatzsicherheit genossen. Preise und Löhne wurden staatlich fixiert. Ein Wettbewerb zwischen den einzelnen Betrieben fand praktisch nicht statt. Der Einsatz der Arbeiter und Leiter einzelner Betriebe erfolgte ebenfalls nach staatlichen Vorgaben. Die individuelle Ausbildung war ebenfalls weitestgehend vorgegeben wie der spätere Arbeitseinsatz. Dies galt für Frauen und Männer. Oberstes Steuerungsgremium der Wirtschaft war die *Staatliche Plankommission*. Neben den großen staatlichen Betrieben, den Kombinaten und den Genossenschaften existierte auch ein Mittelstand von kleineren und mittleren Betrieben in der DDR, die allerdings ebenfalls der staatlichen Lenkung unterlagen. Das Wirtschaftssystem war vor allem auf die Gleichheit der ökonomischen Situation der Bevölkerung ausgerichtet: Die Löhne und Gehälter unterschieden sich nicht dramatisch, der Akademiker verdiente nicht wesentlich mehr als der Arbeiter, der ein besonders hohes Image genoss. Der „Leiter" kaum mehr als der einfache Arbeiter. Der Staat subventionierte Wohnungen, die nach Familienstand und Kinderzahl zugeteilt wurden, Kindertagesstätten, Schulen, öffentliche Einrichtungen etc. Allerdings fehlte der Anreiz zu Innovationen, da sowohl der Wettbewerb ausblieb als auch die Aussicht auf Gewinn sowohl individuell als auch kollektiv nicht gegeben war.

Die staatliche Planung konnte nur in den seltensten Fällen den konkreten Bedarf der Bevölkerung erfassen. Eine *Mangelwirtschaft* war die Folge. Legendär sind die Erzählungen, dass eines der wenigen Automodelle, das am Markt angeboten wurde, ein Trabant, liebevoll „Trabbi" genannt, bereits zur Geburt des Sohnes oder der Tochter bestellt wurde, um die Lieferung rechtzeitig zum 18. Geburtstag sicherzustellen. Fehlender Wettbewerb führte auch zu einer im Vergleich zur Marktwirtschaft wesentlich geringeren Auswahl an Produkten, die zum Teil auch noch staatlich subventioniert wurden. Die Ungleichgewichte zwischen Westimporten und Exporten von DDR-Gütern führte zu einer zunehmenden Verschuldung des Staates, der seine zahlreichen Subventionsleistungen finanzieren musste. Die Währung der DDR, die DDR-Mark, war nicht in andere Währungen außerhalb des Ostblocks konvertibel d. h. tauschbar. Daher mussten Importe in ausländischer Währung, Devisen, bezahlt werden. Trotz zahlreicher Reformversuche unter Ulbricht und in Kooperation mit den Ostblockstaaten konnte nie auch nur annähernd die Produktivität des Westens, Westeuropa oder den USA, erreicht werden.

Das *wirtschaftliche System der Sowjetunion*, das eine große Vorbildrolle für das in der DDR gespielt hatte, unterschied sich naturgemäß kaum von der Zentralverwaltungswirtschaft der DDR (vgl. Wirtschaftslexikon24, Stichwort sowjetisches Wirtschaftssystem 2018a). Die kommunistische Staatspartei definierte die Ziele und Mittel der Wirtschaft, die Produktion von Gütern unterlag ebenfalls einem staatlichen Plan, Preise und Löhne wurden staatlich fixiert. Firmen und Produktionsmittel waren in staatlicher Hand. Einzig die Industrie war nach einzelnen Produktionskomplexen in verschiedenen geografischen Gebieten eingeteilt. Es gab zwar individuelles Eigentum, allerdings war damit nur persönliches Eigentum gemeint und nicht Eigentum an Produktionsmitteln. Die Landwirtschaft war auch entweder in staatlichen Betrieben, den Sowchosen, oder in genossenschaftlich organisierten landwirtschaftlichen Großbetrieben, den Kolchosen, aufgeteilt. Das Eigentum der Kolchosen gehörte allen Mitgliedern der Genossenschaft, dem Kollektiv. Ähnlich wie das Wirtschaftssystem der DDR stellte es sich langfristig hinsichtlich der Produktivität und der Sicherstellung des Wohlstands der Bevölkerung als nicht „konkurrenzfähig" heraus. Als Modellbeschreibung zur Skizzierung einer Wirtschaftsform, die der *maximal möglichen Gleichheit der Bevölkerung verpflichtet* sein sollte, haben beide real existierenden Wirtschaftssysteme aber für unsere Zwecke einen hohen Anschauungsgehalt.

In den letzten Jahrzehnten ist eine Wirtschaftsform sehr stark in den Vordergrund gerückt, die vor allem von der politischen Linken als abschreckendes Beispiel vorgehalten wird, wie Wirtschaft nicht aussehen sollte und das Gegenteil von Gleichheit anstrebt. Daher soll diese Wirtschaftsform als weitere Ausprägung möglicher Alternativen in seinen Extremen kurz skizziert werden: *Der Neoliberalismus.*

3.7   Ist es wirklich ein Schreckgespenst? Der Neoliberalismus

Ist vom Neoliberalismus die Rede, wird er häufig als Schimpfwort zur Verunglimpfung von extremen Verhaltensweisen und Machenschaften in der Wirtschaft verwendet. Der Begriff bezeichnet häufig weniger eine Ausgestaltung der Wirtschaftsform als eine politische Ideologie. Die entschiedenen Gegner des Neoliberalismus sehen in diesem Begriff alle das Böse, was man sich gegenseitig in der Wirtschaft antun kann. Von einer *Verehrung des Marktes wie einen Gott* ist im extrem die Rede. Die Wirtschaft sei nur dem Primat der Freiheit, der Deregulierung und der Privatisierung unterworfen (vgl. u. a. Felber 2013). Der Staat mache sich klein. Kapital, Handel und die Suche nach dem maximal möglichen Profit sei einzig auf der Tagesordnung und nicht der Mensch an sich. Die globale Finanzelite hätte sich, so heißt es in kritischen Kreisen, auf Kosten der Allgemeinheit bereichert gleich einem „Selbstbedienungsladen".

Die Ungleichheit in Einkommen und Vermögen zwischen dem einen Prozent der Reichsten, das immer reicher würde, und den 99 Prozent Rest würde immer weiter voranschreiten. Der Mensch werde immer mehr zum Mitglied eines Systems, das sich nur um Gewinne und Verluste dreht. Der Wettbewerb der Menschen untereinander als das einzige wichtige und geltende Prinzip menschlichen Handelns. Die Liste der Kritisierten aus Sicht der Gegner des Neoliberalismus ist lang: Die „unproduktiven" Investmentbanker und Hedgefonds Manager, die real nichts erwirtschaften und nur ihrem eigenen Reichtum verpflichtet sind. Die Bezieher hoher und höchster Einkommen, die sich von „denen da unten", den klassischen Arbeitern und

„kleinen" Angestellten immer weiter entfernen (vgl. Felber ebenda). Die armen, alten Leute, abgehängt von dem Wohlstand der Globalisierung, von der nur wenige profitierten etc.

Dabei ist der Neoliberalismus zunächst nichts anderes als eine vor allem *sehr heterogene theoretische Strömung in der Ökonomiegeschichte* gewesen. Diese reicht von der ordoliberalen Schule aus Freiburg unter Walter Eucken, Alexander Rüstow und Wilhelm Röpke (vgl. u. a. Pietsch 2019, S. 220 ff.) über die Österreichische Schule (ebenda, S. 150 ff.) wie etwa Friedrich August von Hayek oder die Chicagoer Schule mit Milton Friedman (a. a. O., S. 220 ff.). Sie alle einte der Begriff der Freiheit, der das maßgebliche Prinzip in der Wirtschaft sein sollte. Neoliberalismus, von *néos*, altgriechisch = neu und *liberalis*, lateinisch = die Freiheit betreffend, Freiheits- …, war für die Anhänger des Ordoliberalismus vor allem eines: ein staatlicher Rahmen, innerhalb dessen sich die Wirtschaft entfalten und vor allem den ungehinderten Wettbewerb sicherstellen sollte (vgl. Pietsch 2019, S. 221).

Der Unterschied zwischen den einzelnen Strömungen war vor allem die unterschiedliche Einflussnahme des Staates in die Wirtschaft zur sozialen Abfederung der wirtschaftlichen Ergebnisse. Während in der von Alfred Müller-Armack vertretenen „Sozialen Marktwirtschaft" wie wir vorhin gesehen haben der Staat zum Wohle der Schwächsten der Gesellschaft nicht nur den Rahmen setzt, sondern auch gewisse Umverteilungen vornimmt e.g. progressive Besteuerung, Rente, Sozialhilfe (vgl. Pietsch 2019, S. 229 ff.), lehnte Milton Friedman sämtliche staatliche Steuerung außerhalb hoheitlicher Aufgaben ab (zur Rolle des Staates aus Sicht von Friedman, vgl. Friedman 2016, S. 59, 60). Gerade heute ist die wesentliche Frage, inwieweit der Staat sich in die Wirtschaft einmischen solle im Sinne eines „Wohl-

fahrtsstaates" und inwiefern er sich gänzlich rauszuhalten
habe („schlanker Staat"). Die Anhänger der neoliberale
Strömung eint, allerdings in unterschiedlichem Ausmaß,
dass sie (vgl. u. a. Felber 2019, S. 226 ff.):

- Dem Markt prinzipiell mehr zutrauen als dem Staat.
- Die Staatsquote d. h. den Anteil der Staatsausgaben am
  Bruttosozialprodukt reduzieren wollen; die Steuern auf
  Einkommen und Unternehmen deutlich senken um den
  privaten Konsum und die Investition anzuregen.
- Ehemalige Staatsaufgaben etwa die Gesundheitsvorsorge
  so weit wie möglich privatisieren wollen und
- Den Kapitalverkehr deregulieren d. h. erleichtern wol-
  len, um so einen unbeschränkten Kapitaltransfer zwi-
  schen den einzelnen Ländern zuzulassen.

Wie gesehen sind in der Definition der für einen Staat
idealen Wirtschaftsform nicht nur ökonomische, sondern
vor allem philosophische und politisch-kulturelle Überlegungen involviert. Nicht zuletzt sind solche Ideen auch von
dem vorherrschenden Menschenbild abhängig (vgl. auch
Pietsch 2014, S. 123 f.): Unterstelle ich einen hilfsbedürfti-
gen Menschen, dessen Wohlbefinden unabhängig von seiner eigenen Leistungsfähigkeit zu jedem Zeitpunkt auch
staatlicherseits sicherzustellen ist und will ich, dass alle
Menschen in etwa gleich leben können? Oder glaube ich an
ein Menschenbild, gemäß dem *Menschen frei und unge-
zwungen* leben sollen, ihren eigenen Fähigkeiten und ihrer
Leistungsfähigkeit vertrauend das Leben alleine und weitgehend ohne staatlichen Schutz leben? Lediglich die Notlage
im Alter, in der Krankheit und in der Armut solle abgesichert werde? Eine schwierige Frage und nicht objektiv zu
beantworten. Im Folgenden will ich versuchen, ein paar
Gedanken über eine *aus meiner Sicht ideale Wirtschaftsform*
zu skizzieren.

3.8 Gibt es eine ideale Wirtschaftsform für alle? Soziale Marktwirtschaft 2.0

Es ist sehr schwierig sich zumindest gedanklich eine ideale Wirtschaftsform vorzustellen und zu konzipieren, ohne sich über die grundlegenden Ziele zu verständigen. Bereits bei der Zieldefinition wird man nicht umhinkommen festzustellen, dass jede Form der Wirtschaftsstruktur zunächst *eine sehr subjektive und individuelle* ist. Wenn Sie sich im Kreis ihrer Familie zusammensetzen und dann noch Freunde und Bekannte hinzuziehen, werden Sie schnell sehen, dass jeder eine etwas unterschiedliche Vorstellung von einer idealen Wirtschaftsform hat. Vermutlich wird man sich schnell darüber einig werden, dass die zu Beginn der Bundesrepublik Deutschland entwickelte „Soziale Marktwirtschaft" zumindest für das Attribut „sozial" derzeit mehr als in Frage zu stellen ist. Wie sozial ist es, wenn die gefühlte und auch tatsächlich erlebte Spaltung zwischen arm und reich, die *Ungleichheit der Vermögen und Einkommen* immer weiter voranzuschreiten scheint? Ist eine Marktwirtschaft noch sozial zu nennen, in denen einerseits von vielen Bürgern die Mieten vor allem in den Ballungsräumen nicht oder kaum mehr zu zahlen sind? Wie sozial verträglich ist es, wenn einzelne Kleinunternehmer scheitern, große, „systemrelevante" Banken vom Staat aufgefangen werden, wenn sie im Rahmen der Finanzkrise zu große Verluste hinnehmen müssten?

Auf der anderen Seite wird man sich sicher auch schnell einig werden, dass eine vollkommen vom Staat kontrollierte Wirtschaft ohne Privateigentum und ohne Wettbewerb sicher auch als grundlegendes Modell ausscheidet. Wie wir am Beispiel der Zentralverwaltungswirtschaft gesehen haben, gelingt es keiner noch so kompetenten zentralen

Planungsbehörde die Wirkmechanismen des Marktes, der auf Angebot und Nachfrage reagiert, in ihrer Wirkung auf den Wohlstand einer Bevölkerung zu übertreffen. *Eine Marktwirtschaft soll es also schon sein.* Das Modell der Marktwirtschaft spiegelt am ehesten die Bedürfnisse des Menschen nach Freiheit und Selbstentfaltung wider. Gleichzeitig setzt der Markt durch die Aussicht auf einen möglichen Gewinn Anreize, um im Wettbewerb um die besten Ideen und Produkte die Nase vorne zu haben. Dies setzt nicht nur ungeahnte Kräfte und kreative Innovationen frei, sondern schafft auch über ein verbessertes Angebot eine größere Auswahl für den Konsumenten. Da im Idealfall viele Unternehmen mit ihren vergleichbaren Produkten um den gleichen Kunden werben, gewinnt zumeist der mit dem besten Preis- Leistungsverhältnis. Dies hilft wiederum dem Verbraucher, der eine vergleichbare Leistung am Markt nun wesentlich günstiger erhalten kann, was seinen Wohlstand erhöht. In Zeiten des Internets und der schnelleren und effizienteren Transparenz über diverse Angebote ist der Verbraucher mittlerweile in der Lage, aus einer Vielzahl aus Angeboten zum Teil aus aller Welt das für ihn Passende herauszusuchen und bis an die Haustür geliefert zu bekommen.

Die wesentlichen Fragen sind aber folgende, über die es in der Gesellschaft nicht so schnell Konsens geben dürfte:

- Wie viel Gleichheit der Lebensverhältnisse wollen wir in einem Land, hier Deutschland, herstellen?
- Wie viel Freiheit des Einzelnen wollen wir dabei aufrechterhalten?
- Welche Rolle soll dabei der Staat spielen und welchen Beitrag kann die Solidargemeinschaft dazu leisten?

Während ich auf die dritte Frage vor allem im Kap. 4 eingehen möchte, lassen Sie mich in aller gebotenen Kürze auf die beiden ersten Fragen eingehen.

Eine *vollkommene Gleichheit der Lebensverhältnisse lässt sich nie herstellen* und ist auch nicht gewünscht. Menschen sind alle unterschiedlich, verfügen über verschiedene Fähigkeiten und Motive und haben vielfältige Vorstellungen davon wie sie ihr Leben verbringen wollen. Es gibt Menschen, die intelligent und sehr leistungsorientiert und willig sind. Sie werden versuchen, eine bestmögliche Ausbildung zu erhalten und sich dann im Job durchkämpfen. Ihr Anspruch ist es, möglichst viel Karriere zu machen und entsprechend dafür entlohnt zu werden. Andere haben aus wie auch immer gearteten familiären Hintergründen diese Fähigkeiten nicht mitbekommen und möchten vielleicht nicht hart arbeiten und trotzdem ein glückliches Leben führen. Andere wiederum setzen sich viel für ihre Mitmenschen ein und gehen sozialen Berufen nach, die gesellschaftlich notwendig und sehr wertvoll sind, wie etwa die Pflegekräfte oder Kassierer im Supermarkt,, werden dafür aber relativ schlecht bezahlt und kommen gerade so über die Runden.

Manche schließlich sind sehr freizeit- und familienorientiert und möchten eine ausgewogene Balance zwischen Arbeit und Freizeit halten: Sie arbeiten um zu leben und leben nicht um zu arbeiten. In einer pluralen Gesellschaft sind alle Ansätze legitim und keiner ist dem anderen vorzuziehen. Im Sinne der Fragestellung ist nun die Aufgabe zu überlegen, inwieweit ich die Lebensverhältnisse dieser Menschen angleichen möchte bzw. wie viel individuelle Freiheit ich in so einem Wirtschaftssystem erlauben will. Konsens gibt es sicher zumindest in Deutschland, dass *niemand hungern sollte* und die Armen, Schwachen, Kranken von der *Solidargemeinschaft* unterstützt werden sollten. Dies geschieht z. B. in Form von Sozialleistungen,

Pflege- und Krankenversicherungen aber auch durch ehrenamtliche Initiativen, die such u. a. um Obdachlose kümmern oder um Alleinerziehende etc.

Die Gretchenfrage ist allerdings, wie viel möchte ich den „Besserverdienenden", den Leistungsträgern, und dem reicheren Teil der Gesellschaft wegnehmen um es dieser benachteiligten Gruppe zukommen zu lassen. Da lassen sich grob zwei „Denkschulen" unterscheiden: Die einen, die sagen, es müsse eine maximal mögliche Umverteilung von oben nach unten, von groß zu klein vorgenommen werden (vgl. etwa Die Linke 2020). Die Instrumente sind alle bekannt und nichts Neues: Es fängt bei einem *sehr hohen Spitzensteuersatz* an, den man beliebig nach oben ziehen kann wie etwa 75 Prozent auf Einkommen oberhalb von 1 Mio. Euro (vgl. Die Linke 2020) bzw. die Einkommensgrenze ab dem dieser Satz greift wird nach unten gedrückt. Dann wird die *Vermögenssteuer* diskutiert, die *Erbschaftssteuer*, höhere Steuern für Großkonzerne, die dann auch durchgedrückt werden etc.

Autoren und Vordenker wie der französische Ökonom Thomas Piketty gehen sogar soweit, an ein Modell des „Sozialeigentum"(s) (vgl. Piketty 2020, S. 1197) und an einen „Partizipativen Sozialismus" zu denken (vgl. ebenda, S. 1185 ff.). Neuerdings wird dann eine Digitalsteuer für die Gewinne aus der Digitalisierung ins Rennen geführt analog einer Kapitaltransfersteuer am globalen Kapitalmarkt (vgl. Gammelin und Mühlauer 2019). Das so gewonnene Geld könnte dann etwa in Form von staatlichen Subventionen und Transferzahlungen ohne Gegenleistung wie etwa das „bedingungslose Grundeinkommen" an die Benachteiligten dieser Gesellschaft ausgezahlt werden. Vor allem vor dem Hintergrund der Coronakrise 2020 wurde diese Art der Finanzierung für alle besonders betroffenen Berufsgruppen wie Selbstständige, Kreative, Künstler und viele andere mehr gefordert (vgl. Serif 2020). Im Gespräch ist eine Größenordnung von 800 bis 1200 Euro monatlich. Vertreter der anderen „Denkschule" argumentieren in die andere Richtung (vgl. u. a. Lindner 2017. Vgl. auch die interessante Diskussion zwischen Lindner und dem bereits verstorbenen ehemaligen Bundesaußenminister Genscher 2013, Genscher und Lindner 2013, S. 93 ff. über die „Verantwortungswirtschaft"): Wer die *Leistungsträger zu stark melkt*, der kann nicht erwarten, dass dann noch genügend Anreize übrig bleiben, sich für die Gesellschaft ins Zeug zu legen. Es lohnt sich dann schlicht nicht mehr. Es müsse erst einmal etwas erarbeitet werden, das dann im Anschluss verteilt werden kann. Wenn ich dementsprechend nur die Reichen und „Großen" zur Kasse bitte, dann ginge schnell der Anreiz verloren überhaupt etwas zur Gesellschaft beizutragen. Außerdem verstoße ein solche „Gleichmacherei" den Grundsätzen der individuellen Freiheit: Jeder hat prinzipiell die gleiche Chance einen erfolgreichen Beruf zu ergreifen oder gar Unternehmer zu werden – die seit Jahre beliebte neueste Methode sind sogenannte „Start-ups" – warum sollte diejenigen, der mehr leisten, morgens früh aufstehen und lange Jahre hart in ihre Ausbildung investiert haben, nicht am Ende auch die *Früchte ihrer Arbeit* genießen sollen? Warum sollte sie ihre hart erarbeiteten Gewinne und Einnahmen dann wieder abgeben an andere Menschen, die diese Leistung so nicht erbracht haben oder erbringen konnten?

Beide „Denkschulen" haben in ihrer Argumentation nicht Unrecht. Die, die viel haben, sollten abgeben können an diejenigen, die nichts oder wenig haben. Das hat liegt auch im christlichen Grundverständnis. Auf der anderen Seite kann es nicht gerecht sein, wenn jemand hart arbeitet, erfolgreich ist und viel verdient nahezu das gleiche finanzielle Ergebnis erzielt wie jemand, dem das aus welchen

Gründen auch immer nicht vergönnt war. Die Wahrheit liegt wie immer in der Mitte. Ein Unternehmer sollte die Möglichkeit haben, für sein Risiko und die Schaffung und Erhaltung von Arbeitsplätzen einen *angemessenen Gewinn* zu erzielen. Schließlich muss er auch seine Familie ernähren können und in die Zukunft investieren, um die Arbeitsplätze auch künftig erhalten zu können. Arbeitnehmer müssen ebenfalls künftig einen angemessenen Teil ihres Einkommens behalten dürfen. Natürlich sollten die Leistungsfähigen mehr zur Gesellschaft beitragen als die weniger Leistungsfähigen. Allerdings muss man bedenken, dass gerade in Deutschland nicht jeder de facto die gleichen Chancen hat, ganz nach oben zu kommen. Das liegt vor allem an den ungleichen Bildungschancen – bspw. zwischen Akademikerkindern und Arbeiterkindern – und an den zum Teil ererbten sozialen Milieus, die eine Chancengleichheit in Wirklichkeit ausschließen.

Was aber nicht sein kann ist, dass es immer noch in einem *so reichen Land wie Deutschland so viele Abgehängte ohne Perspektive gibt*, ohne Arbeit, ohne Wohnung. Menschen, die ein ganzes Leben lang gearbeitet haben und im Alter mit ihrer Rente kaum überleben können. Es darf in keiner Wirtschaftsform der Fall sein, dass die Schere von Vermögen und Einkommen in der Bevölkerung immer weiter voranschreitet und keiner einschreitet. Kurz: Das Attribut „sozial" des Erfolgsmodells „Soziale Marktwirtschaft" muss noch einmal neu gedacht werden. Es braucht eine „Soziale Marktwirtschaft" 2.0, die auch die neuesten Entwicklungen der Digitalisierung, der Globalisierung aber auch der ökologischen Fragestellungen mit einbezieht und Antworten findet. Ich werde in Kap. 7 auf dieses Thema noch einmal mit konkreten Ansätzen zurückkommen. Ungeduldige mögen gerne bereits zum Kap. 7, vor allem Abschn. 7.2, vorblättern. Zunächst müssen wir uns der

Frage stellen, welche *Rolle der Staat künftig in der Wirtschaft* spielen sollte und vor allem, welche konkreten Aufgaben er übernehmen sollte und welche der Markt bzw. die „Zivilgesellschaft", die Solidargemeinschaft aller Bürgerinnen und Bürger eines Staates.

4

Prinzipien staatlicher Intervention

4.1 Das Verhältnis von Markt und Staat: Welche Aufgaben für wen?

Es ist sicher eine der umstrittensten Fragen in der Strukturierung einer Wirtschaft: Was kann, was soll der Staat leisten und wo soll er sich lieber heraushalten und den Markt mit seiner „unsichtbaren Hand" (Adam Smith) agieren lassen? Als ich dieses Kapitel begann, befand sich die Welt noch nicht in dieser weltweiten Krise, ausgelöst durch die Corona-Pandemie. Nach dieser dramatischen Zeit, die eine noch nie da gewesene Zäsur in Deutschland und der Welt seit dem Zweiten Weltkrieg darstellt, musste dieses Kapitel noch einmal neu überdacht werden. Bislang ging man in den freiheitlichsten Industrieländern dieser Welt wie etwa die USA, Großbritannien etc. und ihren mehr oder minder freien Marktwirtschaften von

© Der/die Herausgeber bzw. der/die Autor(en), exklusiv lizenziert durch Springer Fachmedien Wiesbaden GmbH, ein Teil von Springer Nature 2020
D. Pietsch, *Prinzipien moderner Ökonomie*,
https://doi.org/10.1007/978-3-658-31586-3_4

einem ungezügelten kapitalistischen Treiben aus. Jetzt, Monate nach Beginn dieser furchtbaren Pandemie und ihren unzähligen Toten, muss man jetzt angesichts der Billionen schweren staatlichen Rettungsschirme zumindest temporär einen *hohen Grad an staatlicher Einflussnahme* auf die Wirtschaft konstatieren. Die Rede ist von zahlreichen Verstaatlichungen oder zumindest drohenden Teilverstaatlichungen von Unternehmen wie etwa Lufthansa als *ultima ratio*, nachdem weitere Maßnahmen wie Kurzarbeitergeld, Liquiditätshilfen und Steuerstundungen ausgereizt sind (vgl. Kohlmann 2020). Zusätzlich sprechen wir von vielen kleineren und mittelständischen Unternehmen, die ohne das schnelle und beherzte Eingreifen des Staates bzw. seiner Akteure unweigerlich in die Insolvenz gedrängt worden wären. Aber beginnen wir zunächst mit der Darstellung der Ökonomie wie wir sie vor der Coronakrise kannten.

Es sind sicher nur wenige Felder, auf denen der Markt nur schwer bis gar nicht tätig werden kann und sich fast alle einig sind: Hoheitliche Aufgaben wie Polizei und Militär, der Schutz nach innen und außen kann sicher nicht dem Markt überlassen werden. Es wäre geradezu sträflich und schwer vorstellbar, die Polizei oder das Militär privaten Anbietern zu überlassen, die künftig die Grenzen schützen bzw. bei militärischen Konflikten das Land verteidigen sollen. Ähnliches gilt für staatliche Stellen, die für Recht und Ordnung einstehen wie etwa die Richter, die Staatsanwälte, die ausführenden Organe des Staates wie etwa Ministerien und Verwaltungsapparate, Zentralbanken etc. Darüber hinaus sind sogenannte *öffentliche Güter*, die allen Bürgern zukommen sollen und für die sich kein Anbieter im Markt finden würde vom Staat bereitzustellen. So sind Parks, Museen, kulturelle Einrichtungen aller Arten etc. essenzielle Einrichtungen zur Erholung und zur kulturellen Bildung der Bürger, die im Sinne des Gemeinwesens allen Bürgern kostenlos oder gegen überschaubare Gebühren zur Verfügung gestellt werden sollten.

Diese wesentlichen Aufgaben des Staates, die hoheitlichen und die *Bereitstellung öffentlicher Güter,* sind unbestritten und müssen vom Staat finanziert werden. Dazu erhebt der Staat Steuern und natürlich müssen alle mit der Steuereintreibung zusammenhängenden Stellen wie etwa Finanzämter ebenfalls vom Staat ausgeübt werden und können und dürfen nicht dem Markt überlassen werden. Auf der anderen Seite des Spektrums ist ebenso klar, es sei denn man verfolgt den Weg *der wenig erfolgreichen Zentralverwaltungswirtschaft,* dass bestimmte Prinzipien einer Marktwirtschaft eingehalten werden müssen. Unternehmen in der Summe dürfen mehrheitlich nicht – zumindest über einen längeren Zeitraum – dem Staat gehören oder von ihm kontrolliert werden. Ansonsten wird der Wettbewerb ausgeschaltet, Preise und Löhne würden vom Staat kontrolliert und Angebot und Nachfrage würden zentral geplant werden mit allen Nachteilen, die wir bereits beschrieben haben. Allerdings gibt es zugegebenermaßen auch im Rahmen des nicht-staatlichen Eigentums von Unternehmen einige differenzierte Anstöße aus dem linken politischen Spektrum (vgl. Wagenknecht 2016, S. 273 ff.):

Etwa die Konzentration auf Unternehmen als inhabergeführte *Personengesellschaft* mit persönlicher Risikohaftung, die *Mitarbeitergesellschaft,* bei dem das Unternehmen ausschließlich den Mitarbeitenden gehört, die *Öffentliche Gesellschaft,* bei der der das Unternehmen ebenfalls den Mitarbeitern gehört, der Aufsichtsrat aber zumindest zur Hälfte aus Vertretern der Öffentlichkeit, etwa Städte, Gemeinden, Regionen des Firmensitzes besteht oder schließlich eine *Gemeinwohlgesellschaft,* die mit öffentlichen Geld gegründet wird, hat einen Versorgungsauftrag und arbeitet nicht gewinnorientiert. Letzteres Modell entspricht eher dem heute zum Teil gelebten Modell der kommunalen Unternehmen oder denen mit gemeinnützigem Träger.

Schwieriger wird es nun, wenn wir uns in den Graubereich hineinwagen, in dem sowohl der Staat als auch der Markt dominieren könnte. Nehmen wir uns einige konkrete Beispiele und schauen wir, welche Organisationsform möglich und wünschenswert wäre.

Erstens: Bildung

Bildung ist in Deutschland mehrheitlich kostenlos. Die Schulen sind mehrheitlich staatlich finanziert und bieten eine gute Ausbildung. Der Zugang erfolgt zunächst nach dem „Sprengelprinzip" d. h. es wird die Schule besucht, die dem Wohnort am nächsten ist. Die Regeln zum Vorrücken in die nächste Schulform sind standardisiert, wiewohl auch hier die Schulempfehlung vom Milieu des Elternhauses nicht unbeeinflusst ist. Auch die Universitäten, darunter die besten, „Exzellenzuniversitäten", wie etwa die LMU oder die TU in München sind nahezu allesamt staatlich und allen gemäß ihrer Leistungsfähigkeit unabhängig vom Geldbeutel der Eltern – nicht gemeint ist deren Vorbildung! – zugängig. Kindertagesstätten für die Kleinkinder, die sogenannten Kitas, sind sofern man überhaupt einen Platz ergattert, mehrheitlich nicht kostenlos. Die politischen Diskussionen bewegen sich aber in diese Richtung (vgl. Menkens 2019). Der Bildungskanon an sich d. h. in welcher Schulform muss in welchem Jahrgang, welcher Inhalt pro Schulfach verbindlich unterrichtet werden, ist generell als Standard pro Bundesland fixiert. Die Bildungspolitik gehorcht dem föderalen Prinzip, so dass sich der Bund aus den Bildungsfragen der Bundesländer weitestgehend heraushält. Es werden höchstens Rahmenbedingungen gesetzt.

Es wäre allerdings auch eine andere Form der *Bildungs-organisation über den Markt* vorstellbar. So wird z. B. die beste Ausbildung in Großbritannien und in den USA vor allem von den privaten Schulen, den Colleges und Universitäten angeboten. Jeder kennt die weltweit hoch angesehenen Universitäten der sogenannten Ivy League, der „Elfenbeinliga", wie Harvard, Princeton, Yale, Stanford, Berkeley etc. oder Oxford und Cambridge in England, die für ein ansehnliches Honorar jedes Jahr die Top Absolventen eines Jahres ausbilden, die sich am Arbeitsmarkt der Zukunft keine Sorgen machen müssen. Dabei bietet das „Unternehmen" Schule oder Privatuniversität eine bestimmte Leistung für einen bestimmten Preis und kann sich ihre Schüler und Studierenden aussuchen. Je nach Ruf können die Anbieter einen mehr oder minder hohen Preis in Form von Studien- oder Schulgebühren abrufen. Die Schulen und Universitäten sind weder finanziell vom Staat abhängig noch sind sie ihm Rechenschaft schuldig. Dies war in den USA nicht immer so. In der Zeit nach dem Zweiten Weltkrieg bis in die 60er-Jahre des letzten Jahrhunderts erlaubte eine Sonderregelung, die sogenannte *G.I. Bill*, vor allem Kriegsveteranen ein kostenloses Studium an den besten Hochschulen des Landes anzubieten (vgl. Stiglitz 2020a, S. 247).

Auch in Deutschland hat der Trend zu Privatschulen inkl. Internaten und Privatuniversitäten zugenommen. Das Eliteinternat Salem am schönen Bodensee gelegen oder die Bucerius Law School für angehende Topjuristen sind jeweils nur einer der Leuchttürme dieser Entwicklung.

Das Problem dabei ist nicht so sehr die Organisation über den Markt. Vielmehr ist die Herausforderung, dass Bildung *nicht eine Frage des Geldbeutels der Eltern* sein sollte. Da sich die Schulen und Universitäten ihre Schüler und Studierenden aussuchen können, werden häufig die bildungsinteressierten Akademikerkinder mit entsprechendem finanziellen Hintergrund der Eltern ausgewählt. Da treffen sie dann auf Gleichgesinnte, die wiederum ihre Leistungsfähigkeit an die nächste Generation weitergeben können. Es kann so organisiert werden. Wie ist allerdings sichergestellt, dass dieses Prinzip sozial gerecht vonstattengeht. Selbst wenn man einberechnet, dass es bisweilen Stipendien für leistungsstarke, mittellose Schüler und Studierende gibt, werden die Leistungsstarken aus der Oberschicht oder gehobenen Mittelschicht aus dem gesamten Schulverbund herausgenommen. Aus Sicht des Freiheitsgedankens verständlich. Milton Friedman, der wirtschaftsliberale Vordenker des letzten Jahrhunderts, macht sogar den radikalen Vorschlag, Gelder direkt an Einzelpersonen zu zahlen, die das Geld dann für Lehrformen ihrer Wahl ausgeben. Dabei nimmt Friedman allerdings die staatliche Grundlagenforschung explizit aus (vgl. Friedman 2016, S. 124). Nimmt man sich die *Gleichheit und Gerechtigkeit* zum Vorbild, sollte dies mehrheitlich sicher vom Staat organisiert werden. Selbstverständlich werden auch heute schon die privat getragenen Schulen und Universitäten in ihren Bildungsstandards vom Staat kontrolliert und in staatlich anerkannte und genehmigte Schulen unterteilt.

Zweitens: Soziales

Es besteht zumindest in Deutschland Konsens darüber, dass kein Mensch hungern sollte. Das christliche Menschenbild der Gesellschaft verpflichtet, sich um die Armen, Schwachen, Kranken und Benachteiligten dieser Gesellschaft zu kümmern (s. Christliche Sozialethik, vgl. u. a. Anzenbacher 1998, S. 19 ff. vor allem S. 34). Daher bietet der Staat eine Reihe von Sozialleistungen an, die diesem Prinzip der Hilfe für die Schwächeren der Gesellschaft folgen. So existiert eine staatliche Zahlung für Kinder in Form des

Kindergeldes, Arbeitslose erhalten für eine Übergangszeit Arbeitslosenhilfe und danach Sozialhilfe in Form von Hartz IV. Es besteht in Deutschland Versicherungspflicht bei Krankenkassen, damit im Falle einer Krankheit sich jeder einen Arzt leisten kann und gemäß der Schwere seiner Krankheit adäquat behandelt werden kann. Im Fall der Pflegebedürftigkeit greift eine gesetzlich vorgeschriebene Pflegeversicherung, die die dann notwendigen medizinischen Maßnahmen finanzieren soll.

Arbeitskräfte erhalten nach dem Ausscheiden aus ihrem Berufsleben je nach Dauer und Intensität ihrer Beschäftigung, gemessen an ihrem eingezahlten Bruttogehalt, eine lebenslange staatliche Rente. Beamte kommen in den Genuss von staatlichen Pensionen. Hinzu kommen eine Reihe von staatlichen Zuschüssen und Beihilfen wie die Ausbildungsförderung (BAFÖG), zur betrieblichen Altersversorgung, zur Zusatzrente, Entgeltfortzahlung im Krankheitsfall und vieles mehr. Gerade in der Zeit der Corona-Pandemie hat sich ein weiteres Instrument des Staates als ein unverzichtbarer Baustein für Unternehmen in der Krise erwiesen: *Die Kurzarbeit.* Unternehmen, die für ausgewählte Mitarbeitende Kurzarbeit anmeldeten, erhielten für eine gewisse Zeit bis zu einer bestimmten Lohn- und Gehaltshöhe eine Aufstockung des Nettolohns vom Staat: Rund 60 Prozent des ausgefallenen Nettolohns, bzw. 67 Prozent für Arbeitnehmer mit mindestens einem Kind im Haushalt, werden von der Bundesagentur für Arbeit bezahlt (vgl. Bundesagentur für Arbeit 2020, Stichwort Kurzarbeitergeld). Dies ersparte den betroffenen Unternehmen zumindest ein Teil der Lohnkosten und ermöglichte es, Arbeitsplätze in der schweren Zeit zu sichern und sie damit über die Krise zu retten. Im März 2020, zum Höhepunkt der Corona-Pandemie, beantragten 470.000 deutsche Unternehmen Kurzarbeit (vgl. Diekmann 2020).

Auch zu diesem Thema kann man unterschiedliche Positionen einnehmen: Einerseits kann man die staatliche Einflussnahme und die Subventionen als Eingriff in den Markt kritisieren und andererseits die bereits bestehenden Leistungen als zu niedrig empfinden. Extrempositionen gehen sogar so weit zu behaupten (Milton Friedman), dass viele dieser Sozialleistungen durch ein freiwilliges Engagement z. B. in Form von Zuwendungen der Allgemeinheit an die 20 Prozent der Bevölkerung mit den geringsten Einkommen (vgl. Friedman 2016, S. 230) finanziert werden könnten. So würden die marktwirtschaftlichen Prinzipien nicht behindert und dennoch ein Sozialausgleich sichergestellt. Auf der anderen Seite des politischen Spektrums wird die Meinung vertreten, dass viele der Sozialleistungen nicht mehr ausreichten und das Prinzip der „Sozialen Marktwirtschaft" sukzessive ausgehöhlt würde. So reichen auch aufgrund der demografischen Entwicklung die staatlichen Renten heute vielfach nicht mehr aus, um ein auskömmliches Leben im Alter sicherzustellen. Vor allem Geringverdienende können am Ende ihres Berufslebens auch nach 45 Beitragsjahren kaum noch ihren Lebensstandard wahren. Viele müssen ihre angestammten Wohnungen vor allem in den Ballungsräumen verlassen, weil sie sich die Miete nicht mehr leisten können. Die staatliche Sozialhilfe in Form von Hartz IV reicht in diesen Fällen hinten und vorne nicht mehr aus. Das Krankenversicherungssystem mit seiner Einteilung in gesetzlich und privat Versicherte schafft zwar einerseits eine medizinische Grundversorgung, differenziert allerdings wiederum nach der Versicherungsart. Gesetzlich Versicherte müssen zum Teil monatelang auf einen Arzttermin warten und müssen auf bestimmte medizinische Behandlungsmethoden verzichten oder privat dazuzahlen. Das Kindergeld ist nur eine symbolische Zahlung des Staates, die die realen Kosten eines Kindes nicht annähernd decken kann.

Drittens: Wohnen

Auch der Wohnungsbau lässt sich eher marktwirtschaftlich oder stärker staatlich beeinflusst betreiben. Auf der rein marktwirtschaftlichen Seite würden Wohnungen nur von Privatpersonen und von Unternehmen erworben und entweder selbst bewohnt oder vermietet. Der Preis richtet sich dann nach Angebot und Nachfrage. Die Eigentümer wollen natürlich ihre Bau- bzw. Erwerbskosten inklusive Nebenkosten über die Miete und die Wertsteigerung der Immobilie über die Zeit wieder hereinholen. Die Mieter wollen so viel Wohnraum nach ihrem Geschmack wie möglich in bestmöglicher und bezahlbarer Lage nutzen können. In diesem rein marktwirtschaftlichen Modell hat der Staat keine Möglichkeiten, in das Spiel von Angebot und Nachfrage einzugreifen. Was passiert aber jetzt, wenn die Mietpreise vor allem in den bevorzugten Ballungsräumen explodieren und für den „Normalverdienende" nicht mehr bezahlbar werden? Was heißt das vor allem für die Geringverdienende und die Sozialhilfeempfänger? Greift der Staat nicht ein, sind diese Teile der Bevölkerung von einer erträglichen Wohnsituation auf Dauer ausgeschlossen. Schon heute sind viele Familien wie bereits erwähnt in den angesagten Ballungsräumen wie München, Stuttgart aber auch der ständig teurer werdenden Hauptstadt Berlin langfristig vom Wohnungsmarkt ausgeschlossen.

Was aber kann der Staat tun? Er kann natürlich Beihilfen leisten wie etwa Wohngeldbeihilfen für sozial Schwache oder Geringverdiener, er kann Mietpreiserhöhungen deckeln in Form einer „Mietpreisbremse" oder bestimmte Wohnungen für eine besondere Zielgruppe reservieren wie etwa Sozialwohnungen etc. Schließlich kann der Staat selbst als Akteur auf dem Wohnungsbaumarkt auftreten und eigene Sozialwohnungen bauen, die er dann nach bestimmten Kriterien an die sozial Benachteiligten vermieten kann. Alle diese Maßnahmen bedeuten natürlich, dass sich der *Staat in das freie Spiel der Marktwirtschaft einmischen* muss. Auch hier prallen die Unterschiede der wirtschaftsphilosophischen Vorstellungen aufeinander: Dem einen Teil der marktliberalen Betrachter ist die staatliche Einmischung zu viel, dem anderen Teil noch viel zu wenig. Wenn man sich allerdings die aktuelle Situation in Deutschland ansieht, dann wird man nüchtern feststellen müssen, dass:

- die Rentenhöhe für eine Vielzahl an Rentner auch nach 45 Jahren voller Erwerbstätigkeit nicht mehr ausreicht, um ein würdevolles Leben im Alter zu führen (vgl. Oberhuber 2018). Jede zweite Rente in Deutschland liegt unter 800 Euro im Monat. Die Armutsschwelle liegt je nach Berechnung zwischen 950 und 1050 Euro. Gerade die Arbeitnehmerinnen und Arbeitnehmer mit geringem Erwerbseinkommen wie Pflegekräfte oder Kindergärtner erreichen keine Rente mehr von der sie auskömmlich leben können. Gerade diese Berufsgruppen wurden in der Coronakrise zurecht als „systemrelevant" eingestuft und leisteten an vielen Orten einen herausragenden Job. Die von der Bundesregierung vorgesehene Mindestrente von 1250 Euro ab dem 01.01.2021 (vgl. Schlicht 2019) mit den entsprechenden Regelungen ist bereits ein Schritt in die richtige Richtung.
- Wohnungen zur Miete vor allem in den Ballungsräumen immer unbezahlbarer werden und selbst das Ausweichen in das Hinterland nur bedingt hilft.
- Bezieher von Sozialleistungen („Hartz IV") fristen ein Dasein am Rande der Gesellschaft und können sich und vor allem ihren Kindern kaum etwas im Leben leisten.

Dies alles klingt danach, das *Pendel noch stärker in Richtung Staat* ausschlagen zu lassen. Was notwendig ist, ist eine „Soziale Marktwirtschaft 2.0", die Schritt hält mit der aktuellen wirtschaftlichen und gesellschaftlichen Entwicklung und den realen Problemen ins Auge sieht. So müssen die staatlichen Renten steigen ähnlich wie die Sozialleistungen. Der staatliche Wohnungsbau ist zu forcieren und Mietraum zu stark subventionierten Mieten nah strengen Kriterien an die sozial Benachteiligten zu vergeben. Selbstverständlich ist es der Bürgergesellschaft unbenommen, sich darüber hinaus noch privat zu engagieren. So können sich die Vermögenden oder die „Besserverdienenden" oder auch die sozial Engagierten des Bundes, der Länder aber vor allem der Gemeinden zusammenschließen und durch Spenden oder zahlreiche ehrenamtliche Engagements wie etwa bei der Tafel oder Caritas helfen, diese staatlichen Maßnahmen noch weiter zu unterstützen. Je höher dieser Anteil dieses „zivilgesellschaftlichen" Engagements wird, desto weniger muss staatlicherseits verordnet werden. Die Leistungsstarken können den Schwächeren somit direkt unter die Arme greifen wie das ja heute schon in Deutschland zu einem großen Teil geschieht.

Der US-Ökonom und Alfred Nobel Gedächtnispreisträger für Ökonomie, Joseph Stiglitz, sieht einen wachsenden Bedarf an Regierungsleistungen (vgl. Stiglitz 2019, S. 153 ff. bzw. Stiglitz 2020a, S. 185 ff.). Einerseits müsse in einer von Innovationen geprägten Wirtschaft eines Landes stärker in die Schaffung von Wissen und vor allem die Grundlagenforschung investiert werden. Der Markt alleine wird dies nicht in ausreichendem Maße vornehmen (vgl. Stiglitz 2020, S. 185). Ferner sieht Stiglitz in einer zunehmend städtisch dominierten Ökonomie, die staatliche Regelungen des Straßenverkehrs als ebenso wichtig an wie die zunehmenden Planung von Regulierungen zum Schutz der

Umwelt und der Gesundheit seiner Bevölkerung. Gleichzeitig sollten die Städte auch durch klare Raumordnungspläne strukturiert und durchgeplant werden (vgl. a. a. O., S. 186).

In Zeiten einer globalisierten Wirtschaft sei ein staatlicher Alleingang auch nicht ausreichend, vielmehr müsste eine weltweit koordinierte Vorgehensweise der einzelnen Staaten initiiert werden, um die Probleme der Umwelt, der Gesundheit etc. in den Griff zu bekommen (vgl. ebenda, S. 186). Wie schnell eine Epidemie die weltweite Gesundheit seiner Bürger bedrohen kann und wie wichtig ein *global abgestimmtes Vorgehen* dagegen ist, haben wir spätestens zum Zeitpunkt des Coronavirus erleben müssen. Schließlich, so Stiglitz (vgl. ebenda, S. 186/187), seien Märkte von sich aus nicht so geeignet, Transformationen aktiv zu gestalten. Dabei müsse der Staat helfen, indem er u. a. in bestimmte Wirtschaftssektoren oder Orte bzw. strukturschwache Regionen investiere (wie etwa in die ehemaligen Automobilhochburg rund um Detroit, vgl. a. a. O., S. 187). Christian Felber, der Autor der „Gemeinwohlökonomie", ergänzt in seinem neuen Buch (vgl. Felber 2019, S. 224 ff.), der Staat müsse zum Zwecke der Vermeidung zu starker Ungleichheiten in Einkommen und Vermögen eingreifen. Etwa wenn Akteure in der Finanzwirtschaft das bis zu 350.000-Fache des Mindestlohns verdienen (vgl. ebenda, S. 228). Ferner könne der Staat den Arbeitsmarkt durch öffentliche Arbeitsplätze ergänzen, die Konjunktur mit einem Investitionsprogramm ankurbeln, was derzeit im Rahmen der Coronkrise gefordert wird, oder die Ökonomie mit der Ökologie verheiraten (vgl. ebenda, S. 231).

Einen gänzlich anderen, diametral entgegengesetzten Weg sieht der Ökonom und Bestsellerautor Markus Krall (vgl. Krall 2020). In seinem Denken von der marktliberalen Schule Friedrich von Hayeks und der Österreichischen

Schule (vgl. Pietsch 2019, S. 150 ff., vor allem Hayek S. 162 ff.) beeinflusst, fordert er einen *dezidiert marktliberalen Kurs*, dessen Zielbild ist „… eine Republik der Freiheit, die den Werten von Marktwirtschaft, Eigentum, Ehe und Familie, Religion, Individualität und christlich europäischer Kultur folgt." (Krall 2020, S. 164). Sein Wirtschaftsprogramm betont den Stellenwert von Bildung und Leistung (vgl. ebenda, S. 175). Die einzelnen Elemente seines marktwirtschaftlichen 100-Tage-Plans hätten so *cum grano salis* auch von Milton Friedman und Friedrich August von Hayek beschrieben werden können. Im Einzelnen fordert Krall u. a. (vgl. ebenda, S. 181 ff.):

- Eine *Deregulierung etwa der Energiewirtschaft* (vgl. S. 193). Unternehmen würde bis ins Detail vorgeschrieben, wie Energie zu erzeugen sei. Gleichzeitig würden erneuerbare Energiequellen wie Wind und Sonne mit Hunderten von Milliarden Euro subventioniert (S. 193).
- Mehr Vertragsfreiheit und Wegfall der „künstlichen Verknappung" von Wohnraum, da der Wohnungsmarkt seine *Preise nicht mehr durch Angebot und Nachfrage* finde und dies durch „Vergleichsmieten" und Mietpreisbremsen ersetzt würde (vgl. S. 195).
- *Privatisierung des Versicherungsschutzes* mit Ausnahme von Fällen, „bei denen die Kosten medizinischer Behandlung einen bestimmten Prozentsatz des verfügbaren Einkommens überschreitet." (Krall 2020, S. 197).

Generell fordert Krall in einem „100-Tage-Programm" (S. 199) Einsparungen in Form von *Steuersenkungen* um sieben bis acht Prozentpunkte (S. 200) inklusive der Vereinfachung des Steuersystems (S. 181) und die *Reduktion der Staatsquote* d. h. den Anteil der Staatsausgaben an den Gesamtausgaben einer Volkswirtschaft, gemessen am Bruttoinlandsprodukt, auf 25 Prozent (von heute gut 45 Prozent, vgl. Rudnicka 2020b, Staatsquote).

Investitionen Infrastruktur des Landes e.g. Straßenbau, solle vor allem durch private Unternehmen erfolgen („umfassendes Privatisierungsprogramm", S. 201), die Finanzierung des Programms ebenfalls (S. 201). Dies folgt der Idee einer „Privatisierung von Nicht-Kernaufgaben des Staates" (S. 181).

Ganz an Milton Friedman fühlt man sich erinnert, wenn Krall auf Basis der schlechten Ergebnisse deutscher Schulkinder in den berühmten PISA-Bildungsstudien fordert, die Eltern mögen für ihre Kinder in Abhängigkeit der Leistung in der Schule „Einkaufsgutscheine", von Friedman Bildungsgutscheine, „Vouchers", genannt (vgl. Schwarz 2014) *zur freien Schulwahl* erhalten (vgl. Krall 2020, S. 177).

Das Rentensystem müsse „kapitalgedeckt" sein (S. 204) d. h. die Rentenbeiträge landen nicht in einem gemeinschaftlichen Topf, aus dem die Renten bezahlt werden, sondern das gesamte Kapital der geleisteten Beiträge inklusive dem Zinsertrag steht ausschließlich dem einzelnen Versicherten zu und nicht der Allgemeinheit. Dies folgt der marktliberalen Idee, *Vorrang des Individuums vor der Allgemeinheit.* Die Rentenkassen sollten privatisiert werden (S. 204).

Subventionen wie etwa in der EU („Subventionsdschungel", S. 198) sollten, so fordert Krall, gänzlich *abgeschafft und sogar verboten* werden (S. 205). Das Geld möge lieber dem Steuerzahler in Form von Steuersenkungen zurückgegeben werden (S. 205). Alle staatlichen Aktivitäten von Behörden etc. sollten daraufhin überprüft werden, inwieweit sie hoheitliche Aufgaben erfüllen. Im Zweifel müssten diese dann *geschlossen oder privatisiert* werden (S. 205).

Schließlich plädiert Krall für die *Stärkung von Eigentums-rechten und Vertragsfreiheit* und möchte die freie Marktwirt-schaft als Wirtschaftsordnung in den *Rang einer Verfassung* aufgenommen wissen (S. 214, 241). Diese exemplarisch angeführten Maßnahmen sollten dann Folgendes errei-chen: „Die Rückkehr zu einem schlanken, effizienten Staat, zu marktwirtschaftlichen Prinzipien, zu Sparsamkeit und Konzentration auf das Wesentliche sind die Erfolgsrezepte, die die heilsamen Kräfte des Marktes freisetzen." (S. 206).

Krall's marktliberale Agenda steht hier *pars pro toto* für eine Wirtschaftsauffassung und -politik, die am anderen Ende des Spektrums dem Markt maximal mögliche Ein-wirkungsspielräume erlaubt. Während Stiglitz ein Verfech-ter eines vergleichsweisen *starken Staates* ist, der die Allge-meinheit vor dem Unbill ungebremster Marktwirkungen schützen möchte, sieht Krall eher den Markt in seiner freien Entfaltung als einzige Möglichkeit, den Individualismus und die persönliche Freiheit der Bürger zu schützen.

Im Zuge der Coronakrise schlug das Pendel allerdings notgedrungen wieder in Richtung einer verstärkten Staats-aktivität: Alleine in Deutschland wurden im März 2020 auf dem Höhepunkt der Krise milliardenschwere Rettungs-schirme und Beteiligungsfonds beschlossen (vgl. etwa dw 2020, Krisen-Paket). Nutznießer waren alle Firmen, ganz gleich, welcher Größenordnung: Vom Soloselbstständigen über Klein- und Kleinstunternehmen über den struktur-prägenden Mittelstand bis hin zum global tätigen Groß-konzern. Dabei stellte sich der eine oder andere Marktbe-obachter die bange Frage, ob die Wirtschaft jetzt schleichend verstaatlicht werde (vgl. Bartz et al. 2020). Seit der Finanz-krise 2008 habe es eine solche massive Beteiligung des Staa-tes an der Wirtschaft nicht mehr gegeben. Dies gilt vor allem für die besonders von der Coronakrise betroffe-nen Firmen wie Fluggesellschaften, Reiseveranstalter oder

Zulieferbetriebe. Dabei ist in diesen außergewöhnlichen Zeiten das Mittel einer finanziellen Unterstützung bis hin zu einer Staatsbeteiligung weniger kritisch zu sehen – und temporär mehrheitlich akzeptiert – als die Frage nach einer adäquaten Ausstiegsstrategie (vgl. Bartz et al. a. a. O.). Lässt man dabei mal die Frage außer Acht, in welche Firmen der Staat in welcher Höhe für wie lange und wie d. h. stille Beteiligungen versus Beteiligungen mit Stimmrecht, einsteigt, ist *die Ausstiegsfrage* nicht so einfach zu beantworten. Es wird sicher Sinn machen, die Beteiligung des Staates auf Sicht vorzunehmen und nach Ende der Krise sukzessive wieder zurückzufahren und die Beteiligungen wieder zu veräußern.

Wieder andere Kommentatoren der ökonomischen Entwicklung warnen im Zuge der Corona-Pandemie davor, das komplette System des Kapitalismus zur Ursache allen Übels zu erklären (vgl. Bernau 2020a). So leicht dürfe man sich das nicht machen, so Bernau. Die Vertreter der These, *der Kapitalismus sei der Hauptschuldige an der Pandemie*, argumentierten damit, dass wir ohne die renditebezogene Kürzung von Stellen für Krankenpflegekräfte, durch höhere Investitionen in die Pharmaforschung und weniger egoistische Hamsterkäufe etwa von Klopapier und Mehl besser dastünden (vgl. a. a. O.). Das alleine zeige, dass der Markt diese ökonomischen Aktivitäten nicht alleine regelt. Der Staat müsse entsprechend handeln. Tatsache sei, so Bernau, dass in Zeiten der Krise – wie aktuell beim Abfassen dieser Zeilen – weder die Wirtschaft ohne den Staat noch der Staat ohne die Wirtschaft auskäme (vgl. ebenda). Bernau zitiert am Ende den „Kapitalist(en)" Bill Gates, der bereits vor Jahren vor einer Pandemie warnte. Er, Gates, forderte bereits vor Jahren vor allem für ärmere Länder funktionierende Gesundheitssysteme, regelmäßige Epidemie-Übungen und eine Task Force von Medizinern zur schnellen

Unterstützung bei Seuchen. Es sei in Zeiten wie der Coronakrise weniger eine Frage des Wirtschaftssystems, sondern mehr eine Frage des „besseren Managements". Ganz gleich wie man die Aktivitäten und ökonomischen Auswirkungen rund um die Corona-Pandemie im Einzelnen beantwortet. Es scheint klar zu sein, dass in diesen außergewöhnlichen Fällen *eine Wirtschaft ohne Staatseingriff schlicht undenkbar ist*. Ein wirtschaftlicher Ruin einer Mehrzahl von Unternehmen wäre die Zwangsfolge gewesen, je länger die Krise angedauert hätte.

4.2 Die Staatsfinanzen: Wie finanziere ich Bürgerleistungen ohne Schulden?

Der Markt kann nicht alles regeln. Das haben auch die Anhänger der freien Marktwirtschaft wie Milton Friedman oder Friedrich Hayek erkannt. So erfreut sich jeder an den öffentlichen Parks, den Wiesen und Wäldern in der Natur, den Bächen und Flüssen und an der sauberen Luft. Leider ist allerdings kaum ein Bürger bereit, dafür zu zahlen. Wir nehmen die Natur als selbstverständlich an und genießen die öffentliche Infrastruktur und kulturelle Einrichtungen ohne viel dafür zahlen zu wollen. Allerdings müssen auch diese Annehmlichkeiten – volkswirtschaftlich spricht man von *positiven externen Effekten* – finanziert werden. Das geschieht heute über eine Vielzahl von Steuern und Abgaben, die der Staat von der Bevölkerung einfordert. Andererseits kostet auch die Reinhaltung der Umwelt den Staat und damit den Bürger Geld: Industrielle Abgase und Verschmutzungen der Flüsse durch Chemikalien, Plastikabfälle etc. beeinflussen den Menschen und die Tier- und Pflanzenwelt negativ, sogenannte *negative externe Effekte*, und müssen verhindert werden. Unternehmen aber auch Privatleute nutzen die kostenlose Umwelt, ohne dafür zur Kasse gebeten zu werden.

Aufgrund der zahlreichen Aufgaben des Staates wie die Bereitstellung dieser öffentlichen Güter wie Parks, Schulen, Museen, die Wahrnehmung hoheitlicher Aufgaben wie Polizei, Militär und Verwaltungstätigkeiten in Bund, Länder und Gemeinden mit dem entsprechenden Beamtenapparat und den öffentlichen Bediensteten muss der Staat für Einnahmen sorgen. Diese Tätigkeiten sind auch bei reinen marktwirtschaftlich denkenden Menschen schwerlich anders als staatlich zu organisieren. Unterschiede gibt es nur in der Art und Weise und der Höhe. Schauen wir uns die Einnahmenseite an (vgl. Pietsch 2017, S. 139 ff.). In der Bundesrepublik Deutschland wie in vielen anderen europäischen Ländern gibt es eine Vielzahl an Steuerkategorien, vor allem:

- *Steuern auf Einkommen und Vermögen* wie die Einkommenssteuer, Lohnsteuer, Kapitalertragssteuer, Grund- und Erwerbssteuer, Körperschaftssteuer,
- *Steuern auf den Vermögenszuwachs und Vermögensverkehr* wie die Erbschaftssteuer, Grunderwerbssteuer, die Kapitalverkehrssteuer etc.,
- *Steuern auf die Einkommensverwendung* wie die Umsatzsteuer d. h. die Mehrwertsteuer, die Versicherungssteuer, die Kfz-Steuer, die Mineralölsteuer etc.

Diese Einnahmen stehen dann den verschiedenen Ausgaben des Staates gegenüber wie etwa die Ausgaben für die öffentliche Sicherheit und Ordnung, die Verteidigungsausgaben, für Soziales, Bildung, Wissenschaft und Forschung, Umwelt, Gesundheit, Familie, Wohnen, Verkehr, Wirtschaft und Außenpolitik etc. Die Einteilung wird häufig

durch den Zuschnitt der einzelnen Bundes- und Landes-
ministerien unterstrichen. In der heutigen Zeit kommen
die Ausgaben für die Digitalisierung, Künstliche Intelligenz, Elektromobilität. Glasfaserkabel und 5G fähige Tele-
fonleitungen als öffentliche Infrastrukturleistungen und
Zukunftsthemen noch dazu.

Kaum eine Frage ist so schwer und vor allem objektiv zu
beantworten wie die Frage nach der richtigen Einnahme-
und Ausgabengestaltung des Staates. Das ist vor allem eine
Frage des individuellen Menschenbildes (vgl. Pietsch 2014,
S. 123 f.). Bin ich der Meinung, dass der Mensch frei geboren wurde und sein Schicksal selbst in die Hand nehmen
sollte, werde ich eine andere Vorstellung von den Staatsein-
nahmen und -ausgaben haben als jemand, der den sozial
benachteiligten, schützenswerten Menschen im Auge hat,
dem zu Lasten der Leistungsstärkeren geholfen werden
sollte. Das „freiheitliche" Menschenbild, das eher mit der
freien Marktwirtschaft konform geht „gegen" das egalitäre
Bild, das die Gleichheit des Menschen in den Vordergrund
der Überlegungen rückt. Das *egalitäre, soziale Menschenbild*
verlangt eher danach, ökonomische Ungleichheiten in der
Gesellschaft abzubauen: die ständig wachsende Ungleichheit der Einkommen, Vermögen und Lebensverhältnisse.
Dies kann über verschiedene Möglichkeiten und staatliche
Eingriffe geschehen (vgl. etwa die Vorschläge des französi-
schen Ökonomen und Ungleichheitsforschers Thomas Piketty in seinem neuen Buch „Kapital und Ideologie", vgl.
Piketty 2020, S. 1205 ff.):

Der *Steuersatz für die Spitzenverdiener* wird erhöht und
schöpft damit das hohe Einkommen der Leistungstragende
einer Gesellschaft ab. Piketty schlägt dabei eine progressive
Einkommenssteuer vor, deren Steuersatz von dem Vielfachen des Durchschnittseinkommens abhängt (vgl. Piketty
2020, S. 1206, Tab. 17.1): So werden Einkommen, die das

Doppelte des Durchschnittseinkommens aufweisen mit *40 Prozent* besteuert. Bei dem *Zehnfachen* des Durchschnittseinkommens – das wären in Deutschland etwa 480.000 Euro (vgl. Statistisches Bundesamt 2020b, „Verdienste 2019"). Hier wird von einem durchschnittlichen Verdienst eines vollzeitbeschäftigten Arbeitnehmers ohne Sonderzahlungen von knapp 4000 Euro ausgegangen – *60 Prozent*, das Hundertfache mit 70, das Tausendfache mit 80 Prozent. Schließlich werden Einkünfte bis zu dem Zehntausendfachen des Durchschnittseinkommens mit 90 Prozent besteuert d. h. Jahreseinkünfte von 480 Millionen Euro!

Eine *Vermögenssteuer* besteuert die, die viel haben zugunsten des Drittels der Bevölkerung die fast kein Vermögen aufweisen. Auch hier schlägt Piketty (vgl. ebenda) eine Staffelung nach dem Vielfachen des Vermögens vor, die von ein Prozent bei dem Doppelten des durchschnittlichen Vermögens bis zu 90 Prozent bei dem Zehntausendfachen reicht: Zehnfaches mit 5 Prozent, Hundertfaches mit 10 Prozent und Tausendfaches mit 60 Prozent. Analoges gilt auch bei der Erbschaftssteuer. Die *Erbschaftssteuer* wird erhöht bzw. die steuerfreie Pauschale wird reduziert und trifft diejenigen, die ohne eigene Leistung etwas von früheren Generationen an Vermögen übertragen bekommen. Die Sätze reichen von 20 Prozent Erbschaftssteuer bei dem Doppelten des durchschnittlichen Vermögens über 60 Prozent beim Zehnfachen bis zu 90 Prozent beim Zehntausendfachen (vgl. Piketty a. a. O., S. 1206).

Auch die Kapitalertragssteuer soll im Zuge der Umverteilung erhöht werden. Dies trifft vor allem Anteilseigner von Firmen oder Aktienbesitzer, die im Zweifel auch weniger zu den sozial Benachteiligten der Gesellschaft gehören. Die Einführung neuer Steuern wie einer *Finanztransaktionssteuer* oder einer *Digitalsteuer*, die vor allem die Finanztransaktionen oder Gewinn im Rahmen der Digitalisierung betreffen. Gleichzeitig wird die Mehrwertsteuer für Lebensmittel oder öffentlicher Nahverkehr etc. schrittweise gesenkt. Dies entlastet vor allem die Bezieher geringer Einkommen, die einen überproportional hohen Anteil ihres Budgets in solche Güter investieren müssen. Im Gegenzug werden zahlreiche Steuervergünstigungen, die vor allem die Leistungsstarken treffen, gestrichen. Die damit frei werdenden finanziellen Mittel werden vor allem in Sozialleistungen des Staates investiert wie in Sozialwohnungen, höhere Renten, Sozialhilfen, (Bau)Kindergeldzahlungen, Pflegezuschüsse, Mindestlöhne etc.

Beim Abfassen dieser Zeilen werden weitere Lebensbereiche diskutiert, bei denen der Staat aktiv in die Preisgestaltung der Marktwirtschaft eingreifen sollte (vgl. Bernau 2020a): So werden z. B. in Berlin die Mieten „gedeckelt" d. h. dass die Mieten für fünf Jahre auf den Stand von 2019 eingefroren werden. Die Mieten stagnieren daraufhin, allerdings sinkt auch die Anzahl an Baugenehmigungen. Die Investoren halten sich sichtlich zurück (vgl. a. a. O.). Die Bundeslandwirtschaftsministerin empfiehlt höhere Lebensmittelpreise etwa für Fleisch, um den produzierenden Landwirten eine auskömmliche Spanne zu ermöglichen. Die Preise sollen mindestens auf der Höhe der Herstellkosten sein. Qualitativ hochwertiges Essen muss einen höheren Preis haben und dieser sollte es der Kundschaft wert sein. Wenn man es sich denn leisten kann. Im Rahmen der Umweltdiskussionen wird gefordert, dass Fliegen teurer werden solle zugunsten umweltfreundlicherer Verkehrsmittel wie etwa der Bahn. Ferner wird gefordert, die Kfz-Steuer für Sports Utilitiy Vehicle d. h. sportliche Geländewagen zu erhöhen (vgl. Bernau 2020a).

Alles dies sind keine neuen Ansätze und werden von liberalen Ökonomen wie etwa dem Präsidenten des Münchner ifo-Instituts, Clemens Fuest, der das vermehrte Eingreifen des Staates etwa zum Klimaschutz als „Neodirigismus" bezeichnet, (vgl. Bernau 2020a) heftig kritisiert. So monierte der liberale US-Ökonom Milton Friedman die Wirtschaftspolitik der damaligen US-Regierung u. a. (vgl. Friedman 2016, S. 59 und 1962/1982, S. 35) die Preissubventionen in der Landwirtschaft, die Importsteuer bzw. Export- und Importkontigente, staatliche Produktionsüberwachung, Mietpreis-, allgemeine Preis- und Lohnkontrollen sowie gesetzlich definierte Mindestlöhne. In eine ähnliche Richtung geht auch die Überlegung des liberalen Denkers und Ökonomen August von Hayek, der den freien Wettbewerb hauptsächlich als Vermittler menschlicher Anstrengung sieht und weniger den Staat (vgl. Hayek 2007, S. 85).

Folgt man dem eher *freiheitsorientierten Menschenbild*, dann werden diese oben beschriebenen staatlichen Maßnahmen mehrheitlich abgelehnt. Während es sicherlich in Deutschland eine grundlegende Übereinstimmung darüber gibt, dass den Armen, Schwachen und Kranken, jung wie alt geholfen werden muss, sind die Art und Weise und der Umfang sicher umstritten. Anhänger des „freiheitsorientierten" Menschenbildes wollen die marktwirtschaftlichen Ergebnisse zulasten der Leistungsstarken einer Gesellschaft so wenig wie möglich korrigieren. Sie treten eher für ungehinderten Wettbewerb ein, in dem der Leistungsstarke entsprechend auf dem Arbeitsmarkt ein hohes Einkommen erzielt, das ihm oder ihr so wenig wie möglich weggesteuert werden sollte.

So plädieren die Repräsentanten der marktliberalen Denkrichtung eher für eine *Steuersenkung* (vgl. die Schilderung von Stiglitz über die *Reaganomics*, *Trumponomics* und deren angebots-orientierte Wirtschaftspolitik, vgl. Stiglitz 2020a, S. 15 ff.). Höhere Einkommensteuern für Besserverdienende oder hohe Erbschaftssteuern, Vermögenssteuern und Finanztransaktionssteuern lehnen sie ab, da z. B. im Fall der

Vermögenssteuer das Einkommen bereits versteuert wurde und das dadurch erzielte Vermögen nicht ein zweites Mal besteuert werden sollte. Neue Steuern wie die Digitalsteuer werden ebenfalls als nicht sinnvoll bezeichnet, da sie die Zukunftsentwicklungen bremsten. Die reduzierten Steuern führen dann zu einer erhöhten Konsumquote, die die Wirtschaft ankurbelt und durch die Mehreinnahmen der Unternehmen die Löhne steigen lässt und die Effekte der Steuervergünstigungen überkompensiere. Dadurch würden dem Staat keine oder kaum Einnahmen verloren gehen und die staatlichen Leistungen könnten auf einem entsprechenden Niveau gehalten werden. Allerdings geht ein „freiheitsorientiertes" Menschenbild häufig mit den Forderungen nach einem „schlankeren Staat" einher. Der Staat ist aber nicht nur im Inland sondern auch im Ausland tätig.

4.3   Der Außenhandel: Das Geschäft mit dem Ausland

Bereits in der Antike wurden Waren grenzüberschreitend gehandelt und verkauft. Während damals zu Zeiten der Fugger die Transporte noch mit Pferden und Lasteseln stattfanden, fliegen heute Waren innerhalb weniger Tage von einem zum anderen Ende der Welt. Dafür hat sich der Begriff der *Globalisierung*, des weltweiten Handels eingebürgert. Wir werden das Thema zu einem späteren Zeitpunkt vertiefen (s. Kap. 7). Den Ausgangspunkt des Handels hat der britische Ökonom mit portugiesischen Wurzeln, David Ricardo, mit seiner Theorie der komparativen Kostenvorteile nachvollziehbar erklärt (s. Kap. 1): In der Regel spezialisiert sich ein Land auf die Produktion bestimmter Güter, die es aufgrund seiner Erfahrung, Technik und Umweltfaktoren am besten leisten kann. So ist Deutschland für seine technisch anspruchsvollen Automobile bekannt, Frankreich ist weltweit für seine Weine aus verschiedenen Regionen berühmt und Italien für seine exklusiven Modemarken. Jedes Land konzentriert sich auf das Gut was es am besten kann und tauscht sie gegen Güter anderer Länder ein. Das heißt nicht, dass auch bestimmte Produkte wie frische Lebensmittel etc. auch in einem Land produziert werden und dort verbleiben können.

Gemäß Ricardo macht der Außenhandel für ein Land auch in dem Fall Sinn, wenn es bei allen Gütern Kostennachteile hat. In dem Fall konzentriert sich das eine Land auf die Produktion des Gutes, bei dem es den geringsten relativen Kostennachteil hat. Es ist nämlich für ein Land immer noch vorteilhafter, selbst bei relativ schlechteren Kostensituationen im Vergleich zum Ausland bestimmte Güter selbst herzustellen und Arbeitsplätze zu schaffen als alles aus dem Ausland zu beziehen. Damit sich die Wettbewerbssituation nicht weiter verschlechtert, konzentriert sich das Land dann auf die Güter, bei denen es relativ gesehen noch die geringsten Standortnachteile hat. Das bedeutet natürlich nicht, dass es auch landesspezifische Güter gibt, die aufgrund von Traditionen oder Umweltgegebenheiten nur in diesem Land erhältlich sind.

Der Staat kann nun den Außenhandel ankurbeln, indem er den Handel möglichst ungehindert laufen lässt und im Gegenteil eher unterstützt. So kann der Staat ein breites Spektrum an Maßnahmen ergreifen um den Außenhandel zu fördern wie etwa Subventionen, Preisunterstützungen, etwa Dumpings, die sehr kritisch gesehen werden, aber vor allem Handelsabkommen und Handelsverträge aller Art. So gibt es solche Handelsabkommen innerhalb der EU, in Nordamerika, in Südamerika, Asien etc. Zollerleichterungen werden über sogenannte Präferenzabkommen geregelt, Assoziierungsabkommen zwischen verschiedenen Ländern

wie etwa zwischen der EU und der Schweiz bilden die
Grundlage einer wirtschaftlichen Annäherung und fördern
so den Außenhandel. Wie schwierig es sich allerdings gestalten kann, engste wirtschaftliche Verbindungen nach
Jahrzehnten wieder zu entflechten, konnte man in den letzten Monaten am Beispiel der „Brexit"-Diskussionen zwischen Großbritannien und der EU erleben. Andererseits
kann sich ein Staat auch vollkommen aus dem Außenhandel heraushalten. So kann sich die Rolle des Staates darauf
beschränken, die Handelshemmnisse wie Steuern, Zölle,
Kontingente etc. abzubauen und sich weitestgehend aus
dem Außenhandel herauszuhalten. Im Sinne einer *ordoliberalen* Politik kann man sich höchstens eine rahmengebende
Funktion des Staates vorstellen.

Gerade Deutschland lebt von seinem Exportüberschuss
und seinem florierenden Handel. Nicht umsonst wird
Deutschland Exportweltmeister genannt. Dies wurde uns
allen wieder bewusst in den Zeiten der Corona-Pandemie,
vor allem die gegenseitige Abhängigkeit der Zulieferungen.
Sicherlich nicht ganz zu Unrecht, denn die Produkte „Made
in Germany" sind rund um den Globus begehrt, nicht zuletzt aufgrund der weltberühmten Premiumautos von
AUDI, Mercedes, BMW, Porsche etc. Gemäß einer Statistik des Statista Research Department erzielte Deutschland
im Januar 2020 ein Handelsbilanzsaldo – Exporte minus
Importe gemessen am Wert der Waren – in Höhe von mehr
als 13,9 Milliarden Euro (vgl. Statista Handelsbilanzsaldo
2020b). Ein solcher wohlstandsfördernder Exportüberschuss wird international nicht überall ohne Argwohn
wahrgenommen. Jeder kennt mittlerweile die zutiefst skep-
tische Haltung mancher Länder, vor allem den USA gegenüber diesen anhaltenden Handelsbilanzüberschüssen
Deutschlands. Der US-amerikanische Präsident Donald

Trump sieht in dieser Entwicklung sogar eine nationale Gefahr und droht mit der Einführung bzw. Erhöhung von Zöllen und Tarifen für bestimmte Produkte nicht nur aus Deutschland. Die Reaktion der betroffenen Länder wird allerdings nicht lange auf sich warten lassen. So hat China ebenfalls höhere Zölle auf US-amerikanische Waren angekündigt. Es bleibt zu hoffen, dass der Handelsstreit zwischen den mächtigsten Handelsländern dieser Erde nicht weiter eskaliert.

Denn eines ist klar: *Verlieren werden alle Seiten*, da die jeweils heimische Bevölkerung die Zölle über erhöhte Verkaufspreise zahlen muss. Und dort verlieren die ärmeren Schichten am meisten, da sie finanziell am wenigsten Luft haben, die notwendigen Preissteigerungen abzufangen. Die von Friedrich List im 19. Jahrhundert eingeführten „Erziehungs- und Schutzzölle" für heimische Güter (vgl. Einführung) sollten auch nur für eine gewisse Zeit gelten, bis die Wettbewerbsfähigkeit hergestellt war. Generell sind protektionistische Maßnahmen des Staates sehr kritisch zu sehen. Wie schwierig sich auch die handelsfördernde Gestaltung eines Wechselkurses gestalten kann, konnte man die letzten Jahre vor allem bei in der sogenannten Griechenlandkrise erleben (vgl. Pietsch 2017, S. 204 ff.). Dort konnten die Warenströme nicht wir in den vorangegangenen Jahren durch die Abwertung der damals existierenden eigenen Währung Drachme umgekehrt werden. Eine Abwertung der Währung führt tendenziell zur Stärkung der heimischen Wirtschaft, da Importe teurer werden und die Exporte günstiger und sich so die Handelsbilanz verbessert. Es ist klar geworden, dass der *Außenhandel den Wohlstand der beteiligten Länder erhöht* und protektionistische Maßnahmen kontraproduktiv wirken.

4.4 Die Wirtschaftspolitik: Wie arbeiten Staat und Wirtschaft zusammen?

Im Kap. 3 sind wir der generellen, quasi ideologischen Frage nachgegangen, wie viel Staat und wie viel Markt eine Wirtschaft braucht. Nun wollen wir uns dem noch viel schwierigeren Thema widmen, *wie ein solcher Eingriff des Staates idealerweise aussehen soll* – wenn er schon sein soll. Das hängt natürlich wesentlich davon ab, wie ich die Frage beantworte, ob die Wirtschaft eines Landes ohne staatliches Zutun in die richtigen Bahnen gelenkt werden kann. Ferner, ob sie sich von alleine im Gleichgewicht befindet und Wohlstand generieren kann. Nachdem zunächst die Frage nach der richtigen Wirtschaftsform geklärt wurde und die rechtlichen Rahmenbedingungen stehen, sind es vor allem zwei grundlegende Punkte, die ich betrachten muss:

1. Kommt die Wirtschaft *ohne staatliches Eingreifen* zu einem *Gleichgewicht* wie die Klassiker der Ökonomie lange Zeit voraussetzten? Gelingt es, gleichzeitig auf dem Güter-, Geld- und Arbeitsmarkt ein Gleichgewicht herzustellen auf dem Angebot und Nachfrage sich nach einer gewissen Zeit immer einpendeln?
2. Wenn ich schon als Staat in die Wirtschaft eingreife, *mit welchen Mitteln und Institutionen* geschieht dies und welche Wirkungen erziele ich damit?

Der weltberühmte britische Ökonom John Maynard Keynes, von dem in früheren Kapiteln bereits die Rede war, hat mit seinem bahnbrechenden Buch „Allgemeine Theorie der Beschäftigung, des Zinses und des Geldes" (vgl. Keynes 2017) zu Recht darauf hingewiesen, dass es auch ein wirtschaftliches Gleichgewicht bei Unterbeschäftigung geben kann. Was bei den klassischen Ökonomen undenkbar war, brachte Keynes mit in die Diskussion ein: die *unfreiwillige Arbeitslosigkeit*. Im Gegensatz zu den Klassikern der Ökonomie wie David Ricardo und Jean Baptiste Say, der postuliert hatte, dass sich „jedes Angebot seine Nachfrage" (vgl. Keynes 2017, S. 31) selbst schaffe, war Keynes der Meinung, der Staat müsse in das Marktgeschehen eingreifen um das Gleichgewicht vor allem auf dem Arbeitsmarkt wieder herzustellen. So sah Keynes mehrere Möglichkeiten in den Wirtschaftskreislauf einzugreifen (vgl. Keynes 2017, S. 312 ff.):

Einerseits könne der Staat mehr investieren z. B. die öffentliche Infrastruktur wie Gebäude, Wohnungen, Straßen, Parks etc. und damit Arbeitsplätze schaffen. Dadurch würden mehr Menschen in Arbeit gelangen, diese würden daraufhin mehr konsumieren und in Produkte investieren, die wiederum die Arbeitsplätze der betreffenden Firmen sicherten und ausbauten. Der Konsum könne angekurbelt werden, wenn die Steuern gesenkt bzw. nicht erhöht würden, um das verfügbare Einkommen der privaten Haushalte nicht anzutasten. Folgerichtig sollten die staatlichen Investitionen auch durch Kreditaufnahme finanziert werden und nicht über höhere Steuern, die die Konjunktur abwürgten.

Da niedrige Zinsen die Kreditaufnahme der Unternehmen aber auch des Staates erleichtere, sollten diese möglichst niedrig gehalten werden. Dies allerdings hemme die Sparanlagen der Bürgerinnen und Bürger, da sie für ihr Geld kaum Erträge auf der Bank erhalten. In der aktuellen Situation können sie noch froh sein, wenn sie auf der Bank keine „Negativzinsen" entrichten müssen. Folglich konsumieren sie mehr als sie sparen. Die sogenannte Sparneigung der Bevölkerung nehme ab, die Konsumneigung nehme zu. Flankiert wird das Ganze durch die Politik des „billigen

Geldes" wie es heute gerade durch die staatlich unabhängige Europäische Zentralbank (EZB) geschieht. Durch vermehrte Anleihekäufe der Zentralbanken der EU Länder und der EZB selbst wird der Geldzufluss auf den Märkten angeregt. Geld wird „billig" und die Zinsen bleiben niedrig. Die Unternehmen investieren und mit diesen Investitionen wachsen die Arbeitsplätze mit. Der Preis, den die Wirtschaft dafür zahlen muss ist allerdings, dass der Staat relativ stark in das Wirtschaftsgeschehen eingreift und die kreditfinanzierten Investitionen zu Staatsschulden führen, die mittel- bis langfristig wieder zurückgeführt werden müssen.

Im Gegensatz dazu steht die sogenannte „angebotsorientierte" Wirtschaftspolitik (vgl. dazu zur Einführung Pätzold und Baade 2012, vor allem Teil D über die neoklassische Stabilisierungspolitik). Sie basiert auf dem bereits angesprochenen Grundsatz von Jean Baptiste Say, dass jedes Angebot sich seine Nachfrage schaffe. Dahinter steht die viel tieferlegende Philosophie des Marktoptimismus: Der Markt schaffe das schon alleine, man möge ihn nur in Ruhe walten lassen ohne einzugreifen. Der Staat solle maximal die Rahmenbedingungen schaffen, damit sich der Markt ungehindert entfalten könne. In diesem Umfeld könne der Unternehmer sich am besten entwickeln: ein Unternehmer, der wie Joseph Schumpeter formulierte, durch sein beständiges Streben nach Innovationen ein „Pionierunternehmer" sei und die entsprechenden Gewinne abschöpfen könne.

Allgemeine Berühmtheit in der Politik erlangte die angebotsorientierte Wirtschaftspolitik vor allem unter dem US-Präsidenten Ronald Reagan in den Achtziger Jahren des letzten Jahrhunderts (s. Abschn. 3.5). Unterstützt von den Ideen seines Wirtschaftsberaters Arthur B. Laffer senkte Reagan vor allem die Einkommenssteuern im Rahmen der sogenannten „Reaganomics" – eine Wortschöpfung aus Reagan und Economics, dem englischen Begriff für die

Volkswirtschaftslehre. Laffer hatte herausgefunden, dass es einen finanzwissenschaftlichen Zusammenhang gebe zwischen der Höhe des Steuersatzes (tax rate) und des gesamten Steueraufkommens (tax revenue, vgl. Hulverscheidt 2017 und Shiller 2020, S. 44): Die Steuereinnahmen steigen bis zu einem gewissen Punkt mit steigendem Steuersatz. Ab einem gewissen Steuersatz, dem Maximum, sinken die Einnahmen wieder bei steigendem Steuersatz d. h. die Steuereinnahmenkurve verläuft wie ein „umgekehrtes U". Dies ist leicht erklärbar, wenn man sich überlegt, dass bei 0 Prozent Steuern die Steuereinnahmen null sind und bei einem hundertprozentigen Steuersatz kein Mensch mehr arbeiten würde, da sein Einkommen komplett einbehalten würde. Der „ideale" Steuersatz" liegt dann irgendwo dazwischen.

Es ist natürlich leicht einzusehen, dass auch bei einem Steuersatz von 80 und 90 Prozent kaum ein Anreiz bestünde zu arbeiten. Sinkt der Steuersatz, dann wird die Bereitschaft zu arbeiten zunehmen. Ferner ist ersichtlich, dass das verfügbare Einkommen durch den gesenkten Einkommenssteuersatz steigt und mehr konsumiert wird. Dies wiederum schafft zusätzliche Arbeitsplätze bei den Firmen, deren Produkte jetzt verstärkt nachgefragt werden. Diese zusätzlichen Beschäftigten konsumieren mehr und können über ihre Einkommensteuer und die Mehrwertsteuer das Steuereinkommen des Staates wieder erhöhen. Die Unterstellung der Reagan-Administration war, dass die *Effekte der Erhöhung des Steueraufkommens die Steuersenkungseffekte überkompensiert* und damit die Wirtschaft ankurbelt. Allerdings geschah dies damals auf Kosten der Allgemeinheit durch den starken Anstieg der Staatsverschuldung. Flankiert werden diese Maßnahmen durch verstärkte Privatisierungen von Unternehmen, die Geldmenge solle nur in Höhe der Steigerung der Produktionsleistung anwachsen,

die sogenannte „potenzialorientierte Geldmengenpolitik"
(vgl. Economia48). Der Staatsanteil am Bruttoinlandprodukt sollte gesenkt werden, der Wettbewerb gestärkt und
vor allem die marktwirtschaftlichen Elemente der Wirtschaftsordnung in den Vordergrund treten.

Dass beide Konzeptionen der Wirtschaftspolitik, die
nachfrage- und die angebotsorientierte, ein unterschiedliches
Ideal und Menschenbild unterstellen ist klar: Auf der einen
Seite der „schwache" Mensch, der durch staatliche Transferleistungen, höhere Steuern, Investitionen in die Infrastruktur und Umverteilungsmaßnahmen vor dem Unbill des
Marktes zu schützen ist. Auf der anderen Seite, der selbstbewusste, freie und leistungsorientierte Mensch, der „seines
Glückes eigener Schmied" ist und entsprechend mehr leistet als andere. Entsprechend sollen die Früchte seiner Arbeit
ausfallen, wenn überhaupt, dann nur minimal korrigiert
zugunsten der sozial Schwachen. Ferner ist das Vertrauen in
den Staat an sich und seine Einwirkungen eher gering. So
berichten die US-Ökonomen und Träger des Alfred Nobel
Gedächtnispreises für Ökonomie von 2019, Abhijit Banerjee und Esther Duflo, dass gemäß einer Umfrage in 2015
nur 23 Prozent der befragten Amerikaner glaubten, dem
Staat vertrauen zu können (vgl. Banerjee und Duflo 2019,
S. 266). Vielfach ist weltweit auch der Gedanke in der Bevölkerung verbreitet, der Staat sei zumindest in Teilen kor-
rupt (vgl. ebenda, S. 269). Folglich wird dem Staat nicht
zugetraut, ausgleichend in die Ökonomie eingreifen zu
können.

Gleichzeitig aber scheint aus Sicht der Bevölkerung nicht
nur in Deutschland, sondern auch in vielen Industrieländern dieser Erde, diese fehlende Marktkorrektur durch den
Staat die große Herausforderung der Zukunft zu sein. So
könnten schon Steuererhöhungen bei der progressiven Einkommensteuer und eine Vermögenssteuer von zwei Pro-

zent auf Vermögen von 50 Mio. Dollar und drei Prozent auf Vermögen größer 1 Mrd. Dollar in den USA über zehn Jahre 2,75 Billionen Dollar oder ein Prozent des Bruttoinlandsprodukts der USA einbringen (vgl. Banerjee und Duflo a. a. O., S. 264). Soziale Ungleichheiten in Einkommen und Vermögen sind die Folge einer fehlenden staatlichen Marktkorrektur, die auch in Zeiten der Sozialen Marktwirtschaft immer weiter voranschreiten. Vor allem in Zeiten der Digitalisierung und der Globalisierung wird es vermehrt darauf ankommen, dass *der Wohlstand nicht nur erzielt wird, sondern bei allen ankommt.* Wir werden auf das Thema Ungleichheit noch im Kap. 7 zurückkommen. Widmen wir uns nun der Frage, wie der Wohlstand eines Landes entsteht.

5

Prinzipien des Wohlstands
Auf den Spuren von Adam Smith

5.1 Wie kommt ein Land zu Wohlstand?

Eines der bedeutendsten Ziele der Wirtschaft und der Wirtschaftstheorie war schon immer, für das jeweilige Land und dessen Bevölkerung einen auskömmlichen Wohlstand sicherzustellen (vgl. Smith 2009). Was man sich darunter konkret vorzustellen hat und wie das gelingen mag, darüber gehen die Meinungen aktuell in Deutschland und in vielen Ländern dieser Erde auseinander. Es fängt bereits damit an sich zu überlegen, was überhaupt mit Wohlstand gemeint ist. Wir können sicherlich schnell Einigkeit darüber erzielen, dass die Maslowschen Grundbedürfnisse befriedigt werden sollten wie etwa ausreichend zu essen, zu trinken und warme Kleidung zur Verfügung zu haben. Ferner sollte jeder ein Dach über den Kopf haben, das man sich auch langfristig leisten kann. Wenn man Glück hat, genügend

D. Pietsch, *Prinzipien moderner Ökonomie*,
https://doi.org/10.1007/978-3-658-31586-3_5

Geld und Muße, gelingt es darüber hinaus noch, mindestens einmal im Jahr in den Urlaub zu fahren und sich vielleicht noch ein nicht ganz so teures Hobby zu leisten. Dies alles sollte idealer Weise bis zum Ende des Lebens gelingen, was das Alter natürlich einschließt.

Sieht man sich die heutige Realität in Deutschland an, dann wird man schnell feststellen, dass bereits dieser Minimum-Wohlstand nicht bei der ganzen Bevölkerung angekommen ist. Dabei ist Deutschland noch eines der reichsten Länder dieser Welt. In der Rangliste der Länder nach *Bruttoinlandprodukt pro Kopf (BIP)* (vgl. factfish 2020), der Messzahl der jährlichen Wertschöpfung eines Landes, reichen die Werte der reichsten Länder von 168.000 Dollar für Liechtenstein, 162.000 für Monaco und 104.000 für Luxemburg bis zu lediglich 338 Dollar in Malawi, 320 Dollar für Burundi und 237 Dollar für den Südsudan. Das bedeutet, dass in den letzten der genannten drei Länder nicht einmal ein Dollar pro Tag an Wert erwirtschaftet wird, während es in den reichsten Ländern fast 500 Dollar sind (Liechtenstein). Deutschland kommt auf gut 44.000 Dollar BIP pro Kopf. Etwa *ein Drittel der Länder weltweit* kommt nur auf ein BIP pro Kopf von *weniger als zehn Dollar pro Tag* (vgl. factfish 2020).

Würde man hier die gerade beschriebene Minimumdefinition eines menschenwürdigen Lebens „an Wohlstand" anlegen, würde sicher nicht einmal ein Drittel – gemessen etwa am BIP pro Kopf unter zehn Dollar am Tag – der Bevölkerung diesen Standard überhaupt erreichen. Bleiben wir aber in Deutschland. Die Arbeitslosenzahl war vor der Corona-Pandemie auf einem so niedrigen Niveau wie lange nicht mehr, dennoch gibt es immer mehr Menschen, die in einfachen sozialen bzw. prekären Verhältnissen leben. Zu diesen ist leider krisenbedingt noch eine Vielzahl an Menschen hinzugekommen, so dass das Thema der Arbeitslosigkeit in Deutschland noch verschärft wurde. Viele Arbeitskräfte können in Deutschland auch nach der Einführung des Mindestlohns von ihrem Einkommen kaum noch leben. Vor allem in den Ballungsräumen wie München, Stuttgart oder Berlin haben die Mieten ein Niveau erreicht, bei dem selbst die sogenannte Mittelschicht mit einem durchschnittlichen Haushaltseinkommen pro Kopf von etwa 42.000 Euro in 2019 (vgl. Rudnicka 2020c) kaum über die Runden kommt. Ein Ende ist nicht in Sicht. Die staatlichen Renten sind aufgrund der demografischen Entwicklung für viele Bürgerinnen un Bürger so niedrig geworden, dass sie im Zweifel ihre Wohnungen verlassen müssen oder den Euro dreimal wenden müssen bevor sie ihn ausgeben. Das Stichwort „Altersarmut" ist in aller Munde. Gemäß dem „Schuldneratlas 2019" des Wirtschaftsinformationsdienstes Creditreform sind rund 380.000 der Senioren in Deutschland überschuldet (vgl. Weih 2019).

Dabei hatte alles in Deutschland einmal sehr gut angefangen. 1949, nach dem dunkelsten Kapitel der deutschen Geschichte, hatte der neue Staat im Westen, die Bundesrepublik Deutschland, wie im Kap. 3 bereits ausführlich beschrieben die Soziale Marktwirtschaft eingeführt. Ludwig Erhard, damals Wirtschaftsminister und später Bundeskanzler, hatte in seinem Buch den „Wohlstand für alle" beschworen. Dies passte auch zur Entwicklung der Nachkriegszeit, vor allem in den 1950er-Jahren, den sogenannten „Wirtschaftswunderjahren". Die Nachfrage nach den Waren war ungebremst, das Angebot konnte in den ersten Jahren damit nicht Schritt halten. Arbeitslosigkeit war kein Thema, weil die Unternehmen gar nicht so schnell und so viele Waren produzieren konnten wie sie ihnen von den Bürgern wieder aus den Händen gerissen wurden. Es herrschte nach dem Krieg Mangel an allen Gütern und es dauerte einige Jahre bis alleine der Erstbedarf der Haushalte

u. a. an technischen Geräten wie Waschmaschinen, Küchenherde etc. gedeckt war. Ein Paradies für alle Unternehmen. Den Rahmen dazu bildete die sozial abgefederte Marktwirtschaft, die die zentrale Zwangswirtschaft des Nationalsozialismus verdrängt hatte (vgl. Müller-Armack 1990).

Das wesentlichste Element der *Sozialen Marktwirtschaft* war der Wettbewerb, die Innovationen und die Lohnsteigerungen, die dem Produktivitätsfortschritt angepasst wurden. Um es mit den Worten Ludwig Erhards zu formulieren (Erhard 1964, S. 7 f.):

> Das erfolgversprechende Mittel zur Erreichung und Sicherung jeden Wohlstands ist der Wettbewerb. Er allein führt dazu, den wirtschaftlichen Fortschritt allen Menschen, im Besonderen in ihrer Funktion als Verbraucher, zugutekommen zu lassen (…) Auf dem Wege über den Wettbewerb wird – im besten Sinne des Wortes – *eine Sozialisierung des Fortschritts und des Gewinns bewirkt* (Hervorhebung im Original) und dazu noch das persönliche Leistungsstreben wachgehalten. Immanenter Bestandteil der Überzeugung, auf solche Art den Wohlstand am besten mehren zu können, ist das Verlangen, allen arbeitenden Menschen nach Maßgabe der fortschreitenden Produktivität auch einen ständig wachsenden Lohn zukommen zu lassen.

Natürlich ist es so, dass der Wohlstand zunächst einmal erarbeitet werden muss bevor er idealer Weise an alle Menschen eines Landes „verteilt" bzw. weitergegeben werden kann. Aber wie die vorhin beschriebenen Beispiele zeigen, ist dies heute in keinerlei Weise mehr der Fall. Ursprünglich lebte eine Nation davon, die natürlich vorhandenen Ressourcen zu nutzen, die Fähigkeiten und Kenntnisse der heimischen Bevölkerung in ihrer Spezialisierung und Arbeitsteilung zu nutzen und durch Handel den Wohlstand zu erreichen. In seinem berühmten Buch „Wohlstand der Nationen" schreibt der wohl berühmteste Ökonom und Moralphilosoph der Neuzeit, Adam Smith (2009, S. 383): „Dem natürlichen Lauf der Dinge gemäß ist also der größere Teil von dem Kapital jeder aufblühenden Gesellschaft zuerst auf den Landbau, dann auf die Gewerke und zuletzt auf den auswärtigen Handel gerichtet." Dabei muss man natürlich berücksichtigen, dass im England des 18. Jahrhunderts der Acker- und Landbau ebenso wie das Handwerk eine überragende Rolle einnahmen. Heute muss man das sicher um die Industrie und die Dienstleistungen ergänzen.

Träger des Wohlstands in den Nachkriegsjahren waren nicht nur die fleißigen Arbeiterinnen und Arbeiter, die Angestellten und Beamten, sondern vor allem die vielen zupackenden *Unternehmer.* Clevere, risikobewusste Unternehmer wie Werner Otto, Rudolf August Oetker, Max Grundig, Werner von Siemens um nur einige zu nennen, haben damals die Gunst der Stunde genutzt, um aus einem kleinen Unternehmen einen Weltkonzern zu schaffen. Dabei lag ihnen nicht nur der Gewinn des Unternehmens, sondern auch das Wohl der Mitarbeitenden am Herzen. Ein gutes Vorbild aus der früheren Neuzeit lieferte der Augsburger Unternehmer und einer der reichsten Männer seiner Zeit, Jakob Fugger, der nicht nur ein weltumspannendes Handelsimperium schuf, sondern auch mit seiner „Fuggerei" günstige Wohnungen für seine Arbeiter und deren Familien erreichten ließ (vgl. Käser 2018). In der von Jakob Fugger 1521 gegründeten Siedlung, die für alle unverschuldet in Armut geratenen Bürgerinnen und Bürgern von Augsburgzur Verfügung stehen sollte, leben bis heute noch Bedürftige in 140 Sozialwohnungen. Ursprünglich waren es 52 Wohnungen, die für eine symbolische Miete von 0,88 Euro im Jahr vermietet wurden, vergleichbar dem

Wert eines rheinischen Guldens heute. Sie alle schufen nicht nur Arbeitsplätze, sondern förderten den Wohlstand einer ganzen Nation. Dies alles waren Investitionen in die „Realwirtschaft", es wurden reale Dinge geschaffen, Maschinen und neueste Techniken entwickelt (Siemens), Backpulver und Kuchen etc. kreiert (Dr. Oetker) oder Kataloge zum Kauf von Waren aller Art gedruckt (Otto Versand) anhand derer zahlreiche Produkte u. a. Textilien frei Haus geliefert wurden.

Anders sieht es dagegen bei einer Vielzahl von Finanzinvestitionen aus. Hedgefonds – die man sicher nicht alle über einen Kamm scheren kann – legen Gelder am internationalen Kapitalmarkt an und spekulieren auf Milliardengewinne. Es wird auf ein Steigen von Rohstoffpreisen gewettet, es werden immer mehr risikoreiche „Leergeschäfte" oder die in letzter Zeit berühmt gewordenen „Cum Ex" Geschäfte abgewickelt, deren einziges Ziel es ist, in möglichst kurzer Zeit einen möglichst hohen Gewinn für alle Beteiligten einzustreichen. Traurige Berühmtheit erlangte auch in der Zeit der Coronakrise die Wette von Hedgefonds auf fallende Aktienkurse (vgl. Gojdka 2020). Die wirtschaftliche Krise, die Millionen von Arbeitkärften und Unternehmen in den Ruin stürzt, als außerordentliche Gewinnquelle von Spekulanten! Einen zusätzlichen „realen" Wert schafft diese Art von Finanztransaktionen nicht. Der österreichische Ökonom Stephan Schulmeister kritisiert daher in seinem Buch „Der Weg zur Prosperität" die „Entfesselung" der Finanzmärkte und den Niedergang der Realwirtschaft zugunsten der Finanzwirtschaft. Diese Finanzspekulationen führten zu einer größeren Schwankung von Wechselkursen, Immobilienpreisen und schließlich der Aktien- und Anleihenkurse (vgl. Schulmeister 2018, S. 10). Ein Wohlstand, der nur einer kleinen Schicht an Finanzspekulanten nutzt, ist sicherlich nicht das, was Ludwig Erhard oder auch Adam Smith unter einem Wohlstand der Nation oder für alle verstanden haben. Der italienische Soziologe und Ökonom Vilfredo Pareto hat sein berühmtes Diktum zu dem nach ihm benannten „Pareto-Optimum" so definiert: Ein *Pareto bzw. Wohlfahrtsoptimum ist* dann erreicht, wenn es nicht möglich ist, die Wohlfahrt eines Individuums z. B. durch Umverteilung von Ressourcen zu erhöhen ohne die Wohlfahrt eines anderen Individuums zu verringern (vgl. etwa Wagener 2009, S. 37 f.). Davon sind wir leider *in Deutschland* wie vorhin bereits angedeutet derzeit *weiter entfernt als je zuvor*.

5.2 Wie erziele ich Wachstum in einer Volkswirtschaft?

In der Ökonomie wird das Wachstum anhand der prozentualen Veränderung des sogenannten Bruttoinlandsprodukts gemessen. Grob gesagt umfasst diese Kennzahl den gesamten Wert aller Waren und Dienstleistungen, die innerhalb eines Jahres in einem bestimmten Land hergestellt wurden. Davon abgezogen werden die Vorleistungen, die in den Produktionsprozess eingebracht wurden. *Wachstum ist prinzipiell positiv zu sehen.* So steigern die Unternehmen ihre Produktion, wenn die Nachfrage für ihre Produkte gegeben ist. Dies sichert nicht nur Arbeitsplätze, sondern schafft auch neue. Die Bevölkerung profitiert davon über eine verbesserte Güterversorgung. Der Wettbewerb der Firmen untereinander sorgt dafür, dass die Qualität der Produkte steigt, Innovationen geschaffen werden und die Preise in aller Regel sinken. Unternehmen erzielen Gewinne, können wieder in die Zukunft investieren, erhalten bei entsprechender Börsenbewertung, das sogenannte „Rating", zu besseren Konditionen Kredite und können für sich und ihre Mitarbeitenden langfristig Arbeitsplätze sichern. Steigt gleichzeitig die Produktivität, d. h. die Ausbringungsmenge bei gleichem Arbeitseinsatz, dann kann bei gleichen Kosten mehr produziert und verkauft werden.

Die *Gründe des Wachstums sind vielfältig*: Manche Produkte bauen auf Rohstoffen auf wie etwa Kobalt oder Diamanten. Sind diese reichlich in einem Land oder einer Region vorhanden und entsprechend nachgefragt, etwa für Batterien oder Schmuck, dann können diese Produkte vermehrt verkauft werden. Manche Industrieländer wie etwa Deutschland setzen zum Wachstum auf die Ressource Mensch. Umfassend ausgebildete und spezialisierte Fachkräfte aber auch Akademikerinnen und Akademiker tragen durch ihre Kenntnisse und Fähigkeiten zum Wachstum der Volkswirtschaft bei, da sie sich z. B. schneller einarbeiten können, effizienter arbeiten oder eine hohe Kreativität mitbringen. Wachstum hat natürlich auch mit der technologischen Entwicklung zu tun. Gerade die USA zeichnen sich durch eine Vielzahl technologischer Entwicklungen aus. So sind nicht umsonst Unternehmen wie Apple, Google, Amazon, Facebook etc. so erfolgreich. Diese Firmen verbinden eine neue Technologie z. B. der Smartphones oder Tablets mit einem ansprechenden Design (Apple).

Sie strukturieren in dem riesigen Universum des Wissens im Netz die Informationen gemäß Suchabfrage und sammeln so riesige Datenmengen, die auf Präferenzen und Wissensfragen der Weltbevölkerung aufsetzen können (Google). Oder sie kombinieren das Internet mit einer globalen Verfügbarkeit von Waren aller Art, indem sie den Logistikprozess revolutionieren (Amazon). Der Anteil des Onlinehandels am gesamten Umsatzvolumen (netto) des deutschen Einzelhandels ist von 0,3 Prozent 2000 auf 10,8 Prozent in der Prognose für 2019 gestiegen (vgl. Handelsverband Deutschland 2019, S. 8). Schließlich revolutionieren die sozialen Medien wie Facebook, Instagram und Co. die weltweite Kommunikation der Menschen untereinander. Menschen geben Informationen von sich preis, die dann für lange Zeit weltweit für alle ersichtlich sind und tiefe Einblicke in intimste Details z. B. der Familie geben. Interessant ist auch, dass erst die Kombination der technologischen Entwicklungen die Innovationen beschleunigt. Erst das Aufkommen des Smartphones und der Tablets macht die sozialen Medien so attraktiv, gestaltet die digitalen Logistikprozesse so interessant. Wir werden auf die neuesten Entwicklungen der Digitalisierung im Kap. 7 noch einmal ausführlicher zu sprechen kommen.

Diese genannten Unternehmen haben sich in nur wenigen Jahren zu den wertvollsten Unternehmen der Welt entwickelt und werden in den nächsten Jahren den Ton angeben. An diesen Unternehmen kann man aber auch die Risiken des Wachstums erkennen. Die Welt ist immer häufiger, länger und mit immer mehr Menschen online. Die zwischenmenschliche Kommunikation wird reduziert. Stattdessen wird häufiger über Instagram, Messenger-Dienste wie WhatsApp kommuniziert. Persönliche Treffen werden zugunsten von WhatsApp-Gruppen ersetzt. Schon lange haben E-Mails die telefonische Kommunikation verdrängt. Skype-Meetings ersetzen persönliche Treffen und Diskussionen im Kollegenkreis. Dies kann allerdings in kritischen Phasen wie der Corona-Pandemie auch hilfreich sein. Festnetztelefone werden in den Firmen immer häufiger abgeschraubt. Lediglich die Smartphones überleben. *Daten werden zum modernen Gold.* Diese werden in unüberschaubaren Mengen gewonnen. In jeder Google-Suchabfrage kommuniziere ich meine Präferenzen, meine Sorgen und Nöte, Krankheiten aber auch Urlaubsreisen, persönliche Interessen und vieles mehr. Über das *Internet der Dinge* sind die digitalfähigen Gegenstände miteinander vernetzt und programmierbar. Algorithmen schlagen bei Amazon gemäß meiner Auswahl weitere passende Bücher oder generell Artikel vor. Der Streaming-Dienst Spotify erstellt ein sogenanntes „Mix Tape", eine Zusammenstellung von Liedern, die meinen bislang gehörten vom Genre und Klang entsprechen. Künftig kann ich dies alles auch im Auto abrufen. Wer sich die mühsame Eingabe von Texten z. B. bei Amazon ersparen möchte, der gibt einfach über „Alexa" einen Sprachbefehl ein und schon werden Wünsche wahr.

Es ist sicher nichts gegen den *technischen Fortschritt* einzuwenden. Dadurch wird der Wohlstand der Bevölkerung erhöht und es werden weltweit Arbeitsplätze bei diesen Unternehmen geschaffen. Man muss allerdings die Risiken, wie eben ausschnittsweise geschildert, dieser neuen Technologien mit bedenken. Ein großes Thema, das in der Vergangenheit zwar bereits aufgegriffen, aber immer noch nicht ansatzweise befriedigend angegangen wurde, sind die *Auswirkungen des wirtschaftlichen Wachstums auf die Umwelt*. Bereits 1972, also vor 48 Jahren (!) wurde auf einem Symposium in der Schweizer Stadt St. Gallen eine Studie zur Zukunft der Weltwirtschaft vorgestellt. Diese Studie wurde vom Club of Rome in Auftrag gegeben, einer Vereinigung von Wissenschaftlern verschiedener Disziplinen aus über 30 Ländern. In dieser Studie mit dem Titel „Die Grenzen des Wachstums" (Originaltitel: „The Limits of Growth") wurden vor allem fünf für die Erde negative Entwicklungen dargestellt, die ich hier in drei Themenkomplexen wiedergeben möchte (vgl. Meadows 1972):

1. Die *Weltbevölkerung wächst exponentiell* d. h. die Verdoppelung der Bevölkerung dieser Erde geschieht in immer kürzeren Zeitabständen. Brauchte die Bevölkerung im Jahre 1650 bei einer halben Milliarde Menschen weltweit und einer Wachstumsrate von 0,3 Prozent noch 250 Jahre zur Verdoppelung, waren es 1970 bei einer

Weltbevölkerung von 3,6 Milliarden und einer Wachstumsrate von 2,1 Prozent nur noch 33 Jahre. Heute leben auf der Erde etwa 7,7 Milliarden Menschen. Das Wachstum wird sich wegen niedrigerer Geburtenraten wohl abschwächen. Dennoch geht man davon aus, dass bis zum Ende des 21. Jahrhunderts fast elf Milliarden Menschen auf der Welt leben werden (vgl. BR Weltbevölkerung 2019). Allerdings ist das Wachstum der Weltbevölkerung ungleich verteilt: Während in Europa jede Frau im Laufe ihres Lebens im Durchschnitt 1,59 Kinder auf die Welt bringt (Deutschland Stand 2017: 1,57), sind es gerade in den ärmsten Regionen der Subsahara im Schnitt 4,6 Kinder.

2. Die *Industrialisierung* und damit ihre Folgen für die *Nutzung von Rohstoffen* und die *negativen Auswirkungen auf die Umwelt* schreiten voran. Während die vermehrte Entstehung der Treibhausgase, der Abbau der Ozonschicht der Erde und der Treibhauseffekt damals bereits bekannt waren, kommen in den Fortsetzungen der Studien in 1992, 2004 (20 bzw. gut 30 Jahre danach) und schließlich 2012 (40 Jahre später, vgl. exemplarisch für die neuesten Entwicklungen Randers 2012) weitere Themen zur Sprache wie die Bodenqualität, die Überfischung der Weltmeere und die Zunahme der Ungleichheit in der Bevölkerung gemessen am Anteil des globalen Bruttoinlandprodukts. Ganz zu schweigen von dem Klimawandel, der in 2018 nicht nur Überschwemmungen unbekannten Ausmaßes mit sich brachte, sondern auch Waldbrände schürte und Ernten u. a. in Deutschland verdorren ließ.

3. Die *Endlichkeit der natürlichen Ressourcen und der Nahrungsmittel*. Bestimmte Ressourcen wie etwa Metalle wie Kobalt, Nickel sind ebenso knapp wie Nahrungsmittel für eine exponentiell steigende Weltbevölkerung. Es

wird künftig nicht nur einen Wettbewerb um den besten Arbeitsplatz, sondern auch um die entsprechenden Ressourcen und Lebensmittel geben. Ausgang ungewiss.

Inwieweit eine zumindest teilweise Abkehr von einer permanenten Wachstumsphilosophie in der Ökonomie wahrscheinlich oder gewünscht ist und ob mehr Wachstum auch glücklicher macht, werden wir uns im Abschn. 5.5 näher ansehen. Vorerst wollen wir uns mit dem Wesen der Konjunktur und seinen Zyklen beschäftigen.

5.3   Was hat es mit der Konjunktur und seinen Auf- und Abschwüngen auf sich?

Der Wohlstand einer Nation hängt unter anderen auch von der gesamtwirtschaftlichen Lage ab, die herkömmlicherweise als *Konjunktur* bezeichnet wird. Gute Indikatoren für die Konjunktur sind generell die Kennziffern wie die Beschäftigungsquote, die Arbeitslosenquote aber auch die Entwicklung von Zinssatz, Preisen, Umsatz und der Kapazitätsauslastung. Stehen in den Werken der Maschinenbauhersteller oder der Industrie generell häufiger die Bänder still oder reichen wenige Produktionsschichten in der Woche aus, ist dies ein untrügliches Anzeichen einer fehlenden Marktnachfrage und einer geringen Kapazitätsauslastung; dies galt leider in der Zeit der Coronakrise vor allem für die Automobilhersteller weltweit, als monatelang die Produktionsbänder stillstanden und Mitarbeitende in Kurzarbeit gingen. Umgekehrt, wenn die Unternehmen bei der Produktion mit der Nachfrage nicht standhalten können und zusätzliche Werke bauen müssen oder Zusatzschichten organisiert werden, kann von einem Konjunkturhoch, einem

„Boom" oder *Aufschwung* gesprochen werden. Der Gegensatz dazu ist die *Rezession* oder im schlimmsten Fall die *Depression*, die von einem dauerhaften, starken Rückgang des Bruttoinlandsproduktes gekennzeichnet ist. Gemessen wird der aktuelle Zustand der Wirtschaft in Deutschland von zahlreichen Wirtschaftsinstituten. Am bekanntesten sind das Deutsche Institut für Wirtschaftsforschung (DIW) in Berlin mit seinem monatlich erstellten Konjunkturbarometer und das Institut für Wirtschaftsforschung (ifo) in München mit seinem ifo-Index.

Dabei werden vor allem Expertinnen und Experten aber auch Entscheidungsträger in Unternehmen befragt, wie sie aus aktueller Sicht die wirtschaftliche Entwicklung in den nächsten Monaten einschätzen. Kurzfristige konjunkturelle Schwankungen und Konjunkturzyklen, d. h. in Wellenbewegungen wiederkehrende Auf- und Abschwungphasen der Wirtschaft, können unterschiedliche Ursachen haben. Einerseits unterliegen manche Wirtschaftszweige systembedingt während des Jahres saisonale Schwankungen wie etwa die Baubranche im Winter. Man stelle sich den Eisverkauf im tiefsten Winter vor oder den Verkauf von Weihnachtsschokolade nach Weihnachten. Andererseits können bestimmte Wirtschaftszweige über wenige Jahre einem Ungleichgewicht von Angebot und Nachfrage ausgesetzt sein. So verzeichnet die Immobilienbranche generell eine positive Entwicklung wie aktuell, wenn die Zinsen niedrig sind und die vermögenden Sparer weniger in Sparbücher, sondern in Immobilien investieren. Steigen die Zinsen wieder, kann es mit dem konjunkturellen Aufschwung wieder schnell vorbei sein. Insbesondere wenn sich der Markt irgendwann aufgrund der beständigen sehr hohen Nachfrage überhitzt und es zu einer Immobilienblase kommt.

Schließlich kann es auch zu sogenannten strukturellbedingten Konjunkturschwankungen kommen, die eher grundsätzlicher Natur sind und langfristig die Konjunktur z. B. einer Branche beeinflussen. Ein gutes Beispiel dafür ist derzeit die Automobilbranche, die lange Zeit einen Konjunkturaufschwung zu verzeichnen hatte. Durch die sukzessive Auffächerung der Produktpalette in mehrere Baureihen und Karosserievarianten wie etwa Coupé, Cabrio, Limousine, Fahrzeugkonzepte wie die Geländewagen i.e. *Sports Utility Vehicle* oder Cross Over Modelle d. h. Coupé mit Geländewagen kombiniert wie etwa der X6, wurde für jedes Kundensegment die passende Produktantwort gefunden. Teilweise wurde sogar ein neues Fahrzeugsegment kreiert wie etwa die X-Modelle bei BMW, die neue Bedürfnisse der Kundschaft weckten und zugleich befriedigten. Durch das Aufkommen der Elektromobilität, der autonomen, selbstfahrenden Autos, der Konnektivität der Fahrzeuge und der Sharing Economy wie etwa Car Sharing, Parking Sharing etc. wird die Branche nach Jahrzehnten quasi neu definiert. Neue Wettbewerber treten in den Markt ein wie etwa Tesla aus der gleichen Branche. Lieferanten und Batteriehersteller überlegen einen Markteintritt. Unternehmen, die bislang im Elektromarkt bereits aktiv waren, allerdings mit anderen Produkten wie etwa der elektrische Staubsaugerhersteller Dyson, wollten sich jetzt an dem Elektroauto versuchen. Mittlerweile hat Dyson allerdings aufgrund der fehlenden Rentabilität ihres Elektroauto-Projekts alle Pläne in dieser Richtung begraben müssen (vgl. Mühlauer 2019).

Die Herstellung der Elektroautos wird einfacher, da ein Elektromotor weniger Komponenten aufweist und in der Summe weniger komplex aufgebaut ist als ein Otto- oder Dieselmotor. Die Karosserie kann entsprechend zugeliefert werden, die Produktion der Einzelteile kann im Zweifel ebenfalls zugekauft werden. Entscheidend wird das Geschäftsmodell sein. Autos werden vermietet, geteilt, nicht mehr selbstgefahren, sind *mobile Datenlieferanten*. Die Ausleihe erfolgt über Apps, der Zugang via Smartphones e.g. DriveNow bei Carsharing. Die Motoren der Vergangenheit, die bewährten Geschäftsmodelle wie Kauf bzw. Leasing geraten durch die Digitalisierung verstärkt unter Druck. Expertenwissen veraltet, die Kundenwünsche verändern sich unter dem Eindruck der dynamischen Entwicklungen der Technik rapide. Kurz: die gesamte Branche steht mitten in einem der revolutionärsten Wandel seit Jahrzehnten. Entscheidend für den Wohlstand vor allem der Autonation Deutschland aber auch für alle Länder, deren Schlüsselindustrie von solch einem strukturellen Wandel betroffen ist, wie schnell dieser Übergang in die neue digitale Welt gelingt. Wir werden dieses Thema noch einmal im Kap. 7 vertiefen. Erschwerend kommt hinzu, dass die gesamte Weltwirtschaft nach der Coronakrise noch Jahre brauchen wird, um das Niveau der Zeit vor dem Ausbruch wieder zu erreichen. Der wahrscheinliche Rückfall der Weltwirtschaft in eine starke Rezession ist bereits beim Abfassen dieser Zeile sehr wahrscheinlich.

Der russische Ökonom *Nikolaj Kondratjew* hat sich Anfang des 20. Jahrhunderts mit den konjunkturellen Entwicklungen der Wirtschaft beschäftigt (vgl. Nienhaus 2015, S. 49 ff.). Er hat auf Basis umfangreichen empirischen Materials aus der Konjunkturentwicklung festgestellt, dass die Konjunktur in sogenannten, später nach ihm benannten, *langen Kondratjew-Wellen* besteht. Das Auf und Ab der Wirtschaft verlief in kürzeren Wellen, etwa 7 bis 11 Jahre, und in längeren Zyklen, jeweils etwa 25 Jahre (vgl. ebenda S. 50). So sind vor allem technologische Entwicklungen dafür verantwortlich, dass es zu einem Aufschwung kommt. Dieser hält solange an bis es dann zu einem Paradigmenwechsel d. h. zu einer wesentlichen Änderung der technologischen Entwicklung kennt. Als Beispiele nannte Kondratjew *erstens* die Erfindung der Dampfmaschine Ende des 18. Jahrhunderts, *zweitens* die Eisenbahn Mitte des 19. Jahrhunderts und *drittens* die Elektrotechnik Anfang des 20. Jahrhunderts. In den späteren Phasen zur Mitte des 20. Jahrhunderts sind es dann *viertens* vor allem der Computer und das Automobil, die den Paradigmenwechsel einleiteten. In der aktuellen Phase sind sicherlich die *Digitalisierung* und die Entwicklungen der *Künstlichen Intelligenz* zu erwähnen. Würde Kontradjew noch leben, wäre er sicher auch davon überzeugt, vor dem Hintergrund der rasanten Entwicklung der Digitalisierung und der Veränderungen wesentlicher Branchen nicht nur in Deutschland, sondern in der Welt von einer fünften Welle des Konjunkturzyklus zu sprechen. Das wesentliche dieser Konjunkturzyklen ist herauszufinden, *wie man im Sinne der Steigerung des Wohlstands diese konjunkturelle Entwicklung beeinflussen kann.* Vor allem zur Senkung der Arbeitslosigkeit in Rezessionen oder gar Depressionen.

5.4   Wie schaffen wir Arbeit für alle?

Ein wesentlicher Faktor für den Wohlstand eines Landes ist sicher die Frage, wie viele Menschen, die Arbeit suchen auch tatsächlich eine finden. Dabei sei hier in erster Linie nicht darauf eingegangen, inwieweit die Menschen ihre Arbeit auch als Befriedigung ansehen. Dies ist u. a. an der hohen Rate der Menschen, die innerlich bereits gekündigt haben, ersichtlich. Gemäß einer repräsentativen Studie des Beratungsunternehmens Gallup 2018 haben *14 Prozent der Beschäftigten innerlich bereits gekündigt,* das entspricht rund 5 Millionen Arbeitskräften. Etwa 80 Prozent der Mitarbeitenden fühlen sich ihrem Unternehmen gar nicht oder kaum emotional verbunden (vgl. Engelke 2018). Diese ernüchternden Zahlen zeigen, dass eine Arbeit zu haben alleine noch nicht ausreicht und glücklich macht. Arbeitslosigkeit als volkswirtschaftliches Phänomen entsteht vor allem durch ein Überangebot an Arbeitskräften, die ihre Arbeitskraft den Unternehmen anbieten. Die Nachfrage nach den Arbeitskräften hängt also hinter dem Angebot hinterher. Dabei lassen sich verschieden Arten von Arbeitslosigkeit unterscheiden (vgl. Mankiw und Taylor 2012, S. 740 ff. und Kap. 2): Bei der *friktionellen* Arbeitslosigkeit entsteht die Arbeitslosigkeit nur kurz, da Arbeitskräfte von der einen zur anderen Stelle wechseln und ggfs. eine kurze Zeitspanne arbeitslos sind. Die *saisonale* Arbeitslosigkeit ist den Klimabedingungen geschuldet und betrifft vor allem das sogenannte Saisongeschäft wie die Tourismusbranche, die Gastronomie oder auch die Bau- und Landwirtschaft im Winter. Bei der *konjunkturellen* Arbeitslosigkeit ist die Arbeitsstelle vor allem von der Auf- und Abschwungphase der Wirtschaft abhängig. Am gravierendsten ist die *strukturelle* Arbeitslosigkeit, bei der verschiedene Ursachen in der Struktur einer Wirtschaft verhindern, dass die Arbeitslosigkeit beseitigt werden kann.

Diese strukturellen Herausforderungen betreffen vor allem den Unterschied zwischen der *Qualifikation* der Arbeitsuchenden und dem von den Unternehmen nachgefragten Anforderungsprofil. So sind in Deutschland vor allem Fachkräfte der Pflege, des Gesundheitswesens allgemein sehr gefragt und in der heimischen Bevölkerung nicht mehr ausreichend vorhanden (vgl. die Studie des Leibnitz Instituts für Wirtschaftsforschung von Augurzky und Kolodziej 2018). Die Autoren der Studie gehen davon aus, dass im schlimmsten Fall (Worst-Case-Szenario) im Jahr 2030 die Nachfrage nach Fachkräften von 4,9 Millionen im Gesundheitswesen das Angebot von 3,6 Millionen *um 1,3 Millionen überschreiten* wird. Dieser Mangel hat sich vor allem in den Monaten der akuten Corona-Pandemie noch dramatisch verschärft. Aktuell wird geprüft unter welchen Voraussetzungen ausländische Fachkräfte ins Land geholt werden können.

Der Markt für IT-Spezialisten ist aufgrund der anhaltend starken Nachfrage nach Digitalisierungs-Know How so gut wie leer gefegt (vgl. Gillmann 2019). Die Lücke zwischen Angebot und Nachfrage nach IT-Kräften ist in Deutschland auf fast 60.000 Fachkräfte angewachsen (vgl. ebenda). Offene Stellen können derzeit auch bei attraktiven Arbeitgebern nicht ausreichend mit qualifizierten Bewerbern besetzt werden. Der verstärkte Einsatz der Künstlichen Intelligenz (KI) mit lernenden Maschinen, die zunehmende Automatisierung und Digitalisierung aller Bereiche des Lebens wird diesen „Mismatch", die fehlende Stimmigkeit, zwischen Qualifikation und Anforderung seitens der Unternehmen noch verstärken. Gefragt sind künftig IT-Know How, der Umgang mit KI, Robotern und Automaten. Dies wird eine andere, zum Teil deutlich anspruchsvollere Qualifikation sein als das bislang der Fall war. Diese rasante technologische Entwicklung wird viele, manche Autoren wie etwa Richard David Precht sprechen von mehreren Millionen, Arbeitsplätze in den Industrieländern aber gerade in Deutschland kosten (vgl. Precht 2018, S. 23 ff.).

Diese gerade erwähnte *technologisch bedingte* Arbeitslosigkeit wird noch um weitere Aspekte ergänzt. So werden die meisten neuen Unternehmen, bzw. „Start-ups", vornehmlich in den Metropolen, vor allem in Berlin und München gegründet. In diesen Metropolen hat sich nicht nur eine entsprechende Infrastruktur gebildet mit ihren zeitlich befristeten Wohnräumen, sondern es gibt ausreichend viele junge Menschen mit sehr guter Ausbildung, die durch das pulsierende Leben der Stadt und ihren kulturellen und akademischen Einrichtungen angelockt werden.

Nicht umsonst gründen große Unternehmen Start-ups bzw. helfen bei der Gründung, etwa um ihr Geschäftsmodell zu digitalisieren, eher in Berlin wo es „hip" ist als in der eher kleinstädtisch geprägten Zentrale, so z. B. der Heizungsbauer Viessmann (vgl. Stüber 2018). Andere eher ländlichen Gegenden in Deutschland wie etwa in einzelnen Teilen Mecklenburg-Vorpommerns oder auch im Bayerischen Wald erleben einen zunehmenden Wegzug der jungen, hoch qualifizierten Leute und erfahren so einen Standortnachteil. Die Mobilität der älteren Arbeitskräfte im ländlichen Raum mit entsprechender Familienanbindung in den angestammten Industrien und Wirtschaftsbereichen nimmt dagegen eher ab. Es kommt zur *regionalen* Arbeitslosigkeit.

Weitere Gründe der Arbeitslosigkeit sind das Sterben ganzer Industriezweige wie etwa der Kohleabbau in Deutschland. Ferner kann sich auch die Aufnahme einer Arbeitsstelle kaum noch lohnen, da der „Lohnabstand" zwischen dem Arbeitslosengeld und der Lohnzahlung zu gering ist und eine zu geringe Motivation für Arbeitskräfte darstellt. Schließlich wird es immer einen Rest an Arbeitslosigkeit geben, die sogenannte *Sockelarbeitslosigkeit*, z. B. Langzeitarbeitslose, die aufgrund ihres Alters und/oder ihrer Qualifikation oder sonstiger persönlicher Gründe nicht arbeiten können oder wollen. Die Arbeitslosenstatistik erfasst allerdings nur solche Menschen, die sich tatsächlich als arbeitslos registrieren lassen. Diejenigen, die davon nicht erfasst sind, bilden die „stille Reserve", weil sie keinen Anspruch auf Leistung haben oder bewusst darauf verzichten oder sich in einer Weiterbildungsmaßnahme befinden und daher aus der Statistik herausfallen.

Welche dramatischen Auswirkungen die Arbeitslosigkeit auf den Menschen haben kann, hat eine berühmt gewordene Studie 1933 von zwei österreichischen Sozialwissenschaftlern, Marie Jahoda und Paul Lazarsfeld, aufgezeigt (zum Folgenden vgl. Pietsch 2017, S. 119 ff.). In Marienthal, einem Dorf nahe Wien, wurde fast die gesamte Bevölkerung auf einen Schlag durch den Wegfall einer Textilfabrik, des größten Arbeitgebers vor Ort, arbeitslos. Wiewohl die Autoren selbstverständlich mithalfen, durch gemeinnützige Tätigkeiten wie Altkleidersammlungen und Spenden den schlimmsten Unbill abzufedern, konnten sie ihre umfangreiche und sehr detaillierte Studie über viele Monate durchführen. Das Ergebnis war sehr erhellend aber auch sehr erschütternd:

- Das *Leseverhalten* der arbeitslosen Bevölkerung änderte sich: Es wurden weniger Tageszeitungen gelesen und weniger Bücher kostenlos in der Stadtbibliothek ausgeliehen. Neben dem geringeren Haushaltsbudget waren vor allem die fehlende Muße und die Lust dafür ausschlaggebend. Die Arbeitslosen hatten nun eher andere Dinge im Kopf, wie sie ihre Leben und das ihrer Familien künftig finanzieren und gestalten sollten.

- Die Männer als hauptsächliche Ernährer der Familie bewegten sich langsamer, wussten zunehmend nichts mehr mit ihrer freien Zeit anzufangen und verfielen zusehends in Resignation, Antriebslosigkeit und Isolation. Das Selbstbewusstsein sank rapide.

- Allerdings gab es je nach Persönlichkeitstypus und sozialer Stellung auch Unterschiede bei den untersuchten Arbeitslosen: Während ein Teil, etwa 25 Prozent, sich apathisch dem Schicksal ergab und den Kummer vor allem im Alkohol ertränkte, versuchte eine zweite Gruppe, 11 Prozent, noch, eine Struktur in ihrem Leben aufrechtzuerhalten und „den Schein nach außen" zu wahren. Sie waren allerdings ähnlich verzweifelt wie die erste Gruppe und ohne Hoffnung auf Besserung. Die größte

Gruppe mit 48 Prozent stellten die „Resignierten" dar, die zwar auch die Hoffnung schon aufgegeben hatten, sich allerdings intensiv darum kümmerten, dass es zumindest ihren Kindern nicht an allzu viel fehlen sollte und sie für die Zukunft bestmöglich vorbereiteten. Nur die letzte Gruppe von nur 16 Prozent der Arbeitslosen waren „ungebrochen" und stemmten sich mit aller Gewalt gegen die Misere der Arbeitslosigkeit, machten Pläne und versuchten immer wieder pro-aktiv aus dieser Talsohle herauszukommen.

Wenn man sich diese Ergebnisse der bewegenden Studie ansieht, dann wird man leicht feststellen können, dass die Arbeitslosigkeit das größte und drängendste Problem unser Zeit und der Wirtschaft generell ist. Man muss nicht nur über die Landesgrenzen nach Italien oder Spanien schauen, wo über 30 Prozent der Jugendlichen und jungen Erwachsenen zwischen 15 und 24 Jahren arbeitslos sind (vgl. Bergerhoff und Maas 2019), um die Dramatik der Situation zu erkennen. Der EU-Durchschnitt liegt bei 14,5 Prozent. Was aber kann man gegen die Arbeitslosigkeit tun, die nicht nur die Menschen zermürbt, sondern auch einen klaren *Wohlstandsverlust* für die Bevölkerung eines Landes darstellt.

Die Maßnahmen zur Bekämpfung der Arbeitslosigkeit hängen in erster Linie davon ab welche Hauptursachen man der Entstehung der Arbeitslosigkeit zumisst. Folgt man der neoklassischen Theorie (vgl. Pietsch 2019, S. 129 ff.), dann dürfte in einer marktwirtschaftlich organisierten Gesellschaft zumindest langfristig überhaupt keine Arbeitslosigkeit existieren, da der Arbeitsmarkt von sich aus wieder in den Gleichgewichtszustand von Angebot und Nachfrage an Arbeitskräften zu einem bestimmten Lohnniveau kommt. Hauptgrund für die Arbeitslosigkeit seien gemäß der neoklassischen Vorstellung die staatlichen Eingriffe in den Arbeitsmarkt wie etwa Gebühren und Abgaben aber auch der Mindestlohn. Diese Maßnahmen verhindern, dass es auf dem Arbeitsmarkt zu einem natürlichen Gleichgewicht kommt. Folgt man der neoklassischen Logik, dann kann ein Marktgleichgewicht sich nur wieder einstellen, wenn entweder *der Lohn sinkt*, d. h. die Arbeitskosten sinken wie etwa die Lohnnebenkosten, oder sich die *Zahl der Arbeitssuchenden verringert* und damit das Arbeitskräfteangebot sinkt. Natürlich kann der Arbeitslosigkeit auch entgegengewirkt werden, wenn man die Zahl der Arbeitsplätze erhöht und damit die Nachfrage nach Arbeitskräften stärkt.

Tatsächlich gehen Vorschläge der Neoklassiker zur Bekämpfung der Arbeitslosigkeit zumeist dahin, die Löhne in Ausnahmefällen zu senken oder eine entsprechende Öffnungsklausel in den Tarifverträgen zu erwirken. Ferner soll das Arbeitskräftereservoir stärker flexibilisiert werden: Zeitarbeitskräfte oder externe Mitarbeitende sollen über Werkverträge die Kapazitätsspitzen abbauen helfen und werden dann nach erfolgreichem Einsatz nach Bedarf in anderen Firmen für vergleichbare Tätigkeiten eingesetzt. Dies geht einher mit einer stärkeren Flexibilisierung der Arbeitszeit mit dem Aufbau des Stundenkontos in intensiven Arbeitsphasen und dem entsprechenden Abbau in ruhigeren Zeiten. Teilzeitmöglichkeiten und „Sabbaticals", neudeutsch für geplante kurzfristige Auszeiten, werden immer häufiger angeboten, nicht nur um den Wunsch der Mitarbeitenden nach einer ausgeglichenen „Work-Life Balance" nachzukommen. Die aktuell verstärkte Nachfrage nach Interim-Managern (vgl. Carrasco 2020) d. h. Führungskräften auf allen Ebenen und Spezialisten, die von externen Firmen eingekauft und auf Zeit, im Schnitt etwa ein bis zwei Jahre im Unternehmen, eingekauft werden um bestimmte Ergebnisziele etc. zu erreichen, zeigt den Flexibilisierungstrend.

John Maynard Keynes, der bereits erwähnte Jahrhundertökonom, sah die Ursachen der Arbeitslosigkeit vor allem in der fehlenden Nachfrage vor allem nach Gütern und Dienstleistungen. Die Löhne seien vergleichsweise rigide d. h. nach unten nicht flexibel (vgl. Keynes 2017, S. 26), was man sich leicht vorstellen kann, da Tarifverträge bindend sind und der gezahlte Lohn in der Regel nicht unterschritten wird. Ferner gibt es so etwas wie eine „Besitzstandswahrung", die es zusätzlich erschwert, einen einmal gezahlten Lohn zu unterschreiten. Ausnahmen mögen allenfalls möglich und erlaubt sein, wenn alle Arbeitskräfte eines Unternehmens an einem Strang ziehen und für eine gewisse Zeit auf Teile ihres zustehenden Lohnes verzichten, etwa um den drohenden Konkurs eines Unternehmens abzuwenden. Die Ansätze von Keynes zur Beseitigung der Arbeitslosigkeit lagen dann folgerichtig in sämtlichen Maßnahmen des Staates, die Nachfrage eines Landes zu steigern (vgl. Keynes 2017, S. 205 ff.). So sollen etwa staatliche Investitionen in die Infrastruktur wie Straßen, Gebäude, Schulen etc. die Nachfrage ebenso ankurbeln wie Zinssenkungen und die Erhöhung des verfügbaren Einkommens privater Haushalte. Unternehmen können so zu besseren Konditionen Geld aufnehmen und investieren. Gleichzeitig solle der Export angekurbelt werden, um die Nachfrage aus dem Ausland zu stärken.

Ideen zur Beseitigung der Arbeitslosigkeit gibt es darüber hinaus viele, genauso wie Maßnahmen zur Verhinderung der Entstehung von Arbeitslosigkeit oder die Abmilderung deren Folgen im Sinne von sozialen Maßnahmen. So können Beratungen von Arbeitsämtern dafür sorgen, dass Jugendliche ihre Ausbildungen eher in Wachstumsbranchen beginnen, es kann die betriebliche Weiterbildung gefördert werden. Unternehmensgründungen können erleichtert werden durch gezielte Förderungen und vieles mehr. Wesentlich wird für die Zukunft sein, ob alle diese Maßnahmen und Ansätzen auch in Zeiten der Globalisierung und der Digitalisierung greifen werden. Wiewohl wir das Thema vor allem im Kap. 7 noch einmal intensiver abhandeln werden, seien hier an dieser Stelle bereits einige Thesen vorweggenommen:

- Von der *Globalisierung* haben vor allem die *jungen, gut und vor allem international ausgebildeten Akademikerinnen und Akademiker in den Metropolregionen profitiert.* Sie waren und sind heute in der Lage, zwischen den Ländern und Kulturen zu wechseln, sind ausgebildet in der neuesten IT-Technologie und mit aktuellem Managementwissen. Auf der Strecke geblieben sind vor allem die weniger gut ausgebildeten eher regionsbezogenen, älteren Mitarbeitenden. Vor allem *große, international ausgerichtete Unternehmen oder große Mittelständler* haben von dieser weltumspannenden Wirtschaft profitiert; zulasten der kleinen, traditionellen Betriebe der örtlichen Wirtschaft. Es bleibt natürlich unbenommen, dass die Globalisierung an sich vor allem Deutschland *in der Summe einen Wohlstandsgewinn* gebracht hat. Dieser ist allerdings nicht bei allen Bürgerinnen und Bürgern in gleichem Umfang angekommen. Es steht zu befürchten, dass diese Tendenz auch in Zukunft anhalten wird.
- Die Digitalisierung wird diesen Trend noch verstärken. Auch hier werden diejenigen überleben, die in der Lage sind, *sich auf die neue Onlinewelt* einzulassen. Dabei ist es nicht damit getan, ein Smartphone bedienen zu können und die sozialen Medien wie Facebook, Instagram oder Twitter zu nutzen. Es wird darum gehen, hoch qualifi-

zierte Tätigkeiten neben oder mit Industrierobotern ausführen zu können. Idealerweise wird die Fähigkeit beherrscht, diese Roboter sogar selbst zu programmieren oder gar selbst zu entwickeln.

- Das Denken in Prozessen und Betriebsabläufen wird ebenso zur Standardanforderung wie das Arbeiten in Projekten mit ihren hochdynamischen Projektteams und der „agilen Vorgehensweise". Diese speziell aus der Softwareentwicklung entliehene Vorgehensweise wird viele Mitarbeitende zwingen, in hierarchiefreien Teams bestehend aus *Product Ownern* – definieren das gewünschte Endergebnis der Arbeit –, *Scrum Mastern*, – moderieren und gestalten den Arbeitsprozess –, *Dev Teams* – entwickeln die Software nach den fachlichen Vorgaben des Teams – und vieles mehr neue Rollen auszuführen und mit Leben zu erwecken. Neue Rollen und Vorgehensweisen erfordern eine neue Art des Arbeitens und der Flexibilität wie sie vor allem von den hoch qualifizierten und jungen, flexiblen Mitarbeitenden geleistet werden kann. Dabei werden auch wieder nur die bestausgebildetsten und flexibelsten Mitarbeitenden das Rennen machen. Einfache Tätigkeiten werden zunehmend durch lernende Roboter und die künstliche Intelligenz ersetzt. So wie Autos oder Fortbewegungsmittel generell künftig von der Maschine gelenkt werden und autonom fahren.

Dem ganzen kann man natürlich auch etwas Positives abgewinnen. Dadurch gewinnt der arbeitende Mensch mehr Zeit für sich und seine Bedürfnisse. Er wird dann zwangsweise künftig *weniger oder gar nicht mehr arbeiten* müssen. Der Philosoph Richard David Precht bringt es auf den Punkt (vgl. Precht 2018, S. 124):

Seit der Antike und verstärkt seit der ersten und zweiten industriellen Revolution träumen Dichter und Denker den

Traum, den Menschen von der Notwendigkeit zu befreien, unter Zwang arbeiten zu müssen. Der technische Fortschritt könnte diesen Traum im 21. Jahrhundert für sehr viele Menschen Realität werden lassen, weil intelligente Maschinen mehr und mehr Arbeit übernehmen. Der Mensch als freier Gestalter seines Lebens – diese Vision steht im Zentrum der digitalen humanen Utopie.

5.5 Warum muss die Wirtschaft immer nur wachsen? Die Postwachstumsökonomie

Wohlstand basiert auf Wachstum. Muss das aber immer zwingend so der Fall sein? Kann man sich nicht eine Ökonomie vorstellen, die mit einem bestimmten Konsum- und Produktionsniveau zufrieden ist und nicht nach immer mehr, höher oder weiter strebt? Eine Ökonomie, bei der nicht des Konsums wegen konsumiert wird, ein höheres Einkommen immer glücklicher macht und die Gier nach Status, Anerkennung und Reichtum schier unendlich ist? Ja, eine solche Ökonomie ist vorstellbar. Sie ist machbar. Zumindest in der Theorie. Noch leben nur sehr wenige Leute nach diesem Prinzip bzw. können es sich leisten. Die Grundidee zu dieser „Postwachstumsökonomie" legten zwei Ökonomen der Universität Oldenburg, Niko Paech und Werner Onken (vgl. Paech 2009, 2012). Kern der Postwachstumsökonomie ist die Vorstellung, dass *ein höher, weiter, schneller*, eine sich jedes Jahr überbietende Wachstumsstrategie der Wertschöpfung nicht ohne Folgen auf die Umwelt bleiben kann. Rohstoffe sind begrenzt, der Tier- und Artenreichtum geht zurück durch Überfischung, der Klimawandel und die Umweltverschmutzung haben ein neues Höchstmaß erreicht.

Diesem gilt es nicht nur mit Maßnehmen zum Umweltschutz entgegenzuwirken, sondern vor allem mit einem weniger an Wachstum. Das Wachstum per se und der Wohlstand erreicht auch längst nicht mehr alle, sondern bedient vor allem die obere Hälfte der Bevölkerung, denen es sowieso schon besser geht. Häufig profitiert nur ein Prozent der Reichsten in der Bevölkerung vom Wachstum der Wirtschaft. Die Ungleichheit eines Landes bei Einkommen und Vermögen nimmt dadurch weiter zu. Schließlich lässt sich ab einem gewissen Wohlstandsniveau, sprich Einkommen und Konsum, das persönliche Lebensglück durch ein mehr an Wachstum und materiellen Dinge nicht mehr steigern (vgl. Paech 2009 a. a. O.). Die Träger des Alfred Nobel Gedächtnispreises für Ökonomie, Daniel Kahneman und Angus Deaton, haben einmal errechnet, dass ein Jahreseinkommen von 75.000 Dollar (etwa 70.000 Euro) zum Glück vollkommen ausreicht. Jede Erhöhung des Jahreseinkommens darüber hinaus steigert die Zufriedenheit und das persönliche Glück nur noch minimal, da der Lebensstil kaum noch an das steigende Einkommen angepasst wird (vgl. Timmler 2017).

Wie wird nun aber die *Postwachstumsökonomie* erreicht? Die deutsche Popgruppe Silbermond hat 2015 ein Lied mit dem Titel „Leichtes Gepäck" herausgebracht. Darin beschreiben sie, wie man mit einem „leichten Gepäck" an wenigen Gegenständen besser durch das Leben komme, da man den überwiegenden Rest nicht benötige. Der Text beginnt mit: „Eines Tages fällt dir auf, dass du 99 Prozent nicht brauchst. Du nimmst all den Ballast und schmeißt ihn weg. Denn es reist sich besser mit leichtem Gepäck …" Der Grundgedanke dabei ist, seinen Konsum und seinen Besitz auf das Wesentliche zu beschränken. Wird tatsächlich ein dritter oder vierter Mantel benötigt? Ein zweites Fahrrad? Eine fünfte Tasche? Muss ich jedem Konsumimpuls gleich nachgeben und etwas kaufen, weil es alle haben oder ich mich mit dem Kauf von meinen Freunden und Kollegen bewundern lassen kann? Paech und Onken nennen diesen Prozess „Entrümpelung und Entschleunigung" (vgl. Paech 2009, Punkt 1 der Umsetzung).

Selbst wenn man sich diesem Konzept nicht hundertprozentig anschließen möchte, verhindert eine solche Lebenshaltung sicher ein *Übermaß an unnötigem Konsum*. Die Autoren plädieren darüber hinaus zu einer stärkeren Selbstversorgung mit Gütern aus dem regionalen Umfeld (vgl. im Folgenden Paech 2009 a. a. O.) – anstatt alle Waren selbst von anderen Unternehmen zu kaufen und dann womöglich noch um die halbe Welt fliegen und ausliefern zu lassen. Dabei setzen sie sehr stark auf die Solidarität der regionalen oder lokalen Gemeinschaft wie Nachbarschaftshilfe, Eigenarbeit, Güter zur Gemeinschaftsnutzung etc. Passend dazu soll eine „Regionalwährung" eingeführt werden, die auf die Belange einer kommunalen, eher regional begrenzten Selbstversorgungswirtschaft besser eingehen kann. Anstatt permanent neue Waren und Dienstleistungen einzukaufen solle man lieber die alten so lange wie möglich nutzen und entsprechend fachmännisch in Stand halten. Persönlich zugeteilte jährliche Emissionskontingente könnten helfen, die individuelle CO_2-Bilanz in den Griff zu behalten.

Ganz egal, ob man sich dem Konzept und den Vorstellungen der Oldenburger Ökonomen anschließen mag oder nicht. Es macht sicher Sinn darüber nachzudenken, ob ein *mehr, höher, weiter,* eine Gier nach *immer mehr individuellem Reichtum* tatsächlich für den Wohlstand einer Nation so vorteilhaft ist oder ob ein wenig mehr Demut und Bescheidenheit bei moderatem Wachstum auch eine ökonomische Alternative darstellt.

5.6 Bildung: Der neue Wohlstand der Nationen

Wovon hängt in Zeiten der Globalisierung und der Digitalisierung der *neue Wohlstand der Nationen* ab? Waren es früher vor allem Arbeit, Kapital und Boden, wird es künftig immer mehr auf den technischen Fortschritt, Innovationen und den adäquaten Umgang damit ankommen. Betrachtet man die Faktoren einzeln, so muss man sich zunächst die Frage stellen, wie *technischer Fortschritt* entsteht und wie man ihn beschleunigen kann. Der technische Fortschritt gelingt hauptsächlich durch eine verstärkte Automatisierung und Rationalisierung. Er beginnt häufig mit einer neuen Idee, einem neuen Produkt oder Produktionsverfahren oder neuen Prozessen. Amazon ist nicht denkbar ohne eine bis ins Kleinste optimierte Logistikkette. Apple revolutioniert die Telefonie durch ein intelligentes Telefon mit vielen Funktionen. Die digitale Welt eröffnet neuen Geschäftsmodellen Tür und Tor und sprengt herkömmliche Industrien und Branchen. Die Reisebranche wird transparent und durch Sharing-Anbieter wie Airbnb bedrängt. Autonom fahrende Autos werden Selbstfahrende sukzessive ersetzen. Elektroantriebe oder später vielleicht wasserstoffgetriebene Fahrzeuge ersetzen die Benzin- und Dieseltechnik. Joseph Schumpeter, der große österreichische Ökonom, der später in Harvard lehrte, sprach von „schöpferischer Zerstörung" (vgl. Arnold 2012). Zu Zeiten der Digitalisierung heißt es neudeutsch „Disruption", was auf das Gleiche herauskommt. Alte Abläufe werden obsolet und ersetzt, bestehende Qualifikationen von Mitarbeitenden werden ebenfalls hinterfragt. Im Kern muss der technische Fortschritt nicht nur zugelassen, sondern gar gefördert werden. Das fängt mit der Förderung von Spitzenuniversitäten vor allem der technischen Fakultäten an, geht über die Erleichterung von Neugründungen wie etwa „Start-ups" bis hin zur finanziellen Förderung von Patentanmeldungen.

Deutschland und die gesamte industrialisierte Welt stehen vor großen Herausforderungen, die durch die neuen Technologien, ein neues „digitales Zeitalter" geprägt sind. Vor allem das Aufkommen der Künstlichen Intelligenz (KI) wird die Arbeitswelt vollkommen revolutionieren (zur KI und den Auswirkungen auf einzelne Branchen und Tätigkeiten vgl. Lee 2018). Maschinen werden nicht nur mit einer hohen Intelligenz ausgestattet und können einfache, wiederholbare Tätigkeiten wie Drucken, Stanzen oder Schweißen durchführen, sondern sind immer mehr in der Lage, von einzelnen Vorgängen der Vergangenheit zu lernen und sich permanent zu optimieren. Jeder – vor allem die jüngeren unter uns – kennt die alltägliche Situation im Umgang mit den intelligenten Telefonen von heute, Smartphones genannt. Sie erkennen Gesichter, scannen Fingerabdrücke und erlauben so den Zugang ohne ein Passwort. Die Spracherkennung ermöglicht es, direkt mit einem sogenannten „Sprachassistenten" zu kommunizieren und bestimmte Wünsche zu artikulieren wie z. B. die Suche und das Abspielen bestimmter Lieder. Im Laufe der Zeit lernt die Maschine auf Basis gesammelter gigantischer Datenmengen aus der Vergangenheit, *„Big Data"*, welche Vorlieben der Nutzer in Bezug auf Musik, Internetseiten oder sonstige Funktionen aufweist. Analog dem Amazon-Suchalgorithmus werden auf Basis der vorher angesehenen Bücher weitere Bücher ähnlichen Genres und Inhalten vorgeschlagen. „Kunden, die dieses Buch ansahen, interessierten sich auch für diese Bücher …"

Im Gegensatz zu natürlichen Rohstoffen sind diese Daten und persönlichen Informationen nicht knapp und endlich, sondern werden immer wertvoller, je mehr und verschiedenen Daten gespeichert werden können. Der Vorschlag für Kunden, weitere Produkte einer bestimmten Kategorie nach Maßgabe des vorher geäußerten Interesses im Netz oder entsprechender Suchen, kann auf nahezu alle Produkte übertragen werden. Ob das die Konfiguration von Autos, Kühlschränken, Möbel, Häuser, Kleidung und vieles mehr sind oder auch nur ein vergleichbares Restaurant oder ein Urlaubsziel. Die meisten Menschen sind sich allerdings dieser Tatsache gar nicht bewusst, dass sie mit jeder Suche im Netz, ob bei Amazon, Google oder Informationen in Facebook wichtige Daten von sich preisgeben, auf deren Basis ihre Präferenzen messerscharf definiert werden können. Dieses alles ist bereits mit der Künstlichen Intelligenz möglich. Auch, dass diese Technologien bereits auf der KI basieren, ist den wenigsten Menschen bewusst.

Aber es geht noch weiter. Algorithmen definieren zunehmend den Inhalt, den „Content", den Nutzerinnen und Nutzer zu sehen bekommen. Die von Hause aus selektive Wahrnehmung des Menschen wird noch weiter eingeschränkt und bereits vorsortiert. KI erlaubt es sogar, sogenannte „Sozialbots" mit riesigen Datenmengen zu füttern, die damit dann eine Kommunikation im Netz starten und aufrechterhalten können als ob wir mit realen Menschen sprächen. In der permanenten Kommunikation mit seinem Gegenüber lernt die Maschine, sich an den Sprachstil, das Sprachniveau und vor allem die Themen des Gegenübers zu gewöhnen. Selbst politische Präferenzen können abgebildet werden. In guter Erinnerung ist noch der Skandal im Umfeld der Präsidentschaftswahlen in den USA, als die Firma „Cambridge Analytica" 87 Millionen von Facebook Daten abgesaugt hat. Mit Hilfe dieses Wissens über die dort eingeschriebenen US-Bürgerinnen und Bürger, etwa zur politischen Überzeugung, Soziodemografie, Religion aber auch sexueller Orientierung, konnten eine maschinelle Kommunikation und entsprechende Wahlwerbung per Bot durchgeführt und die Bevölkerung sehr gezielt im Sinne eines *Microtargeting* beeinflusst werden (vgl. Dachwitz et al. 2018). Maschinen filtern und manipulieren die politische Meinung von Wählerinnen und Wählern! Aber das ist nur der Anfang.

Es gibt natürlich bereits heute eine Vielzahl von Beispielen und Anwendungsfeldern der KI (vgl. auch Bitkom 2017, vor allem S. 40 ff.). So besteht das autonome Fahren vor allem aus einer Kombination von Anwendungen der KI: Es werden künftig nicht nur Abstandshilfen und Spurverlassens-Warnungen oder Einparkhilfen genutzt werden. Das Auto wird künftig von ganz alleine fahren können und somit sämtliche mögliche auftretende Verkehrssituationen voraussehen und auf diese reagieren können. Der Weg ist nicht mehr so weit. Die Forschung bereits weit vorangeschritten. In der Medizin werden Diagnosen heute schon zum Teil über eine App und das Ablesen von Körperfunktionen oder Krankheitssymptome, Herzfrequenz, Blutdruck etc. und Vergleich mit Unmengen an Daten über Krankheitsfälle gestellt.

Im Marketing von Firmen können KI-gesteuerte Werbekampagnen, zugeschnitten auf die Bedürfnisse der einzelnen Kunden durchführen. Die intensive Auswertung der Nutzerdaten legen Neukunden und loyale Kunden in ihrer Präferenzstruktur offen. KI analysiert anhand der Kundendaten, welcher Kunde wann auf welchem Kanal mit höchster Treffsicherheit mit welchem weiteren Produkt angesprochen werden kann und in welcher Kaufphase er oder sie sich aktuell befindet. Die Kundenansprache wird auf den einzelnen Kunden zugeschnitten, die „Sozialbots" kommunizieren mit dem Kunden auf Basis seiner in der Vergangenheit niedergelegten Präferenzen und Käufen über Produktvorlieben und -erfahrungen und künftige Einkäufe. Kein Mensch muss sich in diese Mensch-Maschine-Kommunikation noch einmischen. Verschärft wird die Lage noch, wenn die elektronischen, digital arbeitenden Geräte im Haushalt miteinander kommunizieren („Internet der Dinge") und sich mitteilen, wann der Kühlschrank leer ist, wie viel Licht brannte, wann der elektrische Rolladen runterging, auf wie viel Grad im Haus geheizt wird, wann wohl bestimmte Ersatzteile getauscht werden müssen und eine automatische Meldung an den Hersteller herausgeht. Dann ist nicht nur der einzelne Kunde in seinen Vorlieben transparent, sondern gleich der ganze Haushalt. Noch ist es nicht ganz so weit, aber es wird nicht mehr lange dauern, bis alles im Haushalt miteinander vernetzt ist und diese riesigen Datenmengen den Herstellern zur Verfügung stehen. Diese Themen werden wir in Kap. 7 noch einmal vertiefen. Hier geht es aber um das Thema Wohlstand.

Welchen Schluss müssen wir aus also aus der angedeuteten technologischen Entwicklung ziehen? Der Weg in die Zukunft geht an der *Bildung* und der betrieblichen *Weiterbildung* der Beschäftigten als wesentliche Voraussetzung nicht vorbei. Gerade Deutschland, das eher wenige Rohstoffe aufweisen kann – der Steinkohleabbau als einer der wenigen nutzbaren Rohstoffe ist bereits Ende 2018 eingestellt worden (vgl. Bauchmüller 2018) – muss verstärkt in die Bildung der Jugend investieren. Dabei wird es nicht ausreichen, die Schulklassen alle mit Laptops oder Tablets auszustatten. Die Kinder und Jugendliche müssen von klein auf die wesentlichen Technologien rund um die Digitalisierung wie KI und Robotics, roboterähnliche Intelligenz kennenlernen und deren Anwendungsfelder der Zukunft wissen. *Bildung wird die Sicherung des Wohlstands der Zukunft sein.* Wir sind auf dem Weg in die KI-geprägte Zukunft, dem Zeitalter der Digitalisierung, buchstäblich erst ganz am Anfang des Weges. Die Entwicklung wird sich exponentiell beschleunigen. Wir als große Industrienation und vor allem die Jugend dürfen hier nicht hinterherhinken. Es muss *jetzt gegengesteuert werden*, damit diese Entwicklung nicht im Silicon Valley oder aber in China forciert wird und wir nur noch reagieren statt agieren zu können.

6

Prinzipien ökonomischer Theorie und Forschung

6.1 Forschungsmethodik

6.1.1 Optimierung und Effizienz: Die Theorie der Ökonomie

Wenn von den Prinzipien moderner Ökonomie die Rede ist, kann kein Weg daran vorbeiführen, die aktuelle Situation und die *künftige Stoßrichtung der ökonomischen Theorie* zu beleuchten. Wer sich weniger für die ökonomische Theorie interessiert, mag dieses Kapitel kursorisch behandeln oder überspringen, wiewohl ich mich bemühen werde, die Erläuterungen knapp zu halten und so wenig Fachchinesisch wie möglich zu verwenden. Die Ökonomie ist so alt wie die Menschheit selbst, auch wenn sie erst mit Adam Smith im 18. Jahrhundert seine moderne wissenschaftliche Prägung erhalten hat (zur Entwicklung der ökonomischen Ideengeschichte vgl. u. a. Pietsch 2019, zur aktuellen

© Der/die Herausgeber bzw. der/die Autor(en), exklusiv lizenziert durch **163**
Springer Fachmedien Wiesbaden GmbH, ein Teil von
Springer Nature 2020
D. Pietsch, *Prinzipien moderner Ökonomie*,
https://doi.org/10.1007/978-3-658-31586-3_6

ökonomischen Theorie s. vor allem Mankiw und Taylor 2012). Der Begriff selbst stammt aus dem Altgriechischen „oikos", das Haus oder der Haushalt, und „nómos", u. a. das Gesetz und kann in etwa mit Hauswirtschaftslehre oder Gesetz des Haushalts übersetzt werden. Dabei bedeutet das altgriechische Wort „némein" teilen, zuteilen oder verteilen.

Das Ziel der Ökonomie oder auch des Wirtschaftens ist die bestmögliche Befriedigung der menschlichen Bedürfnisse. Das fing in der Steinzeit mit dem nackten Überleben und der Besorgung von Nahrung an und geht in der heutigen Zeit mit der Befriedigung persönlicher Bedürfnisse durch individuellen Konsum von Produkten und Dienstleistungen weiter. Dabei wird unterstellt, dass diese Güter einer *Knappheit* unterliegen, die durch den Preis und der damit verbundenen Zumessung des individuellen Wertes eines Produktes signalisiert wird. Die produzierten Güter sollen dann idealer Weise an alle Wirtschaftssubjekte so verteilt werden, dass zwar deren individuelle Leistungsfähigkeit berücksichtigt wird, aber dennoch alle von den Erzeugnissen der Wirtschaft ein auskömmliches Leben fristen können.

Die Bedürfnisbefriedigung solle möglichst effizient erfolgen. Die Effizienz beschreibt dabei ein möglichst optimales Kosten-Nutzen-Verhältnis oder auch Aufwand-Ertragsverhältnis. In den Worten des ökonomischen Prinzips formuliert soll es heißen: Ein gegebener Ertrag, der Output, soll mit möglichst geringem Aufwand erzeugt werden (*Minimalprinzip*) und ein gegebener Aufwand soll einen möglichst großen Ertrag erzielen (*Maximalprinzip*). In der ökonomischen Theorie wird dies zumeist in das *Prinzip der Nutzenmaximierung* für das einzelne Wirtschaftssubjekt oder den individuellen Haushalt übersetzt, in der Unternehmenstheorie in das Postulat der *Gewinnmaximierung*. Zumeist sind bei der Maximierung des Nutzens, des Gewinns oder der Minimierung der Kosten und des Aufwandes bestimmte Nebenbedingungen zu beachten. So muss vielleicht das vorhandene Budget des Haushalts konstant gehalten werden und die Güterbündel können variieren oder die Produktionsfaktoren zur Herstellung eines Gutes sind begrenzt. Diese Aufgabenstellung wird spätestens zu Zeiten der sogenannten „Neoklassiker" immer stärker mit den Mitteln der Mathematik beantwortet. Ich werde im Abschn. 6.1.2 zeigen, welches dazu die wesentlichen Konzepte sind, ihre Vor- und Nachteile in aller Kürze skizzieren und einen Blick in die Zukunft werfen, die mit dem Stichwort „Plurale Ökonomik" verbunden ist.

Was nützt mir eine zusätzliche Einheit? Die Idee des Grenznutzens

Einfach ausgedrückt ist der Grenznutzen nichts Anderes als der – schwer messbare – Nutzenzuwachs, den ein Wirtschaftssubjekt dadurch erfährt, dass es eine zusätzliche Einheit eines Gutes kauft oder zu sich nimmt. Das ist leicht zu erklären: Wenn man sich gedanklich das (unter normalen Umständen) jährlich stattfindende Oktoberfest vorstellt, dann ist leicht zu ersehen, dass eine zusätzliche Maß Bier für Bierliebhaber einen Nutzenzuwachs darstellt. Dabei ist klar, dass der Nutzen individuell zu sehen ist: Jemand, der kein Bier mag, wird sicherlich keinen Nutzenzuwachs erfahren – abgesehen vielleicht von der gesamten Bierzeltatmosphäre. Verträgt jemand kaum Bier, dann wird der Nutzenzuwachs für ihn persönlich relativ gering sein, da relativ schnell die Grenze des körperlich verdaubaren erreicht sein dürfte. Mathematisch lässt sich der Grenznutzen als *erste partielle Ableitung der Nutzenfunktion* nach einem Gut definieren. Ich verzichte hier der Übersichtlichkeit halber auf die mathematische Darstellung, da ich hier kein Lehrbuch schreiben möchte. Die Kenner der mathematischen Theorie werden sich noch aus ihrer Schulzeit daran erinnern.

Der deutsche Volkswirt *Hermann Heinrich Gossen* hat Mitte des 19. Jahrhunderts aufgrund seiner Beobachtungen eine mathematische Gesetzmäßigkeit der Bedürfnisbefriedigung erkannt (vgl. van Suntum 2015, S. 45 ff.). Gossen zufolge nimmt der Zusatz- oder Grenznutzen jeder zusätzlichen Einheit eines Gutes mit der zunehmenden Menge ab. Dies ist auch wieder mit dem Oktoberfestbeispiel leicht nachzuvollziehen. Immer vorausgesetzt, ich mag Oktoberfestbier und bin trinkfest, dann stiftet in aller Regel die fünfte Maß Bier einen geringeren Zusatznutzen als die zweite Maß. Sei es, dass die Menge an Alkohol im Laufe des Abends bereits zu groß war oder ich einen weiteren Liter Bier kaum unterkriege, weil ich bereits genügend Flüssigkeit intus habe. Dieses Gesetz des abnehmenden Grenznutzens wurde von Gossen auch mathematisch beschrieben (*Erstes Gossensches Gesetz*). In einer Variation hat Gossen ebenfalls nachgewiesen, dass ein Haushalt ein Optimum im Konsum erzielt, wenn die Grenznutzen aller Güter, die er konsumieren möchte im Verhältnis zu dem Preis übereinstimmen (*Zweites Gossensches Gesetz*). Was nichts Anderes heißt, dass ich meinen Zusatz- oder Grenznutzen nicht durch eine Umschichtung meines Konsums in ein anderes Gut steigern kann. Wenn ich meinen Bier- und Weinkonsum so optimiere, dass ich mit meinem vorhandenen Budget möglichst so viel Bier und Wein in dem für mich maximal nutzenstiftenden Verhältnis einsetze, dann habe ich mein Haushaltsoptimum erreicht. Das sich sehr theoretisch anmutende Modell wurde vor allem durch die Mathematik in Form der partiellen Differenzierung der Nutzenfunktion abgebildet. Die *Grenznutzenfunktion blieb aber längst nicht die einzige formale Mathematisierung eines ökonomischen Phänomens*. Weitere folgten von denen ich nur einige kurz darstellen möchte.

6.1.2 Die überragende Rolle der Mathematik: Ist das sinnvoll?

Die Ökonomie als Wissenschaft hat sich erst relativ spät ausgebildet. Während man bereits in der Antike bei Aristoteles oder auch Platon erste Ideen zu wirtschaftlichem Handeln nachlesen kann (etwa in Platons „Politeia", der Staat, vgl. Hülser 1991, Band V), beginnt die neue Zeitrechnung der ökonomischen Theorie gemeinhin erst mit Adam Smith. Er war allerdings in erster Linie Moralphilosoph, dessen beide Werke „Die Theorie der ethischen Gefühle" und „Der Wohlstand der Nationen" eine Einheit bildeten (vgl. Smith 2010, 2009). Smith versuchte ökonomische Verhaltensweisen vor allem aus dem moralischen Handeln der Menschen heraus zu erklären. Spätere Ökonomen wie Vilfredo Pareto oder auch Thorstein Veblen waren in erster Linie Soziologen und betrachteten das Sozialverhalten der Menschen in puncto Ökonomie. Legendär ist die eher satirisch anmutende Schrift Thorstein Veblens „Die Theorie der feinen Leute, englisch: The Theory of the Leisure Class", in der er den demonstrativen Konsum der Oberschicht skizzierte (vgl. Veblen 2007). Veblen beschreibt darin das auch heute noch häufig auftretende Phänomen, dass sich die selbst ernannte Elite durch den Statuskonsum von Luxusartikeln à la Gucci, Hermès und Co. von der breiten Masse abzuheben wünscht. Andere ökonomische Vordenker waren Ingenieure (Pareto, Walras), Mediziner (Quesnay) oder eben auch Mathematiker (Marshall).

Es ist nicht nur legitim, sondern geradezu angeraten, dass wissenschaftliche Phänomene einer Wissenschaft, hier der Ökonomie, durch die *Erkenntnisse anderer Wissenschaften befruchtet* werden. Warum sollte man Erkenntnisse in einer Wissenschaft neu generieren, wenn man sie in einer anderen Wissenschaft bereits vorliegen hat? So hat Adam

Smith sicher davon profitiert, sich umfangreich in die antike aber auch zeitgenössische Philosophie eingelesen zu haben. Er wurde vor allem von dem herausragenden Moralphilosophen seiner Zeit, David Hume, mit dem er auch befreundet war, sehr beeinflusst. Karl Marx, der als Vielleser in den Welten der Soziologie, Philosophie und auch der Ökonomie gleichzeitig zu Hause war, konnte in seinen Analysen des Kapitalismus in seiner Zeit auch auf die Erkenntnisse der Hegelschen Dialektik zurückgreifen. Jeder Wissenschaftler, jede Wissenschaftlerin bringt eine eigene Perspektive auf die Welt, eigene Erfahrungen und vor allem erworbenes theoretisches Rüstzeug einer Wissenschaft mit sich. So auch die Mathematiker unter den Ökonomen wie etwa Alfred Marshall, der das neoklassische Denken in der Ökonomie weiter voranbrachte und damit auch die Mathematik.

Alfred Marshall studierte Mathematik in Cambridge, war allerdings vielseitig interessiert und diskutierte im Cambridge Grote Club mit Philosophen, Politikern, Ökonomen und anderen Intellektuellen seiner Zeit (vgl. Rieter 1989, S. 135 ff.). Marshall gilt als Erfinder der Angebots- und Nachfragekurven, die den Güterpreis und die Gleichgewichtsmenge bestimmen ohne die heute kein Ökonomiestudent mehr auskommt. Er versuchte, die Ökonomie als Wissenschaft auf eigene Beine zu stellen und nannte sein Standardwerk nicht ohne Grund „Principles of Economics", Prinzipien der Ökonomie, und nicht mehr wie lange Zeit üblich „Principles of Political Economy", Prinzipien der Politischen Ökonomie. Eine eigenständige Wissenschaft brauchte dann eben auch ein eigenständiges wissenschaftliches Instrumentarium, das sich von anderen Fächern abhob. Marshall initiierte folgerichtig auch die Cambridge School of Economics, eine eigenständige Institution an der Universität Cambridge.

Die Methodik der Ökonomie sollte sich an denen der *positiven Naturwissenschaften* wie der Mathematik oder auch der Physik annähern. Klare, mathematisch nachweisbare und vor allem nachvollziehbare Gesetzmäßigkeiten sollten konkrete und wiederholbare Ergebnisse in der Ökonomie liefern. So führte er das mathematische Instrumentarium in der Wirtschaftswissenschaft ein, wie etwa die Partialanalyse (von lateinisch *„pars"* = ein Teil), die nur einige ausgewählte Elemente bei der Analyse betrachtete und die restlichen Variablen gleich hielt. Er gab dem Rest den Namen „ceteris paribus", von lateinisch etwa „alles Übrige gleichbleibend" oder sinngemäß „unter sonst gleichen Bedingungen". Marshall berechnete Elastizitäten, mathematisch das Maß für die relative Veränderung einer abhängigen Variablen auf die Veränderung einer unabhängigen Variablen. So kann man z. B. ermitteln, wie sich die Nachfrage ändert wenn sich der Preis geringfügig d. h. „marginal" um einen Prozent verändert. Das ist die sogenannte „Nachfrageelastizität des Preises". Dies ist sicherlich ökonomisch gesehen eine sinnvolle Größe, da man so untersuchen kann, wie sensibel die Nachfrage auf Preisänderungen reagiert. So ist die Preiserhöhung für ein Liter Superbenzin sicher weniger preissensibel für einen Porschefahrer als für einen Fahrer eines gebrauchten Kleinwagens oder eines Beziehers niedriger Einkommen. Weitet man dieses Konstrukt auf die Veränderung des Einkommens aus, dann ist es die „Einkommenselastizität der Nachfrage". Betrachtet man die Auswirkungen der Preiserhöhung eines Gutes auf die Nachfrage des anderen Gutes, nennt man das dann die „Kreuzpreiselastizität der Nachfrage". Plastisch ausgedrückt, wie ändert sich die Nachfrage nach einem VW, wenn der Preise für einen Opel steigt?

Da sich die Mathematik auch mit *Fragen der Optimierungen* beschäftigt, liegt es ebenfalls nahe, das Prinzip des

Extremwerts aus der Kurvendiskussion zu übernehmen. Überall in den Wirtschaftswissenschaften soll der Nutzen oder der Gewinn optimiert werden, die Kosten so minimal wie möglich sein oder eine Optimierung unter Nebenbedingungen gerechnet werden. Ein Unternehmen will z. B. seinen Gewinn optimieren, hat aber eine bestimmte Kostenstruktur als Ausgangsbedingung, die sie in absehbarer Zeit nicht korrigieren kann. Lokale Minima oder Maxima einer Funktion werden im Rahmen der mathematischen Kurvendiskussion in der Analysis gebildet. Neu dazu kommt noch die Variante, diese Extremwerte unter Nebenbedingungen zu finden. Die Mathematik schafft dazu das Instrumentarium, indem unter Nebenbedingungen maximiert werden kann. Der italienische Mathematiker und Astronom Joseph-Louis de Lagrange, in Turin geboren als Giuseppe Lodovico Lagrangia, (für eine Kurzbiografie vgl. Knobloch 2015), hat eigens dazu ein Verfahren entwickelt – vor allem den nach ihm benannten Lagrange-Multiplikator, wie eine solche *Optimierung einer Funktion unter Nebenbedingungen* funktionieren kann.

Sicherlich hat auch das Instrumentarium der Mathematik der damals noch recht jungen Ökonomie als Wissenschaft geholfen, bestimmte wirtschaftliche Phänomene klarer herauszuarbeiten und eine exakte, deterministische Methode vorzuhalten, die Veränderungen innerhalb der Ökonomie herausarbeiten können. Dies galt vor allem für die *mikroökonomische Theorie*, die sich mit den Entscheidungen von individuellen Wirtschaftssubjekten oder einzelnen Haushalten und Unternehmen beschäftigt – im Gegensatz zu der Makroökonomie, die eine Vogelperspektive auf die gesamte Volkswirtschaft einnimmt und Wirtschaftsaggregate wie alle Unternehmen, alle Haushalte, den Staat und staatliche Institutionen etc. in der Summe betrachtet.

Wie alle anderen Wissenschaften leistet also auch die Mathematik einen Beitrag zum Erkenntnisgewinn in der Ökonomie. Soweit so gut. Doch bereits Alfred Marshall war sich der Tatsache bewusst, dass sich wirtschaftliches Verhalten aus einer Vielzahl unterschiedlicher Motive speist (vgl. Rieter 1989, S. 151 ff.). So wird der Mensch nicht nur durch seine Persönlichkeit und seine persönlichen Präferenzen bzw. sein verfügbares Budget in seinem individuellen Konsum beeinflusst – was in der mikroökonomischen Theorie mathematisch durch die *Nutzenfunktion* und die *Isoquanten* abgebildet wird, die die Budgetgerade schneiden –, sondern auch durch andere Faktoren. So beeinflusst das Umfeld den Menschen wie etwa die Familie, die Freunde, die Kollegen aber auch der Kulturkreis, die Religion, die jeweilige Schicht, die Medien, seine Einstellungen und Werte und Vieles mehr (vgl. dazu ausführlich im Teil B dieses Kapitels). Schließlich spielen die Emotionen beim Menschen eine große Rolle. Der rational agierende Entscheider mit der vollkommenen Information, der sogenannte „Homo oeconomicus", von dem vor allem die Neoklassiker ausgingen, existiert so nicht. Auch nicht annähernd.

Das Problem bei dem *rein mathematischen Ansatz* ist allerdings, dass er alle bisherigen *interdisziplinären Erklärungsversuche* aus der Philosophie, der Soziologie, der Psychologie etc. *überlagert* und in den letzten Jahrzehnten an den Rand gedrängt hat. Auch heute schlagen sich die Studierenden der Ökonomie, vor allem der Volkswirtschaftslehre, mit einer Vielzahl von mathematischen und statistischen Formeln herum, ohne immer den praktischen Hintergrund ihrer Optimierungsüberlegungen zu kennen bzw. zu berücksichtigen. Die Ursache liegt im Wesentlichen darin, dass man in der Wirtschaftswissenschaft insbesondere in der zweiten Hälfte des Zwanzigsten Jahrhunderts der Meinung war, dass eine Disziplin wie die Ökonomie nur mit mathematischen und statistischen Methoden zu einer präzisen und klaren Aussage über ökonomische Phänomene kommen kann. Dazu beigetragen haben u. a. auch die Lehrbücher von Paul Samuelson, einem Ökonomen, der hauptsächlich am weltberühmten Massachusetts Institute of Technology (MIT) lehrte.

In seinem Lehrbuch „Economics", das von 1948 alleine bis 2009 in der 19. Englischen Auflage erschien und weltweit den Standard für alle Ökonomiestudenten bildete – und auch heute noch bildet –, gab Samuelson die Richtung vor. Er wollte ökonomische Probleme, deren Ursache und Wirkung mit mathematischer Strenge und Klarheit beantworten und keinen Raum für Interpretationen lassen. Dieses Ansinnen ehrt ihn. Blendet aber die Realität aus. Die Ökonomin Silja Graupe hat zurecht darauf hingewiesen, dass von diesen Standardlehrbüchern eine unbewusste Indoktrination d. h. nachhaltige Beeinflussung der Weltanschauung der Ökonomiestudierenden ausgeht (vgl. Graupe 2017). Während es Graupe vor allem um die ideologische Überbetonung des Marktes als das einzig wahre Modell in den Standardlehrbüchern geht – und die „Dämonisierung" staatlicher Aktivitäten und Eingriffe –, (vgl. Graupe a. a. O., S. 54 f.), ist mir vor allem die *überproportionale Akzentuierung der Mathematik* ein Dorn im Auge.

Nicht erst seit der Wirtschaftskrise im Jahr 2008, die auch von den Stars der Ökonomen-Zunft nicht vorausgesagt werden konnte – selbst die Queen fragte ungläubig: „Why did nobody notice it?" „Warum ist das keinem aufgefallen?" –, (vgl. Pierce 2008, s. dazu auch ausführlich Nienhaus 2009), ist dieses mathematische Optimierungsmodell an seine Grenzen gestoßen. Die Stimmen mehren sich, dass nun der *Homo oeconomicus* vom Sockel des ökonomischen Olymps geworfen werden und der Mensch in der wirtschaftswissenschaftlichen Theorie der Gegenwart wieder den Platz einnehmen muss, den er noch unter Adam Smith hatte (vgl. dazu ausführlich Pietsch 2017, S. 76 f. und vor allem S. 209 ff.). Anstelle einer weitergehenden Mathematisierung der Ökonomie, die immer stärker in spezifische Fachthemen einsteigt, die nur noch die Fachleute selbst verstehen und interessiert (vgl. Piketty 2014, S. 53), sollte der Mensch in der ökonomischen Theorie wieder auftauchen. Es gibt bereits erfolgversprechende Ansätze.

So bemühen sich die Vordenker der Verhaltensökonomie, allen voran Daniel Kahneman und Richard Thaler, die 2002 bzw. 2017 mit dem Alfred Nobel Gedächtnispreis für Wirtschaftswissenschaften ausgezeichnet wurden, um die *Integration psychologischer Gesetzmäßigkeiten* und Irrationalitäten in das ökonomische Verhalten des Menschen. Doch auch hier werden „nur" einzelne psychologische Strukturen in bestimmten Verhaltensweisen auf experimenteller Basis erprobt. Dabei liegt die ganze Bandbreite interdisziplinärer Erkenntnisse vor den Ökonomen, angefangen von neuesten neuroökonomischen Erkenntnissen (vgl. u. a. Peyrolón 2020) bis hin zu ethnologischen (vgl. Rössler 2005) und religionswissenschaftlichen Studien (vgl. Frank 2015). Die *Ökonomie ist eine Sozialwissenschaft* und von daher hat sie mit dem *Menschen* und seinem individuellen Verhalten im Umfeld anderer Menschen zu tun. Irrationalitäten und Emotionen sind an der Tagesordnung. Optimierungen, noch dazu reine mathematische Optimierungen führen hier nur begrenzt weiter. Forscher wie der französische Ökonom und Träger des Alfred Nobel Gedächtnispreises für Ökonomie, Jean Tirole, sehen einen Trend zur *„graduellen Wiedervereinigung der Sozialwissenschaften"* (Tirole 2017, S. 152) zur Erklärung ökonomischer Sachverhalte. Anders sieht es bei dem *Einsatz statistischer Verfahren* aus wie sie vor allem in anderen sozialwissenschaftlichen

Fächern eingesetzt werden wie der Soziologie, der Politologie oder auch der Psychologie.

6.1.3 Der fruchtbare Einsatz der Statistik: Marktprognosen und Ökonometrie

Statistische Methoden finden vor allem bei Marktprognosen oder ökonometrischen Analysen ihren Einsatz, die auf Zeitreihen beruhen und eine Vorhersage auf Basis statistischer Daten der Vergangenheit versuchen. 1930 wurde in Cleveland, Ohio, die *Ökonometrie* als eigenständige Disziplin (vgl. Wirtschaftslexikon24 2018b, Ökonometrie) von so bedeutenden Ökonomen wie Ragnar Frisch und Joseph Schumpeter mitbegründet. Sie hat sich sehr schnell zu einer erkenntnisreichen Methodik in den Wirtschaftswissenschaften entwickelt. Mit Hilfe neuester Computertechnik lassen sich Marktentwicklungen simulieren, Volatilitäten d. h. Schwankungen im Zeitablauf von Aktienkursen, Wechselkursen oder auch Zinsen aufzeigen und für die Zukunft extrapolieren d. h. prognostizieren. Diese statistischen Analysen basieren vor allem auf der sogenannten *Regressionsanalyse*, einem Verfahren, das es erlaubt, die Abhängigkeiten zwischen einer abhängigen und einer unabhängigen Variablen zu erfassen. Damit werden in der Ökonomie vor allem Zusammenhänge zwischen verschiedenen Einflussgrößen sichtbar.

So kann man auf Basis umfangreichen statistischen Materials der letzten Jahrzehnte die Abhängigkeit des Konsums vom gesamtwirtschaftlichen Einkommen für eine bestimmte Volkswirtschaft bestimmen. Dies entspricht der intuitiven Vorstellung, dass der Konsum mit steigendem Einkommen insgesamt aber auch pro Haushalt zunimmt. Man kann so anhand der Vergangenheitsdaten feststellen, ob der Konsum sich über-, proportional oder unterpropor-

tional zu dem Einkommen mitentwickelt hat bzw. zurück-
gegangen ist. Keynes hat bereits die Sparfunktion in seine
Betrachtung mit einbezogen und auch die Auswirkungen
auf die Geldhaltung der Haushalte aufgezeigt. Je nach Er-
wartung des einzelnen Haushalts zur Entwicklung der allgemeinen aber auch individuellen finanziellen Lage werden
die Bürgerinnen und Bürger einer Volkswirtschaft mehr
oder weniger sparen, ihr Einkommen in Geld als Vorsichts-
kasse, zu Transaktionszwecken oder für Aktienspekulatio-
nen halten. Dies bestimmt ihre individuelle Sparquote und
reduziert ihr Konsumverhalten (vgl. Keynes 2017, S. 167 ff.).

Eine solche Analyse ist gesamtwirtschaftlich mit Hilfe
dieser statistischen Daten ebenso möglich wie die Frage, wie
sich die gesamtwirtschaftlichen Investitionen entwickeln,
wenn der Zinssatz sich ändert. Diese Frage hat vor allem in
der aktuellen Wirtschaftssituation in Deutschland und auch
in der EU seine Berechtigung. Eine Phase, in der der Zinssatz schon seit geraumer Zeit nahezu bei null liegt und
kaum noch sinken kann. Die seit einigen Monaten begon-
nene Erhöhung der Leitzinssätze wird, so wird vermutet, die
Investitionen von Unternehmen und des Staates eher wieder bremsen. Die Unternehmen aber auch der Staat müssen
zu schlechteren Konditionen Geld vom Kreditmarkt aufnehmen, so dass sich ihre Investitionen in der Summe ver-
teuern oder die Rückzahlung der Kredite eine längere Zeit
in Anspruch nimmt. Solche ökonomischen Zusammenhänge sind durch statistische Korrelationen schwarz auf
weiß untermauerbar. Voraussetzung für den Einsatz solcher
statistischer Verfahren sind aus der Theorie abgeleitete For-
schungshypothesen, die einen Zusammenhang wie etwa
zwischen Zins und Investition oder Einkommen und Konsum erst formulieren. Zahlreiche Ökonomen, die sich dieser Modelle bedienten und weiterentwickelten wie etwa der
norwegische Forscher Trygve Haavelmo oder zuletzt die

US-Amerikaner Thomas Sargent und Christopher Sims wurden mit dem Alfred-Nobel-Gedächtnispreis für Wirtschaftswissenschaften ausgezeichnet (vgl. Berlemann 2011). Ein weiteres Feld stellen bspw. sogenannte *multivariate Verfahren* dar (vgl. Backhaus et al. 2018), bei denen mehrere statistische Variablen gleichzeitig untersucht werden, im Gegensatz zu *univariaten* Verfahren, bei denen jede Variable einzeln analysiert wird. So kann beispielsweise analysiert werden, wodurch sich erfolgreiche von weniger erfolgreichen Unternehmen unterscheiden (*Diskriminanzanalyse*) und vor allem welches die ausschlaggebenden Faktoren sind (*Faktorenanalyse*), wie etwa die Qualität und das Design der Produkte, der Preis, der Service, die Unternehmenskultur etc. Kunden können mit Hilfe einer *Clusteranalyse* anhand einzelner Variablen wie Soziodemografika wie etwa Geschlecht, Ausbildung, Einkommen, Schicht oder Psychografika, extrovertiert versus introvertiert, entscheidungsfreudig oder eine Kombination in einzelne Sinus-Milieus d. h. konservative Oberschicht, progressives urbanes Milieu etc. in einzelne Segmente unterteilt werden. Dies ist gerade im Rahmen von gezielten Marketingüberlegungen von Unternehmen wesentlich. *Conjoint-Analysen* helfen, den Gesamtnutzen eines Produkts aus Sicht der Verbraucher in seine einzelnen Komponenten und Eigenschaften zu zerlegen und den jeweiligen Nutzenbeitrag zum Gesamtnutzen aus Sicht der Verbraucher abschätzen zu können. So können die Einflüsse des Designs, der Motorleistung, des Interieurs, der Außenfarbe, der innovativen Technik und vieles mehr in ihrem Beitrag zum Gesamturteil eines potenziellen Kunden für eine bestimmte Automarke und/oder Modell abgeleitet werden. Produktmanager wissen nun, welche Attribute ihres Fahrzeugmodells wesentlich zum erfolgreichen Verkauf beitragen und können dem mit entsprechenden Maßnahmen begegnen.

Vor allem in Zeiten der Künstlichen Intelligenz eröffnen sich den statistischen Verfahren aufgrund der Analyse umfangreichen Datenmengen, der *Big Data Analytics*, neue Möglichkeiten der Verhaltensvorhersage der Kundschaft und deren personalisierte Ansprache. So können mit Hilfe der Auswertungen der KI Nutzungsverhalten der potenziellen Kunden erkannt werden und individuell angesprochen und beworben werden. E-Mail Kampagnen können automatisch zielgruppengenau ausgesteuert werden, Neukunden werden detailliert analysiert und es können weitere Kunden nach diesem Muster angesprochen werden.

Es können sogar die Phasen des Kaufprozesses einzelner Kunden ermittelt werden, so dass einzelne Marketingmaßnahmen genau dort ansetzen können, etwa in der Informationssuchphase Produktalternativen aufzeigen oder Argumentationen für bestimmte Produkte liefern (vgl. im Folgenden u. a. Gensch 2017, vor allem die Praxisbeispiele S. 67 ff.). Einfache Kundenanfragen können via Chatbots beantwortet werden. Da die Bots mit Hilfe der KI immer mehr dazulernen, kann sich nicht nur das Antwortverhalten auf bestimmte Fragen optimieren, sondern es kann ein auf individuelle Kunden zugeschnittenes Antwortprofil erstellt werden. Sprache, Stil, Informationsgehalt der Kommunikation der Kunden und vieles mehr lassen sich so imitieren. Schließlich lassen sich wie das heute schon etwa bei Amazon der Fall ist, alternative Produkte per KI-Algorithmus vorschlagen: Kunden, die dieses Produkt oder Buch kauften, interessierten sich auch für ... oder hörten auch dieses Lied etc. So lassen sich sogar künftige Kundenverhaltensmuster und Produktentscheidungen statistisch voraussagen und im Vorfeld zugunsten des eigenen Produktes beeinflussen. Das ist sicher aus Sicht des einzelnen Unternehmens begrüßenswert, lässt aber zumindest die Grenzen dieses gesteuerten Kundenverhaltens erahnen.

Für den Einsatz solcher Modelle und der Statistik als unterstützenden Wissenschaft in der Ökonomie spricht vieles: So wird ein *Vermutungswissen* über den Zusammenhang verschiedener ökonomischer Variablen mit realen Daten aus der Vergangenheit mit einer bestimmten Wahrscheinlichkeit verifiziert oder falsifiziert d. h. bestätigt oder widerlegt. So sind Konjunktur- und Marktprognosen über einen überschaubaren Zeitraum, sagen wir ein bis drei Jahre, durchaus möglich und in gewissem Umfang realistisch. Intuitiv geäußerte Abhängigkeiten zwischen Zins und Investition oder Geldmenge etc. sind mit Hilfe dieser Verfahren tatsächlich quantitativ messbar und können so vages Wissen untermauern. Allerdings ist dies abhängig von der Wahl der statistischen Verfahren und der Datenbasis. Auch hier hat es in der Vergangenheit immer wieder Missverständnisse bis hin zu absichtlichen Manipulationen gegeben, etwa um gewünschte und publizierbare Ergebnisse zu erhalten. Dies alles darf aber nicht darüber hinwegtäuschen, dass diese Verfahren wichtige Hilfsmittel zur Beschreibung und Erhärtung ökonomischer Vorgänge sind.

Dennoch gilt auch bei diesen ökonometrischen Ansätzen eine klare Vorsicht (vgl. Pietsch 2017, S. 232 ff.): Ökonometrische Analysen beruhen im Wesentlichen auf einer Fortschreibung statistischer Gegebenheiten aus der Vergangenheit. Prognosen sind nur so gut wie die Modelle und den Modellannahmen, die dem zugrundliegen. So müssen regelmäßige abgefragte positive Erwartungen von ökonomischen Entscheidungsträgern zur Zukunft der Wirtschaft oder einzelner Branchen nicht zwangsläufig zu einem Wirtschaftsaufschwung führen, da auch weitere Variablen wie die individuelle finanzielle Situation des Unternehmens, Wettbewerbseinflüsse oder sonstige Parameter das Investitionsverhalten der Unternehmen beeinflussen. Die einzelnen Variablen der Wirtschaft eines Landes sind so zahlreich und in ihrem Zusammenspiel so komplex, dass eine Vorhersage sehr schwierig ist und mit vielen Unsicherheiten behaftet ist. Wer weiß schon, wie sich der Brexit auf die EU- oder gar Weltwirtschaft genau auswirken wird? Was bedeuten die Handelsstreitigkeiten zwischen den USA und China genau für die Konjunkturprognose in der EU? Wie hoch wird der Rückgang der Wirtschaft aufgrund der Corona-Pandemie sein?

Abgesehen davon verfolgen die Menschen mehrheitlich, wenngleich auch auf unterschiedlichem fachlichen Wissensniveau, die wirtschaftliche Entwicklung eines Landes und reagieren darauf. Wie die Verhaltensökonomen Kahneman, Tversky, Thaler et al. festgestellt haben (vgl. Pietsch 2017, S. 159 ff.), reagieren Menschen auf mögliche Verluste drastischer als auf mögliche Gewinne. Das ist die sogenannte *Verlustaversion*. Menschen verfügen bei vielen Entscheidungen über Referenzwerte im Kopf oder überschätzen ihre eigenen Fähigkeiten. So könnten Menschen durchaus Aktien verkaufen, obwohl es langfristig Sinn macht diese zu halten, nur weil der Kurs der Aktie gesunken ist und droht weiter abzustürzen. Trotz steigenden Einkommens wird weiter gespart, die Konsumausgaben werden im Gegenteil weiter reduziert, wenn eine Rezession erwartet wird. Steuererleichterungen verpuffen, wenn Bürgerinnen und Bürger erwarten, dass diese Senkungen nur von kurzer Dauer sind oder sie persönlich nicht betreffen. Dies gilt zum Beispiel für die zum Zeitpunkt des Abfassens dieser Zeilen geplante Abschaffung des Solidaritätszuschlags für etwa 90 Prozent der Bevölkerung. Die restlichen 10 Prozent der Arbeitskräfte mit den höchsten Einkommen sind davon derzeit ausgenommen. Menschen reagieren nicht immer rational auf die Prognosen und können so Verhaltensannahmen der Forscher unterlaufen.

Konjunkturprognosen und wirtschaftliche Entwicklungen sind *nicht frei von Werturteilen*. Nehmen sie den Aufschwung und seine Konsequenzen. Die Bundesrepublik Deutschland verzeichnet schon seit 2015 das vierte Jahr in Folge einen Staatsüberschuss des Bundes. In 2018 wurde ein vorläufiges Plus von 11,2 Mrd. Euro in der Staatskasse ermittelt (FAZ Nr. 10 vom 12.03.2019, S. 19). Während nun die einen Politiker eine strenge Ausgabendisziplin einfordern um die künftigen Verpflichtungen des Bundes abzudecken, fordern wiederum andere eine Erhöhung der Sozialausgaben. Wieder andere sehen damit den Spielraum für eine vollkommene Streichung des Solidaritätszuschlags (FAZ ebenda). Die Verteilung des Überschusses ist ebenso wertbehaftet wie die Statistiken zur steigenden – oder je nach politischer Gesinnung und Datenlage – gleichbleibende Ungleichheit von Einkommen und Vermögen in Deutschland. Nobelpreisträger der Ökonomie wie Paul Krugman und Joseph Stiglitz äußern sich regelmäßig zu Konjunkturaussichten und Prognosen. Auch hierzulande sind die führenden, sehr renommierten Forscher vor allem diverser ökonomischer Institute wie ifo, ZEW oder DIW sehr rege in der Veröffentlichung von Konjunkturgutachten und ihrer persönlichen Einschätzung der Lage. Wer deren Meinungen regelmäßig nebeneinanderlegt, wird diverse Unterschiede in der Einschätzung erkennen können z. B. zu den oben angesprochenen Themen. Ökonomische Expertise, zumal gestützt auf statistischen Daten, ist auch vor Werturteilen und persönlichen Meinungen nicht gefeit. Das ist an sich kein Problem, muss allerdings bei der Analyse von Ergebnissen der statistischen Analyse berücksichtigt und offengelegt werden.

Die Frage ist, ob die Ökonomie in den letzten Jahren daraus gelernt hat, vor allem in den Jahren nach der Finanzkrise 2007/2008, die kaum ein Ökonom vorhergesehen hat. Abgesehen davon, dass es wohl auch in Zukunft kein ökonometrisches Modell geben wird, das eine weltweite Wirtschaft mit mehr als 7,7 Milliarden Menschen in ihren einzelnen Beziehungen zueinander sowohl mikro- noch makroökonomisch in einem halbwegs realistischen Modell abbilden kann (und daher sollte), müssen andere Wege zur Erklärung wirtschaftlicher Phänomene beschritten werden. Einen Ausweg dafür bietet möglicherweise die *Plurale Ökonomik*.

6.1.4 Plurale Ökonomik oder eine mögliche Zukunft der ökonomischen Theorie

Kein Studierender der Philosophie verlässt die Universität, ohne nicht eine mehr oder minder profunde Einführung in die Geschichte der philosophischen Ideen genossen zu haben. Ähnlich geht es den Studierenden der Soziologie und der Politologie. Jeder Philosophiestudierende hat sich auszugsweise mit Aristoteles, Platon in der Antike, den Vordenkern des Mittelalters wie Thomas von Aquin, dem wohl größten Philosophen der Neuzeit, Immanuel Kant, aber auch den deutschen Idealisten Hegel, Schelling und Fichte auseinandersetzen müssen. In der heutigen Zeit wirken immer noch die Ideen so großer Denker wie Heidegger mit seiner fundamentalontologischen Schrift „Sein und Zeit" (vgl. Heidegger 1993) nach, Gadamers „Wahrheit und Methode" (vgl. Gadamer 2010) oder auch die „Theorie des kommunikativen Handelns" von Jürgen Habermas (vgl. Habermas 2011). Soziologen lernen ihren Luhmann bzw. Marx aus soziologischer Sicht oder auch Pierre Bourdieu. Politologen stürzen sich u. a. auf Rousseau, Montesquieu, Hobbes aber auch auf Machiavelli. Die einzigen, die das in der Regel bis heute nicht tun sind die Ökonomen. Die *Historie des Fachs* verfügt bei den Ökonomen über keine allzu hohe Reputation und wird daher gerne vernachlässigt oder mit wenigen Ausnahmen – wie etwa der Cusanus Hochschule in Bernkastel-Kues – gar nicht erst angeboten. Das ist zwar in den letzten Jahren besser geworden, aber immer noch beherrschen *mathematische Einführungen* in besagten Modellen vor allem die mikroökonomischen Vorlesungen.

Hinzu kommt, dass seitdem die *neoklassische Lehre* mit Marshall, Walras und Jevons Mitte des 19. Jahrhunderts ihren Einzug in die Wirtschaftswissenschaft gehalten hat, mathematische Optimierungsmodelle den Mainstream an den Universitäten darstellen. Dazu beigetragen hat auch, dass so herausragende Ökonomen wie Paul Samuelson und andere weltweit rezipierte Standardlehrbücher in hoher Auflage geschrieben haben, an denen heute noch kein Ökonomiestudierender vorbeikommt. Anstelle auf den Ideen der großen Vordenker des Faches Ökonomie in der Vergangenheit bis heute aufzubauen, werden mathematische Modelle und Gleichungen bis zum Exzess gepaukt und die Logikfähigkeit trainiert.

Kaum ein Mensch kommt auf die Idee, dass es sich bei der *Ökonomie um eine Sozialwissenschaft* handelt. Der um den es in den Wirtschaftswissenschaften geht, ist der Mensch. Dessen ökonomisches Verhalten gilt es abzubilden, sowohl einzeln als auch in der Gruppe oder in der Nation. Was helfen da mathematische Modelle, die ein unrealistisches Menschenbild des rationalen *Homo oeconomicus* unterstellen, der nach allen Regeln der Kunst optimiert wird? Welche Erkenntnisse kann ich daraus ableiten? Und im Ernst: Jeder *durchschnittlich begabte Masterstudierende der Mathematik* würde sich über die in der Ökonomie eingesetzten mathematischen Methoden amüsieren: Außer Differenzialgleichungen und Optimierungen unter Nebenbedingungen mit Hilfe des sogenannten *Lagrange-Ansatzes* wird der mathematische Geist kaum beansprucht. Anspruchsvoller sind dagegen die statistischen Modelle und Berechnungen, die ich hier explizit aus der Kritik ausnehmen möchte.

Aufgrund dieser andauernden Kritik hat sich, vor allem vor dem Hintergrund der Finanzmarktkrise, eine Vereinigung von Ökonominnen und Ökonomen gebildet, die sich „Netzwerk Plurale Ökonomik" nennt und gemäß ihrer Internetseite (www.plurale-oekonomik.de) alternative Denkansätze in der Ökonomie voranbringen möchte. International ist dieses Netzwerk sehr bezeichnend unter dem Namen *Real World Economics* bekannt. Die Fragestellungen der Wirtschaftswissenschaft sind auch deutlich komplexer geworden: Waren zu Zeiten von Adam Smith die Kernthemen noch, wie Nationen zu Wohlstand gelangen können – den antiken Denkern wie Platon und Aristoteles ging es im Übrigen hauptsächlich um ethische Fragestellungen, etwa die Frage des übermäßigen Gewinnstrebens des gerechten Tausches – (vgl. Pietsch 2019, S. 9 ff.) oder bei Marx, was der Kapitalismus aus den Menschen macht, sind es heute andere Themen, die sich vor allem durch dieses Buch ziehen:

Fragen der Gerechtigkeit, der wachsenden Ungleichheit innerhalb eines Landes und zwischen den Ländern, der Armut, des richtigen Umgangs mit der natürlichen Umwelt, die Arbeitslosigkeit vor allem im Hinblick auf die Entwicklungen der Globalisierung und der Digitalisierung, um nur einige der drängenden Fragen zu nennen. Wir werden diese Themen im Kap. 7 vertiefen.

Gefordert wird zu Recht eine plurale Ausgestaltung der Lehre d. h. um „… der Vielfalt ökonomischer Theorien Raum zu geben" (vgl. Plurale Ökonomik, Ziele 2020). Dazu wurden bereits an vielen Universitäten eigene Arbeitsgruppen und Netzwerkableger gegründet, die diese plurale Ausrichtung mit Projekten, Veröffentlichungen, Vorträgen oder auch Sommerakademien fördern. Ziel dieses pluralen

Netzwerkes ist es, die unterschiedlichen Ideen und interdisziplinären Ansätze der Ökonomie in der Lehre mit zu berücksichtigen wie sie in der Gegenwart existieren, gleichzeitig aber auch die *Geschichte der ökonomischen Ideen nicht zu vernachlässigen.* Dass nicht alle, vor allem ältere oder auch konservative Ökonomen nicht begeistert auf den Zug aufspringen, ist nachzuvollziehen. Was früher richtig war, kann heute nicht falsch sein.

Doch dies führt meiner Meinung nach in die falsche Richtung. Ich bin auch bereits Mitte Fünfzig und bin dennoch der Ansicht, dass die *ökonomische Theorie revolutioniert* werden muss. Und zwar so schnell wie möglich. Als theoretisch ausgebildeter Praktiker muss ich anmahnen, dass die Theorie sich mit den drängendsten Herausforderungen der Praxis beschäftigen sollte. Wie bereits mehrfach erwähnt, sind das vor allem die Herausforderungen der Digitalisierung und hier speziell der Künstlichen Intelligenz und der Robotik. Die Auswirkung der Künstlichen Intelligenz auf die Ökonomie der Gegenwart ist in etwa zu vergleichen mit dem Wandel der Automobilindustrie durch die Elektromobilität und das autonome Fahren. Die Ungleichheit wächst und die Auswirkungen werden sozialen Sprengstoff enthalten. Nicht zuletzt haben wir nur eine Erde. Und die wollen wir für unsere Kinder und Enkel erhalten und bewahren.

Kernvoraussetzung dafür aber ist, dass sich die *ökonomische Theorie zwingend mit der Historie ihres eigenen Faches beschäftigt* (vgl. dazu auch Skidelsky 2020, vor allem S. 149 ff.) und vor allem *interdisziplinär* (vgl. ebenda, S. 6) arbeitet. Die Verhaltensökonomen rund um Daniel Kahneman und Richard Thaler haben es vorgemacht, was es bringt, psychologische Erkenntnisse zum Verhalten des Menschen in ökonomischen Situationen zu analysieren. Warum nicht auch die Erkenntnisse der Hirnforschung, wie das etwa in der Neuroökonomie geschieht (vgl. etwa Elger 2014), der Sozialwissenschaften generell, der Medizin oder der Philosophie etc. nutzen? Die Mathematik hat hier kein Erstzugriffsrecht. So hätten es auch weder der *Moralphilosoph* Adam Smith noch der *Mathematiker* John Maynard Keynes gesehen. Es sollen künftig die Erkenntnisse einer Disziplin genutzt werden, die das ökonomische Verhalten des Menschen am besten erklären und prognostizieren. Ob als Einzelner oder in der Gruppe. Wenn wir dabei zu einem realistischeren Modell der Ökonomie gelangen und den Menschen mit seinem zum Teil irrationalen Verhaltensmuster besser verstehen lernen, ist es aller Mühe wert gewesen. Machen wir die Ökonomie „pluraler".

6.2   Menschenbild

6.2.1   Das Zerrbild des Menschen in der Ökonomie: Der Homo oeconomicus

Die Geschichte des *Homo oeconomicus* ist schnell erzählt. Sie geht so: Der Einfachheit halber besteht der Mensch nur aus der Vernunft, der *ratio*. Er verfügt über vollständige Information aller Dinge, die für ökonomische Entscheidungen notwendig sind. So kennt er seinen individuellen Nutzen, den ihm verschiedene Güter oder Güterbündel – man könnte auch von Produkten sprechen – stiften. Sein Budget ist ihm klar vor Augen. Der *Homo oeconomicus* weiß auch genau, wie seine individuellen Vorlieben, in der Ökonomie *Präferenzen* genannt, für bestimmte Produkte aussehen und kann dann anhand seiner „Präferenzordnung", vulgo: seiner Vorlieben und seinem Budget das für ihn oder sie geeignete Güterbündel auswählen. Dabei geht er streng rationallogisch vor, also etwa wie es Mr. Spock, der logische Vulkanier, vom Raumschiff Enterprise getan hätte. Er ist ein „Nutzenmaximierer" und versucht also, aus seinem gegebenen Budget das für sich selbst bestmögliche Produktangebot, das sein Budget hergibt, zu erwerben. Dabei handelt der *Homo oeconomicus* egoistisch und versucht ständig, den Ertrag ökonomischer Handlungen für ihn selbst zu optimieren.

Zur Ehrenrettung des vom britischen Ökonomen John Stuart Mill erstmals eingeführten Konzeptes des *Homo oeconomicus* muss erwähnt werden, dass nicht einmal der Erfinder dieser *Heuristik* selbst ernsthaft geglaubt hat, die Menschen handelten genauso wie sein Modell (vgl. etwa Horn 2017). Mill befasste sich vor allem aus ökonomischer Sicht mit dem Menschen, der vor allem an Reichtum interessiert sei und zur Zielerreichung notwendigen Mittel in ihrer Effizienz beurteilen kann (vgl. ebenda). Dies sei keineswegs der einzige Antrieb des Menschen. Allerdings sei ein solches Menschenbild notwendig, um wesentliche ökonomische Zusammenhänge isoliert zu betrachten (vgl. Horn a. a. O.). *Selbstverständlich* handelt es sich um dieses Konstrukt um eine *vereinfachende Heuristik*, mit deren Hilfe bestimmte ökonomische Verhaltensweisen und Aktivitäten beschrieben und nachvollzogen werden sollten. Dennoch bestimmt dieses Modellbild immer noch mehrheitlich die ökonomische Diskussion.

Der Vorteil dieses Menschenbildes ist vor allem, dass es in mathematische Strukturen gegossen werden kann. So kann aus dem individuellen Nutzen eine sogenannte mathematische Nutzenfunktion abgeleitet werden. Darüber hinaus können aus Sicht des Homo oeconomicus einzelne Güterbündel gebildet werden, die den gleichen Nutzen stiften. Das sind die sogenannten *Isoquanten*. Dort wo die Budgetgerade, die die verfügbaren finanziellen Mittel des Haushalts abbilden, die Isoquante berührt, ist das Haushaltsoptimum erreicht. Wer das für zu viel der Theorie hält, dem sei gesagt: Entscheidend ist, dass das rationale Konstrukt des *Homo oeconomicus* vor allem dazu dient, *ökonomische Entscheidungen mathematisch beschreibbar* und nachvollziehbar zu machen. Doch so einfach ist die Realität leider nicht. Nicht einmal annäherungsweise. Gott sei Dank! Ich habe bereits in dem von mir erwähnten Werk „Grenzen des ökonomischen Denkens" einige Beispiele genannt, die darauf hinweisen, dass der Mensch nicht annähernd so rational und egoistisch handelt wie in dem Modell des Homo oeconomicus unterstellt (vgl. Pietsch 2017, S. 2 und S. 9 ff.):

- Wie lässt es sich beispielsweise erklären, dass die beiden reichsten Männer der Welt, Bill Gates und Warren Buffet, fast ihr gesamtes Vermögen im Laufe ihres Lebens spenden werden und ihre Kinder nur einen Bruchteil erben werden?
- Warum beantragen viele werdende Väter Sabbaticals, um ihre Kinder aufwachsen zu sehen oder gehen viele frühzeitig in Rente, um noch die Welt zu bereisen? Im Sinne des Nutzenmaximierers und Homo oeconomicus müssten sie lebenslang ihr Einkommen maximieren.
- Warum steigt die Nachfrage nach bestimmten Luxusgütern, wenn der Preis steigt? Jeder möchte sich gerne mit einem Luxusprodukt à la Gucci, Prada etc. schmücken. Der norwegisch-amerikanische Soziologe Thorstein Veblen hatte dies bereits in seinem Werk „Theory of the leisure class" erkannt und dies den „Snobeffekt" genannt (vgl. Veblen 2007).
- Warum scheinen Börsenbewegungen sich von immer mehr von der betriebswirtschaftlichen Realität abzukoppeln? Aktien, die sinken wiewohl ein Gewinn, allerdings

unterhalb der Erwartungen, ausgewiesen wurde oder eine gesamte Branche in „Sippenhaft" genommen wird.

Es scheint also nicht nur rational zuzugehen in der Wirtschaft. Analog passt auch das Menschenbild in der Ökonomie nicht. Mittlerweile scheint allerdings in der ökonomischen Wissenschaft Einigkeit darüber zu herrschen, dass das Konstrukt des *Homo oeconomicus* zumindest fragwürdig geworden ist (vgl. exemplarisch Tirole 2017, S. 123). Jean Tirole sieht nicht nur den Menschen u. a. als altruistisch und sozial handelnd, sondern vor allem *verschiedene Homines in einem* (vgl. Tirole 2017, S. 123 ff.): Vom *Homo psychologicus* über den *Homo socialis* und *Homo incitatus* zum *Homo juridicus* mit unterschiedlichen Schwerpunkten, seien sie psychologisch, sozial, anreizbezogen oder rechtlich motiviert. Menschen handeln eben nicht immer rational. Teilweise *fehlen ihnen die notwendigen Informationen zur Entscheidung*, etwa, weil nicht alle Alternativen bekannt sind. Das Internet hat sicherlich in erheblichem Maße dazu beigetragen, dass die Informationstransparenz erhöht wurde: So werden Urlaubsreisen durch die entsprechenden Internetplattformen immer vergleichbarer, genauso wie das Angebot an gebrauchten Fahrzeugen oder Produkten unterschiedlicher Art. Dennoch wird auch im Internet nur ein kleiner Teil möglicher Produktalternativen abgebildet. Der Mensch ist trotz Internet aufgrund der schier endlosen Informationsfülle bisweilen bei seinen Entscheidungen überfordert. Manchmal fehlen aber auch vor allem das Fachwissen und die Erfahrung, um Entscheidungen kompetent treffen zu können. Denken Sie vor allem an den Hausbau, eine Entscheidung, die viele Menschen wenn überhaupt bestenfalls einmal im Leben treffen. Da sind umfangreiche Kenntnisse in der Baufinanzierung, in den Bauvorschriften, den Nebenkosten und der Vielzahl der Hausanbieter notwendig, um sich ein einigermaßen kompetentes Urteil über das jeweils passende Haus für eine Familie auszusuchen. Weiter geht es mit den entsprechenden Handwerkern, einem möglichen Bauträger etc. Dieses Wissen hat der normale „Häuslebauer" im Zweifel nicht und muss daher seine Entscheidungen unter Unsicherheit treffen.

Darüber hinaus fehlt dem Entscheidungsträger für die notwendigen Entscheidungen nicht nur das notwendige Wissen, sondern er handelt auch selten vollkommen rational. So lassen sich viele Menschen auch *von ihren Emotionen leiten.* Eine im Fernsehen beworbene Marke eines Parfums wird mit bestimmten Assoziationen verbunden wir Exklusivität, Meer, Urlaub oder auch Freiheit und wird so als sympathisch erlebt. Viele Menschen lassen sich im Konsum auch von ihrem *Statusdenken* leiten und wollen sich vor allem von der Masse abheben und kaufen so teuer wie möglich, auch wenn die eingekaufte Produktqualität nicht immer hält was sie verspricht. *Hauptsache exklusiv und der Nachbar hat es nicht.* Im Falle der Börsenbewegung ist häufig ein „Herdenverhalten" zu verspüren: Es werden nicht bestimmte Aktien erworben, weil die betriebswirtschaftlichen Kennziffern des Unternehmens vielversprechend verlaufen, sondern weil ein oder zwei zum Teil selbst ernannte Profis an der Börse bestimmte Aktien bevorzugen oder auf Branchennachrichten reagieren und so die nicht ganz so versierten Anleger mit sich ziehen. So treffen „Rückschläge" in der Entwicklung der Elektromobilität einzelner Unternehmen meist die Aktienkurse aller Unternehmen, die in dieser Branche tätig sind, auch wenn nur ein einzelnes Unternehmen konkret betroffen ist. Ich möchte in diesem Kapitel vor allem anhand ausgewählter Beispiele skizzieren, dass der Mensch von vielen weiteren Einflussfaktoren bestimmt ist, die vor allem aus den Erkenntnissen der Sozialwissenschaften und der Psychologie aber auch der Politologie herrühren (s. etwa das Konstrukt der Macht in ökonomischen Beziehungen, vgl. Skidelsky 2020, S. 119 ff.). Der Mensch ist viel mehr als der in der Ökonomie heute noch unterstellte Gewinn- und Nutzenmaximierer des *Homo oeconomicus*-Konstrukts. Beginnen wir mit den *Werten und Einstellungen*, die den Menschen beeinflussen.

6.2.2 Welche Rolle spielen Werte und Einstellungen?

Jeder Mensch wird ohne es zu wollen und es immer explizit zu wissen von seinen *inneren Werten und Einstellungen* geprägt. *Einstellungen, attitudes,* sind in der Psychologie über lange Zeit erworbene Vorstellungen und psychische Tendenzen, die dazu führen, dass man bestimmten Sachverhalten, Personen und Gruppen positive oder negative Bewertungen entgegenbringt (vgl. in Anlehnung an Hahnzog 2011). Es kann sich dabei um Überzeugungen handeln, bestimmte Gefühle anderer Menschen gegenüber oder auch Verhaltensweisen. Vorbehalte und Stereotype wie z. B. Ausländerfeindlichkeit oder das Gefühl der Überlegenheit der eigenen Nation prägen ebenfalls ökonomische Handlungsweisen etwa durch den weitgehenden Verzicht auf den Konsum ausländischer Produkte oder den bevorzugten Kauf heimischer Erzeugnisse. Werte beziehen sich vor allem auf ein aus Sicht des Einzelnen erstrebenswerte, moralisch bevorzugte Ideale und Sachverhalte, denen man nacheifert (vgl. Wertesysteme 2020). Das können konservative Werte sein wie das Streben nach *Ordnung, Pünktlichkeit, Fleiß, Zuverlässigkeit und Disziplin;* der Einsatz für soziale Themen wie das Streben nach mehr *Gemeinschaft, Solidarität* mit den Armen und Schwachen oder aber der *Schutz der Umwelt und der Tierwelt*. Diese Werte überschneiden sich und können in vielfacher Kombination im Menschen als Motiv seines Handelns gelten. Es ist hier nicht Ziel und auch nicht die Zeit, um eine intensive Wertediskussion zu führen. Ich möchte allerdings anhand einiger fiktiver, aber realitätsnaher Beispiele erläutern, inwieweit Werte ökonomische Handlungsweisen beeinflussen können.

Umweltbewusster Menschen, die den Schutz der Natur als obersten Wert für sich und ihre Familie sehen, werden versuchen danach zu leben und entsprechend zu konsumieren. Es werden vor allem Biolebensmittel bevorzugt, möglichst wenig Fleisch gegessen. Das Fahrrad ersetzt auf kurzen Strecken das Elektroauto. Flugreisen kommen, wenn überhaupt, nur selten in Frage, Kreuzfahrten sowieso nicht. Es wird, wenn möglich, auf den Zug ausgewichen. Müll wird vorschriftsmäßig getrennt, Plastik ganz vermieden. Die Energie wird sparsam verwendet wie etwa die Geräte im Haushalt oder die Heizung. Es wird Vieles geteilt: Vom Auto im Sinne des Car Sharing – professionell oder privat organisiert – oder der Wohnung an den Urlaubsorten. Auch beim Wasser wird gespart etwa durch Duschen anstelle eines Bades. Recycling d. h. Wiederaufbereitung von Materialien steht für diese Verbraucher oben auf der Liste: von der Recyclingeinkaufstasche oder wiederverwendbaren Leinenbeutel über die waschbaren Stoffwindeln oder den Nachfüllpacks für Seife. Diese Konsumenten bevorzugen Marken, die für ihren umweltfreundlichen Umgang mit den Ressourcen bekannt sind und idealerweise mit einem Ökosiegel ausgezeichnet sind. Selbst die Tageszeitung und die Zeitschriften, die gelesen werden, werden überproportional das Thema Umwelt im Fokus haben.

Konservative Menschen bevorzugen tendenziell eher wertstabile Marken etwa bei Autos und Häusern. Sie kaufen eher konservative Kleidung wie Anzug, Tracht für die Männer oder Dirndl für die Frauen in Bayern. Sie lesen je nach intellektuellem Niveau Zeitungen, die ihre politische Meinung im konservativen Spektrum wiedergeben. Es werden Produkte aus dem regionalen Umfeld bevorzugt, Urlaube häufig im eigenen Land oder gar Bundesland verbracht. Je nach finanzieller Situation werden typische „Oberklassen" Sportarten betrieben wie Segeln oder Golfen. *Sozial einge-stellte Menschen* engagieren sich für benachteiligte Menschen, seien sie arm, krank oder behindert. Sie spenden viel, sparen das Geld lieber für diese Menschen und leisten sich weniger. Leben meist nicht auf großem Fuß und lehnen Luxusmarken eher ab. Selbstverständlich muss ein realistisches Bild der 7,7 Milliarden derzeit auf der Welt lebenden Menschen viel differenzierter aussehen als hier schematisch skizziert. Tatsache ist, dass jeder Mensch durch sein Umfeld und bestimmte Menschen sowohl genetisch als auch sozial geprägt ist, das auch sein ökonomisches Handeln bestimmt.

Das *Sinus-Institut*, eine Markt- und Sozialforschungs-agentur, hat anhand bestimmter Parameter wie Werte, Lebensauffassungen und soziale Lage zehn verschiedene, untereinander homogene Gruppen gebildet, die die verschiedenen Gruppen u. a. in Deutschland abbilden (vgl. Sinus-Milieus 2020). Da gibt es die:

- Die *Konservativ-Etablierten* mit 10 Prozent Anteil an der Gesamtbevölkerung mit hoher Verantwortungs- und Erfolgsethik, die über ein entsprechendes Standesbewusst-sein verfügen und sowohl einen Exklusivitäts- als auch Führungsanspruch verfolgen.
- Das *Liberal-intellektuelles Milieu* mit 7 Prozent Anteil, die sehr gut ausgebildet sind, eine liberale, progressive Grundhaltung einnehmen und den Wunsch nach Selbst-bestimmung und -entfaltung verspüren.

- Die *Performer* mit 8 Prozent Anteil, die sich als Leistungselite versteht, global ausgebildet mit hoher Technik- und IT-Affinität.
- Das *Expeditive Milieu* mit 9 Prozent, die sich als internationale Trendsetter und kreative Avantgarde sehen.
- Das *Soziolökologische Milieu* mit 7 Prozent, sehr engagiert für soziale und ökologische Themen, Kritiker der Globalisierung und Vorreiter der Diversity in allen Bereichen.
- Das *Traditionelle Milieu* mit 11 Prozent Anteil an der Gesamtbevölkerung, die sich vor allem aus der älteren Generation speist, Ordnung und Sicherheit liebt, eher geringere Einkommen aufweist und eine unterdurchschnittliche Bildung. Sie haben das Gefühl, abgehängt zu werden. Die sogenannten „kleinen Leute".
- Die *Bürgerliche Mitte* mit 13 Prozent die zweitgrößte Gruppe. Sie entspricht dem bürgerlichen Durchschnitt, sind leistungs- und anpassungsbereit. Sie sehnen sich nach stabilen beruflichen und sozialen Verhältnissen und haben latent Abstiegsängste.
- Das *Adaptiv-pragmatische Milieu* mit 11 Prozent, die eher jung sind, pragmatisch denken und handeln. Sie sind weltoffen, flexibel aber gleichzeitig zielstrebig. Hegen dennoch ein starkes Zugehörigkeitsgefühl.
- Das *Hedonistische Milieu*, von hedoné=altgriechisch, die Lust, mit 15 Prozent zahlenmäßig größte Gruppe. Sie gehören der unteren Mittelschicht an, leben den Tag und kümmern sich nicht um Morgen. Diese Gruppe will was erleben, lebt spontan und bricht häufig aus den Zwängen des Alltags aus und schließlich.
- Die *Prekären* mit 9 Prozent Anteil an der Gesamtbevölkerung, die der Unterschicht zuzurechnen sind. Sie kämpfen täglich mit ihren finanziellen Herausforderungen und versuchen, einigermaßen mit dem anderen Teil

der Bevölkerung mitzuhalten. Diese Gruppe wird allerdings häufig ausgegrenzt und wird sozial benachteiligt.

Jede dieser Gruppen verfügt über unterschiedliche, aber *untereinander homogene Kaufverhaltensmuster und ökonomische Handlungen.* Dies Mischung aus finanziellen Möglichkeiten – in der mikroökonomischen Haushaltstheorie mit dem Budget und der Budgetgeraden gleichgesetzt – und den politischen Einstellungen und vor allem Werten – mikroökonomisch als Präferenzen bezeichnet – prägt die Menschen nachhaltiger als es ein rationales Konstrukt des *Homo oeconomicus* suggeriert.

Werte und Einstellungen beeinflussen auch die Entscheidungen von Unternehmern. So treten neben die Werte der Gewinnorientierung, des „Share Holder Value" d. h. des maximalen Gewinns oder der Rendite für die Unternehmenseigner, bei Aktiengesellschaften vor allem die Aktionäre, auch die Verantwortung für die Mitarbeitenden eines Unternehmens, die soziale Verantwortung für die Gesellschaft, die Umwelt und die Menschen in einem Land. *Nicht jede Unternehmerin bzw. Unternehmer hat nur den reinen Profit im Auge.* Natürlich wird nicht zum Selbstzweck und Spaß an der Freude gearbeitet. Natürlich soll auch Geld verdient werden für das Risiko, das getragen wird. Allerdings sind das Wohl der anvertrauten Mitarbeitenden und ihrer Familien in vielen Fällen genauso wichtig wie die Gewinnmaximierung. Bisweilen wird auch auf den maximal möglichen Profit verzichtet, wenn dadurch die Mitarbeitenden mehr geschont, ihnen mehr Flexibilität und freie Entfaltung ermöglicht werden, oder gar auf einen bestimmten Gewinn verzichtet, wenn dadurch Arbeitsplätze erhalten werden können. So praktiziert das z. B. Wolfgang Grupp, Inhaber der Firma Trigema (vgl. Markt und Mittelstand 2018).

Die Wertorientierung und die Einstellung von Unternehmern zu ihrer Firma und ihren Mitarbeitenden, der Gesellschaft als Ganzes und der Umwelt (vgl. Tönnesmann 2019) spielen dabei eine wesentliche Rolle bei der Beschreibung von ökonomischen Handlungen: So wollen einzelne Unternehmer oder Unternehmerinnen mit ihren Firmen nur den Mitarbeitenden und der Gesellschaft dienen und beteiligen sie am Unternehmen. Die ökonomische Theorie fokussiert allerdings heute immer noch sehr stark die reine Gewinnmaximierung. Ein weiterer Aspekt, wie Menschen in ihren ökonomischen Aktivitäten beeinflusst werden, ist die Erziehung und die Art und Weise wie ich aufwachse, oder im soziologischen Terminus: *die Sozialisation*.

6.2.3 Welche Rolle spielt die Sozialisation?

Jeder Mensch wird zufällig in ein bestimmtes Land, einen entsprechenden Kulturkreis, eine konkrete Familie mit den jeweiligen Lebensbedingungen hineingeboren. Dies gilt für alle 7,7 Milliarden Menschen auf der Erde. Ob die Eltern reich oder arm, ob sie intelligent sind und gut ausgebildet oder nicht, welche Persönlichkeitsstruktur sie auch immer haben mögen. Die moderne Intelligenzforschung u. a. der US-amerikanische Intelligenzforscher Michael Martinez (vgl. Martinez 2013) geht davon aus, dass etwa 50 Prozent der Intelligenz genetisch vererbt wird (vgl. ebenda, S. 130). Der Rest wird durch die Sozialisation geformt. Wenn man unterstellt, dass sich dies mit der Persönlichkeitsstruktur eines Menschen generell so verhält, dann sieht man, welchen Einfluss die Sozialisation im Leben eines Menschen hat. Diese Sozialisation verfügt über viele verschiedene Facetten. Das fängt mit der Persönlichkeitsstruktur der Mütter und Väter an. Wie viel Zeit verbringen sie mit ihren

Kindern? Welche Aktivitäten betreiben sie mit ihnen? Was ist ihnen wichtig? Welche Werte vermitteln die Eltern und leben sie diese auch vor? So verfügen Kinder über einen deutlich größeren Wortschatz als Gleichaltrige, haben im Durchschnitt bessere Noten und haben später mehr Spaß am Lesen, wenn sie als Kinder häufig vorgelesen bekommen haben (vgl. Vorlesetag 2020).

Die Prägungen der Kinder sind allerdings nicht auf die Eltern begrenzt. Häufig beeinflussen Geschwister die intellektuelle und emotionale Entwicklung des Menschen. So unterscheiden sich vor allem Einzelkinder von Geschwisterkindern mehrheitlich dadurch, dass sie nie Konkurrenz verspürten und tendenziell egoistischer sind, etwa der „kleine Prinz oder Prinzessin", teilen nicht gelernt haben, aber auch selbstbewusster sind. Bei Geschwisterkindern ist die Frage, wie die Eltern mit ihren Kindern umgegangen sind. Gab es Lieblingskinder und entsprechend emotional benachteiligte? Welche Kindheitserlebnisse waren prägend? Ohne in die Freud'schen Untiefen der Psychologie abtauchen zu wollen, ist klar, dass die ersten Lebensjahre und vor allem die familiäre Lebenssituation und das Gefüge innerhalb der Kernfamilie eine Rolle für die gesamte Entwicklung des Menschen spielen. Häufig lebten die Großeltern früher in Reichweite der Kinder und unternahmen ebenfalls viel mit dem Nachwuchs. Ihre Geschichten, gemeinsamen Aktivitäten, ihre Werte und vor allem Vorbilder prägten die Kinder bis ins Erwachsenenalter. Je älter der Mensch wird, desto mehr werden diese Vermächtnisse aus der Vergangenheit spürbar. Welche Konsequenzen hat diese Entwicklung später im Erwachsenenalter für die hier interessierenden ökonomischen Verhaltensweisen? Ich möchte im Folgenden ein paar Beispiele aufführen.

Jeder kennt und erinnert sich an die Erzählungen der Eltern, wenn es um das Thema Geld ging. Entweder hatte man genügend davon, dann spielte es keine große Rolle und man lebte wie selbstverständlich gemäß dem *Konsumverhalten* seiner Schicht. Die Familie fuhr mondän in den Urlaub in teure Fünfsternehotels oder in eigene Feriendomizile, leistete sich vor Ort exklusive Hobbies wie Golf spielen, mietete oder besaß eine Yacht oder traf sich mit gleichgesinnten reichen Freunden in deren Villa. Gekauft wurden fast ausschließlich teure Markenkleidung oder andere Luxusgegenstände, die das tägliche Leben bereicherten. Auf dem anderen Ende des Spektrums kam Urlaub nicht in Frage. Jede Freizeitaktivität wie etwa der Tierpark oder der Kinobesuch wurde sich vom Mund abgespart. Von Urlaub war keine Rede. Die Dinge des täglichen Lebens wurden Second Hand gekauft oder in Billigdiscountern. Jüngere Geschwister trugen die Kleidungsstücke der älteren auf. In der Schule konnte man damit nicht glänzen. Das reine wirtschaftliche Überleben stand im Vordergrund. Die meisten Familien aber, die des sogenannten Mittelstands, hatten für gewöhnlich ihr Auskommen: Ausreichende Wohnfläche zum familiären Wohnen entweder zur Miete oder gar in der eigenen Immobilie. Das Geld reichte meist für eine ausgewogene Ernährung und auch für Kleidung und Hobbies gab es genügend Geld. Sogar der Urlaub fand zweimal im Jahr statt, zumeist eine Pauschalreise für die ganze Familie.

Je nach individueller familiärer Situation lernten die Kinder entweder, dass Geld im Überfluss vorhanden war und keine Rolle spielte: Man konnte sich alles leisten. Im späteren Leben dieser Kinder war die Wahrscheinlichkeit hoch, dass sie auch als Erwachsene wenige Geldsorgen hatten und so führten sie ihren ererbten oder auch zum Teil erarbeiteten Luxuskonsum weiter. Die ärmeren Kinder hatten als Erwachsene gelernt, dass Geld nicht selbstverständlich ist und versuchten, auch wenn es ihnen vielleicht finanziell wesentlich besser ging als ihren Eltern, diesen sparsamen und bewussten Konsum weiterzuführen. Vielleicht konnten sie sich jetzt für sich und ihre Familie einen gehobenen Urlaub leisten, das sogar mehrmals im Jahr. Dennoch hatten sie gelernt, wie schnell man in finanzielle Engpässe geraten kann und versuchten weiterhin, für sich und ihre Familie zu sparen und die Zukunft vorzusorgen. Auch die Kinder des Mittelstandes, auch wenn sie später zu viel Geld kamen, wussten noch die Bedeutung des Werts einer Ware zu schätzen und versuchten in aller Regel nicht, ihr gesamtes Geld in teure Luxusartikel zu stecken. Sie wussten, wie schnell die finanzielle Situation sich z. B. durch Jobverlust oder zu hohe Kredite sich wieder ändern kann.

Andererseits gab es aber auch bei den Erfolgreichen der ehemaligen Mittelschichtkinder den unbedingten Drang, es den anderen zu zeigen und sich über einen bewussten Statuskonsum von dem weniger Erfolgreichen abzugrenzen. Nicht umsonst dienen Luxusprodukte von Prada, Gucci, Hermès und Co. vor allem dazu, den individuellen Status in der Gesellschaft zu dokumentieren und zu zementieren.

Das Konsumverhalten ist natürlich auch von den Werten beeinflusst, die man in der Erziehung mitbekommt. So führt eine starke Umweltorientierung dazu, dass man umweltbewusst einkauft. Ein Tierschützer kauft keine Pelzmäntel, vermeidet Kosmetika, die nachweislich noch in Tierversuchen getestet werden. Ein gläubiger Christ vermeidet pornografisches Material, ein Moslem lebt und isst „halal" d. h. rein nach den islamischen Gesetzen. Auch das Sparverhalten der Menschen wird durch ihre Erziehung beeinflusst. Viele Kinder bekommen zu Hause gesagt, dass man für die Zukunft vorsorgen solle und möglichst viel und rechtzeitig mit dem Sparen beginnen sollte. Andere

wiederum folgen dem schwäbischen Spruch „spare, spare,
Häusle bauen" oder geben nicht mehr aus als sie verdienen.
Übermäßige Schulden zu machen ist dann ebenso verpönt
wie „Geld unsinnig zum Fenster rauszuwerfen". Manche
lernen in ihrer Kindheit, dass *Bescheidenheit eine Zier* ist
und geben trotz ausreichender finanzieller Möglichkeiten
nur einen Bruchteil ihres Ersparten aus. Andere wiederum
haben aus ihrer Jugend in bescheidenen finanziellen Verhältnissen gelernt, dass man nur mit Leistung nach oben
kommt. Sie wollen dann später, wenn sie es geschafft haben, das auch zeigen und konsumieren auffällig viele Luxusgüter, angefangen mit einer prachtvollen Villa und
einem sündhaft teuren Auto. Die Vergangenheit, die Sozialisation, ist das eine. Das andere ist die Gegenwart: Wie
sieht *mein direktes Umfeld* aus?

6.2.4 Das Umfeld: Peergroups, Medien
und Kultur

Neben der Familie und deren wechselseitigen Einfluss auf
das Konsumverhalten – so beeinflussen Kinder den Konsum der Eltern, etwa den Kauf eines Autos, ebenso wie Eltern die Wahl der Schule oder Eheleute gegenseitig die
Wahl des Urlaubsziels –, (vgl. zu den Kaufentscheidungs-
prozessen in Familien Budzanowski 2012) sind heutzutage
Gleichaltrige, die sogenannte *Peer Group*, auch als online
„Community" neben der Familie die wichtigsten Bezugs-
personen für die Jugendlichen auf der ganzen Welt. Permanent hängen sie am Smartphone oder Tablet und empfangen bzw. senden Nachrichten über die sozialen Netzwerke
wie Facebook und Instagram oder WhatsApp. Sie posten
unaufhörlich ihren Tagesablauf und laden Bilder und Vi-

deos hoch, „liken" oder „disliken" diese und geben so über ihre Bewertungen bestimmte Erwartungen und Wertungen an die Gleichaltrigen, die „Peer Group" weiter.

Deren Einfluss auf Medien-, Sozial- und Konsumverhalten ist nicht zu unterschätzen. Nicht umsonst tummeln sich im sozialen Netzwerk „Influencer", die einen bestimmten Lebensstil vorleben, Marken bewerben oder bestimmte Aktivitäten vorführen, die nachahmenswert erscheinen. Manche dieser „Beeinflusser" haben mehrere Millionen „Follower" d. h. Nutzer, die ihnen folgen und die versuchen, deren Lebensstil zu kopieren, indem sie die Aktivitäten imitieren und die angepriesenen Produkte bestimmter Marken kaufen. Was „cool" bzw. angesagt ist, entscheiden die Influencer. Ihre „Follower" bestärken sie durch ihre Präsenz und die Like-Funktion. Biografien von YouTubern werden zu absoluten Bestsellern, auch wenn deren Protagonisten erst um die 30 Jahre alt sind. Wer nicht permanent in dieser Onlinewelt zu Hause ist, der kennt diese Personen zumeist überhaupt nicht und ist erstaunt über diesen „plötzlichen" Erfolg.

Klassische Print- und Medienwerbung etwa in Zeitungen, Zeitschriften, Rundfunk und TV erreicht diese Generation kaum noch. Diese „offline-Medien" sind etwas für „ältere" Leute und Generationen. Neuigkeiten über angesagte Automodelle werden über Instagram Posts wahrgenommen und diskutiert. Produktberichte werden über YouTube verfolgt. Die Sendezeiten spielen kaum noch eine Rolle, da dann geschaut oder „gestreamt" wird, wenn die Zeit und die Lust es erlaubt und nicht wann die Sendungen offiziell beginnen. Viele Funktionen sind über eine App runterzuladen wie etwa TV Mediatheken. Man schaut selektiv je nach Lust und Laune.

Die Medien und ich: Meine selektive Wahrnehmung
Die Reizüberflutung mit den täglichen Informationen aus
Film, Funk, Fernsehen, Internet und den sozialen Medien
zwingt den Menschen schon aus psychologischen Gründen
zu einer *selektiven Wahrnehmung*. Wir nehmen in dem lauten Getöse und Irrlichtern dieser Welt nur noch die Informationen wahr, die uns interessieren, unser Weltbild be-
stätigen oder unsere Leidenschaften bedienen. Ich blende
alles andere aus, was nicht in mein Bild passt oder nehme es
bewusst nicht wahr. Das fängt schon bei der Wahl meines
Informationsmediums an: Informiere ich mich täglich
durch die Tageszeitung, gedruckt wie online, und meinen
Rundfunksender bzw. das Fernsehprogramm, dann hängt
meine Informationsversorgung ebenfalls wieder davon ab,
welche Zeitung ich lese, welches TV-Programm, welchen
Radiosender etc. Zur Auswahl stehen aller Arten von Zeitungen: Konservative, progressiv-liberale, lokale, regionale,
nationale und internationale etc. Gleiches gilt für die Ra-
dio- und Fernsehprogramme, die sich auch gemäß ihrer
Zielgruppe mehr oder minder niveauvollem Programm
hingeben. Dabei bilden sie die tatsächliche oder vermeint-
liche Lebenswirklichkeit und Interessen ihrer Zuschauer
oder Zuhörer ab und beeinflussen mit ihren Informationen
die Meinungen ihres Publikums.

Viele informieren sich auch über die sozialen Medien,
senden und empfangen Informationen über Facebook, In-
stagram etc. oder folgen bzw. schreiben selbst spezialisierte
Blogs. Die Reaktion auf die Informationen von Nachrich-
ten aller Art findet dann meist im gleichen Medium statt.
Handwerksartikel werden häufig über spezielle Blogs von
Spezialisten in ihrer Handhabung erläutert und so bewor-
ben. Gleiches gilt für den Austausch der Wirkung einzelner
Medikamente. So weisen z. B. Migränepatienten auf die
Wirksamkeit eines Medikaments hin und sind so wirkungs-

voller für das ihnen folgende Publikum als die früher im Fernsehen eingesetzte „Testimonials" d. h. neutral wirkende Normalverbraucher im Fernsehen, die ihre positiven Erfahrungen mit dem Produkt an die Öffentlichkeit vermeintlich neutral weitergeben und zum Kauf animieren.

Letztlich spielt der Kanal der Informationen – online versus offline – eine geringere Rolle als die bewusste Auswahl des TV- oder Radio-Kanals bzw. der Zeitung oder Zeitschrift. Werden z. B. Plastikprodukte jeglicher Art in einem Medium bspw. in einer ökologischen Zeitschrift gebrandmarkt, wird die Wahrscheinlichkeit sehr hoch sein, dass die Leser künftig vom Kauf absehen werden. Findet das Gegenteil statt, dann wir die Dringlichkeit der Konsumvermeidung von Plastik nicht als so dringend angesehen. Fazit ist, dass sich jeder Mensch das Medium gezielt aussucht, das seine politischen Interessen und Informationsbedarf am ehesten zu decken imstande ist. Insofern findet die Informationsaufnahme – auch in ökonomischen Belangen – zwangsweise selektiv statt.

Kultur: Kaufen Amerikaner anders als Chinesen oder Europäer?

Der Mensch unterscheidet sich in seinem Kaufverhalten und seinem ökonomischen Verhalten generell auch *kulturell* von anderen Menschen. Je nachdem wo ich aufwachse, erfahre ich eine kulturell andere Umgebung: Wachse ich in einem kleinen Dorf in einem afrikanischen Land auf, werde ich nicht nur von meinen Eltern, Verwandten und Freunden etc., sondern auch von der dort vorherrschenden Tradition, der Religion, den klimatischen Verhältnissen geprägt. In der Schule lerne ich alles Notwendige, um meine Umgebung rings um mich herum zu verstehen: Die Geografie, die Geschichte, die Religion meines Ortes, meiner Region und meines Landes. Gleiches gilt für jemanden, der in der

Mongolei geboren wurde oder in den USA, in China oder eben Deutschland. Welchen Einfluss hat dies auf meine ökonomischen Entscheidungen?

Der niederländische Ingenieur und Sozialpsychologe Geert Hofstede hat sich als Professor für Organisation und Internationales Management viele Jahre mit der Kulturwissenschaft beschäftigt. In seiner bekanntesten Studie befragte er von 1968 bis 1972 117.000 Mitarbeiter des Computerherstellers IBM aus 67 Ländern, um anhand von 60 Frageblöcken, die sogenannten Items, herauszuarbeiten, wie sich die Kulturen der einzelnen Länder voneinander unterscheiden (vgl. im Folgenden Perlitz und Schrank 2013, S. 122 ff.). Dabei arbeitete Hofstede vier Kulturdimensionen heraus, die später um eine fünfte Dimension ergänzt wurden. Kulturen unterscheiden sich gemäß Hofstede nach dem Kriterium der *Machtdistanz* (I), dem *Individualismus versus Kollektivismus* (II), der *Maskulinität versus Femininität* (III), der *Unsicherheitsvermeidung* (IV) und der *Langfrist- und Kurzfristorientierung* (V):

(I) Machtdistanz
bezeichnet das Ausmaß und die Fähigkeit von Angehörigen eines Kulturkreises, mit einer Ungleichverteilung der Macht in Institutionen und Organisationen umzugehen. Die Antworten wurden zu einem sogenannten Machtdistanzindex (MDI) zusammengefasst. So akzeptieren bzw. erwarten Menschen in Ländern mit einem hohen MDI wie etwa die meisten afrikanischen, asiatischen und lateinamerikanischen Länder, aber auch Länder wie Italien und Spanien, dass die Macht in Institutionen ungleich verteilt ist. So herrschen eher autoritäre Führungsstrukturen vor, Entscheidungen werden zumeist von dem Management alleine gefällt, Widerspruchsmöglichkeiten gegenüber dem Vorgesetzten sind eher gering ausgeprägt etc. Hierarchien werden

sehr ernst genommen, deren Umgehung ist verpönt, Entscheidungen werden zentralisiert.

Es ist leicht herzuleiten, dass bei den einzelnen Kaufentscheidungen die Führungskraft die Mitarbeitenden dominiert, in der Familie das Familienoberhaupt, zumeist der Mann, die Anschaffungen für die Familie mehrheitlich beeinflusst und auch sonst den Kauf von Spielsachen, die Urlaubsorte oder weitere Kauferlebnisse vorgibt und häufig alleine entscheidet. Länder, die auf dem anderen Spektrum einen eher niedrigen MDI-Wert aufweisen, sind die skandinavischen Länder aber auch die USA, Deutschland und Großbritannien. Hier gilt dann das umgekehrte Vorzeichen: Hierarchien sind weniger wichtig, Widerspruch wird nicht nur geduldet, sondern ist sogar erwünscht, Entscheidungen fallen häufig kollektiv und im Konsens. Natürlich muss man berücksichtigen, dass diese Studie relativ alt ist und sich hauptsächlich aus Erkenntnissen innerhalb der Berufswelt bzw. Unternehmen speist. Dennoch sind die Grundtendenzen auch auf private Verhältnisse übertragbar. Hofstede und seine Mitstreiter selbst haben die Erkenntnisse in späteren Studien im Kern bestätigt (vgl. Hofstede 2001).

(II) Individualismus versus Kollektivismus
beschreibt das Ausmaß, in dem sich Menschen eines bestimmten Kulturkreises eher als einzelne, voneinander unabhängige Individuen oder als Gruppenmitglieder und damit Teil eines Ganzen verstehen. Verstehe ich mich eher als Einzelkämpfer für mich und meine Familie ohne große oder nur lockere Bindungen zu anderen Menschen, dann lebe ich eher in einer individualistischen Gesellschaft. Heute könnte man auch in einer negativen Ausprägung dieser Eigenschaft – wiewohl Hofstede dies nicht so meinte – von einer „Ellenbogengesellschaft" sprechen. Kol-

lektive Gesellschaften zeichnen sich dagegen durch starke Bindungen untereinander aus, eine hohe Solidarität, die nach außen Schutz bieten aber auch nach innen Loyalität erwarten. Positiv gesprochen könnte man diese Gesellschaft eine „Solidargemeinschaft" nennen, in der jeder für den anderen einsteht. Auch hier hat Hofstede und sein Team die einzelnen Werte dieser Dimension in einen Index vereint, den sogenannten Individualismus-Index (IDV).

Entsprechend sind Länder mit einem hohen IDV-Wert eher individualistisch und Länder mit einem niedrigen Wert eher kollektivistisch. Interessant ist dabei, dass die reicheren Industrieländer wie die USA, Australien, Großbritannien, Kanada und viele europäische Länder wie Ungarn, Niederlande, Belgien, Italien, Dänemark und Deutschland (in der Reihenfolge, für die genaue Rangplatzierung vgl. Perlitz und Schrank 2013, S. 124) einen hohen IDV-Wert aufweisen. Ein hoher IDV-Wert steht für den Vorrang des Einzelnen vor der Gruppe. Bezogen auf die Unternehmen bedeutet dies ein eher individualistisches, egoistisches Handeln mit geringer Loyalität zum Unternehmen und damit häufigerem Stellenwechsel, eine stärkere Karriereorientierung, weniger Teamansatz, mehr Selbstverwirklichung bei einer höheren Bedeutung des Stelleninhalts etc. Für das Kaufverhalten ist evident, dass in diesen Gesellschaften im Schnitt häufiger alleine ohne Rücksprache mit der Gruppe, der Familie, Freunde und Verwandte entschieden und gekauft wird. Ein interessanter Nebenaspekt ist im Übrigen, dass der flämische Teil Belgiens einen höheren IDV-Wert aufweist als der französische (78 zu 72, a. a. O., S. 124). Gleiches gilt für den deutschsprachigen Teil der Schweiz im Vergleich zu dem französischsprachigen (IDV-Wert 69 zu 64 ebenda).

Am anderen Ende des Spektrums befinden sich lateinamerikanische Länder wie Kolumbien, Venezuela, Panama,

Ecuador und Guatemala (Platz 70–74 von 74 insgesamt) oder auch asiatische Länder wie Indonesien (Platz 68), Bangladesh, China, Singapur, Thailand, Vietnam aber auch gesamt Westafrika (alle punktgleich auf Platz 56 mit einem IDV-Wert von 20). Ein niedriger Indexwert bei der Individualisierung bedeutet, die Gesamtheit kommt vor dem Einzelnen. Die Gruppe ist bei Kaufentscheidungen mit einzubeziehen, die Loyalität nach innen und außen ist sehr stark. Kaum jemand versucht sich auf Kosten der Gruppe zu profilieren und seine egoistischen Ziele voranzubringen. Alle Aktivitäten und Ziele richten sich nach dem Wohl der Gruppe als Ganzes. Selbstverständlich sind diese kulturell bedingten Faktoren *nur als Durchschnittswert* aufzufassen. Es heißt nicht, dass in einer sehr individualistisch geprägten Gesellschaft oder dem Kulturkreis nicht viele Menschen auch sehr sozial agieren können und umgekehrt in kollektivistischen Kulturräumen Menschen auch egoistisch vorgehen und entscheiden können. Die kulturelle Dimension ist wie gesagt *nur eine von vielen Einflussfaktoren* auf das ökonomische Verhalten der Menschen.

(III) Maskulinität versus Femininität
definiert die Rollenverteilung der Geschlechter in den einzelnen Kulturräumen. (vgl. Perlitz und Schrank 2013, S. 124 f.). Mit den einzelnen Attributen „maskulin" und „feminin" sind einerseits unterschiedliche Rollenmodelle wie die Hausfrau oder die Businessfrau abgebildet, andererseits werden bestimmte Wertvorstellungen und Einstellungen mit diesen Attributen in einer Gesellschaft verbunden. Konkret versteht Hofstede unter einer „maskulinen" Gesellschaft eine selbstbewusste, erfolgs- und leistungsorientierte Gesellschaft, die stark wettbewerbsorientiert ausgerichtet ist, Konflikte offensiv austrägt und abweichendes Gruppenverhalten übergeht oder missachtet. Folgerichtig

sind die Werte einer „maskulinen" Gesellschaft vor allem im Management eher auf Karriereorientierung mit entsprechendem Ehrgeiz und Selbstdisziplin ausgerichtet. Eine „feminine" Gesellschaft zeichnet sich dagegen durch eine starke Kooperation, Kompromissbereitschaft und bescheidenere, fürsorgliche Kultur aus. Zwischenmenschliche Beziehungen werden sehr geschätzt, die Lebensqualität als Wert hochgehalten ebenso wie der Schutz der natürlichen Umwelt (vgl. Perlitz und Schrank 2013, S. 124, 125). Deutschland ist auf Platz 11 der Rangliste von 74 Ländern aufgelistet, also mit einem relativ hohen Maskulinitätsindex.

Auch in dieser Eigenschaft werden die Ausprägungen der Gesellschaften eines Landes in einem Index zusammengefasst. Entsprechend sind Länder mit einem relativ niedrigen Maskulinitäts-Index-Wert (MAS) eher feminin geprägt, während Länder mit einem relativ hohen MAS eher maskulin orientiert sind. An der Spitze der Rangliste des MAS liegen die Länder Slowakei, Japan, Ungarn, Österreich und Venezuela, während die Länder mit dem niedrigsten MAS-Wert und damit einer „femininen" Gesellschaftskultur die skandinavischen Länder Dänemark, Norwegen und Schweden und die Niederlande sind (vgl. Perlitz und Schrank 2013, S. 125, Abb. 60). Natürlich sind dies, wie bereits betont, lediglich Durchschnittswerte und sagen selbstverständlich nichts über die konkreten Werte einzelner Personen aus, die vom Durchschnitt mehr oder minder abweichen können. Die Studienergebnisse sind dabei allerdings relativ neu und geben einen guten, aktuellen Einblick in die weltweit unterschiedlichen Gesellschaftskulturen.

(IV) Unsicherheitsvermeidung
Die von Hofstede definierte Dimension *Unsicherheitsvermeidung* gibt an, inwieweit bestimmte Länder und Kulturen gelernt haben, mit Ungewissheit und unbekannten

Situationen umzugehen. So gibt der aggregierte Unsicherheitsvermeidungsindex (UVI) an, inwieweit Mitglieder einer Gesellschaft eines Landes in der Lage sind, Unsicherheit zu tolerieren. Länder wie etwa Griechenland, Portugal, Guatemala und Uruguay weisen einen relativ hohen UVI auf. Dies bedeutet, dass die Gesellschaft in diesen Ländern versucht, die Unsicherheit zu vermeiden und unbekannte Situationen stärker zu kontrollieren etwa durch klare Regeln, Gesetze, Vorschriften sowie Sicherheits- und Schutzmaßnahmen (vgl. Perlitz und Schrank 2013, S. 126). Dagegen verhalten sich Mitglieder einer Gesellschaft mit einem niedrigen UVI wie etwa in Dänemark, Singapur oder in Schweden toleranter gegenüber unbekannten Situationen und Unsicherheiten. Gesellschaften mit geringer UVI-Ausprägung stehen einem Risiko offener gegenüber und reagieren gelassener auf unbekannte, vermeintlich bedrohliche Situationen. Deutschland rangiert auch hier im Mittelfeld mit Platz 43 von 74 analysierten Ländern (vgl. Perlitz und Schrank 2013, S. 126 Abb. 61).

(V) Langfrist- und Kurzfristorientierung

In einer späteren Studie ergänzte Hofstede eine fünfte kulturelle Dimension, die *Langfrist- und Kurzfristorientierung*. Eine Gesellschaft, die sich durch eine Langfristorientierung auszeichnet wie etwa die japanische, die chinesische und die taiwanesische, verfolgt ihre Ziele beharrlich, ist eher strategisch ausgerichtet als kurzfristig taktisch. Existierende Rangordnungen in der Gesellschaft werden als langfristig erworben respektiert, eine hohe Sparquote für künftige Ausgaben und eine generell hohe Investition in die Zukunft sind typische Charakteristika dieser Kultur. Länder wie Pakistan, Tschechien und Nigeria verfügen über einen niedrigen Indexwert zur Langfristorientierung (ILO). Die Gesellschaft in diesen Ländern verfolgen eher kurzfristige Ziele und ziehen taktische, kurzfristige Aktivitäten tendenziell den strategischen, langfristigen Überlegungen und Investitionen vor (vgl. Perlitz und Schrank 2013, S. 127, s. auch Abb. 62). Deutschland befindet sich in dieser Dimension auf Platz 25 von 39 untersuchten Ländern und ist somit tendenziell eher kurzfristiger orientiert.

(VI) Selbstverwirklichung versus Selbstbeschränkung
Von Hofstede im Jahr 2010 ergänzt, definiert die sechste und letzte Kulturdimension, die aus meiner Sicht gerade heute aktueller denn je ist unter dem Stichwort „Work Life Balance". Gesellschaften mit einer ausgeprägten Kultur der Selbstverwirklichung wie etwa Venezuela, Mexiko, Puerto Rico, El Salvador oder Nigeria bevorzugen einen hohen Freizeitanteil, ein hohes Maß an Selbstbestimmtheit im Leben und das Recht auf freie Meinungsäußerung (vgl. Perlitz und Schrank 2013, S. 128, s. auch Abb. 63). Sie sind tendenziell eher optimistisch und extrovertiert. Andere Länder mit einem niedrigen Indexwert der Selbstverwirklichung, der Selbstbeschränkung, wie Albanien, Ukraine, Lettland, Ägypten und Pakistan neigen häufig zu einem geringeren Bedürfnis nach Freizeit und freien Meinungsäußerung. Sie treten eher zurückhaltend introvertiert und ernster, aus ihrer Sicht seriöser auf (vgl. Perlitz und Schrank 2013, S. 128 und Abb. 63). Deutschland befindet sich bei dieser Dimension bei 92 untersuchten Ländern auf einem Mittelplatz, Platz 52.

Die Ausführungen in diesem Kapitel haben gezeigt, dass das Menschenbild in der Realität viel facettenreicher ist als es vor allem in der Theorie den Anschein hat. Menschen handeln bisweilen irrational, altruistisch statt egoistisch. Sie empfinden Mitleid mit ihren Mitmenschen, werden durch ihre Erziehung, ihr Umfeld und ihre Werte und Einstellungen geprägt. Selbst kulturelle Einflussfaktoren wie Traditionen, Religionen (vgl. dazu den soziologischen Klassiker Max Webers über den Einfluss der protestantischen Ethik auf den Geist des Kapitalismus, vgl. Weber 2006) aber auch gesellschaftsinhärente Werte und Vorstellungen prägen den Menschen und seine ökonomischen Verhaltensweisen. Nicht zuletzt werden die Menschen in Zeiten der sozialen Medien von einer Flut von Informationen überwältigt, die zusätzlich zu den klassischen Medien ihre ökonomischen Aktivitäten stark beeinflussen – nicht umsonst nennen sich die Werbevorbilder und -träger in den sozialen Medien „Influencer" d. h. „Beeinflusser". Es ist aus meiner Sicht klar geworden, dass sich die moderne Ökonomie vor allem mit dem Phänomen Mensch beschäftigen sollte. Ich bin sicher, dass im Rahmen der künftigen ökonomischen Forschungen, nicht nur in der Verhaltensökonomie, noch die eine oder andere *überraschende Erkenntnis* zu Tage gefördert wird. Doch nun wollen wir uns mit den *Kernthemen der modernen und zukünftigen Ökonomie* näher beschäftigen: Neben der bereits seit Jahren begonnenen und weiter entwickelten Globalisierung sind dies vor allem die aktuellen und künftigen Entwicklungen in der Digitalisierung, der Ökologie und deren Konsequenzen auf die Wirtschaft und den Menschen darin.

7

Perspektiven der ökonomischen Praxis

7.1 Zentrale Themen der Ökonomie des 21. Jahrhunderts: Gerechtigkeit und Ethik

7.1.1 Das eine Prozent und der Rest: Ist die heutige Ökonomie gerecht?

Vergleichen wir *zwei Szenen des menschlichen Lebens* im Jahr 2020. Die eine Szene spielt irgendwo im reichen Westeuropa, in einer der Metropolen. Tausende von Menschen frieren im Winter des Jahres 2020, sind obdachlos und fristen ihr Dasein unter den Brücken oder den Gehsteigen der weniger frequentierten Straßen. Ihr Freund ist häufig der Alkohol. Zahlreiche witterungsbedingte Krankheiten lässt diese Menschen früher altern. Zu den Krankheiten kommt die Sorge um das tägliche Überleben, das zumeist von den Almosen vorüberziehender Passanten gespeist wird oder

© Der/die Herausgeber bzw. der/die Autor(en), exklusiv lizenziert durch **211** Springer Fachmedien Wiesbaden GmbH, ein Teil von Springer Nature 2020
D. Pietsch, *Prinzipien moderner Ökonomie*,
https://doi.org/10.1007/978-3-658-31586-3_7

vom Sammeln einzelner Pfandflaschen. Zu wenig zum Leben, zu viel zum Sterben. Viele Mitbürgerinnen und Mitbürger sind karitativ unterwegs und reduzieren den egoistischen *Homo oeconomicus* zur Karikatur: Sie unterstützen die Obdachlosen, bringen ihnen Decken, heißen Tee oder bieten kostenlose Schlafplätze an. Sie schreiben an Zeitschriften mit, deren Erlös den Obdachlosen zugutekommt. Manche Ärzte behandeln die Gestrandeten des Lebens kostenlos, um zumindest die gängigsten Krankheiten wie Erkältungen etc. zu bekämpfen. Die Wege dorthin auf die Straße sind vielfältig, häufig sind ein paar unglückliche Umstände wie Scheidung, Krankheit, persönliche Krisen usw. Schuld an dem Abrutschen in der sozialen Leiter.

Selbst wenn es Gott sei Dank den meisten Menschen zumindest im vergleichsweise reichen Westeuropa besser geht als den beschriebenen Personen, so sind viele weit davon entfernt, sorgenfrei leben zu können. Viele Ältere haben *keinen Job* mehr, im Süden Europas trifft es sogar mit über 30 Prozent (vgl. Bergerhoff und Maas 2019) mehrheitlich die Jungen. Diejenigen, die in der Vergangenheit noch Glück hatten und ein Leben lang eine Beschäftigung etwa als Pflegekraft hatten, warten mit bangen Zukunftsaussichten auf das Alter. Die *Renten im Alter* fallen für diese Berufsgruppen in der Regel nicht so hoch aus, als dass sie ein auskömmliches Leben führen könnten. *Altersarmut* ist eine der großen Ängste der Wirtschaft des 21. Jahrhunderts. Das trifft nicht nur Deutschland. Die Mieten steigen vor allem in den Metropolen unaufhörlich. In Berlin überlegt man bei Verfassen dieser Zeilen, über ein Volksbegehren Wohnungsbaugesellschaften zu enteignen und in Sozialwohnraum umzuwandeln (vgl. Kröger 2019). Waren die Mieten in der aktiven Berufslaufbahn gerade in den Metropolen nur schwer zu finanzieren, so geht das im Alter mit den niedrigen staatlichen Renten für viele gar nicht mehr. Dabei trifft es vor allem Frauen, die nicht immer Vollzeit gearbeitet haben und zum Teil alleinerziehend waren. Ihre Rente fällt entsprechend noch geringer aus.

Armut heißt: Nicht mehr am gesellschaftlichen Leben teilnehmen zu können. Jeder Kauf von täglichen Gütern wird zur Entscheidungssache: Lebensmittel oder neue Schuhe. Urlaub gibt es so gut wie keinen mehr. Ärztliche Versorgung ist nur da, wenn man noch krankenversichert ist. Am schlimmsten trifft es immer die Schwächsten, die *Kinder*. Sie werden sozial ausgegrenzt, können an keiner Klassenfahrt teilnehmen oder sind auf das Wohlwollen der Eltern der Klassenkameraden angewiesen, die für sie zusammenlegen. Wohnraum ist knapp, Spielzeug ebenfalls. Kurz, es fehlt überall am Nötigsten. Die Glücklichen unter den armen Kindern erhalten über großzügige Spenden, organisiert von zahlreichen karitativen Vereinigungen, zumindest noch an Weihnachten den einen oder anderen Wunsch erfüllt. Vielfach setzt sich die Trostlosigkeit und Hoffnungslosigkeit der wirtschaftlichen Situation in den nachfolgenden Generationen fort. Nur die Wenigsten schaffen es etwa durch Bildung dem Teufelskreis der Armut zu entkommen.

Die andere Szene menschlichen Lebens in Westeuropa spielt im Süden Spaniens, an einem Yachthafen in einem Nobelort – es könnte allerdings in jedem anderen westeuropäischen Land in den Orten spielen, in denen die Vermögenden überproportional häufig zu finden sind. Dort sitzt man in seiner Finca mit Blick auf das Meer oder am Pool mit einem Cocktail in der Hand. Nach dem Sport oder dem üblichen Wellness trifft man sich abends am Hafen und genießt die untergehende Sonne. So mancher vergnügt sich auf seiner Yacht mit einer kleinen Ausfahrt und freut sich des Lebens. Natürlich arbeiten viele der fiktiven Personen häufig sehr hart. Sie haben häufig eine sehr gute, zumeist internationale Ausbildung genossen. Sie entstammen vermögenden Familien, die häufig bildungsorientiert sind und ihren Sprösslingen neben dem Reichtum auch die Umgangsformen, das Selbstbewusstsein und vor allem das wichtige Netzwerk mitgeben konnten. Sie besuchen teure Privatschulen, werden von Kindermädchen durchs Leben begleitet und werden so an das Leben der Erfolgreichen herangeführt. Das Leben wird auch für sie hart, da sie die Auslese der besten Schule, der besten Universitäten und später Unternehmen mit den entsprechenden Führungspositionen erst erringen müssen. Doch sie haben einen wesentlich besseren Start ins Leben. Dieser Vorsprung bleibt meist ein Leben lang und wird noch weiter ausgebaut. Der Unterschied zwischen beiden Szenerien ist für die Menschen zu einem großen Teil die *Gnade der richtigen Geburt*.

Natürlich ist diese Schilderung hier sehr plakativ und überzeichnet. Doch finden sich diese Szenen tausendfach in der Realität. Mit dem einzigen Unterschied: Beide Welten vermischen sich nicht. Sie existieren getrennt voneinander. Was hat das alles mit Gerechtigkeit zu tun? Selbstverständlich gibt es immer Gründe dafür, warum Menschen im Leben erfolgreicher sind als andere. Das hat u. a. mit unterschiedlichen Begabungen wie Intelligenz, Geschicklichkeit oder intellektuelle, handwerkliche oder künstlerische Fähigkeiten zu tun. Die Persönlichkeit spielt natürlich eine wesentliche Rolle, Eigenschaften wie Ehrgeiz, der unbedingte Wille zum Erfolg, Talent aber auch sehr harte Arbeit. Die Fähigkeit, sich quälen zu können und zu wollen. Ein sehr gut ausgebildeter Mitarbeiter mit einem 16 Stunden-Tag und einer komplexen, anspruchsvollen Tätigkeit wird wahrscheinlich mehr verdienen als jemand, der schlecht ausgebildet ist und eine einfache Arbeit verrichtet und maximal acht Stunden die Woche arbeitet. Kein Top Manager und kein Unternehmer legen sich in die Hängematte und warten auf ihren Gehaltscheck. Leistungsorientierung und der Wille zum Erfolge sind natürlich wesentliche Voraussetzungen, erfolgreich und vermögend zu werden. Dagegen ist prinzipiell nichts einzuwenden. Allerdings geht es um die *weltweite Ungleichheit in Einkommen und Vermögen*, die immer stärker auseinanderdriftet und die aus meiner Sicht die größte Herausforderung für die Ökonomie des 21. Jahrhunderts darstellt. Es geht heute darum, den *Wohlstand bei allen Menschen* ankommen zu lassen.

Die internationale Nothilfe- und Entwicklungsorganisation Oxfam veröffentlicht jedes Jahr rechtzeitig vor dem Treffen der globalen politischen, gesellschaftlichen und wirtschaftlichen Elite in Davos Anfang des Jahres die neuesten Zahlen zur Verteilung von Einkommen und Vermögen auf der Welt. Auf ihrer Internetseite stellt Oxfam die englischsprachige Studie ein, so dass sie für jeden kostenlos einsehbar ist. So schreiben die Autoren von Oxfam auf ihrer Webseite (vgl. Oxfam 2019):

Das Vermögen der Milliardäre ist im Jahr 2018 um 12 Prozent gestiegen, während das Vermögen der *ärmeren Hälfte der Weltbevölkerung* – das sind immerhin 3,8 Milliarden Menschen! – gleichzeitig *um 11 Prozent gesunken* ist. Im Faktenblatt für Deutschland (vgl. Oxfam 2019, S. 4) schreiben die Autoren der Studie, dass 26 (!) Personen auf der Welt über ein ebenso großes Vermögen verfügen wie die ärmere Hälfte der Weltbevölkerung. Vor zwei Jahren waren es noch 49 Menschen. In Deutschland hat sich 2018 jeden zweiten Tag ein neuer Milliardär zur vermögenden Elite hinzugesellt. Gleichzeitig ist die extreme Armut in Subsahara-Afrika wieder angestiegen. Gleichzeitig zählt Deutschland zu den Industrienationen mit der größten Vermögensungleichheit. Das reichste Prozent der Deutschen vereinte ein Vermögen auf sich wie 87 Prozent der ärmeren Bevölkerung. Jedes fünfte Kind in Deutschland gilt als arm. Das Schlimmste daran ist: Die soziale Mobilität nimmt ab. Alle Zahlen und Aussagen des obigen Abschnitts beziehen sich auf das *Oxfam Faktenblatt für Deutschland* (vgl. Oxfam 2019, S. 4). Das bedeutet konkret, dass arme Kinder die Armut auch mit höherer Wahrscheinlichkeit an ihre Kinder weiterreichen. Der Kreislauf ist klar: Weniger Bildung und Geld, weniger Unterstützung beim Lernen, keine teuren Privatschulen mit besserer Lerninfrastruktur, schlechtere Ausbildung, weniger Gymnasiasten und Akademiker, einfachere, schlechter bezahlte Jobs – wenn überhaupt. Keine finanzielle, häufig auch nur begrenzte emotionale, moralische oder intellektuelle Unterstützung führt häufiger zu Schulversagen, schlechtere Ausbildung und Jobs. Das muss nicht so sein, ist aber anscheinend immer häufiger der Fall.

Natürlich gibt es auch die berühmten Ausnahmen, die sich aus eigener Kraft hochgearbeitet haben. Extrem begabte Kinder aus armen Familien, die gefördert wurden oder einflussreiche Gönner fanden – so wie etwa der Philosoph des Deutschen Idealismus, Johann Gottlieb Fichte. Oder auch die Kinder und Jugendlichen, die unter allen Umständen der Armut entkommen wollten und es schließlich mit unbändigem Willen und Ehrgeiz aber zumeist mit ein wenig Glück geschafft haben, diesem Teufelskreis der Armut zu entrinnen und erfolgreich zu werden. Den allermeisten von ihnen ist es allerdings nicht vergönnt. Die Autoren der Oxfam-Studie, darunter der Unternehmer und Risikokapitalgeber Nick Hanauer, der u. a. mit einer Investition in Amazon zu ansehnlichem Vermögen gekommen ist, fordert explizit einen *Kapitalismus, der auf Gerechtigkeit und Moral aufgebaut ist und nicht auf der Gier*: „Die wichtigste Lektion, die ich in diesen Dekaden der Erfahrung mit dem Kapitalismus gelernt habe ist die, dass Moral und Gerechtigkeit die fundamentalen Voraussetzungen für

Wohlstand und ökonomisches Wachstum sind. Gier ist schädlich." (Übersetzung durch den Autor, Oxfam-Studie „Public good or private wealth", S. 5, vgl. Oxfam 2019). Wir werden auf diesen Punkt im nächsten Abschnitt zurückkommen.

Die Zukunft wird zum Thema der Ungleichheit in Bezug auf Vermögen und Einkommen nicht besser werden. Im Gegenteil. Der „Worldwide Inequality Report 2018", auf Deutsch erschienen mit dem Titel „Die weltweite Ungleichheit" verschiedener Autoren, darunter der französische Ökonom Thomas Piketty, (vgl. Alvaredo et al. 2018) geht davon aus, dass „der Einkommensanteil des reichsten einen Prozents der Weltbevölkerung könnte von gegenwärtig knapp 20 Prozent bis 2050 auf über 24 Prozent wachsen, während der Anteil der unteren 50 Prozent der Menschheit von derzeit 10 Prozent auf weniger als 9 Prozent sänke." (ebenda, S. 377). Nicht viel besser sieht es bei den prognostizierten Vermögensverhältnissen aus. Die Autoren der Studie zur weltweiten Ungleichheit prognostizieren: „Setzt sich die derzeitige Entwicklung der Vermögensungleichheit fort, so wird im Jahr 2050 allein das reichste 0,1 Prozent der Menschheit ein größeres Vermögen haben als die globale Mittelschicht." (S. 297)

Wir sollten allerdings solche Zahlen nicht nutzen, um eine „klassenkämpferische Revolution" nach Karl Marx zu initiieren. *Davon bin ich weit entfernt.* Die Zahlen sind allerdings alarmierend und müssen uns zwingen, vor allem darüber nachzudenken, wie die zunehmende weltweite Ungleichheit innerhalb eines Landes und zwischen den Ländern verringert werden kann. Die Frage ist vor allem, ist diese Ökonomie des 21. Jahrhunderts gerecht? Konkreter gefragt: Ermöglicht diese Form der Wirtschaft, je nach Diktion die soziale oder freie Marktwirtschaft, der Kapitalismus, gerechte wirtschaftliche Lebensbedingungen für alle

Menschen? *Kommt der Wohlstand bei allen Menschen an?*
Um diese Fragen beantworten zu können, müssen wir einen kleinen historischen Exkurs unternehmen.

7.1.2 Was ist gerecht? Ideen und Konzepte

Platon, einer der bedeutendsten abendländischen Philosophen aus Griechenland, misst die Gerechtigkeit des Einzelnen an seinem Wirken für den Staat. In seinem staatstheo-
retischen Werk „Politeia", der Staat, dialogisch aufgebaut,
fordert er sinngemäß von den Bürgern des Staates, dass *sich
ein jeder gemäß seinen Fähigkeiten für den Staat und die Gemeinschaft einbringe* (Politeia IV 433a ff., S. 303 ff., zitiert
nach der Ausgabe von Hülser 1991). Dabei dürfe man sich
nicht in die Verantwortlichkeiten der anderen Bürger einmischen. Seiner Ideenlehre folgend, ist die *Gerechtigkeit Teil
einer ewigen Idee,* an der die Seele beteiligt ist. Demzufolge
ist die Gerechtigkeit eine Funktion der Seele und folglich
dem Menschen angeboren.

Sein Schüler *Aristoteles* sieht in der *Gerechtigkeit eine
menschliche Tugend.* In seiner seinem Sohn gewidmeten
„Nikomachischen Ethik" (vgl. Aristoteles 2007) schreibt er:
„... demgemäß wird gerecht sein, wer die Gesetze beobachtet und sich an die Gleichheit hält." (Buch V 1129b, 2;
Aristoteles 2007, S. 189). „In der Gerechtigkeit ist alle
Tugend zusammengefasst." (V 1130a; Aristoteles 2007,
S. 191). Aristoteles unterscheidet zwischen einer *allgemeinen* und einer *partikularen Tauschgerechtigkeit* (vgl. Flashar
2013, S. 85 ff.). Bei der *allgemeinen Tauschgerechtigkeit* geht
es vor allem darum, die Gesetze zu befolgen, da man sich so
tugendhaft d. h. tapfer, besonnen und milde verhält (vgl.
ebenda, S. 85). Die partikulare Gerechtigkeit unterteilt
Aristoteles weiter in eine austeilende oder *distributive Gerechtigkeit:* Vermögen und Einkommen sowie Ämter und

Ansehen sollten nach den Verdiensten der einzelnen Bürger am Staat und der Gesellschaft verteilt werden. Diese Verteilung geht praktisch nach *Leistungsgesichtspunkten bzw. eines proportionalen Verhältnisses.*

Bei der *ausgleichenden Tauschgerechtigkeit*, die vertragliche Beziehungen betrifft, unterscheidet Aristoteles in eine *freiwillige* und *unfreiwilligen Beziehungen*: Bei der freiwilligen soll die Leistung des Verkäufers der Gegenleistung des Käufers entsprechen wie etwa beim Kauf einer Ware oder bei der Miete bzw. beim Lohn. Die unfreiwillige umfasst Meineid, Diebstahl etc. Die korrigierende Tauschgerechtigkeit greift nur dann, wenn jemand mehr will als ihm zusteht. Der Schaden des einen und der Gewinn des anderen müssen sich kompensieren. Es muss die richtige „Mitte" gefunden werden. „Dem, der zu wenig hat, muss man nämlich so viel dazugeben, als die Mitte seinen Anteil übertrifft, und von dem, der zu viel hat, soviel wegnehmen, als er über die Mitte hinausgeht." (Aristoteles 2007, V 1132b; S. 203). Um diesen Prinzipien Geltung zu verschaffen, unterstellt Aristoteles ferner einen Staat von freien und gleichen Bürgern, die eher demokratisch regiert werden. Platon sah an der Spitze des Staates die sogenannten „Philosophenkönige" (Politeia V 473c–d, vgl. Hülser 1991, S. 411), die sich durch ihre Bildung und Tugendhaftigkeit von den anderen Bürgern abhoben.

Der römische Staatsmann und Philosoph *Cicero* sieht in der Gerechtigkeit, *iustitia*, vor allem ein vernünftiges Handeln des Menschen in der Gemeinschaft. So dürfe der Mensch seinen Mitmenschen nicht schaden. Der „vir bonus", der vorbildliche Mann, möge hilfsbereit, gütig und großzügig sein. Außerdem solle man privates Eigentum unangetastet lassen und gemeinsames entsprechend gemeinsam nutzen (Cicero 2008, de officiis, vom pflichtgemäßen Handeln, Erstes Buch, §20; S. 25). Die Menschen seien generell verpflichtet, „... darin der Führung der Natur zu folgen und den gemeinsamen Nutzen durch gegenseitige Pflichterfüllung, durch Geben und Nehmen in den Mittelpunkt unserer Interessen zu stellen und dann mit unseren Fähigkeiten, unserer Arbeit und unseren materiellen Möglichkeiten die menschliche Gemeinschaft noch fester zu verknüpfen." (de officiis a. a. O. §22; S. 25). Weiter Schreibt Cicero: „Aber die Grundlage der Gerechtigkeit ist die Zuverlässigkeit (*fides*), d. h. die Verlässlichkeit (*constantia*) und Wahrhaftigkeit (*veritas*) der Worte und Vereinbarungen." (de officiis § 23; S. 26).

In der Antike liegt der Schwerpunkt der Gerechtigkeit eher auf dem Handeln in der Gemeinschaft. So oder so möge der Mensch sich in die Gemeinschaft einbringen und dies gelte es zu beachten. Einzig Aristoteles hat sich mit seinen Konzepten der Tausch- und Verteilungsgerechtigkeit eher individuellen, ökonomischen Vorgängen zugewandt. Bei den christlichen Philosophen wie Augustinus und Thomas von Aquin steht vor allem das *Verhältnis zwischen Mensch und Gott* im Vordergrund ihrer Überlegungen. Das Christentum ist vor allem durch die in der Bergpredigt formulierte „Goldene Regel" beeinflusst: „Und wie ihr wollt, dass euch die Leute (*anthropoi*) tun sollen, so tut ihnen auch!" (*Lukas 6,31* zitiert nach dem Text Luthers in der Bibelausgabe Nestlé-Aland 1995, S. 173).

Der Mensch erhält die Gerechtigkeit nur durch die Gnade Gottes vermittelt. Der sündige Mensch sei unvollkommen und Staaten seien ohne Gerechtigkeit nur große Räuberbanden, schreibt Augustinus in seinem Werk, der Gottesstaat, *De civitate dei* (vgl. Augustinus, De civitate dei 4. Buch, Abschnitt 4). Vollkommene Gerechtigkeit könne es nur bei Gott geben. Thomas von Aquin, der große Theologe und Philosoph des Mittelalters, der die aristotelische Philosophie mit dem Christentum verband, verband die

Gerechtigkeit Gottes mit dessen Barmherzigkeit (vgl. Ebert 2015, S. 113 ff.). Er sah ebenso eine dem Gemeinwohl verpflichtende wie eine auf das einzelne Individuum zielende Gerechtigkeit: die Gerechtigkeit als Gegenseitigkeit bei Verträgen, die *iustitia commutativa* und die der verteilenden Gerechtigkeit, die *iustitia distributiva*.

In seinem gesellschaftstheoretischen Werk über den Sozialvertrag, „Contrat social", forderte der französische Philosoph *Jean Jacques Rousseau*, dass kein Bürger in einem Staat so reich sein dürfe, dass er sich einen anderen Bürger kaufen könne. Umgekehrt dürfe aber auch kein Bürger so arm sein, dass er sich verkaufen müsse. (*Der Gesellschaftsvertrag, II. Buch 11. Kapitel,* vgl. Rousseau 2011, *S. 35*). Der Staat muss im Zweifel eingreifen, wenn diese Prinzipien von sich aus nicht mehr bewerkstelligt werden könnten. Der Königsberger Philosoph *Immanuel Kant,* der sicherlich wirkungsmächtigste Intellektuelle seiner Zeit, hat in zwei seiner wichtigsten Werke, der „Metaphysik der Sitten" und der „Kritik der praktischen Vernunft" die wesentlichen Ideen seiner Sicht auf die Gerechtigkeit zusammengefasst (vgl. Ebert 2015, S. 177 ff., vor allem S. 178):

Der Mensch strebt nach dem moralisch Guten. Dieses Streben gilt dabei nicht dem Glück oder einem erfüllten Leben oder etwa der Liebe, dem Mitleid anderer Menschen gegenüber, sondern der Pflichterfüllung, der „Pflichtethik". Dabei gehorcht der Mensch als autonom handelndes Subjekt *einer Gesetzgebung,* die er sich selbst gegeben hat. Dieses Gesetz hat sich der Mensch als vernünftiges und aufgeklärtes Wesen selbst gegeben. Nur davon lässt er sich leiten. Gleichzeitig soll der Mensch so handeln, dass sein Handeln auch formal einer selbstgegebenen Gesetzgebung entspräche. Kant hat dies eindrucksvoll in seinem sogenannten *„kategorischen Imperativ"* niedergelegt: „Handle so, daß die Maxime deines Willens jederzeit zugleich als Princip einer allgemeinen Gesetzgebung gelten könne." (Kant, Kritik der praktischen Vernunft, erster Teil, erstes Buch, erstes Hauptstück, Kant 1995, S. 310). Nur wenn wir so handeln, dass dies auch im Sinne einer gewollten Rechtsordnung legitim sei, könne man gerecht handeln. Dabei ist vor allem entscheidend, ob das moralische Handeln eine gute Absicht verfolgt. Die Folgen des Handelns müssen nicht zwingend positiv sein.

Der Philosoph und Ökonom *John Stuart Mill* hat sich in seinem Denken, dem Utilitarismus – „das größte Wohl für die größte Zahl der Menschen" – folgend, vor allem auf drei Grundsätze der Gerechtigkeit konzentriert (vgl. Ebert a. a. O., S. 253): Jedes Individuum hat das gleiche Anrecht auf Glück. Zur Erfüllung dieses Anrechts haben sie alle den gleichen Anspruch auf die zur Erfüllung ihres Glücks notwendigen Güter. Eine Abweichung von diesen Grundsätzen ist nur erlaubt, wenn es für das Glück aller Menschen erforderlich ist. Im Klartext bedeutet dies, dass es auch möglich sein kann, vom Gebot der Gleichheit abzurücken, wenn dadurch das allgemeine Glück der Menschen gesteigert wird. Dies zielt sicher auch darauf, dass es eine klare Abwägung zwischen einer Gleichheit der materiellen Ausstattung und der Leistungsgerechtigkeit geben muss. Wer mehr leistet, muss auch mehr bekommen. Wie groß die dadurch entstandene Ungleichheit allerdings werden darf, ist dadurch nicht geregelt.

Auch die katholische Kirche mischte sich in die Frage nach der Gerechtigkeit gerade auch in ökonomischen Fragestellungen ein (vgl. Ebert 2015, ebenda, S. 290). In den beiden Ende Sozialenzykliken der Päpste Leo XIII. *Rerum Novarum* (1891) und Pius' XI. *Quadragesimo anno* (1931) formulierte die katholische Kirche *Leitsätze* für eine gerechte Gesellschaft und Wirtschaft. Für die hier bedeutenden ökonomischen Fragestellungen sind vor allem die Vorschriften für Arbeitgeber und Arbeitnehmer entscheidend. So solle sich der Kapitalbesitzer und *Unternehmer um das Wohl und Wehe seiner Arbeiter kümmern*, sie gut behandeln, wohltätig sein und vor allem einen gerechten Lohn zahlen. Der Lohn sei vor allem dann gerecht (vgl. ebenda, S. 279), wenn der Lohn ausreicht, den täglichen Lebensbedarf einer Familie zu decken, ohne dass die Frauen zwingend auf Erwerbsarbeit angewiesen sind. Gleichzeitig muss allerdings berücksichtigt werden, dass der Unternehmen noch einen auskömmlichen Gewinn erzielt und das Unternehmen langfristig überlebensfähig bleibt. Oberstes Ziel bleibt aber die Verhinderung der Arbeitslosigkeit. Zu hohe Löhne gefährden über die Gefahr der Insolvenz von Unternehmen ebenso die Wohlfahrt wie zu niedrige Löhne, von denen Familien nicht überleben können. Umgekehrt habe der Arbeitnehmer die Pflicht, seine Arbeit gewissenhaft gemäß seinem Arbeitsvertrag zu erfüllen, das Eigentum des Unternehmers zu achten und auf Streiks zu verzichten.

Den sicherlich größten Einfluss auf die Überlegungen zur sozialen Gerechtigkeit und wie viel Ungleichheit einer Gesellschaft zugemutet werden kann, hat sicher der US-amerikanische Sozialphilosoph *John Rawls* (vgl. Ebert a. a. O., S. 315 f.) Seiner Meinung nach beruht die Gerechtigkeit vor allem darauf, dass Menschen grundsätzlich miteinander fair umgehen und miteinander kooperieren. Dabei begegnen sie sich auf Augenhöhe und sehen sich gegenseitig als frei und gleich an. Die persönliche Freiheit hat prinzipiell Vorrang vor der Gleichheit der Menschen. Zwar müsse prinzipiell eine soziale und ökonomische Freiheit gelten. Allerdings könnten schon Ungleichheiten entstehen und diese seien auch legitim unter der Voraussetzung, dass *alle Menschen die gleiche Chance* haben.

So müssen z. B. in einem Staat die Ämter oder berufliche Positionen frei wählbar und prinzipiell für jeden erreichbar sein. Jeder muss theoretisch Bundespräsident werden können oder aber Unternehmer oder Vorstandsvorsitzender. Ökonomische oder soziale Ungleichheit sei nur tolerierbar, wenn es den sozial Schwächsten dabei besser ergeht als unter den Bedingungen der absoluten Gleichheit. So kann man sich leicht vorstellen, dass zu Beginn der Sozialen Marktwirtschaft alle bei etwa gleichen Startvoraussetzungen – kaum jemand hatte wirklich ein großes Vermögen über den Krieg retten können, fast alle starteten bei nahezu null – anfingen. Einige waren ökonomisch erfolgreicher als andere, die Ungleichheit entstand. Gleichzeitig ging es aber allen besser. Die positiven Effekte des sogenannten „Wirtschaftswunders" in den fünfziger Jahren des 20. Jahrhunderts kamen bei allen Menschen an. Ungleichheit per se ist nicht problematisch, so lange es allen Menschen zugutekommt. Allerdings „schlägt" die individuelle Freiheit des Menschen, sein selbstbestimmtes Recht z. B. auf eigene Leistung, die erzwungene Gleichheit aller. Umgekehrt ist die Gleichheit kein Ziel an sich, sondern soll die Lage der Schwächsten verbessern. Diese lässt sich aber auch mit gewisser Ungleichheit erreichen, sofern es den schwächeren der Gesellschaft dadurch besser geht.

In der Summe kann man festhalten, dass das Ziel der Gerechtigkeit kein einfaches Thema ist und verschiedene Gesichtspunkte abwägen muss (zur Geschichte der Ethik vgl. u. a. Rohls 1999). Da ist zum einen die Frage des Gemeinwohls, das „größte Glück für die größte Anzahl an Menschen" (vgl. Bentham 1776, S. 393): Menschen sind von Hause aus nicht nur egoistisch, sondern kümmern sich um ihre Mitmenschen, ihre Familien. Sie wollen das Beste für ihre Liebsten aber zumeist auch für die Gesellschaft als Ganzes. Niemand soll hungern, alle sollen friedlich und kooperativ miteinander umgehen, füreinander eintreten und eine Solidargemeinschaft bilden. Man solle sich gegenseitig unterstützen, eine „Bürgergesellschaft" der karitativ und mitmenschlich handelnden Personen sein. Keiner soll Schaden nehmen, alle sollen glücklich leben können unter Beachtung der existenziellen Rahmenbedingungen wie Vermeidung von Hunger, Durst, Krankheiten etc. Jeder soll ein Dach über dem Kopf haben, eine Arbeit, die einen ausreichenden Lohn für ein auskömmliches Leben ermöglicht. Allzu große Ungleichheiten sollten vermieden werden, es sei denn auch die schwächsten Mitglieder der Gesellschaft profitieren davon.

Andererseits zwingt die Beachtung der *individuellen Freiheitsrechte* des Menschen ein Recht auf individuelle Leistung. Jeder Mensch soll das Recht haben, sich selbst zu entfalten und gemäß seinen Fähigkeiten in die Gesellschaft und das Wirtschaftsleben einbringen zu können. Es werden immer individuelle Unterschiede existieren, sei es in den Fähigkeiten, der Persönlichkeit oder der Leistungsfähigkeit und -bereitschaft von Menschen. Allerdings muss jeder Mensch, ob Mann oder Frau, ganz gleich welcher Herkunft, Religion und Kultur prinzipiell die gleichen Chancen haben, diese Leistungen zu erzielen und entsprechend dafür entlohnt zu werden. Wie groß dürfen dabei aber die Unterschiede zwischen den einzelnen Mitgliedern der Gesellschaft werden? Wir groß darf die materielle Ungleichheit in der Gesellschaft werden? Inwieweit müssen die Ergebnisse des Marktes im Sinne der Gleichheit korrigiert werden? Ist das noch gerecht und vor allem aus wessen Sicht? Sieht ein Angehöriger der ärmeren Schichten das Prinzip der „Umverteilung von oben" als ähnlich gerecht an wie ein Millionär oder ein Repräsentant der hart arbeitenden Mitglieder der Leistungsgesellschaft? Bevor wir diese Fragen näher betrachten, werfen wir zunächst einen Blick darauf, was in der Ökonomie erlaubt sein sollte und was nicht. Beschäftigen wir uns also mit den Fragen der ökonomischen Ethik.

7.1.3 Was ist erlaubt und was nicht?
Ethisches Verhalten in der Ökonomie

Erinnert man sich an die Anfänge des Kapitalismus zu Zeiten der Industrialisierung im 19. Jahrhundert (vgl. Deißler et al. 1974, S. 232 f.), dann fallen einem spontan verschiedene Wesenszüge der frühen Industriearbeit ein: Arbeiter, die in den Fabriken unter unmenschlichen Arbeitsbedingungen bei Hitze und Kälte, mangelnder Hygiene im Schweiß ihres Angesichts im wahrsten Sinne des Wortes „schuften" mussten. Nicht selten wurden um 1800 bis zu 16 und 17 Stunden gearbeitet, zum Teil auch nachts und an Sonn- und Feiertagen (vgl. Deißler a. a. O., S. 232). Es wurde ohne Rücksicht auf heutige ergonomische Erkenntnisse, wie man Schaden von seinem Körper abhalten kann, schwere körperliche Arbeit verrichtet. Nicht nur Kinder wurden unter Zahlung eines Hungerlohnes zur Arbeit gezwungen. Die Arbeitssicherheit steckte noch in ihren Kinderschuhen, Arbeitsunfälle waren in den ersten Fabriken häufig an der Tagesordnung. Den Fortschritt zahlten die Arbeiter und Arbeiterinnen häufig mit ihrer Gesundheit und wurden dafür nur unzureichend entlohnt. Entsprechend gering war die Lebenserwartung. Die Löhne waren gering und im Falle einer Krankheit oder Verletzung während der Arbeit gab es keine Lohnfortzahlung. Frauen und Kinder mussten ebenfalls mit anpacken. Kinder bereits ab dem Alter von sechs Jahren (vgl. Marx 2008, S. 75 f.). Auch wenn die Bedingungen nicht alle so deprimierend waren wie z. B. im Kohlebergbau zu dieser Zeit, entsprachen die vorherrschenden Zustände in den meisten Fabriken keinem gesundheitsförderlichen Standard.

Davon sind wir Gott sei Dank heutzutage weit entfernt. Jeder Führungskraft weiß, was ethisch und moralisch geboten ist: Kinder dürfen nicht arbeiten, der Jugendschutz greift bei der entsprechenden Arbeitszeit Heranwachsender und Jugendlicher. Die hygienischen und ergonomischen Vorkehrungen sind so gut getroffen, dass im Normalfall keine Arbeitskraft über die Gebühr körperlich verausgabt wird. Ausnahmen gibt es leider immer wieder. Die in der Antike häufig vorkommende Arbeit von Sklaven ist Gott sei Dank ebenso wenig erlaubt wie die Ausbeutung der Arbeitskräfte. Dank des Einsatzes der Gewerkschaften werden heute die Arbeitszeiten klar reglementiert, die Pausenzeiten sind vorgeschrieben, auf Arbeitssicherheit wird größten Wert gelegt. Führungskräfte werden hart bestraft, wenn sie in diesem Zusammenhang fahrlässig handeln.

Dennoch gibt es auch heute noch immer wieder fragwürdiges Verhalten einzelner Personen, ganzer Organisationen und auch systembedingte Fehler, die viele dem kapitalistischen System an sich zurechnen. Es ist noch relativ einfach, ein bestimmtes, bereits bekanntes Fehlverhalten einzelner Mitarbeitenden und Führungskräfte festzustellen und als moralisch falsch zu ahnden (vgl. Pietsch 2019, S. 331 ff.). So wird heute die *Korruption* z. B. in Form von Bestechungsgeldern für bestimmte Privilegien oder den Zuschlag für einen ausgeschriebenen Auftrag geahndet und hart bestraft. Schmiergeldzahlungen aller Art gegen jedwede Leistungen zur Erzielung eines persönlichen oder Unternehmensvorteils sind genauso verboten wie Absprachen einzelner Unternehmen. Die vor allen in den Großunternehmen vor einigen Jahren gebildeten *Compliance-Abteilungen*, die Regelverstöße dieser Art ahnden sollen, verhindern bereits ein hohes Maß an Fehlverhalten. Ferner könnten Unternehmen in einer *Oligopolsituation* d. h. nur wenige, marktbeherrschende Unternehmen als Anbieter von Leistungen, sich hinsichtlich gemeinsamer Vorgehensweise absprechen, die Preise gemeinsam festsetzen, die Kostenstrukturen vergleichen und vieles mehr. Dies alles ist zurecht im Kartellgesetz geregelt und verboten. Erlaubt ist dagegen eine branchenweite Fixierung und Diskussion von Technologiestandards wie ISO-Normen oder Größen von Reisekoffern oder technische Standards von Elektroladesäulen.

Schwieriger wird es allerdings bei Verhaltensweisen einzelner Personen oder Firmen, wenn es um das Thema *Steuerminimierung* geht. Selbstverständlich sind Unternehmen keine karitativen Vereinigungen, die ihre Steuern so hoch wie möglich zahlen wollen. Im Rahmen der rechtlichen Möglichkeiten versuchen daher viele Unternehmen, die Steuerlast so weit wie möglich zu reduzieren, etwa durch Verlagerung verschiedener Unternehmen und Holdings in steuerlich begünstigte Länder („Steueroasen"). Der Aufschrei war groß, als die Öffentlichkeit erfuhr, wie lächerlich wenig Apple an Steuern in Europa zu zahlen hatte, fast gar nichts in Deutschland im Relation zu seinem Gewinn. So erzielte Apple 2016 62 Milliarden Dollar Gewinn, Steuern zahlte das Unternehmen in Deutschland nur 25 Millionen Euro, wiewohl etwa 5 Prozent des Gesamtumsatzes in Deutschland erzielt wurden und 2 Prozent der Apple Mitarbeitenden in Deutschland beschäftigt sind (vgl. Bernau 2017). Nur 0,2 Prozent der weltweiten Steuerlast landete in Deutschland.

Der Grund war relativ einfach: Apple und sein Management verschoben ganz legal die Gewinne nach Irland, in die Niederlande und auf die Bahamas. In diesen Ländern wurden Apple Steuererleichterungen gewährt, zum Teil, wie auf den Bahamas, wurden gar keine Steuern mehr gezahlt (vgl. ebenda). Ökonomen schätzen, dass den Regierungen weltweit etwa 100–240 Milliarden Dollar an Steuerannahmen durch die Methoden zur Steueroptimierung verloren gingen (vgl. a. a. O.). Die Frage, die sich hier stellt ist, ob alles was *legal* ist und die Gewinne der Unternehmen maximieren hilft auch *moralisch-ethisch vertretbar* ist? Müssten nicht die Steuern da gezahlt werden, wo die sogenannte Wertschöpfung anfällt? Schließlich nutzen die Unternehmen auch die staatliche Infrastruktur der Logistik, der Verkehrswege, die Bildungsinvestitionen ihrer Arbeitskräfte, staatliche Subventionen und vieles mehr.

Ähnliches gilt für den *Umgang mit der Umwelt*. Pestizide und Unkrautvernichter wie Glyphosat sind schon lange umstritten, da sie nicht nur krebserregend sein sollen. Darüber hinaus wird u. a. von der Umweltorganisation in Deutschland, BUND, kritisiert, dass Glyphosat für das *Artensterben* in der Agrarlandschaft verantwortlich ist, allen voran dem Bienensterben (vgl. BUND 2019). Gemäß dem von BUND zitierten UN-Bericht sind bereits eine Million Arten vom Aussterben bedroht. Der Bericht der UN zieht eine verheerende Bilanz (vgl. ebenda): 85 Prozent der Feuchtgebiete seien bereits zerstört. 9 Prozent aller Nutztierrassen ausgestorben. 23 Prozent der Landfläche unseres Planeten können anscheinend nicht mehr genutzt werden. Die vom Menschen verursachte Erderhitzung könnte weitere 5 Prozent der Arten vernichten, wenn die Erde sich im Schnitt *um zwei Grad Celsius* erhöht. Und schließlich ist die *globale Rate des Artensterbens* bis zu Hunderte Mal höher als im Schnitt der vergangenen zehn Millionen Jahre.

Nicht umsonst war das Volksbegehren „*Rettet die Bienen*" Anfang 2019 in Bayern mit über 1,7 Millionen Unterschriften – es waren nur ein Million Unterschriften für das entsprechende Quorum notwendig – sehr erfolgreich (vgl. Merlot 2019). Es war sogar das erfolgreichste Volksbegehren in der Geschichte des Bundeslandes Bayern. Dieses Volksbegehren floss dann auch konsequenterweise in das bayerische Naturschutzgesetz mit ein. Neben der Rettung der Bienen wurden noch weitere Punkte beschlossen, etwa die reduzierte Nutzung von Pestiziden, die intensivere Vernetzung von Biotopen, die Förderung von Blühwiesen und der stärkere Ausbau der ökologischen Landwirtschaft (vgl. Merlot a. a. O.). Schwierig wird nur der Übergang von der konventionellen zur ökologischen Landwirtschaft, da vor allem kleinere landwirtschaftliche Betriebe den Übergang nur unter Inkaufnahme von erheblichen finanziellen Einbußen stemmen könnten und die Unterstützung des Bundes oder des betreffenden Landes benötigen. Gleichermaßen gefährlich sind weitere ökonomische Tätigkeiten, die die Umwelt nachhaltig schädigen wie etwa die *Rodung der Regenwälder*, die *Überfischung der Meere* oder *Giftmüllexporte*. Alles das ist heute zum Teil noch legal. Allerdings stellt sich auch hier den Unternehmen, ihren handelnden Managern und dem Staat an sich die Frage, inwieweit diese legalen Praktiken moralisch vertretbar sind oder nicht doch proaktiv beendet werden müssen.

Weitere Beispiele unethischen Verhaltens in der Ökonomie betreffen den *Umgang mit Tieren*. Tiere sind ebenfalls *Geschöpfe Gottes*, oder aus atheistischer Sicht, zumindest Lebewesen, die leiden können und denen kein unnötiges Leid und Schmerz zugefügt werden soll und darf. Das gilt für ein artgerechtes Halten von Tieren, nicht wie etwa die Legebatterien für Hühner oder auch die Schweinehaltung mit zum Teil unmöglichen hygienischen und räumlichen Zuständen. Vor allem ist das bei Tierversuchen zu beachten, die im Rahmen von Versuchen rund um Kosmetika in der Vergangenheit häufig leiden mussten und zum Teil getötet wurden.

Allerdings gilt das moralisch-ethische Verhalten auch und vor allem im Umgang mit Menschen. So ist es heute eine Binsenweisheit und wird von allen Unternehmen vor sich hergetragen, dass Mitarbeitende wertschätzend, kollegial und vor allem fürsorglich zu behandeln sind. Das Wohl und Wehe der Mitarbeitenden gehe über alles. Die Realität sieht leider nicht immer so aus. Mobbing d. h. das Verunglimpfen einzelner Mitarbeitenden durch Kollegen und/oder die Führungskraft ist immer noch ein Thema, ganz zu schweigen von sexuellen Übergriffen vor allem gegenüber weiblichen Mitarbeitenden (vgl. Friedrich und Wiese 2019). Die Übergriffe reichen von verbalen Äußerungen oder Gesten über tatsächliche körperliche Berührungen bis hin zum eindeutigen Bedrängen der Mitarbeitenden. Trotz der *#MeToo-Debatte*, die die Öffentlichkeit für dieses Thema sensibilisiert hat und den öffentlichen Diskurs angeregt hat, sind einige Unternehmen noch weit weg von einem Idealzustand. Lediglich eine leichte Besserung ist spürbar geworden. So werden zumindest Verhaltenscodizes festgeschrieben, an die sich jeder zu halten hat (vgl. Friedrich und Wiese a. a. O.).

Diskriminierungen dürften heute, zu Beginn des 21. Jahrhunderts, eigentlich *kein Thema mehr* sein. Eine Diskriminierung von Mitarbeitenden wegen ihres Geschlechts, ihrer Herkunft, Kulturkreises, ihrer religiösen Überzeugung oder ihrer sexuellen Orientierung – vor allem die Diskussion um das „dritte" Geschlecht, das sogenannte „Transgender" – sollte heutzutage wirklich nicht mehr vorkommen. Doch auch hier sind wir leider von einem Idealzustand noch etwas entfernt (vgl. etwa Dushime 2020), wiewohl in den letzten Jahren sich einiges in die richtige Richtung bewegt hat. Bewerberinnen und Bewerber werden immer noch nach kulturellen, rassistischen und geschlechtlichen Merkmalen diskriminiert. In den Großkonzernen Deutschlands ist das friedliche Zusammenleben und Arbeiten von bis zu 100 Nationen verschiedener Kulturkreise und Religionen allerdings schon seit Jahren gelebte Praxis. Das ist auch gut so.

Es gibt noch eine weitere Abgrenzung moralisch-ethisch vertretbaren Handelns im Gegensatz zu nicht vertretbarem.

So differenziert der in Harvard lehrende Moralphilosoph Michael Sandel in *ökonomisch nützliches Verhalten* und ein *rein gewinnbringendes*. Er nennt den Unterschied „Investieren oder Zocken" (vgl. Sandel 2015, S. 56 ff.). Verleiht etwa eine Bank Geld an ein Unternehmen oder einen Hausbesitzer, damit dieses in die Zukunft des Unternehmens investieren kann und damit die Arbeitsplätze sichert oder jener ein wertbeständiges Heim für sich und seine Familie schafft, dann ist dies eine sinnvolle und nützliche Sache. Spekuliert dagegen eine Bank mit Aktien, Fonds, oder setzt sie etwa auf riskante Finanzderivate, „Leerverkäufe" d. h. ich verkaufe eine Aktie, die ich gar nicht besitze oder wettet auf steigende Rohstoffpreise, dann sei dies ein reines Glücksspiel wie im Kasino und stellt „entweder eine Form der Unterhaltung oder eine Möglichkeit des Geldverdienens (dar) ..., ohne dass dabei etwas Nützliches produziert wird." (Ebenda, S. 56/57). Die Zielsetzung dieses „Zockens" ist lediglich, dass ein *möglichst großer Gewinn in kurzer Zeit* für die Bank erwirtschaftet wird, bei der der Spekulant einen möglichst hohen Bonus erzielt. Der Wohlstandsgewinn für die Gesellschaft ist gleich null. Im Gegenteil, die Gesellschaft zahlt noch drauf, wie man vor gut zehn Jahren in den Jahren der Finanzkrise gesehen hat. Der Staat musste einzelne Banken retten, da sie „systemrelevant" waren, zumeist natürlich große Banken. Die *Gewinne wurden individualisiert*, die *Verluste sozialisiert* d. h. wir alle haben mit unseren Steuergeldern die Banken damals gerettet.

Ähnliches gilt für die Bezahlung des Top Managements. Werden hohe Gewinne erzielt, profitieren alle Angestellten des Unternehmens davon. Die Vorstände erzielen dabei aufgrund ihres höheren Risikos u. a. der Haftung und der größeren Verantwortung entsprechend ein Vielfaches des durchschnittlichen Arbeitnehmers. Wie viel mehr, ist sicher eine Frage des Augenmaßes und nicht einfach zu beantworten. Was allerdings ethisch schwer zu verstehen ist, dass Top Manager auch dann üppige Boni erzielen, *wenn das Unternehmen* keinen Gewinn erzielt oder gar *Verluste macht*. In diesem Fall müssen zwingend auch die obersten Führungskräfte „zur Kasse" gebeten werden. Dies war allerdings in der Vergangenheit nicht immer der Fall. Immerhin wurde das Gehalt der Vorstände von den Banken, die mit staatlichen Mitteln und Sicherheiten gerettet wurden, auf einen Maximalbetrag von 500.000 Euro gedeckelt (vgl. Die Welt online 2010, Gehaltsobergrenze), der im normalen Vergütungsrahmen der Bankvorstände eher eine geringe Summe darstellte.

Was aber kann gegen moralisch-ethische Verfehlungen einzelner Personen oder auch Unternehmen oder gar auf staatlicher Ebene getan werden (vgl. Pietsch 2019, S. 336 ff.). Staatlich oder privat organisierte Gütesiegel wie etwa *Fair Trade* können die Durchdringung bestimmter ethischer Prinzipien bei Unternehmen belohnen oder sanktionieren, etwa der Herstellprozess von Textilien ohne Kinderarbeit, das Zahlen eines *Mindestlohns*, das Einhalten von Arbeitszeiten, die Vereinbarkeit von Ökonomie und Ökologie etc. Unternehmen können sich *verbindliche Ethikcodizes* geben, die den wertschätzenden Umgang mit dem Kollegium und Mitarbeitenden regeln, Werte definieren wie z. B. „Umwelt schonen, kein Mobbing, keine Diskriminierung, keine Korruption" etc. *Compliance-Abteilungen* helfen, ethisch fragwürdiges und illegales Verhalten von Mitarbeitenden aufzuspüren und zu ahnden. Dies kann allerdings auch prophylaktisch im Rahmen von Schulungen für Führungskräfte und Mitarbeitende passieren. Unternehmer können sich schließlich an dem Leitbild des „ehrbaren Kaufmanns" orientieren, der sich Ehrlichkeit, Verantwortung für sich und seine Mitarbeiter, die Umwelt etc. auf die Fahnen schreibt und dies vorlebt.

So hat sich die seit 1517 existierende „Versammlung eines ehrbaren Kaufmanns zu Hamburg e.V. (VeeK)" u. a. folgende Regeln gegeben (vgl. VeeK 2014): Der Ehrbare Kaufmann ist weltoffen, freiheitlich, steht zu seinem Wort, ist Vorbild in seinem Handeln, schafft in seinem Unternehmen Voraussetzungen für ehrbares Handeln, legt sein unternehmerisches Handeln langfristig und nachhaltig an, übernimmt Verantwortung für die Wirtschafts- und Gesellschaftsordnung etc. Schließlich können wir selbst als Konsumenten mit unserem Kaufverhalten Produkte verweigern, die wissentlich unter ethisch zumindest fragwürdigen Bedingungen hergestellt wurden, etwa in Kinderarbeit oder unter Vernachlässigung des Tierwohls. Möglichkeiten des Handelns hat man immer. Man muss es nur konsequent tun! Der Schweizer Theologe Hans Küng fordert in diesem Zusammenhang eine *ethische Kompetenz des Unternehmers*: Ein Unternehmer muss vorleben was er von seinen Mitarbeiterinnen und Mitarbeitern verlangt im Sinne eines Vorbilds (vgl. Küng 2010, S. 224).

Im *Zeitalter der Digitalisierung und der Künstlichen Intelligenz kommt der Ethik* eine wesentliche Rolle zu. Stellen Sie sich vor, Sie sind mit einem autonom fahrenden Auto unterwegs, das sie mit Hilfe der Künstlichen Intelligenz vollkommen selbstgesteuert zu ihrem Ziel fährt. Plötzlich muss es bremsen, da sich von beiden Seiten Menschen nähern, die das Auto zu spät gesehen oder gehört haben. Oder einfacher: Das Fahrzeug kann nicht rechtzeitig bremsen oder nimmt jemandem die Vorfahrt. Wem weicht es aus, den Kindern oder den alten Menschen? Oder denken Sie noch an die Zeit zu Beginn der Coronakrise. Damals gab es die unmenschlich schwere Entscheidung in italienischen Krankenhäusern, wem die Beatmungsgeräte abgeschaltet werden sollen, der jungen Mutter oder dem über 80-jährigen Patienten? Oder ein drittes Beispiel (vgl. Die Zeit, KI braucht Ethik 2019a): In einem Unternehmen sortiert KI über einen Algorithmus Bewerberinnen und Bewerber für ein Vorstellungsgespräch vor. Wer stellt sicher, dass weibliche Bewerber nicht diskriminiert werden? Oder was passiert, wenn Maschinen den Kreditantrag einer Familie bewerten und auf Basis der historischen Daten und dem einprogrammierten Algorithmus ablehnen? KI kann medizinische Software und unzählige klinische Studien durchforsten und Diagnosen stellen. Was passiert, wenn die Diagnose falsch ist und auf dieser Basis dem medizinischen Fachpersonal falsche Medikamente empfohlen werden? Das sind schwierige Fragen und sie werden gerade in der Zukunft immer drängender. Bis es soweit ist, dass Autos vollkommen autonom fahren, Medikamente bzw. Entscheidungen über Leben und Tod auf Basis maschineninduzierter Diagnosen vergeben werden, ist es nur noch wenige Jahre hin. So rechnet man etwa mit der ersten Generation des vollautonomen Fahrzeugs im Jahr 2035 (vgl. Deloitte 2019, S. 5).

Ein gelungener Versuch, ethische Leitlinien etwa für autonomes und vernetztes Fahren zu entwerfen, sieht folgende 20 Regeln vor (vgl. Di Fabio et al. 2017, S. 10 ff.): u. a.

Autonomes Fahren gehorcht dem Prinzip der eigenverantwortlichen Handlungsfreiheit. Der Schutz der Menschen hat Vorrang, Unfälle sollten unbedingt vermieden werden. Menschen können nicht zur Nutzung der autonomen Technik gezwungen werden. Bei unausweichlichen Unfallsituationen ist eine Qualifizierung nach persönlichen Merkmalen wie etwa Alter, Geschlecht etc. oder eine Aufrechnung von Opfern z. B. zwei gegen fünf strikt untersagt. Die Aufgabenverteilung zwischen Mensch und Maschine müsse beim Fahren jederzeit klar sein d. h. vollkommen autonomes Fahren versus die Übersteuerungsmöglichkeiten durch den Fahrer. Denkbare Angriffe auf das IT-System sollten das autonome Fahren und das Vertrauen der Bevölkerung darin nicht erschüttern. Die sachgerechte Nutzung der Systeme sollte Teil der Fahrerausbildung sein etc.

Die Ethikerin Catrin Misselhorn definiert drei Leitlinien für eine „Roboterethik" wie sie es nennt (vgl. Misselhorn 2018, S. 96): So sollen Künstliche Systeme die Selbstbestimmung des Menschen fördern aber nicht beeinträchtigen, nicht über Leben und Tod eines Menschen entscheiden und Menschen sollen immer die Kontrolle behalten und Verantwortung übernehmen. In ähnliche Richtung argumentieren andere Wissenschaftler, etwa des Fraunhofer-Instituts (vgl. Cremers et al. 2019), die hervorheben, dass die Künstliche Intelligenz die *Autonomie* von einzelnen Personen oder auch Gruppen *nicht beeinträchtigen* darf (vgl. ebenda, S. 16). Die Aufgabenverteilung zwischen Mensch und Maschine sollte klar und vor allem transparent geregelt sein (ebenda). Ständige Eingriffsmöglichkeiten des Menschen bis hin zu einer völligen Abschaltung der KI sollten jederzeit möglich sein. Da KI-Anwendungen aus historischen Daten mit Hilfe eines Algorithmus lernen, muss unbedingt sichergestellt sein, dass bestimmte Gruppen von Individuen nicht benachteiligt werden (s. etwa bei der Personalauswahl, s. o.) und somit die *Regeln der Fairness* eingehalten werden.

Die Forderung nach *Transparenz* im Rahmen der KI-Anwendung bezieht sich vor allem auf die Nachvollziehbarkeit und Interpretierbarkeit des zugrunde liegenden Modells. Konkret bedeutet das, dass jeder Nutzer der durch die KI generierten Ergebnisse wissen muss, auf welchen Daten und nach welchen Regeln sie zustande kommen. Weitere Kriterien bei der Anwendung der KI sind die Forderung nach Verlässlichkeit der Daten und Ergebnisse, der Sicherheit vor dem Schutz etwa vor Hacker-Angriffen und vor allem der Datenschutz. So dürfen die personenbezogenen

Daten im Rahmen der Datenschutz-Grundverordnung (DSGVO) nur nach Einwilligung der Betroffenen verarbeitet werden. Unter dem Strich bleibt die Frage: Was darf Künstliche Intelligenz überhaupt und was es eher nicht? (vgl. auch Hegemann 2019). In diesem Zusammenhang wird allerorts (vor allem in Europa, vgl. Hegemann ebenda) derzeit an verbindlichen Leitlinien oder Standards für die KI gearbeitet. Wiewohl die einzelne Ausgestaltung der Leitlinien individuell kleinere Unterschiede aufweisen kann, sind die Grundprinzipien doch im Wesentlichen vergleichbar (vgl. Hegemann a. a. O.):

So sollen automatisierte Entscheidungen bei eventuellen Nachteilen für einzelne Personen oder Gruppen anfechtbar sein, etwa durch die Diskussion der Ablehnung eines Kreditantrages mit der Bankmitarbeiterin. Systeme sollten vor dem Einsatz getestet werden, Diskriminierungen müssen verhindert und vor allem sollte eine Weiterbildung der Betroffenen und ein gesellschaftlicher Dialog zum Einsatz und den Folgen der KI gestartet werden. Wie sieht es mit der Datenquelle aus, wie repräsentativ sind die Daten? Im Rahmen der *digitalen Ethik* sind noch eine Reihe unterschiedlicher Fragen zu klären. Dies kann hier an dieser Stelle nur skizziert werden. Zur ausführlichen Darstellung der digitalen Ethik (vgl. etwa Precht 2020 und Bartneck et al. 2019).

7.1.4 Müssen wir Ungleichheit hinnehmen? Maßnahmen für mehr Gerechtigkeit

Die Menschen sind vor Gott alle gleich, heißt es in der Bibel: „Denn Gott richtet ohne Ansehen der Person" (Römer 2, 11, vgl. Nestlé-Aland 1995, S. 412). In Artikel 3 (1) des Grundgesetzes der Bundesrepublik Deutschland steht klar und eindeutig: „Alle Menschen sind vor dem Gesetz gleich."

(Grundgesetz für die Bundesrepublik Deutschland 1949). Jedes Menschenleben ist darüber hinaus gleich viel wert, ganz gleich welcher Nation, Kultur, Rasse, Religion, Geschlecht ein Mensch angehört. Doch ist dies nur die halbe Wahrheit. Bereits die Geburt eines Menschen macht den Unterschied. Ob ein Kind in einem reichen Haushalt in Deutschland geboren wird oder in einem armen Land wie Äthiopien; ob die Eltern begütert sind, liebevoll, intelligent oder eher arm, arbeits- und perspektivlos. Alle diese Faktoren sind reiner Zufall. Kein Mensch, kein Kind kann sich aussuchen, in welche Familie es hineingeboren wird. Niemand kann im Vorfeld sein eigenes Schicksal, die *Gnade oder der Zufall der richtigen Geburt,* beeinflussen. Jeder muss mit dem Schicksal so umgehen wie es ihm präsentiert wird. Manche religiöse Gruppierungen, wie etwa die Calvinisten, glauben an die Vorherbestimmtheit des Schicksals, die Prädestination: Jeder wird so geboren wie es ihm oder ihr zukommt. Doch auch wenn man mit dieser Idee sympathisiert, kann man seinem zufälligen Schicksal nicht entkommen.

So wachsen viele Kinder behütet auf, sind materiell und emotional durch die Eltern bestens versorgt und werden zielstrebig und mit viel Liebe durch das Leben gesteuert. Sie erhalten die beste Bildung, erhalten zumeist die überdurchschnittliche Intelligenz der Eltern vererbt und bedienen sich dann bei der Berufswahl deren Netzwerk. Zumeist entlehnen sie ihren Berufswunsch dem elterlichen Vorbild und streben in die ähnliche Richtung, wie man z. B. bei Juristen- oder Ärztefamilien erleben kann. Dadurch, dass diese Kinder zumeist auf Privatschulen gehen oder in den gutbürgerlichen Stadtteilen wohnen, wo auch die staatlichen Schulen zumeist nur ihresgleichen umfasst, werden sie zeitlebens in einer „Dunstglocke" der Privilegierten gehalten. Dies ist kein Vorwurf, sondern eine nüchterne Beschreibung der Realität. Dies gilt prinzipiell für jedes Land, wirkt sich aber in den reichen westlichen Industrieländern besonders stark aus, wo die Oberschicht noch vermögender ist und alleine die wirtschaftliche Infrastruktur ein sorgenfreies Leben gestattet. Man trifft sich in den gleichen Gegenden, Schulen, Clubs, Vereinen. Die Kinder treffen wieder auf gleichgesinnte und heiraten häufig unter sich und der Kreislauf geht von vorne los.

Hier interessieren uns natürlich vor allem die ökonomischen Elemente der Ungleichheit. Der Präsident des Deutschen Instituts für Wirtschaftsforschung (DIW), Marcel Fratzscher, hebt in seinem Buch „Verteilungskampf" vor allem die *Konsequenzen der Ungleichheit* hervor (vgl. Fratzscher 2016, S. 80 ff.): u. a. verringert sie das Wirtschaftswachstum, verstärkt den sozialen Verteilungskampf, erhöht das Problem der Armut, beeinträchtigt die Gesundheit der ärmeren Schichten und verhindert soziale wie politische Teilhabe.

Dagegen prägt eine gute Bildung, ein hohes Maß an emotionaler und vor allem finanzieller Unterstützung bei beruflich vorgelebtem Vorbild eines erfolgreichen Berufstätigen (s. die Juristen- oder Ärztefamilie), den Nachwuchs nachhaltig. Die Intelligenzforschung besagt, dass etwa die Hälfte der Intelligenz vererbt wird und die andere Hälfte durch die Erziehung bzw. die Art und Weise wie man aufwächst, die sogenannte „Sozialisation", bestimmt wird (vgl. Abschn. 6.2.3). Da haben die oben beschriebenen Kinder den klaren Vorteil. Nicht umsonst studiert ein deutlich höherer Prozentsatz von Akademikerkindern an den Universitäten als Arbeiterkinder (vgl. Himmelrath 2018): 79 von 100 Akademikerkindern in Deutschland beginnen ein Studium, während es bei den Nicht-Akademikerkindern nur 27 von 100 sind. Die vererbte Intelligenz, die Sozialisation, das erlebte Vorbild und schließlich die finanziellen Möglichkeiten und das Netzwerk der Eltern machen den Unterschied. Wie gesagt: Alles dies ist *reiner Zufall* aus Sicht des neugeborenen Kindes. Das heißt nicht, dass es nicht auch Ausnahmen gäbe, etwa berufliche Aufsteiger aus der Unterschicht. Stars, die es aufgrund herausragender Talente im Sport, in der Musik, im Schauspiel ganz nach oben geschafft haben. Doch nur die wenigsten durchbrechen diese Barrieren zwischen den einzelnen sozialen Schichten. Die gut ausgebildeten Kinder erhalten gute Jobs, verdienen überdurchschnittlich gut und erben viel. Der Weg zur ökonomischen Prosperität ist vorgezeichnet. Wie gesagt, es geht nicht um die Diskussion im Rahmen einer *sozialen Neiddebatte*, sondern einzig um die zum Teil zufallsgesteuerte Auswahl des Lebensweges durch die Geburt.

Im umgekehrten Fall eines Kindes aus ärmlichen Verhältnissen sieht der Weg analog mit negativem Vorzeichen aus: Entbehrungen in der Kindheit durch Verzicht auf beste Bildung, häufig keine erlebte Vorbilder z. B. zwangsbedingt etwa durch die Arbeitslosigkeit der Eltern, kaum ausreichende, gesunde Ernährung. Zum Teil überforderte Eltern, die mit sich am meisten zu tun haben, kaum Möglichkeiten, ihre Kinder in angemessener Weise moralisch, emotional und vor allem finanziell zu unterstützen. So finden aufgrund mangelnden Budgets keine oder selten Unterrichtsstunden zum Erlernen eines Instrumentes statt. Vereine jeglicher Art wie etwa Tennisclubs, Fußballvereine können häufig nicht finanziert werden. Das regelmäßige Vorlesen von Geschichten am Abend findet auch selten statt. Urlaube kann man sich wenn man arm ist auch zumeist nicht oder nur selten leisten. Die intellektuelle Anregung der Kinder wird dadurch auch reduziert. Dies alles heißt nicht, dass aus diesen Kindern nicht auch etwa werden kann. Gott sei Dank lieben die allermeisten Eltern ihre Kinder und versuchen ihnen im Rahmen ihrer bescheidenen finanziellen Möglichkeiten, die bestmögliche Ausbildung zuteilwerden zu lassen. Doch es sind von Anfang an *ungleiche Startbedingungen* im Vergleich zu den Kindern aus begüterten Haushalten, die sich im Laufe des Lebens nur sehr schwer aufholen lassen.

Natürlich gibt es zahlreiche Geschichten von den Kindern aus der Unterschicht oder der unteren Mittelschicht, den sogenannten „einfachen Verhältnissen", die es bis ganz nach oben geschafft haben: Ob es Fußballspieler sind, Musikstars oder Bundeskanzler. Doch diese Geschichten sind eher selten. Daher sind sie so beliebt und die Protagonisten werden zu Recht bewundert, es sind allerdings schlicht Ausnahmen. Wie aber kann man diesen Ungleichheiten der Startbedingungen entgegenwirken, ohne den einzelnen Menschen durch den Eingriff von außen Schaden zuzufügen? Welches Maß an Ungleichheit ist noch gerecht? Wo kann, wo muss der Staat d. h. die Allgemeinheit eingreifen? Dies ist eine ganz schwierige Frage, aus ökonomischer Sicht zählt sie meines Erachtens zu den schwersten überhaupt. Abgesehen davon, dass der Eingriff der Allgemeinheit d. h. des Staates zur Reduzierung oder gar Beseitigung der Ungleichheit sehr kontrovers diskutiert wird (s. Kap. 3). Da stehen sich die Verteidiger der freien Marktwirtschaft als Vertreter der Freiheit den Kämpfern für mehr soziale Gerechtigkeit unversöhnlich gegenüber. Wir können hier nur ausgewählte Aspekte skizzieren. Alles andere würde den Rahmen dieser Ausführungen sprengen und ein eigenes Werk beanspruchen. Bleiben wir in dem Beispiel des Kindes aus armen Familien. Welche Möglichkeiten des Ausgleichs der Ungleichheit können geschaffen werden?

Wir werden uns schnell einig sein, dass wir die „Gnade der richtigen Geburt" – ob arm oder reich geboren – nicht beeinflussen können. Ferner wird an der vererbten Intelligenz der Eltern und der mehr oder minder liebevolle, intellektuell anregende Umgang der Eltern mit ihren Kindern nicht zu drehen sein. Aber der Staat kann da eingreifen, wenn es gilt, die Startchancen der Kinder aus finanziell benachteiligten zu verbessern. *Bildung fängt dann schon vor dem Kindergarten an.* Ganztageskindergärten, auf die es heute in Deutschland bereits ein Anrecht gibt, müsste für Familien unter einem bestimmten Einkommen kostenlos sein. Weitere Angebote wie Tagesmütter oder Ganztageshorte bereits im Vorkindergartenalter müssten auf Wunsch der Eltern ebenfalls möglich und entsprechend dem Einkommen *kostenlos* angeboten werden. Dies gilt auch für die Lehr- und Lernmaterialien und die gesunde und ausgewogene Ernährung. So kommen diese Kinder bereits im frühen Alter mit anderen Kindern in Kontakt, lernen früh Sozialverhalten und eine emotionale und intellektuelle Anregung etwa durch Vorleserunden. Kinder aus Familien, in denen nicht oder nicht ausreichend die Landessprache, in Deutschland natürlich deutsch, gesprochen wird, werden so schnell an die Landeskultur herangeführt.

Individuelle Förderung kann dann bereits im Vorkindergartenalter beginnen, geht dann im Kindergarten weiter bis zur Schule. Stipendien – Milton Friedman nannte dies für das gesamte Curriculum eines Kindes „Bildungsgutscheine", Voucher – (s. Kap. 3) könnten dann in der Schule, vor allem in den höheren Klassen dafür sorgen, dass ärmere Kinder nicht von gemeinsamen Klassenreisen oder Ausflügen ausgegrenzt werden. *Begabtenstipendien bereits an höheren Schulen* könnten analog amerikanischer Universitäten verstärkt genutzt werden, um Kinder aus den finanziell benachteiligten Schichten gezielt zu fördern. Bildung ist das A und O des gesellschaftlichen und wirtschaftlichen Aufstiegs. Natürlich wird niemand verhindern können, dass es Kinder aus reicheren Familien stärker in die Privatschulen und Internate zieht oder die Eltern ihr Netzwerk für Praktika bemühen, um an den richtigen Job zu gelangen. Vielfach bleiben sie auch weiterhin unter sich.

Mit dieser Stipendienförderung und einer frühkindlichen, kollektiven *Fördermöglichkeit* könnten aber die *Startchancen der Kinder* aus benachteiligten Familien verbessert werden. Die häufig fehlende moralische, motivationale Unterstützung oder das fehlende Vorbild können solche Maßnahmen natürlich auch nicht ausgleichen. Aber eine bessere Bildung, eine frühkindliche Förderung durch den Staat kann aber zumindest dafür sorgen, aus dem „Teufelskreis der Armut" auszubrechen. Bessere Bildung bedeutet dann zumeist einen besser bezahlten Job und eine positive ökonomische Entwicklung der Familie, die dann auf die „Aufsteigerbiografie" der Eltern wiederum aufbauen können. Ein *Kreislauf nach oben könnte beginnen.* Doch solche frühkindlichen Förderungen und ein Engagement des Staates in der Bildung, vor allem für unterprivilegierte Kinder ist nicht der einzige Korrekturmechanismus, zu dem der Staat imstande ist. Schauen wir uns im Folgenden die mehrheitlich bekannten Maßnahmen zur Bekämpfung der ökonomischen Ungleichheit an.

7.1.5 Sinn und Unsinn von Umverteilungen: Vermögens- und Erbschaftsteuer

Ich möchte bei der folgenden Erörterung der Maßnahmen zur Bekämpfung der sozialen Ungleichheit zwei verschiedene Perspektiven einnehmen: Einerseits die Sicht derer, die aus der Umverteilung profitieren d. h. die ärmeren Schichten. Andererseits die Perspektive derer, denen objektiv und subjektiv etwas „weggenommen" wird. Diese zweigeteilte Sichtweise soll verhindern, dass die Argumentation nur „einseitig" die Folgen der einzelnen Maßnahmen beschreibt und wird hoffentlich zu einer ausgewogeneren Beurteilung führen. In ähnliche Richtung geht das Konzept des US-Philosophen John Rawls, der einen „Schleier des Nichtwissens", *veil of ignorance*, fordert, um eine gerechtere Gesellschaftsordnung zu entwickeln. In diesem Konzept wissen die Menschen schlicht nicht, an welcher Stelle dieser Gesellschaftsordnung sie sich später selbst befinden werden, (vgl. Rawls 1971, S. 118 ff.). Das soll eine objektivere Sicht auf die Ausgangslage garantieren. Beginnen wir mit der progressiven Besteuerung, die in den meisten Ländern bereits existiert.

Progressive Steuern

Der Ansatz der Steuerprogression in der Besteuerung von Einkommen bedeutet nichts Anderes, als dass der Steuersatz in Abhängigkeit von dem zu versteuernden Einkommen ansteigt. Je mehr jemand im Monat bzw. Jahr verdient, desto höher ist sein Steuersatz. Dabei sind zwei Steuersätze zu unterscheiden: Der durchschnittliche Steuersatz und der Grenzsteuersatz. Während der *durchschnittliche Steuersatz* angibt, welchen Prozentsatz des gesamten zu versteuernden Einkommens an Steuern zu zahlen ist – Steuerbetrag dividiert durch das gesamte zu versteuerndes Bruttoeinkommen – gibt der Grenzsteuersatz an, wie sich der Steuersatz ändert, wenn eine Geldeinheit mehr zu versteuern ist. Nehmen wir als fiktives Beispiel das Jahreseinkommen eines Mannes in Höhe von 50.000 Euro. Zahlt er 10.000 Euro an Einkommenssteuern, so bedeutet dies einen durchschnittlichen Steuersatz von 20 Prozent. Erhält er im nächsten Jahr 55.000 Euro, dann zahlt er z. B. 11.500 Euro Einkommenssteuer. Auf die zusätzlichen 5000 Euro Einkommen zahlt er also 1500 Euro Steuern. Dies entspricht 30 Prozent. Der Grenzsteuersatz sind in diesem Fall 30 Prozent, da nur der Steuersatz auf den Einkommenszuwachs berechnet wird. Der Durchschnittssteuersatz waren aber 11.500 Euro dividiert durch 55.000 Euro, sind 20,9 Prozent. Progressive Steuern sorgen also dafür, dass derjenige, der *mehr verdient*, auch prozentual *mehr* von seinem Einkommen an den Staat *abführen muss* und umgekehrt. Damit werden bereits heute die leistungsbestimmten Unterschiede im Einkommen durch den Staat korrigiert und im gewissen Umfang „umverteilt". Wie stark dies geschieht, ist immer wieder eine Frage des gesellschaftlichen und damit staatlichen Konsenses eines Landes.

Einigkeit besteht sicherlich darin, dass es keinen Sinn macht, ab einem gewissen Einkommen *hundert Prozent* des zusätzlichen Verdienstes zu besteuern. Damit würde für jeden Bürger über dieser Einkommensschwelle kein Anreiz mehr existieren, über ein bestimmtes Maß hinaus zu arbeiten und seine Fähigkeiten für das Unternehmen und die Gesellschaft einzubringen. Wer arbeitet schon alleine aus Spaß an der Freude. Andererseits ist es sicherlich auch nicht gerecht, wenn ein Einkommensmillionär den gleichen Steuersatz bezahlt wie ein Gering- oder bestenfalls Durchschnittsverdiener. Die Frage, die sich nun stellt ist, wie hoch die steuerliche Belastung für den Einzelnen sein sollte. Für das Jahr 2020 wurde ein Grundfreibetrag in Höhe von 9408 Euro als Jahreseinkommen festgesetzt, bis zu dem keine Einkommenssteuer zu zahlen ist (vgl. Finanz-tools.de 2020; bei zwei gemeinsam veranlagten Personen gilt der doppelte Wert, also 18816 Euro). Dieser Grundfreibetrag wird jedes Jahr neu festgelegt.

Danach steigt der prozentuale Wert der Einkommenssteuer sukzessive an, bis er ab einem Einkommen von 57.052 Euro (Zahl von 2020, vgl. Einkommensteuerrechner 2020) 42 Prozent als höchsten Grenzsteuersatz oder „Spitzensteuersatz", ohne Solidaritätszuschlag, genannt, ansteigt. Damit soll sichergestellt werden, dass der finanziell leistungsfähigere Teil der Bevölkerung entsprechend stärker zur Kasse gebeten wird. Dieser Spitzensteuersatz betraf in Deutschland 2018 knapp 3 Millionen Steuerpflichtige. Seit dem Jahr 2005 existiert in Deutschland eine sogenannte „Reichensteuer", die bei Alleinverdienenden ab einem zu versteuernden Einkommen von 270.501 Euro greift und 45 Prozent beträgt (Zahlen von 2020). Jeder zusätzliche Euro ab diesem Einkommen wird mit einem Grenzsteuersatz von 45 Prozent besteuert. Für Verheiratete gilt der doppelte Wert, 541.002 Euro. Dies betrifft dann nur noch etwa 0,2 Prozent der Steuerpflichtigen in Deutschland.

Die Frage ist für unsere Zwecke, ob damit die soziale Ungleichheit in einem gesellschaftlich verträglichen Maße reduziert werden kann. Dies ist insofern eine sehr schwierige Frage, als es wie vorhin erwähnt *von der jeweiligen Perspektive* abhängt. Für die Anwälte der Niedrigverdienenden und im Sinne einer maximal möglichen Herstellung der sozialen Gleichheit, sollte der Spitzensteuersatz so hoch wie möglich sein und so früh wie möglich greifen. Untere und mittlere Einkommen sollten dagegen mit einer geringen Steuerquote entlastet werden. Dieser Überlegung folgend forderte die Partei „Die Linke" im Bundestagswahlkampf 2017 (vgl. Spiegel online 2017, Besserverdiener) einen Spitzensteuersatz von 53 Prozent d. h. plus 11 Prozentpunkte im Vergleich zum aktuellen Spitzensteuersatz, allerdings ab einem Jahreseinkommen von 86.300 Euro. Die Reichensteuer soll dann ab einem Einkommen von 260.000 Euro für Alleinverdienende beginnen und 60 Prozent betragen. Ab einem Einkommen von einer Million Euro soll ein Grenzsteuersatz von 75 Prozent fällig werden. Dagegen wird gefordert, den Grundfreibetrag auf 12.600 Euro anzuheben und auch die mittleren Einkommen steuerlich zu entlasten.

In anderen Ländern werden ähnliche Forderungen nach einer Erhöhung des Spitzensteuersatzes laut (vgl. Schieritz 2019, S. 20): Die demokratische US-Kongress-Abgeordnete Alexandria Ocasio-Cortez fordert einen Steuersatz für die reichsten Amerikaner von 70 Prozent. Gleichzeitig bringt die demokratische Senatorin Elisabeth Warren eine zweiprozentige Steuer für Vermögen ab einer Höhe von 50 Millionen Dollar ins Spiel. Für Vermögen oberhalb von einer Milliarde Dollar sogar 3 Prozent. Jeremy Corbyn, Vorsitzender der Labour Partei in Großbritannien möchte den Spitzensteuersatz von 45 auf 50 Prozent erhöhen. In Frankreich fordert der linke Politiker Jean-Luc Mélenchon einen Spitzensteuersatz von 90 (!) Prozent für alle Einkommen oberhalb von 400.000 Euro im Jahr.

Die Absicht dahinter ist klar: Der *Umverteilungseffekt* wird verstärkt, da die einkommensstarken und -stärksten Bürgerinnen und Bürger deutlich höher besteuert werden bis hin zu der Tatsache, dass „Reiche" und Einkommensmillionäre drei Viertel ihrer Vergütung alleine durch die Einkommenssteuer besteuert bekommen. Gleichzeitig werden die Einkommensschwächsten und -schwachen deutlich entlastet. Aus Sicht der Niedrigverdienenden ist das sicherlich der richtige Weg, zumal die gesellschaftlichen Spannungen so deutlich reduziert und die wirtschaftliche und soziale Ungleichheit wieder zurückgefahren würde. Aus Sicht der Betroffenen ist allerdings der gegenteilige Effekt zu spüren: Lohnt sich denn der Aufwand noch, sich mit seiner harten Arbeit bei meist guter und langer Ausbildung und Berufserfahrung so reinzuhängen, wenn am Ende deutlich weniger im Geldbeutel landet. Jetzt könnte man argumentieren, dass die „Reichen" und „Besserverdienenden" doch immer noch genug Geld verdienten und außerdem durch ihre Steuerberater oder sonstige Unterstützer die Steuerlast auf ein Minimum reduzieren könnten.

Doch auch diese Sicht ist nicht differenziert genug: Abgesehen davon, dass die meisten „Besserverdienenden" bis hin zu den „Reichen" oder Einkommensmillionären schon lange nicht mehr des Geldes wegen arbeiten, sondern zur Selbstverwirklichung oder zum Wohle ihres Unternehmens – schwarze Schafe gibt es da natürlich ebenso wie überall –, haben sie das Gefühl, ihre Leistung würde nicht genug gewürdigt und sie würden quasi „zwangsenteignet", vor allem bei 75 Prozent Grenzsteuersatz. Abgesehen davon, dass es noch einen Unterschied macht, ob ich als Unternehmer oder Vorstandsvorsitzender tausende von neuen Arbeitsplätzen schaffe oder meine Millionen nur durch Spekulationen an der Börse verdiene. Dies ist sicher eine sehr schwierige Diskussion und hängt natürlich von der individuellen Sichtweise ab. Man kann natürlich auch nicht pauschalisieren: Es gibt genügend Reiche und Einkommensmillionäre, die *freiwillig* bereit wären – und in der Realität bereit sind –, *mehr an Steuern* zu zahlen, wenn dies *den Armen der Gesellschaft* zugutekäme. Andererseits existieren auch viele Niedrigverdienende, die die Leistung von Unternehmern und Führungskräften prinzipiell anerkennen und diesen ihr Gehalt gönnen, wenn auch nur in gewissen Bandbreiten, etwa einem Multiplikationsfaktor ihres eigenen Gehalts. Doch klar ist, wenn man die soziale und vor allem wirtschaftliche Ungleichheit und das weitere Auseinanderdriften der Gesellschaft nicht nur in Deutschland aufhalten möchte, kommt man am Drehen dieser Schraube der Steuerprogression nicht herum.

Vermögenssteuer
Ähnliches gilt für die Vermögenssteuer. Die Partei die Linke fordert in dem zitierten Artikel (s. o. Spiegel online 2017, Besserverdiener) eine Vermögenssteuer in Höhe von 5 Prozent ab einem Vermögen von einer Million Euro. Das wä-

ren dann 50.000 Euro pro Jahr. Die Argumentation ist klar: Diejenigen, die mehr Geld haben als sie unter normalen Umständen ausgeben können, sollen ihren *überproportionalen Beitrag zur Gesellschaft* leisten und einen kleinen Teil an den Staat zurückgeben, um so vor allem Sozialausgaben für die Ärmeren und Schwächeren zu finanzieren. Die Vermögensschere könnte so zumindest teilweise korrigiert werden. Aus Sicht des ärmeren Teils der Bevölkerung ist dies zu begrüßen. Aber auch hier hilft die Sichtweise der „Reichen" für eine differenzierte Betrachtung. Das Vermögen wird quasi ein zweites Mal besteuert, da die meisten Vermögen zumeist durch Angestelltentätigkeit oder Kapitalanlagen erworben wurden, die bereits mit der Einkommenssteuer oder der Kapitalertragssteuer belegt wurden. Erbschaften wurden auch bereits besteuert.

Schwierigkeiten bereitet auch die praktische Umsetzung (vgl. vor allem Fuest 2019): Wie will man alle Vermögensgegenstände lückenlos aufführen und bewerten? Mit welchem Wert wird eine Immobilie angesetzt? Welchen Wert haben etwa Gemälde im Privatbesitz, Unternehmensanteile oder ganze Unternehmen? Was bedeutet eine Vermögenssteuer für einen mittelständischen Unternehmer? Wiewohl der sehr hohe administrative Aufwand prinzipiell kein Hindernis darstellen sollte – allerdings müssten alle Vermögensgegenstände wie Schmuck, Gemälde, teure Teppiche, Uhren etc. möglichst lückenlos erfasst und in regelmäßigen Abständen neu bewertet werden, – (vgl. Fuest a. a. O.), wird die Erfassung des Reinvermögens bei vielen Begüterten sehr aufwändig und häufig unvollständig sein. Dass es prinzipiell möglich ist, Vermögenssteuern zumindest auf das Privatvermögen, ohne das Betriebsvermögen, zu erheben, zeigen die Beispiele in Frankreich und in Skandinavien, wobei der Anteil der Steuern am Bruttoinlandsprodukt (BIP) marginal ist: zwischen 0,1 Prozent und

1 Prozent. Auch hier gilt wie bei der steuerlichen Progression, dass es in jedem „Lager" Menschen gibt, die als Reiche diese Steuer problemlos zahlen würden und „ärmere" Mitbürgerinnen und Mitbürger, die diese Steuer nicht als fair ansehen, wenn auch nur wenige.

Allerdings gäbe es zahlreiche Möglichkeiten der Steuervermeidung (vgl. Fuest a. a. O.) wie etwa den Umzug ins benachbarte Ausland, was für vermögende Bürger einfacher sein dürfte. Dies gilt nicht nur für die vermögenden Personen, sondern auch für ihre Kinder und Enkel, die ein Leben im Ausland verbringen könnten: Dort, wo die Vermögenssteuern nicht existieren oder einen deutlich geringeren Satz aufweisen. Dies gilt auch für Unternehmen, die ihre Zentrale oder Holding entsprechend in Niedrigsteuerländer verlagern könnten. Für die Arbeitsplätze in Deutschland ist das sicherlich nicht zuträglich. In der Summe kommt der Präsident des ifo-Instituts, Clemens Fuest, in seinem Artikel in der FAZ (vgl. Fuest a. a. O.) zu dem Schluss, dass die Vermögenssteuer „eine begrenzte Umverteilung (...) mit dem Risiko erheblicher Wachstumseinbußen erkauft" erzielen würde. Die Frage ist natürlich letztlich, was stärker wiegt, die Umverteilung oder die Wachstumseinbußen in welcher Höhe auch immer.

Erbschaftssteuer

Aus Sicht der wirtschaftlichen Ungleichheit werden Erbschaften von jeher sehr kritisch gesehen. Sie sind aus Sicht der Kritiker *Vermögensübertragungen* an Kinder oder weitere Verwandte *ohne Gegenleistung*, die Ungerechtigkeiten und die Ungleichheit noch verstärken. Wie vorhin bereits erwähnt, folgt die Erbschaft dem Prozess: Kinder aus begüterten Familien können in allen Lebenslagen finanziell besser unterstützt und gefördert werden, ergreifen bei besserer Ausbildung besser bezahlte Berufe und erben am Ende auch noch von ihren begüterten Eltern, quasi ohne einen Finger dafür krumm gemacht zu haben. Infolgedessen sollten diese Vermögensübertragungen aus Sicht von Kritikern stärker gedeckelt werden, um die Ungleichheit nicht weiter ansteigen zu lassen und somit zu vererben.

Aus Sicht der Erben ist dem allerdings entgegenzuhalten, dass bei einer höheren Besteuerung von Erbschaften – derzeit ist in Deutschland das Vererben mit einem unterschiedlich hohen Freibetrag je nach Verwandtschaftsverhältnis geregelt, erst ab diesem Freibetrag setzt sukzessive die Besteuerung ein – ein über ein ganzes Leben *erarbeitetes und erspartes Vermögen der Generation der Eltern*, was bereits bei der Entstehung besteuert wurde, *noch einmal besteuert wird*. Wird dann noch eine Vermögenssteuer eingeführt, dann wird diese Erbschaft dreimal besteuert: Bei der Entstehung, als Vermögen und bei der Weitergabe an die Erben. Auch hier gilt die Abwägung der Prinzipien der Solidarität mit den Menschen, die kein Vermögen oder sogar Schulden haben und der Fairness der Erben gegenüber, die das erarbeitete Vermögen der Vorgängergeneration erben. Zu unterscheiden sind ferner Privatvermögen von Betriebsvermögen, die häufig zum Erhalt von Unternehmen und deren Arbeitsplätze notwendig sind und differenziert zu betrachten sind. Generell gibt es keine eindeutige Aussage zur Reform der Erbschaftssteuer. Allerdings muss man sich mit der Erbschaftssteuer künftig intensiver befassen, wenn es um die Verringerung der wirtschaftlichen Ungleichheit geht. Denn klar ist, dass es eine Chancengleichheit und Leistungsgerechtigkeit nur schwer geben kann, wenn die Startbedingungen mit jeder Generation ungleicher werden.

Kapitaleinkünfte

Kapitaleinkünfte sind, wie der Name bereits suggeriert, Einkünfte, die durch den Einsatz von Kapital entstehen.

Dies sind Einnahmen wie etwa Zinserträge, Dividenden von Aktien oder Unternehmensanteilen, Erträge aus Investmentfonds oder sonstigem Wertpapierhandel. Die Einkünfte aus diesen Quellen werden mit einem Steuersatz von 25 Prozent versteuert. Im Vergleich zur Einkommenssteuer und ihrem Spitzensteuersatz in Höhe von 42 Prozent inkl. der „Reichensteuer" von 45 Prozent fällt die Kapitalertragssteuer vergleichsweise moderat aus. In den meisten Fällen entstehen nur kleiner Beträge während des Jahres, seien es Zinsgewinne oder Dividendeneinkünfte von Kleinaktionären. Häufig können es aber auch größere Beträge sein, die z. B. aus Dividendenerlösen aus Unternehmensanteilen bestehen. So kann ein Unternehmer und Gesellschafter eines Unternehmens als Gegenleistung für sein eingelegtes Geld erwarten, dass sein finanzielles Engagement für die Firma entsprechend dem Unternehmenserfolg vergütet wird. Das kann schnell mal in einen mittleren fünfstelligen Betrag münden. Während in diesen Fällen die Einkommenssteuer bereits den Spitzensteuersatz erreicht, greift standardmäßig die 25-prozentige Kapitalertragssteuer. Kein Wunder, dass in der Vergangenheit häufig ein höherer Satz analog der Einkommensteuer gefordert wird.

Der wesentliche Aspekt hierbei ist vor allem, dass Normalverdienende oder gar Bezieher niedriger Einkommen sich kaum Aktien werden leisten können, geschweige denn ganze Unternehmensanteile. Abgesehen davon, dass man nicht nur die Zeit und die Muße haben sollte, sich ausgiebig mit der Börsenentwicklung und den Gesetzmäßigkeiten des Wertpapierhandels zu beschäftigen. Man sollte darüber hinaus auch Ahnung davon haben, wie der Börsenwert von Unternehmen zustande kommt und wie die Veränderungen am besten zu prognostizieren sind. Diese Kenntnisse sind vor allem in *Deutschland, das kein klassisches Aktienland* ist, etwa im Vergleich zu England und den USA wenn überhaupt eher bei dem vermögenderen Teil der Bevölkerung vorhanden. Die klassische Unter- oder untere Mittelschicht ist darin meist nicht involviert. Daher verwundert es auch nicht, dass viele Politikerinnen und Politiker vor allem aus dem linken Spektrum eine Angleichung von Kapitalertrags- und Einkommenssteuer fordern, da erstere vor allem den Vermögenden zugutekäme. Auch hier hilft die differenzierte Sichtweise natürlich, da diejenigen, die an der Börse investieren oder Unternehmensanteile haben, diese erst erwirtschaften mussten und noch dazu das unternehmerische Risiko tragen. Allerdings wird man an der Diskussion zur Angleichung vermutlich nicht vorbeikommen.

In der Summe muss man festhalten, dass für die stärkere Verteilung der Lasten zwischen den Leistungsstarken und den Leistungsschwachen, zwischen den ärmeren Schichten und den reicheren *noch einiger Spielraum* existiert. Die Frage ist, ob es immer ein dirigistischer Eingriff des Staates sein muss, der etwa die Erbschaftsteuer erhöht bzw. die Freibeträge senkt, die Sätze der progressiven Einkommensteuer zu Lasten der Bezieher größerer Einkommen erhöht, die Vermögensteuer für Deutschland wieder einführt oder die Kapitalertragsteuer an die Einkommensteuersätze angleicht. Vielfach sind die reicheren Teile der Bevölkerung im Rahmen ihres *solidarischen Grundverständnisses* von sich aus bereit, beträchtliche Teile ihres Einkommens bzw. Vermögens zugunsten von ärmeren, unterprivilegierten Schichten zu verwenden. Wir werden uns diesem Thema am Ende im Rahmen der Diskussion um einen „Solidarfonds" noch einmal ansehen.

Während es in den gerade beschriebenen Maßnahmen um eine Verringerung der wirtschaftlichen Ungleichheit ging, müssen wir uns im folgenden Abschnitt vor allem mit der Frage beschäftigen, wie in einer reichen Gesellschaft Armut überhaupt erst entstehen kann und solange fortdauert.

7.1.6 Müssen Menschen in einer reichen Gesellschaft arm sein?

Wie kann es sein, dass gut 10 Prozent der Weltbevölkerung, das sind rund 770 Millionen Menschen, von absoluter Armut betroffen sind und hungern müssen? Als absolut arm stuft die Weltbank Menschen ein, die *zum täglichen Leben weniger als 1,90 Dollar* zur Verfügung haben. Diese absolute Armut ist in der Welt sehr ungleich verteilt. In den ärmsten Ländern dieser Erde, vor allem in den afrikanischen Ländern Madagaskar, Kongo, Burundi, Malawi, Mosambik oder auch Nigeria, sind drei Viertel bis die Hälfte der Bevölkerung absolut arm (vgl. Liste der Länder nach Armutsquote, Wikipedia). In Madagaskar und der Demokratischen Republik Kongo sind es 77 Prozent der Bevölkerung. In beiden Ländern leben mehr als 97 Prozent der Bevölkerung von weniger als 5,50 Dollar pro Tag! In Nigeria, dem bevölkerungsreichsten Land Afrikas mit etwa 190 Millionen Einwohnern sind es 92 Prozent, die von diesem wenigen Geld auskommen müssen. Für diese Menschen wird jeder Tag zu einem Kampf des Überlebens.

Die Ursachen der Armut sind vielfältig: Zum einen sind die geografische Lage und die klimatischen Bedingungen wesentlich für das Vorhandensein natürlicher Ressourcen wie frisches und ausreichendes Wasser, Tier- und Pflanzenvorkommen, Landwirtschaft, natürliche Rohstoffe, Energieversorgung etc. Wichtig ist auch das Vorkommen von wertvollen oder handelbaren Rohstoffen wie Öl oder seltene Metalle wie etwa Kobalt zur Batteriegewinnung oder Diamanten. Häufig ist auch von Überbevölkerung als Ursache von Armut zu hören, die in keiner Relation mehr den natürlichen Lebensbedingungen wie Nahrungsmittel und natürliche Rohstoffe steht. Die Folgen der absoluten Armut liegen auf der Hand: Viele Menschen, vor allem Kleinkinder, sterben an Unterernährung oder haben eine dramatisch reduzierte Lebenserwartung. In vielen Ländern werden die Männer im Schnitt nicht einmal 50 Jahre alt (vgl. Atanango, Ländervergleich 2020). Der Autor z. B. würde gemäß dieser Statistik bereits nicht mehr leben. In manchen Ländern wie Swasiland ist die Lebenserwartung der Männer im Durchschnitt gerade einmal 32 Jahre (vgl. ebenda). Die Hauptgründe liegen neben der Mangelernährung hauptsächlich an der unzureichenden medizinischen Versorgung, der schlechten Hygienebedingungen oder dem ungesunden Lebensstil mit Rauchen, Alkohol etc.

Diejenigen Menschen, vor allem Kinder, die das Glück haben zu überleben, leiden an Leben lang unter den Folgen der Unterernährung: Die geistige und körperliche Entwicklung ist durch die Mangelernährung stark eingeschränkt. Krankheiten sind häufiger die Folge, ganz zu schweigen von lebensbedrohlichen Krankheiten wie AIDS, die nach wie vor überproportional häufig in den ärmsten Ländern Afrikas zu finden sind. Abgesehen davon, dass diese Kinder nicht so aufnahmefähig sind wie andere, ausreichend und gesund ernährte Kinder, sind die Bildungseinrichtungen zum Teil durch Gebühren für die armen Menschen nicht erschwinglich. Dies führt dann häufig zu einem „Teufelskreis der Armut": Wenige, unausgewogene Ernährung und zu teure Schulbildung führen zu hohen Analphabetismus-Raten. Die angenommenen und ausgeführten Jobs sind wiederum schlecht bezahlt und kaum über dem Existenzminimum. Das bedeutet wiederum, dass die nachfolgende Generation wiederum nur schlecht ernährt werden kann und die entsprechende Bildung genießt. Die von den Industrieländern oder auch von privaten Organisationen in

Form von finanziellen Unterstützungen ausgeschüttete Entwicklungshilfe oder Naturalien sind sehr lobenswert. Dennoch können sie nur einen Tropfen auf den heißen Stein sein. Hilfe zur Selbsthilfe wie etwa der Bau eines Brunnens zur Förderung von frischem Wasser oder die Hilfe zur Förderung der Landwirtschaft sind ebenfalls zu begrüßen aber immer noch zu wenig.

Doch man muss nicht weit gehen, wenn man sich mit dem – menschlichen aber auch ökonomischen Phänomen der Armut – beschäftigen möchte. Auch in Deutschland, das offiziell keine absolute Armut in dem Sinne der obigen Definition kennt, gibt es viele arme Mitbürgerinnen und Mitbürger. 2017 waren etwa 15,5 Millionen Menschen in Deutschland von Armut bedroht (vgl. Statistisches Bundesamt/Die Zeit 2018), das ist fast jeder Fünfte. Als armutsgefährdet gilt in Deutschland, wer weniger als 60 Prozent des mittleren Einkommens der Gesamtbevölkerung besitzt. In der EU sind 22,5 Prozent armutsgefährdet. Das waren im Jahr 2017 für eine Familie mit zwei Kindern unter 14 Jahren 2302 Euro netto im Monat, für Alleinstehende 1096 Euro. Das bedeutet für diese Familien bzw. die alleinstehenden Menschen, dass sie abzüglich der Mieten, der Lebensmittel und der notwendigen (Ersatz)Kleidung keine Chancen haben, etwas zurückzulegen, um ihren Kindern etwas für das Leben mitzugeben oder gar Hobbies zu finanzieren bzw. Urlaubsreisen zu unternehmen. Es ist nur dem Umstand von sozialen Einrichtungen wie der Tafel und kostenlosen Unterkünften etc., seien sie privat oder kirchlich getragen, zu verdanken, dass diese Menschen und vor allem die Kinder über die Runden kommen. Wer einmal erlebt hat, mit welchen glänzenden Augen Kindern von armen oder armutsbedrohten Menschen an Weihnachten ein sehnlichst gewünschtes Weihnachtsgeschenk – von mitfühlenden und zum Teil wohlhabenden Menschen organisiert und bezahlt – in die Arme schließen können, weiß was es vor allem in Deutschland bedeutet, arm zu sein.

Während solche Gesten wie die *Übernahme von Weihnachtsgeschenken für Kinder* nur eine symbolische sein kann, kann es nicht sein, dass in einem so reichen Land wie Deutschland viele Menschen eine materiell trostlose Existenz fristen müssen. Auch hier gilt wieder wie bereits beschrieben der Teufelskreis der Armut: Wenig Einkommen, wenig Bildung, schlecht bezahlte Jobs, was wiederum zu schlecht bezahlten Jobs führt. Abgesehen von zum Teil fehlenden Vorbildern der Eltern und fehlender finanzieller, moralischer und emotionaler Unterstützung. Umso wichtiger ist die gesellschaftliche Diskussion um das *bedingungslose Grundeinkommen für jeden Menschen in Deutschland.* Natürlich kann lange darüber gestritten werden, ob es gerecht ist, dass alle Menschen unabhängig von ihrer Leistung und ihrem persönlichen Engagement das gleiche Grundeinkommen erhalten. Und vor allem, wer soll das bezahlen? Was aber ist die Alternative? Dass weiterhin viele Kinder in diesem Kreis der Armut gefangen bleiben, die Chancen auf ein besseres Leben nicht realistisch ist? Selbstverständlich ist mit dem bedingungslosen Grundeinkommen nur eine Grundvoraussetzung geschaffen, dass die materiellen Startbedingungen besser sind. Das ändert nichts an den unterschiedlichen ökonomischen Entwicklungen der Menschen je nach ihren Fähigkeiten, ihrem Engagement und ihren individuellen auch ökonomischen Voraussetzungen.

Weitergedacht könnte man auch an eine *bedingungslose Grundrente* denken, die noch weiter geht als das, was der Arbeitsminister Hubertus Heil von der SPD vorschlägt. Auch diejenigen, die nichts einzahlen konnten, etwa weil sie Kinder erzogen haben oder nicht lange gearbeitet haben, sollten eine Minimumrente (vgl. Diskussionen zur aktuellen Entscheidungslage der „Grundrente" in Deutschland, etwa Eubel 2020) erhalten, die vor Armut im Alter schützt. Natürlich wird hier wieder die Frage gestellt werden, wer das alles zahlen soll und wie gerecht das ganze System dann wird, vor allem für diejenigen, die 40 Jahre in die Rentenkasse eingezahlt haben. Mancher mag auch an kommunistische Prinzipien denken, wo das Geld zur Finanzierung der Grundrente den Vermögenden und gut verdienenden Leistungsträgern der Gesellschaft im Gegenzug entzogen wird. Die Grundrente ist sicher ein wichtiger Baustein für die Vermeidung von Altersarmut. Ich glaube ferner, dass eine solidarische Gesellschaft vieles aushalten kann, vor allem im Bereich der *Freiwilligkeit*.

Warum muss etwa alles immer staatlich angeordnet werden? Warum kann es nicht auch eine *private, gesellschaftlich Bewegung* geben, die sich nicht nur für den Klimaschutz oder das Verhindern des Artensterbens einsetzt, sondern auch für die *nachhaltige Beseitigung der Armut* zumindest erst einmal in Deutschland, und dann später in der ganzen Welt. Ich bin überzeugt, dass viele reiche oder gut situierte Mitmenschen nicht nur in der Lage sind, einen Teil ihres Vermögens zielgerichtet in privaten Initiativen zu stecken mit dem Ziel, die Armut zu reduzieren. So kann man etwa in einen „Armutsfonds" einzahlen, der die Grundrente im Alter finanzieren hilft, der für Bildung der Kinder aus armutsgefährdenden Kindern ausgegeben wird und finanziert wird von denen, die es sich finanziell leisten können. Ich kenne so viele Menschen entweder persönlich oder aus den Medien, die sich heute bereits sozial engagieren: Ob nun bei der Tafel wie etwa der frühere Fußball-Nationalspieler Paul Breitner und viele andere, die Stiftung von Uschi Glas, die sich für Schulspeise von armen Kindern einsetzt bis hin zu Stiftungen, die sich für sozial Benachteiligte einsetzen. Warum sollte es nicht auch möglich sein, diese Energie, diese Hilfsbereitschaft im einem reichen Land zur gezielten

Bekämpfung der Armut in Deutschland einzusetzen? Ich werde im Rahmen meiner „Sozialutopie" noch einmal ausführlich darauf zu sprechen kommen.

Der Wohlfahrtsstaat in Deutschland hat schon vieles an sozialen Maßnahmen in die Wege geleitet. Die von Alfred Müller-Armack konzipierte und von Ludwig Erhard umgesetzte Soziale Marktwirtschaft hat bereits versucht, auch die ärmeren Teile der Bevölkerung durch umfangreiche Sozialmaßnahmen wie die Sozialhilfe, Arbeitslosenhilfe, Kindergeld, kostenlose Bildung an den Schulen und Universitäten, gebührenfreie Kitas etc. materiell abzufedern. Im Zuge der *Anpassung der Konzeption der Sozialen Marktwirtschaft* an die aktuelle ökonomische Situation sind weitere Elemente denkbar. Die Einführung des Mindestlohns, zuvor stark umkämpft, hat sich als sinnvolle Maßnahme erwiesen, um eine materielle Mindestabsicherung der arbeitenden Bevölkerung in den am schlechtesten bezahlten Jobs in Deutschland zu schaffen. Warum nicht auch über eine bedingungslose Grundrente oder weitere Themen nachdenken wie etwa eine Recht auf bezahlbaren Wohnraum? Der Ökonom und Bestseller Autor Paul Collier aus Oxford nennt dies das Narrativ des ethischen Staates von der „Wiege bis zur Bahre": Eine Versorgung des Staates und der Bürger solidarisch untereinander (vgl. Collier 2018, S. 49). Es ist vor allem eine Frage des Menschenbildes. Ein Menschenbild, das der ökonomischen Maßnahme vorangeht (vgl. Schmitter 2020, S. 119). Nicht nur aus Sicht des Staates, sondern auch aus Sicht der Ökonomie. Mindestens genauso wichtig wie ein realistisches Menschenbild wird die *künftige Vereinbarkeit von Ökonomie und Ökologie sein.* Lassen Sie uns im Abschn. 7.2 einen Blick auf diese Problematik werfen.

7.2 Moderner ökonomischer Dreiklang: Ökologie, Digitalisierung, Globalisierung

7.2.1 Wir haben nur einen Planeten: Ökonomie und Ökologie

Nicht erst zu Zeiten der Demonstrationen von Millionen von Jugendlichen auf der ganzen Welt im Rahmen der Bewegung „Fridays for Future" rund um die schwedische Aktivistin Greta Thunberg ist klar, dass wir so nicht weiter mit unserer Umwelt umgehen können. Ob man es „Bewahrung der Schöpfung" oder Rettung der Umwelt nennt, ist dabei unerheblich. Es ist höchste Zeit – wenn es nicht in Teilen schon zu spät ist –, etwas gegen die ökologischen Probleme dieser Erde zu unternehmen. Wir haben nur diese eine und müssen sie am Ende unseres Lebens lebenswert an unsere nächsten Generationen weitergeben. Das sind wir unseren Kindern und Enkeln schuldig. Die Probleme sind zahlreich (vgl. Bundeszentrale für politische Bildung 2020, Stichwort: Ökologische Probleme):

Erderwärmung
Die Erde hat sich in den letzten etwa hundertfünfzig Jahren global um etwa ein Grad erhöht. Dabei fielen die zwanzig Jahre mit den höchsten durchschnittlichen Temperaturen in den Zeitraum von 1990 bis 2015. Bereits die Jahre 1983 bis 2012 stellten die wärmste Langzeitperiode seit 1400 Jahren dar! Das dramatische an der Temperaturentwicklung ist vor allem, dass sie *mehrheitlich durch uns Menschen* verursacht wurde. Ursache der weltweiten Temperaturerwärmung ist die Zunahme der Treibhausgasemissionen, vor allem Kohlendioxid neben Methangas, Distickstoffoxid und Halogenwasserstoffe wie etwa Fluorchlorkohlen-

wasserstoff (FCKW). Diese Gase entstehen vor allem bei der Verbrennung fossiler Rohstoffe wie Braun- und Steinkohle, Erdgas und Erdöl. Eingriffe in den CO_2-Haushalt erfolgen ebenfalls durch Bodenerosion oder Waldrodungen. Wälder entziehen der Atmosphäre CO_2 und greifen so regulierend in den Treibhauskreislauf ein. Die Folge der Erderwärmung ist der viel genannte *Klimawandel*, der sich in der Erwärmung der Atmosphäre und der Meere zeigt und die Gletscher zum Schmelzen bringt. Dies wiederum führt zu einem Anstieg des weltweiten Meeresspiegels. Zudem ist in den Meeren noch ein weiterer Effekt zu beobachten: Durch die zusätzliche Aufnahme von CO_2 in der Atmosphäre „versauern" die Meere sukzessive, da sie etwa ein Drittel des zusätzlichen CO_2-Ausstosses absorbiert haben.

Waldbestände sinken dramatisch.

Etwa 31 Prozent der weltweiten Landfläche ist mit Wäldern bedeckt. Das sind etwa vier Milliarden Hektar Fläche. Zwar hat sich das Tempo der Waldverluste von 7,3 Millionen Hektar pro Jahr zwischen 1990 und 2000 auf 3,3 Millionen Hektar zwischen 2010 und 2015 mehr als halbiert. Dennoch gehen *jedes Jahr gut 3 Millionen Hektar Wald verloren*, die in Ackerfläche umgewandelt werden. Dies ist vor allem in Südamerika, dort besonders Brasilien, Asien mit Schwerpunkt in Indonesien und Myanmar, und Afrika, speziell in Nigeria und Tansania der Fall. Wenn man die Waldzuwächse durch Wiederaufforstung gegenrechnet, dann gingen im Zeitraum von nur 5 Jahren, zwischen 2010 und 2015, etwa 3,3 Millionen Hektar Wald verloren. Dies entspricht in etwa der Größe Belgiens.

Drastische Erhöhung des Wasserverbrauchs

In 70 Jahren, von 1930 bis 2000, hat sich der Wasserverbrauch pro Kopf der Bevölkerung verdoppelt. Gleichzeitig hat sich seitdem die Weltbevölkerung verdreifacht. Somit hat sich der weltweite Wasserverbrauch in diesem Zeitraum versechsfacht! Die größten Anteile des Frischwassers werden mit 70 Prozent im Agrarsektor, 20 Prozent in der Industrie und 10 Prozent auf Kommunaler Ebene, also bei den privaten Haushalten, verbraucht. In vielen Ländern der Erde herrscht Wassermangel oder zumindest Wasserknappheit. Die erneuernden Wasserressourcen liegen dabei unterhalb von bestimmten Grenzwerten wie 17.000 Kubikmeter pro Kopf und Jahr der Bevölkerung. Auch Wasser ist also ein kostbares Gut, was den Menschen auf der Erde nicht unbegrenzt zur Verfügung steht.

Überfischung und Bedrohung der Arten

Zwischen 1950 und 2014 erhöhte sich die weltweit verbrauchte Fischmenge von 19 auf 167,2 Millionen Tonnen im Jahr. Trotz der Tatsache, dass sich der Anteil des Zuchtfischs an der gesamten Fischmenge ständig erhöhte, wurde die absolute Menge des Fangfischs jährlich weiter erhöht. Im Jahr 2013 galten etwa 58 Prozent aller Fischbestände auf offener See als bereits am biologischen Limit befischt, gut 31 Prozent galten damals bereits als überfischt. Eine ähnlich gravierende Situation existiert auch, wenn man sich die weltweit existierenden Pflanzen- und Tierarten ansieht. Gemäß einer übereinstimmenden Schätzung vieler Wissenschaftler leben etwa 5–15 Millionen unterschiedliche Tier- und Pflanzenarten auf der Welt. Davon wurden ca. 1,74 Millionen Arten wissenschaftlich erfasst und gut 85.000 wurden bewertet, inwieweit sie vom Aussterben bedroht sind oder nicht. Unter den bewerteten Tierarten galten 2016 etwa gut 21 Prozent der Säugetiere und gut 31 Prozent der Amphibien als vom Aussterben bedroht. Ähnliches gilt für die Reptilien und Fische, von denen etwa 20 Prozent bzw. gut 14 Prozent als gefährdet gelten. Schließlich gilt die Gefährdung für etwa jede achte Vogelart, ca

13 Prozent, und knapp jede fünfte Insektenart. Der Hauptgründe dafür sind unter Wissenschaftlern unbestritten: Die Lebensräume der Tiere und Pflanzenarten schrumpfen aufgrund des Waldsterbens, vor allem durch die Umweltverschmutzung und die damit verbundene Schadstoffbelastung und den durch die Erderwärmung hervorgerufenen Klimawandel.

Der UN-Umweltbericht von 2019 bringt es auf den Punkt (vgl. UN-Umweltbericht 2019): Umweltprobleme sind für bis zu 25 Prozent der weltweiten Todesfälle mitverantwortlich. Seit 1970 sind 40 Prozent der Feuchtgebiete und 60 Prozent der Wirbeltierbestände auf der Erde verschwunden. Jedes Jahr, so die Schätzungen, landen *8 Millionen Tonnen Plastik im Meer* und ein Drittel aller Lebensmittel auf dem Müll. Sechs bis sieben Millionen Menschen sterben vorzeitig durch Schadstoffe in der Luft, verseuchte Wässer mit Krankheitserregern tun ihr übriges.

Diese Darstellung der drängendsten Probleme der Umwelt zeigt, dass dringend gehandelt werden muss. Bevor wir aber auf die Politik, die Gesellschaft oder andere warten, können wir selber bereits bei uns im Kleinen beginnen, die Umwelt zu schonen (vgl. Bente 2017). So können wir versuchen, die Menge an Müll, die jeder Haushalt und wir selber produzieren, zu reduzieren. Beispielsweise dadurch, dass wir auf Plastiktüten und Einwegverpackungen verzichten. Lieber eine Stofftasche für den täglichen Einkauf mitnehmen und den Kaffee im Büro mit einer mitgebrachten Tasse trinken. Der Kauf und die längere Haltung von aufbereitungsfähigem Material hilft ebenso die Umwelt zu schonen wie das mehrfache Verwenden von Druckpapier. Generell hilft natürlich – zumindest der Umwelt – weniger zu konsumieren, vor allem Dinge, die man nur einmal trägt, damit spielt etc.

Wenn es schon Fisch sein muss, dann nicht unbedingt eine der bedrohten Fischarten und dann eher aus dem heimischen Fang, der nicht mit vielen Transportkilometern in den Supermarkt gelangt. Wir sollten weniger Lebensmittel wegwerfen, also bereits beim Einkauf genauer kalkulieren, ob die Menge wirklich benötigt wird. Duschen statt baden, was weniger Wasser verbraucht. Defensiver Auto fahren mit weniger häufig den Fuß auf dem Gaspedal, eine Elektroauto nutzen oder häufiger mal Car Sharing oder mit den Öffentlichen bzw. mit dem Fahrrad unterwegs sein. Stromsparen mit Energiesparlampen, Heizkosten senken durch regelmäßiges Stoßlüften etc.

Die Jugend in diesem Land fordert radikale Maßnahmen, damit schnell gehandelt wird, um die Folgen des Klimawandels zumindest abzumildern bzw. den Klimawandel zu stoppen. Sie fordern konkret u. a. (vgl. Der Jugendrat der Generationenstiftung, Heinisch et al. 2019, S. 48 ff.):

Einen deutschen und globalen Kohleausstieg bis 2025 bzw. 2030. Die Einführung einer EU-weiten CO_2-Abgabe, die Besteuerung des Flugverkehrs inklusive Verbot von Inlands- und Kurzstreckenflügen bis 1000 km. Eine Verringerung des Autoverkehrs, ein Verbot von Pestiziden, Insektiziden, Maßnahmen zum Schutz der Wälder, Ozeane und Meere, die Reduktion des Plastiks und des Mülls generell etc. Entsprechend dazu sehen junge Autorinnen und Autoren eine *radikal geänderte Wirtschaftsweise* (vgl. Heinisch et al. a. a. O., S. 69 ff.). Sie glauben nicht mehr an ewiges Wirtschaftswachstum, prangern die Ungerechtigkeit an, vor allem die ungerechte Verteilung von Nahrungsmitteln. Die Auswirkungen des „Marktradikalismus" (ebenda, S. 76) seien psychische Erkrankungen wie Depressionen als neue, zweithäufigste Volkskrankheit. Sie sehen Gier und das Streben nach hohen Boni als verwerflich an und fordern eine

„generationengerechte" Wirtschaft (ebenda, S. 83) mit einer anderen Philosophie (vgl. S. 83 ff.):

Bewahrung der ökologischen Lebensgrundlagen, Solidarität der Gesellschaft im Sinne einer Förderung des Gemeinwohls untereinander mit dem Fokus auf Verteilungsgerechtigkeit. Förderung der realen Wirtschaft, die Werte schafft und weniger eine Finanzwirtschaft, die zum Teil durch Spekulationen Gewinne erzielt. Die Bewertung der Wirtschaft erfolgt nach dem *Gemeinwohlprinzip*: Alles was das Gemeinwohl fördert soll verstärkt werden (vgl. dazu auch das Konzept der „Gemeinwohlökonomie" von Christian Felber, vgl. Felber 2010) wie etwa die Finanzierung von Unternehmen nach der Gemeinwohlbilanz, ein Wettbewerb, der dem Gemeinwohl dient d. h. Förderung von Unternehmen, die sich für das Gemeinwohl einsetzen. Der Jugendrat setzt sich für ein Grundrecht auf Erfüllung der Grundbedürfnisse wie Wasser, Ernährung, Gesundheit, Bildung, Wohnen, nachhaltige Mobilität ein etc. Vor allem aber, das ist ihre dringendste Forderung, verlangen sie nach einem *Gesamtkonzept* (vgl. den Titel „Ihr habt keinen Plan", Heinisch et al. 2019). Es ist das Recht der Jugend, von der älteren Generation radikale Maßnahmen zu fordern. Selbstverständlich ist in einem demokratischen Prozess auch die andere Seite zu hören, etwa die der älteren Generation. Allerdings ist sich zumindest ein großer Teil dieser „anderen Seite" ebenfalls im Grundtenor einig, dass die Wirtschaft zwingend den ökologischen Notwendigkeiten Rechnung tragen muss, z. B. im Sinne einer *ökologisch-sozialen Marktwirtschaft* (vgl. etwa Kohl 2020, S. 87 ff., Kretschmann 2018, S. 107 ff.).

Den Ideen für den Umweltschutz sind keine Grenzen gesetzt. Wenn jeder seinen individuellen Tagesablauf, am besten gemeinsam mit seiner Familie und den Kindern durchgeht, finden sich bestimmt weitere Verbesserungsansätze, um den Energieverbrauch zu reduzieren, weniger Lebensmittel zu verbrauchen bzw. wegzuwerfen oder die Schadstoffemissionen einzudämmen. Dies alles ist natürlich nur ein erster Schritt. Doch den können wir alle, jeder Einzelne von uns beschreiten und mit gutem Beispiel vorangehen. Doch was fehlt, ist das große Gesamtkonzept, das natürlich weltweit greifen und umgesetzt werden muss. Ein einzelnes Land ist natürlich mit der Umsetzung von Maßnahmen zum Umweltschutz überfordert. Einerseits sind bestimmte Probleme wie etwa die Waldrodung oder die Überfischung nicht von allen Ländern zugleich verursacht worden. Andererseits verursachen die Emissionen eines mittelgroßen Landes wie Deutschland nur einen Bruchteil der weltweiten Abgase, wiewohl natürlich jedes Land zählt. Vereinbarungen zur weltweiten Senkung der Treibhausgasemissionen durch verbindliche Zielwerte, festgehalten im Kyoto-Protokoll – ein erstes Treffen gab es im Dezember 1997, 2011 haben 191 Staaten dieses Abkommen ratifiziert –, sind durch zahlreiche Ausstiege von Ländern wie etwa Kanada schwieriger geworden (vgl. Spiegel online 2011, Klimawandel). USA und China, die beiden Länder mit dem höchsten Ausstoß an Treibhausgasen sind von vornherein in das Kyoto-Protokoll nicht miteinbezogen worden (vgl. ebenda).

In der EU sind zahlreiche Maßnahmen aufgesetzt worden, wie das Klima zu schützen und die Umwelt zu schonen ist (vgl. im Folgenden Amanatidis 2020). So sollen die *Treibhausgasemissionen bis 2030 um 40 Prozent* im Vergleich zu 1990 *gesenkt werden*. Dabei wird vor allem auf den steigenden Anteil aus erneuerbaren Energiequellen wie Windkraft, Solarenergie etc. gesetzt. Der Anteil erneuerbarer Energiequellen am gesamten Energieverbrauch soll bis 2030 auf 27 Prozent steigen. Im Dezember 2015 vereinbarten die teilnehmenden Länder auf der Pariser Klimakonferenz der Vereinten Nationen, den Anstieg der weltweiten Durchschnittstemperatur deutlich unter 2 °C gegenüber dem Niveau vor dem industriellen Zeitalter zu halten. Konkretes Ziel ist dabei, einen Wert von 1,5 °C nicht zu überschreiten und damit signifikant unter der 2 °C Marke zu bleiben. Die EU strebt für das Jahr 2050 eine *klimaneutrale Wirtschaft* an, in der die Treibhausgase durch eine CO_2 arme Wirtschaft um 80 Prozent reduziert werden sollen. Dabei soll ein Grenzwert, ein sogenanntes „Cap", für Treibhausgasemissionen festgelegt werden, aufgeteilt auf einzelnen Fabriken und Kraftwerke etc. Jeder Betreiber einer solchen Anlage kann sogenannte „Verschmutzungsrechte" erwerben, die von den einzelnen EU-Mitgliedsstaaten ausgegeben werden. Jedes Zertifikat entspricht einer Tonne Kohlendioxidausstoß. Die Zertifikate können unter den Anlagebetreibern gehandelt werden („Cap-and-trade-Prinzip"). Über den Zeitverlauf soll die Anzahl der Zertifikate sukzessive reduziert werden, entsprechend dem Reduktionsziel der Treibhausgasemissionen. Allerdings existiert derzeit noch bis Ende 2023 eine Ausnahmeregelung für Interkontinentalflüge.

Gleichzeitig hat die EU eine Richtlinie mit auf den Weg gebracht, die den Anteil der Energie aus erneuerbaren Quellen, vor allem Windenergie, Biomasse, Solarenergie und Wasserkraft, sukzessive von 20 Prozent in 2020 auf 32,5 Prozent in 2030 steigern soll. Die in der EU zugelassenen PKW dürfen ab 2021 im Durchschnitt in der Flotte nicht mehr als 95 g/km CO_2 ausstoßen. 2015 galt noch ein durchschnittlicher Flottenverbrauch von 130 g/km CO_2. Ferner werden ebenfalls die CO_2-Emissionen der Schiffe innerhalb der EU überprüft. Es ist damit zu rechnen, dass auch hier sehr ambitionierte Zielwerte zur Reduktion des CO_2-Ausstosses gesetzt werden. In der Land- und Forstwirtschaft wurden 2011 im Rahmen der Biodiversitätsstrategie ebenfalls klare Ziele vereinbart mit dem Bemühen, die Artenvielfalt, die Ökosysteme zu schützen und verstärkt auf nachhaltigere Forst- und Landwirtschaft zu setzen. Gleichzeitig setzt man auf die Erhaltung natürlicher Lebensräume für die frei lebenden Tier- und Pflanzenarten (vgl. Amanatidis 2019a). Zudem soll die Überfischung der Meere zu verhindern und die biologische Vielfalt des Meeres zu erhalten. Gleiches gilt für den Schutz der Wälder.

Die EU hat eine Reihe von weiteren Richtlinien erlassen (vgl. Laky 2019), die die Umwelt schützen sollen wie etwa den Schutz von Gewässern, die Bekämpfung der Luftverschmutzung und Lärmbelastung durch Setzung von Höchstgrenzen. Sie kümmert sich programmatisch um den effizienten Einsatz der Ressourcen hin zu einer CO_2-armen Wirtschaft u. a. mit Einführung eines Umweltzeichens und einer Energieeffizienzkennzeichnung, einer effizienten Abfallwirtschaft inklusive Abfallvermeidung. Eine Ökodesign-Richtlinie definiert die „umweltgerechte Gestaltung energiebetriebener Produkte" (vgl. Amanatidis 2019a, Stichwort Nachhaltigkeit in Produktion und Verbrauch). Mit Hilfe des freiwilligen Managementinstruments EMAS d. h. das System für Umweltmanagement und Umweltbetriebsprüfung, können Unternehmen seit 1995 ihr Umweltverhalten bewerten. Selbst das öffentliche Beschaffungswesen wurde auf die Umweltorientierung verpflichtet. Öffentliche Aufträge sollen nach diesem freiwilligen Verfahren vor allem Umweltaspekte bei der Vergabe von Aufträgen berücksichtigen wie etwa Umweltauflagen bei den Produkten, verpflichtende Verwendung von Umweltzeichen etc. Selbst der Einsatz von Chemikalien und Pestiziden ist im Rahmen des EU-Umweltprogrammes geregelt. Wie streng diese Richtlinien gelebt, kontrolliert und eingehalten werden, ist natürlich nicht nur Sache der EU, sondern auch des einzelnen Landes.

Der Politologe und Forschungsleiter am Forschungszentrum für Umweltpolitik der Freien Universität Berlin, Klaus Jacob, stellt Deutschland in Bezug auf die Bekämpfung der Umweltprobleme ein schlechtes Zeugnis aus (vgl. Pötter 2019): Der Ausstoß von Treibhausgasen gehe in Deutschland seit 2009 kaum zurück, die Grenzwerte für viele Schadstoffe in der Luft würden ebenso gerissen wie die Vorgaben des Ressourcenverbrauchs. Es drohe, so Jacob, der Verlust vieler Biotope und die Schädigung der Ökosysteme in Deutschland. Die Gegenmaßnahmen lägen dabei auf der Hand: Ausbau erneuerbarer Energien, Ausstieg aus der Kohlekraft, eine Überdenkung des Individualverkehrs mehr in Richtung intelligente Verbindung von Rad-, Fuß- und öffentlichen Verkehr. 10 Millionen Elektroautos, von erneuerbarem Strom gespeist, würden ebenfalls das Klima voranbringen. Bei Stickoxiden und Feinstaub gäbe es Fortschritte, aber die Belastung des Trinkwassers durch Chemikalien und die Qualität der Gewässerbiotope seien nach wie vor kritisch. Deutschland sei in der Summe „kein Öko-Vorzeigeland mehr" (vgl. ebenda).

Die dem Artikel (vgl. Pötter a. a. O.) beigefügte Statistik verrät den aktuellen Stand der Umsetzung von Umweltschutzmaßnahmen in Deutschland: Das Klimaziel der Reduktion von Treibhausgasen von 40 Prozent bis 2020 – mit 1990 als Referenzwert – wurde mit „nur" 32 Prozent verfehlt. Ähnliches gilt für die zentralen Ziele der Nationalen Strategie zur Erhaltung der Artenvielfalt. In Deutschland werden täglich 69 Hektar Land in Straßen und Neubauten umgewandelt. Damit verschwindet das ökologisch wertvolle Grün- und Waldland. Der verstärkte Einsatz von Pestiziden führt zu einer Belastung von Gewässern. 35 Prozent aller Grundwasserkörper in Deutschland sind chemisch belastet und nur 26 Prozent der Oberflächen Gewässer erhalten das Prädikat gut oder sehr gut (vgl. ebenda). Der Umweltforscher Jacob empfiehlt, einen ökologischen Wandel von unten nach oben zu initiieren. Unternehmen, Städte und Gemeinden hätten bereits eine Reihe von guten Ideen und Innovationen, die mit einer gesamten Politik von oben ergänzt werden muss.

Dabei passiert in Deutschland auch von Seiten der nationalen und regionalen Politik schon Einiges. Die Bundesumweltministerin Schulze will mit einem Klimaschutzgesetz, in denen u. a. feste Emissionsobergrenzen von Treibhausgasen für die Energiewirtschaft, die Industrie und Verkehr festgelegt werden, Deutschland aber auch ihre Ministerkollegen zum CO_2-Sparen zwingen (vgl. Tartler 2019). Es gibt im Umweltministerium einen 5-Punkte-Plan für weniger Plastik und mehr Recycling (vgl. BMU 2019), Maßnahmen gegen Insektensterben. Plastiktüten sollen verboten werden (vgl. Die Zeit 2019b, Verbot von Plastiktüten). Ferner soll im Zeichen der Digitalisierung und der Künstlichen Intelligenz eine „umweltpolitische Digitalagenda" mit zehn Punkten entstehen. Kern dieser Agenda ist, wie etwa die Künstliche Intelligenz auch für Umweltbelange eingesetzt werden kann (vgl. Spiegel online 2019, Trendwende bei Digitalisierung). Ein Besuch der Homepage des Umweltministeriums zeigt eine weitere Vielzahl an Maßnahmen in allen Umweltbereichen, um den Umweltschutz voranzutreiben (vgl. BMU, Themen 2020).

Das *Land Bayern* gibt sich unter Federführung von Ministerpräsident Söder ebenfalls ein klares ökologisches Ziel und ein programmatisches Gesamtkonzept. Söder fordert zu Recht, den Klimaschutz *als weiteres Staatsziel in das Grundgesetz zu verankern* und natürlich in die Bayerische Verfassung mit aufzunehmen (vgl. Wittl 2019). Kernpunkte des ökologischen Konzepts, das im „Bayerischen Klimarat", bestehend aus namhaften Wissenschaftlern und

Politikern etc., erarbeitet werden und im Herbst 2019 vorgestellt werden soll, sind u. a. (vgl. ebenda):

Bis 2040 soll Bayern klimaneutral werden, zehn Jahre vor der gleichen Zielsetzung des Bundes. Bayern will ersten Ansätzen zufolge mehr auf erneuerbare Energien setzen, etwa die Sonnenenergie oder die Windenergie. Dazu sollen bis 2022 hundert neue Windräder entstehen und die Foto-Voltaik-Anlagen weiter ausgebaut werden. In der Mobilität setzt man auf Fahrzeugen mit alternativen Antrieben wie Elektro, Gas oder synthetischen Kraftstoffen. Der Fuhrpark der Bayerischen Staatsregierung soll bereits ab 2020 nur noch zu einem Drittel aus Fahrzeugen mit reinem Verbrennungsmotor bestehen. Bayerische Politiker und Beamte sollen weniger mit dem Flugzeug und häufiger mit der Bahn unterwegs sein. Die Staatskanzlei selbst wird nur noch mit Ökostrom versorgt. Im bayerischen Umweltministerium setzt man auf eine federführende Rolle in Deutschland bei der Reduktion von Einwegplastik. Generell soll der Verbrauch von Plastik in Bayern drastisch gesenkt werden. Es sollen in den nächsten Jahren auch 30 Millionen neue Bäume gepflanzt werden (vgl. BR24 2019, Klimaschutz), um den CO_2-Speicher der Wälder wieder zu erhöhen. Im Gespräch sind ferner ein Umbau der Kfz-Steuer mit Fokus auf die CO_2-Belastung, höhere Abgaben auf Inlandsflüge (vgl. Wittl 2019), und ein Entfall der Mehrwertsteuer für die Bahn (vgl. BR24 2019).

Auch die Städte und Gemeinden sind mit einer eigenen umweltpolitischen Agenda aktiv, z. B. München mit einem „Integrierten Handlungsprogramm Klimaschutz" oder der „Leitlinie Ökologie – Klimawandel und Klimaschutz (vgl. München 2020, Das Integrierte Handlungsprogramm Klimaschutz in München (IHKM)). Auch viele Unternehmen beteiligen sich seit Jahren an der Bewahrung der Umwelt durch umweltfreundliche Produktion, etwa durch Optimierung der Arbeitsprozesse mit nachhaltigen Rohstoffen, umweltfreundlichere Büros, nachhaltigere Produkte mit umweltfreundlichen, recyclebaren Materialien oder auch ökologische Energieversorgung. Die Landwirtschaft engagiert sich seit Jahren in der ökologischen Landwirtschaft und versucht, die natürlichen Ressourcen zu schonen und so wenige Schadstoffe, etwa Pflanzenschutzmittel, Mineraldünger, wie möglich einzusetzen. Es werden keine künstlichen Konservierungsstoffe oder Geschmacksverstärker etc. eingesetzt. Auf Gentechnik wird verzichtet, die Tiere werden artgerecht gehalten.

In Deutschland wird zum Zeitpunkt des Abfassens dieser Zeilen über die Einführung einer CO_2-Steuer diskutiert. Dabei würde der Staat den Preis festlegen, den eine Tonne CO_2 kostet (vgl. Heberlein 2019). Zum Beispiel 20 Euro pro Tonne. In der Konsequenz bedeutet das, dass Benzin, Heizöl, Gas und Kohle stärker besteuert würden. Das träfe alle Menschen, die viel mit dem Auto oder LKW mit Benzin und Diesel unterwegs sind oder die viel heizen müssen, etwa weil sie in einem schlecht gedämmten Altbau leben. Setzt man den Preis für eine Tonne CO_2 auf 30 Euro, dann hat der Internationale Währungsfond (IWF) errechnet, dass in Deutschland Kohle um 88 Prozent, Gas um 27 Prozent und Benzin um 4 Prozent teurer würde. Das eingesammelte Geld würde dann vom Staat, folgt man der Umweltministerin, den Bürgern als „Klimascheck" zu gleichen Teilen pro Kopf zurückgezahlt werden. Allerdings könnte derjenige, der eher klimaschonend unterwegs ist, etwa mit einem Elektroauto oder weniger heizt, durch geringere Abgaben und dem Klimascheck sogar unter dem Strich ein Plus einfahren. Die Befürworter einer CO_2-Steuer setzen darauf, dass ein solcher negativer finanzieller Anreiz die Menschen umdenken lässt, da nach dem Verursacherprinzip besteuert wird (vgl. Pokraka und Betz 2019).

Gegner sehen vor allem die Geringverdiener stärker belastet, die einen überproportional hohen Anteil an ihrem Einkommen für die CO_2-Steuer zu entrichten hätten. Außerdem gäbe es bereits eine Ökosteuer, die nach ähnlichen Mechanismen arbeitet und deren Erfolg in den letzten Jahren fraglich ist (vgl. ebenda). Stattdessen setzen sich die Gegner des Konzepts der CO_2-Steuer für einen Emissionshandel ein, ähnlich dem, was die EU favorisiert (s. die Schilderungen oben). Beim Emissionshandel kaufen Unternehmen Rechte dafür ein, dass sie CO_2 ausstoßen dürfen. Diese Zertifikate können zwischen den Unternehmen gehandelt werden. Wie in der Marktwirtschaft ergibt sich dann über das Angebot und die Nachfrage nach diesen Zertifikaten ein Preis. Der Preis wird also vom Markt bestimmt und nicht vom Staat über eine CO_2-Steuer festgesetzt. Der Staat definiert allerdings die Menge der Zertifikate und kann so Einfluss auf den Marktpreis nehmen. In Europa liegt der Preis für eine Tonne CO_2 derzeit bei etwa 25 Euro. Die Nachteile dieses Konzepts seien, so das Umweltministerium, die längeren Vorbereitungszeiten durch die Abstimmung mit der EU und den unterschiedlichen, teilnehmenden Sektoren. Eine CO_2-Steuer sei rein national und damit schneller einführbar (vgl. Heberlein 2019). Die Entscheidung ist nicht leicht zu treffen, hängt aber davon ab, ob man eher den Marktmechanismen traut oder mehrheitlich dem Staat das Heft des Handelns geben möchte. Beide Ansätze hätten ihre Vorteile und würden auf jeden Fall die CO_2-Emissionen reduzieren helfen.

Wirtschaft und Ökologie müssen künftig immer zusammengesehen werden. Es kann und darf keine Ökonomie mehr geben, die sich nicht den Schutz der Umwelt auf die Fahnen geschrieben hat. Das fängt bei der Rahmengestaltung der Wirtschaft an in Richtung einer „ökologischen sozialen Marktwirtschaft", einer Verankerung des Klima- und Umweltschutzes im Grundgesetz aber auch in den Visionen und Leitbildern der Unternehmen. Das geht dann über ein Gesamtkonzept „Ökologie 2030", das nicht nur die Maßnahmenpakete nach einzelnen Themen wie Luftverschmutzung, Erhaltung der Artenvielfalt, Gewässerschutz, Tierschutz etc. umfasst, sondern auch zwischen Bund, Ländern und Gemeinden abgestimmt ist, um in die gleiche Richtung zu arbeiten. Unternehmen, die Landwirtschaft aber auch die privaten Haushalte, jeder Einzelne von uns, ist gefordert, systematisch seine Aktivitäten und täglichen Abläufe dahingehend durchzuforsten, was er oder sie noch der Umwelt zuliebe vermeiden, reduzieren oder anders gestalten kann.

Es lassen sich erste Ergebnisse der drängenden Diskussionen und der zahlreichen Protestaktionen von Jugendlichen auf der ganzen Welt im Rahmen von „Fridays for Future" erkennen: Unternehmen und Unternehmenslenker aber auch Staatschefs auf der ganzen Welt beginnen auf großer Basis, ökologische Konzepte mit ihren Unternehmensaktivitäten zu verbinden. So setzen sie etwa auf Investitionen in klimaneutrale Anlagen, Produkte mit Klimaausgleichszahlungen, klimaneutrale Prozessketten und durchforsten ihre Geschäftsmodelle nach ökologischen Potenzialen etc. (s. die Diskussionen in Davos 2020, vgl. Bartz und Kaiser 2020). Wenn wir dann noch auf internationaler Ebene, in der EU, in der UN gemeinsam mit allen Ländern und Menschen dieser Erde zum Schutz der Umwelt an einem Strang ziehen, haben wir die Menschheit einen großen Schritt weitergebracht. Dann hätten auch die zahlreichen Demonstrationen der jungen Generation auf der Welt, die uns zu Recht daran erinnert, dass wir nur eine Welt haben, ihr Ziel erreicht.

7.2.2 Es geht nicht nur um Arbeitsplätze: Die Auswirkungen der Digitalisierung

Die Welt in 2020 ist nicht mehr so wie sie vor vierzig Jahren war als ich Jugendlicher war. Viele in den 60er-Jahren des letzten Jahrhunderts Geborenen werden das noch kennen: Es gab nur drei Fernsehprogramme. Die Freizeit nach den Hausaufgaben fand vor allem auf der Straße statt mit „Räuber und Gendarm", Fußball spielen oder Holzhäuser bauen. Kommuniziert wurde direkt auf der Straße, per Telefon oder per Brief. Verabredungen fanden vormittags in der Schule statt. Man besuchte sich gegenseitig und spielte zusammen. In der Schule schrieb man mit Füller und Bleistift und lauschte den Monologen des Lehrers, der in bewährter Manier seinen Frontalunterricht hielt. Am Ende wurde das Wissen in einer Klassenarbeit abgefragt. Später, in der Arbeitswelt angekommen, ging man frühmorgens ins Büro mit einem festen Schreibtisch, erledigte seine Aufgaben und hinterließ am besten ein aufgeräumtes Büro, das bis zum nächsten Tag so verblieb. Die Kommunikation erfolgte direkt mündlich, per fest installiertem Telefon oder schriftlich mit Schreibmaschine oder ersten PCs und (Haus)Post. Im Büro herrschten klare Strukturen und Hierarchien. Die zumeist männlichen Chefs thronten in großen Büros mit mächtigen Schreibtischen und verfügten über ein Vorzimmer mit einer Sekretärin. Der gefühlte und gelebte Abstand war groß, ebenso die distanzierte Anrede des „Sie". Die Kleiderordnung war klar geregelt, der gedeckte Anzug mit Krawatte für den Herrn und das Kostüm oder Kleid für die Dame.

Seit dieser Zeit hat sich *fast alles geändert*. Das Internet hat Einzug gehalten in den Alltag der meisten Menschen auf der Welt. Dieses Phänomen wurde spätestens durch das griffige Wort „Digitalisierung" auf den Punkt gebracht und ist seitdem in aller Munde. Diese Entwicklung hin zur Onlinewelt hat das Leben der allermeisten Menschen im Vergleich zu dem oben beschriebenen Szenario grundlegend verändert. Aus den drei Fernsehprogrammen – wenn man grenznah lebte, konnte man noch den einen oder anderen Sender mehr hören, in Bayern etwa den Österreichischen Rundfunk – wurden dank Digitaltechnologie unzählbare viele, inklusive Bezahlfernsehen mehrere hundert. Doch die Jugendlichen von heute schauen selten Fernsehen. Sie laden sich Filme bei Amazon herunter, streamen bei Bezahlprogrammen wie Netflix oder schauen sich die neuesten YouTube-Videos an, die in den sozialen Medien beworben werden. In diesen sozialen Medien sind sie selbst unterwegs und chatten unaufhörlich über WhatsApp, einem Nachrichten- und Chatportal, in dem man u. a. auch Sprachnachrichten und Fotos verschicken kann. Sie „posten" d. h. stellen Videos, Chats, Bilder etc. auf diese sozialen Medien, schauen sich Videos von bekannten Personen an, die unterhaltsame Filme produzieren und gleichzeitig bestimmte Marken bewerben. Sie beeinflussen so die Markenwahl der Jugendlichen, die sogenannten „Influencer".

Spätestens zu Zeiten der Coronakrise ist die ganze Tragweite der Digitalisierung mit Händen zu greifen gewesen: Das *Homeoffice* verdrängte vielfach zwangsweise den Arbeitsplatz im Büro. Videokonferenzen oder Skype-Meetings ersetzten den physischen Termin. Selbst Talkshows oder Interviews fanden häufig ausschließlich virtuell statt. Bestellungen wurden verstärkt online getätigt, vom Buch über Lebensmittel oder Dinge des täglichen Lebens wie etwa „Essen to go". Die Covid 19-Pandemie hat unfreiwillig dazu beigetragen, die *Digitalisierung flächendeckend zu beschleunigen*. Manche Anbieter wie etwa Gastronomie-Betriebe, die sich in den Krisenzeiten zum Teil nur noch durch ihre Online-Angebote über Wasser halten konnten, werden dieses „zweite Standbein" künftig forcieren. Apps auf dem Smartphone ermöglichten das freiwillige Tracking der Infizierten in ihrer Bewegung und warnten dann diejenigen, die mit den Infizierten in Berührung kamen. Manche Geschäftsreisende werden sich künftig noch genauer überlegen, ob eine bestimmte Geschäftsreise noch Sinn macht oder nicht lieber durch ein virtuelles Meeting ersetzt werden kann. Die Abläufe sind jetzt gelernt und sie funktionieren sehr gut. Die Digitalisierung hat die Arbeitswelt in dieser dramatischen Zeit alleine dadurch bereits deutlich verändert.

Auf der Straße spielen die Kinder nicht mehr ganz so häufig wie früher. Online-Videospiele wie „Minecraft", „Warrior" oder die härtere Version von Militärspielen „Call of Duty" oder auch Sportspiele verbinden die Jugendlichen weltweit. Es gibt sogar eigene Online-Wettkämpfe, man überlegt sich sogar eine E-Sport Olympiade einzuführen. Online Tutorials, aufgenommen von Profis der Videospiele, lassen die Jugendlichen teilhaben an ihren Manövern und verraten ihre Tricks. Die Anzahl der Besucher ihrer Seite, die „Clicks" oder auch die Anzahl derer, die regelmäßig bestimmte Kanäle verfolgen, die sogenannten „Follower", bestimmen den Marktwert dieser Seite: Je mehr Besucher täglich – und das kann bei den Internetstars sogar in die Millionen gehen – ,desto teurer die von Unternehmen auf dieser Seite geschaltete Werbung. In der Schule halten die Laptops sukzessive Einzug. In den Universitäten sind diese bereits Standard.

Die Vorlesungen werden zumeist aufgenommen und zeitnah ins Internet gestellt. Passwortgeschützt sind diese dann von jedem Ort der Welt einseh- und abrufbar. Die gezeigten Powerpoint Folien können über das Tablet und einen geeigneten Stift online kommentiert und mit Notizen versehen werden. Klausurergebnisse sind ebenso online abrufbar wie die möglichen Beschwerden bei der Klausurkorrektur. Dozierende werden per Mail befragt sowie der Austausch von Dokumenten generell. In der Schule ist der Laptop ebenfalls nicht mehr wegzudenken: Der alte Frontalunterricht wird sukzessive durch Projektunterricht und eigenständige Arbeiten der Schülerinnen und Schüler ersetzt. In der Schule sind ähnliche Onlinepraktiken denkbar wie bereits an den Universitäten. Gerade in Zeiten der Corona-Pandemie hat sich die Leistungsfähigkeit des digitalen Unterrichts gezeigt: Viele Schulen und Universitäten haben vom Präsenzunterricht auf das digitale Lernen und Lehren umgeschwenkt, auch wenn nicht immer alle technischen und didaktischen Voraussetzungen gegeben waren (vgl. Kauffmann und Buschmeier 2020).

Die Arbeit hat sich ebenfalls grundlegend geändert (vgl. u. a. New Work FAZ 2019). Das klassische Büro alter Prägung hat ausgedient: In vielen Unternehmen suchen sich die Mitarbeiter morgens einen freien Schreibtisch und belegen diesen für einen Tag. Am Abend räumen sie wieder alles zusammen und suchen sich am nächsten Tag wieder einen neuen Arbeitsplatz. So lassen sich Schreibtische sparen, da nicht jeder Mitarbeitende jeden Tag im Büro ist. Projektteams können kurzfristig sogenannte „Coworking Spaces" anmieten, d. h. offene Gemeinschaftsbüros mit Internetanschluss (vgl. New Work FAZ, S. 42). Es wird auch viel von zu Hause aus, d. h. im „Homeoffice" gearbeitet. Dies bietet sich insbesondere für Mütter und Väter an, die nebenher noch für ihre Kinder und Familien da sind. Die Arbeitszeiten sind flexibler geworden. Nicht die Arbeitszeit und der genaue Zeitpunkt sind entscheidend, sondern nur die erledigte Arbeit. Die großen Chefbüros und Statussymbole haben ausgedient. Die Assistentinnen und Assistenten sind mehr Organisatoren gewichen, wenn sie überhaupt noch in dieser Funktion existieren. Die Hierarchien werden abgeschafft oder immer flacher. Die Kompetenz, gute Ideen und Argumente sind wichtiger als die Hierarchie („Holocracy", vgl. „New Work FAZ", S. 11). Die Führungskraft sitzt inmitten ihrer Mitarbeitenden. Anzug und Krawatte haben häufig ausgedient, Jeans und flotte Sneaker sind der neue Chic. Die aus dem Silicon Valley hinüberschwappende Kultur der Start-ups wird bewundert und imitiert.

Die Digitalisierung erlaubt neue Lebens- und Arbeitsmodelle. Neueste technische Lösungen werden selbst in so genannten „agilen Methoden" entwickelt: In vierwöchigen „Sprints" werden kleine Softwareprogramme entwickelt. Ein „Product Owner" gibt den inhaltlichen Rahmen vor und nimmt am Ende das Produkt ab. Die „Feature Teams" erarbeiten die Lösung basisdemokratisch. Jeder übernimmt nach seinen Fähigkeiten und seiner Erfahrung ein Teil der Aufgabe. Regelmäßige Reviewmeetings und tägliche „Stand ups" kontrollieren, ob man in der richtigen Richtung unterwegs ist und seine „Sprintziele" erreicht. Ein Moderator, der „Scrum oder Agile Master" führt durch die Sitzungen, deren Teilnehmenden von allen Teilen der Stadt, des Landes oder der Welt über Internettechnologie wie Skype, Zoom etc. online zugeschaltet sind. Festgehalten wird das alles in einer Online-Plattform, das neben einer Protokollfunktion vor allem den Fortschritt der Entwicklung festhält. Kenntnisse der digitalen Arbeitswelt sind heute ein Muss und werden immer wichtiger werden. Eine ausgewogene Mischung zwischen Arbeit und Freizeit sind heute genauso wichtig wie die Vielfalt, sprich „Diversity", d. h. eine ausgewogene Mischung aus Geschlechtern, Nationen, Kompetenzen, Alter etc. „Purpose", Sinn der Arbeit, wird immer wichtiger. Wozu mache ich dies alles? Wo führt mich das hin? Was bringt meine Tätigkeit, mein Unternehmen Sinnvolles für die Menschheit hervor?

Die Digitalisierung ermöglicht es Firmen auch, übergreifend zusammenzuarbeiten. Prozesse, Designs, Informationen aller Art sind nun leichter zwischen den Unternehmen auszutauschen. Denkt man z. B. an ein Automobilunternehmen, so ist klar, dass durch die neueste Technologie Zulieferer, Tochterunternehmen und ganze Firmengruppen viel stärker miteinander vernetzt sind. Die sogenannte „Wertschöpfung" kann in verschiedene Teile aufgegliedert werden, die jeweils von einem anderen Team, einer anderen Firma in verschiedenen Teilen der Welt erarbeitet und in der Zentrale konsolidiert werden. So kann z. B. das Design eines neuen Produktes im Sillicon Valley kreiiert werden, das Produkt an sich wird in Deutschland entwickelt und die Produktion erfolgt schließlich in Indien oder China.

Die Digitalisierung ermöglicht es auch, einzelne Gegenstände mit dem Internet zu verbinden, so dass sie miteinander über ein digitales Netz kommunizieren können („Internet der Dinge"). So können Fitnessarmbänder Gesundheitsdaten wie Blutdruck, Herz- und Pulsfrequenz erfassen und an eine Smartphone-App weiterleiten (vgl. im Folgenden Neumann 2016). Anwendungen im Rahmen von „Smart Home" ermöglichen z. B. eine vollautomatische Nachbestellung von Lebensmitteln, wenn der Kühlschrank leer ist. Heizung, Beleuchtung, Rollläden, Raumtemperatur etc. lassen sich über eine App auf dem Smartphone regulieren. Selbstfahrende Autos kommunizieren ebenfalls künftig mit ihrer Umgebung und empfangen Daten über andere Verkehrsteilnehmer oder Gegenstände auf dem Weg und bremsen selbsttätig oder weichen aus bzw. lenken. In den Produktionsstätten der Unternehmen kommunizieren die einzelnen Maschinen miteinander und „stimmen" die einzelnen Produktionsschritte aufeinander ab.

Im Zeitalter des Internets entstehen immer mehr Daten und stellen die Unternehmen vor die Herausforderung, aus dieser schier unerschöpflichen Flut an Datenmengen etwas Sinnvolles für sich und vor allem den potenziellen Kunden herauszudestillieren. Dieses Phänomen wird mit dem Stichwort „Big Data" umschrieben. Die Datenquellen sind zahlreich: In den sozialen Netzwerken wie Facebook, Instagram etc. werden täglich Milliarden Daten und Informationen aus aller Welt gestreamt. Messenger-Dienste wie WhatsApp, Twitter etc. verzeichnen pro Minute unzählige Nachrichten zu allen möglichen Themenbereichen. Das können politische Inhalte sein, Reaktionen auf bestimmte Nachrichten oder spezielle Ziel- und Chatgruppen, firmenbezogene Inhalte. Jeder kommuniziert mit jedem in den sozialen Medien. Seit geraumer Zeit kommen noch sprachgesteuerte Inhalte dazu wie etwa die Informationen aus Alexa, einem sprachgesteuerten Bestelldienst von Amazon. Unternehmen machen sich diese Informationen zu Nutze, in dem sie über spezielle Analysewerkzeuge, „Data Analytics", die Daten sammeln, filtern, aufbereiten und strukturieren, um so Einblicke in die Kundschaft, ihr Verhalten und ihre Interessen zu erhalten.

Man kann sich leicht vorstellen, welche Informationen man alleine erhält, wenn man aus Sicht von Google alle jemals durchgeführten Google-Suchen einer Person auswertet. Man könnte ein *sehr präzises Persönlichkeits- und Kaufverhaltensmodell* ausschließlich anhand der Google-Suche dieser Person während der letzten Monate und Jahre ableiten. So würde man schnell die beliebtesten Produkte kennenlernen, pro Kategorie die Interessantesten etwa welche Bücher von Interesse sind, welche Krankheiten nachgelesen wurden, welche Urlaubsorte interessant sind, welche Personen Interesse gefunden haben, welchen Hobbies die Person nachgeht etc. Dies ist leicht zu erkennen, wenn z. B. jemand nach Konzert-Eintrittskarten oder nach Tennisschlägern bzw. Angelruten „gegoogelt" hat. Jeder kann sich anhand seiner eigenen Suchen weitere Beispiele an Informationen überlegen, die man über Google-Suchen preisgibt.

Unternehmen verzeichnen auf ihrer Internetseite die Anzahl der Besuche und „Clicks" über sogenannte „Cookies", eine kleine Textdatei, die es dem Internetserver ermöglicht, den Nutzer zu speichern und bei erneuter Nutzung wiederzuerkennen. Unternehmen können diese Daten und alle anderen, die ihnen die Kunden online wie offline zur Verfügung stellen nutzen, um ihr Angebot auf die Kunden maßzuschneidern. So können z. B. (vgl. Schneider 2014, S. 36 ff.) Preise saisonal und nach Zielgruppen spezifisch angepasst und auf Rabattaktionen der Wettbewerber reagiert werden. Kundenabwanderungen werden so rechtzeitig erkannt, etwa durch Datenanalyse in den sozialen Medien, und die Marketingabteilung kann entsprechend gegensteuern. Ferner kann der Erfolg von Marketingmaßnahmen zu gemessen oder das Kundenangebot bzw. die Kundenansprache individualisiert werden. Je mehr ich über meine potenziellen Kunden und ihr Kaufverhalten weiß, desto besser kann ich ihn oder sie ansprechen und entsprechend reagieren. Dabei müssen die Unternehmen natürlich tunlichst darauf achten, dass sie im Einklang mit den Europäischen Datenschutzregeln handeln. So sollten die Daten der Kunden (vgl. Schneider 2014, S. 49) zugriffssicher und vertraulich behandelt werden und transparent sein d. h. die Kunden müssen wissen, welche Daten von ihnen gespeichert sind. Die Daten sollten nur zu dem Zweck der Erhebung dienen und den Kunden einen Mehrwert schaffen im Sinne von Vergünstigungen oder Mehr- bzw. Gegenleistungen.

Von vielen Seiten ist in der Vergangenheit bis heute kritisiert worden (vgl. dazu exemplarisch Zuboff 2018), dass die Sammlung und Auswertung der Kundendaten nach allen Regeln der Kunst sich schnell zu einem „Überwachungskapitalismus" (Zuboff) entwickeln kann. Die Harvardprofessorin prangert in ihrem Werk vor allem die großen Internetgiganten wie Facebook, Google und Amazon an, die persönliche Daten sammeln und quasi als Handelsware weltweit vermarkten. Die Privatsphäre wäre somit ein öffentliches Gut, das dann auf dem Markt zu den höchsten Preisen gehandelt und damit verkauft würde. Man denke nur an die Ausführungen über die gesammelten Daten bei Google zurück. Nicht jeder möchte, dass seine Hobbies und Vorlieben – und seien sie nur in Form von Büchern – öffentlich werden und Datenhändlern zur Weiterleitung an Unternehmen zur Verfügung gestellt werden. Unternehmen, die diese Vorlieben mit eigenen Produkten ansprechen und Kapital daraus schlagen wollen. Im besten Fall wird aus den Daten ein für den Kunden maßgeschneidertes Angebot erstellt oder der Kunde zielkundenspezifisch angesprochen. Im schlimmsten Fall wird seine oder ihre Privatsphäre offengelegt. Man denke nur an den Aufschrei der Bevölkerung, als herauskam, dass Amazon ein Mitarbeiterteam beschäftigt, dass sämtliche Gespräche ausgewählter Kunden mit dem Bestellassistenten Alexa aufzeichnen ließ (vgl. Denker und Krüger 2018). Dies gehört sicherlich zu den negativen Begleiterscheinungen der Digitalisierung.

Zu den weiteren Negativwirkungen der Digitalisierung zählt auch die Wirkung auf die Arbeitsplätze. Der Philosoph Richard David Precht (vgl. SZ online/dpa 2019) schätzt, dass in Deutschland durch die Digitalisierung Millionen Jobs überflüssig werden. Es entstünden zwar gleichzeitig neue Jobs z. B. in der IT, aber viele andere fielen weg. Vor allem diejenigen, die von Maschinen bzw. Robotern, der *Künstlichen Intelligenz* übernommen werden könnten, einer maschinellen Intelligenz, die sukzessive Denkaufgaben und Tätigkeiten der menschlichen Intelligenz übernehmen sollen und werden. Dies betrifft hauptsächlich einfache, repetitive Tätigkeiten zum Beispiel Bürojobs, etwa in der Buchhaltung. Deren Job könne durch sogenannte „Bots", Algorithmen, die auf Vergangenheitsdaten beruhen, zumindest teilweise erledigt werden. Weniger bedroht seien Jobs, wo der menschliche Kontakt eine Rolle spiele etwa bei Kitapersonal oder Pflegekräften.

Der US-amerikanische Manager mit chinesischen Wurzeln, Kai-Fu Lee, ein ausgewiesener Experte im Bereich der Künstlichen Intelligenz (KI) und langjährige Chef von Google China, hat ein beachtenswertes Buch über die Künstliche Intelligenz geschrieben (vgl. Lee 2018). Mittlerweile Chef eines auf KI spezialisierten Venture Unternehmens („Sinovation Ventures") beschreibt Lee darin, welche Länder künftig die KI-Supermächte („Superpowers") werden und warum. Zudem erläutert er anschaulich, welche Auswirkungen die Künstliche Intelligenz auf welche Art von Jobs haben wird. Nicht überraschend ist dabei, welche Länder die Nase vorne haben werden, allen voran *China und die USA* – die anderen Länder spielen in dieser Schlüsseltechnologie und -industrie in den nächsten Jahren keine signifikante Rolle. So erwähnt Lee noch als aufstrebende Länder mit KI-Ambitionen, die zumindest über geeignete wissenschaftliche Labors zu KI verfügen, etwa Großbritannien, Frankreich und Kanada (vgl. Lee 2018, S. 20). Doch ihnen allen fehle das Ökosystem bzw. die Infrastruktur der Wagniskapitalindustrie. Von Deutschland als dem wirtschaftlich größten Land in der Europäischen Union ist in Bezug auf die KI mit keiner Silbe die Rede. Als Gründe für die Vormacht Chinas und der USA in der KI nennt er vor allem vier Faktoren (vgl. Lee a. a. O., S. 14 f.): Eine überreichlich vorhandene Datenmenge, „hungrige" Unternehmer, auf KI spezialisierte Forscher und ein Umfeld, das der KI besonders freundlich gegenübersteht.

In China kommt noch hinzu, so Lee (vgl. ebenda, S. 17), dass die meisten der 1,3 Milliarden Chinesen mit einem Smartphone bewaffnet sind und sämtliche Einkäufe, ob in der Stadt oder auf dem Land, im Supermarkt oder in einem Kleinstladen mitten im Dorf mit ihren Telefonen (über Bar Codes) bezahlen und somit riesige, auswertbare Daten produzieren. Gleichzeitig existiert in China eine sogenannte „Superapp", *WeChat*, die ähnlich wie WhatsApp eine Plattform für Textnachrichten, den Austausch von Fotos, Videos, Sprachnachrichten etc. darstellt, die in unendlich viele Gruppen aufgeteilt werden kann: Familiengruppe, Freundesgruppe, Gruppe für eine bestimmte Party etc. Dies ist auch alles mit anderen Chattools möglich. Gleichzeitig finden über diese Superapp WeChat aber auch in sogenannten Unterkategorien alle anderen Einkäufe und Themen des täglichen Lebens statt (vgl. ebenda, S. 17). So werden Lebensmittel damit bezahlt, Arztbesuche terminiert, Steuererklärungen ausgefüllt, Fahrräder im Sharingdienst angemietet, Flugtickets gebucht und vieles mehr, was das Leben der Chinesen in Stadt und Land ausmacht. Alle diese riesigen Datenmengen von 1,3 Milliarden Chinesen können nun systematisch und unter Zuhilfenahme der Künstlichen Intelligenz ausgewertet werden.

So wird der „gläserne Mensch" als Konsument verschiedenster Produkte und Dienstleistungen Realität. So kann genau ausgewertet werden, wer wohin in den Urlaub fährt, welches Verkehrsmittel er oder sie von wo nach wo nimmt, welche Lebensmittel wo eingekauft werden, welches das Lieblingsgetränk und -essen ist, was generell im Einkaufskorb ist und vor allem in welchem Preissegment man unterwegs ist. Diese Schilderungen stellen nur einen kleinen Ausschnitt dessen dar, welche Daten man für eine einzelne Person auswerten kann. Nicht zu reden von Vergleichsdaten Stadt/Land, Mann/Frau, Korrelationen von Käufen wie etwa Verbundkäufe oder „Wer Produkt X gekauft hat, kauft auch mit einer Wahrscheinlichkeit von X Prozent Produkt Y" etc. In China kommt noch die kulturelle Komponente hinzu: In einer vom Staat gelenkten Wirtschaft mit einer beherrschenden Partei an der Spitze, geben die obersten Staats- und Parteigranden den Weg der Wirtschaft z. B. auch für die KI vor: Wer in China als Kommunalpolitiker aber auch als Gouverneur einer Region noch weiter Karriere machen will und in der Hierarchie weiter nach oben steigen will, der überbietet sich mit Vorschlägen, wie KI gefördert und schnellstmöglich im eigenen Einflussbereich umgesetzt werden kann (vgl. Lee 2018, S. 98 f.). So wird China im Bereich der KI den bereits vor den USA existierenden Vorsprung in der KI noch weiter ausbauen.

Welche Anwendungsfelder existieren heute bereits im Rahmen der KI? In welchen Bereichen kann die Maschine bereits den Menschen in seiner Intelligenz ganz oder teilweise ersetzen? Die Internetplattform www.plattform-lernende-systeme.de hat zahlreiche bereits existierende KI-Anwendungen nach Regionen in Deutschland aufgeführt. So können in Bayern in manchen Firmen Computer bereits Vertragsdokumente analysieren und nach Ungereimtheiten und rechtlichen Problemstellungen analysieren, radiologische Bilddaten für den Arzt auswerten oder auch Krebsfrüherkennungsscanning, Automatisierung von Schadenprozessen für Versicherungen, Chatbots d. h. automatische, von Maschinen generierte Textnachrichten im Kundenservice. Zu den weiteren Anwendungsfeldern gehören auch Gesichtserkennung z. B. zum Entsperren eines Smartphones, sämtliche Arten der Fahrassistenz bis hin zu einem vollkommen autonomen Fahren eines Autos bis hin zu Roboter für die Gerüstmontage, sensorbasierte Glasbruchmelder oder smarte Lagerhallenroboter.

Die KI-Technologiefelder sind genauso vielfältig, – etwa die Bilderkennung, die Datenanalyse, Mensch-Maschine-Interaktion, Robotik, Sensorik, Sprach- und Textverstehen und Virtuelle Realität – wie die Anwendungsfelder quer über alle Branchen: von der Agrarwirtschaft über Bau, Bildung, Energie und Umwelt bis zur Verwaltung und Sicherheit. Davon betroffen sind sämtliche Wertschöpfungsbereiche eines Unternehmens: Vom Einkauf über Finanzen, Forschung und Entwicklung, Logistik, Marketing und Vertrieb, Planung und Produktion und schließlich Personal. Dabei unterstützen intelligente Maschinen bei der Analyse von riesigen Datenmengen, etwa bei Einkaufsverhandlungen, Entwicklung und Produktion, über Chatbots im Marketing und Personal mit potenziellen Bewerbern, Erstellung von Produktbeschreibungen etc. bis hin zu planerischen Tätigkeiten wie der Vorhersage für erneuerbare Energien oder die Potenzialanalyse für den Standort öffentlicher Ladesäulen (alle genannten Beispiele entnommen aus www.plattform-lernende-systeme.de, Zugriff am 12.08.2019).

Diese sukzessive Übernahme von Tätigkeiten von intelligenten, lernenden Systemen vom Menschen wird die Wirtschaft in Deutschland aber auch in der Welt stärker verändern als alle Technologien zuvor. Im Abschnitt über die Darstellung der Auswirkungen der Digitalisierung habe ich bereits darauf hingewiesen, dass auch nach Meinung des Philosophen Richard David Precht künftig Millionen von Jobs wegfallen werden vor allem dort, wo der direkte Kontakt zwischen den Menschen nicht zwingend erforderlich ist. Lee (vgl. Lee 2018, S. 155 f. vor allem die Grafiken auf S. 155 und 156) konkretisiert die Jobs, in der die höchste Gefahr besteht, dass sie in den nächsten Jahren der Maschine zum Opfer fallen werden. In zwei Matrizen bestehend aus einer vertikalen und einer horizontalen Achse trägt er exemplarisch ausgewählte Berufsgruppen ein und unterscheidet dabei nach „kognitiver Arbeit (Cognitive Labor)", also hauptsächlich geistige Tätigkeit und „körperliche Tätigkeit (Physical Labor)", körperliche Tätigkeit:

Auf der vertikalen Achse unterscheidet Lee bei der geistigen Arbeit nach „sozialen (social)" und „a-sozialen (asocial)" Berufen. Im Gegensatz zur deutschen Verwendung des Wortes versteht er aber unter sozialen Berufen diejenigen, die einen starken sozialen Kontakt mit anderen Menschen benötigen und denen, bei denen dies eher weniger („a-sozial") der Fall ist. Die horizontale Achse unterscheidet Berufsgruppen nach „basierend auf Optimierungen (Optimization based)" d. h. Tätigkeiten, die durch KI optimierbar sind und eher repetitiv und routinemäßig ablaufen und „basierend auf Kreativität bzw. Strategie" („creativity- or strategy based", also Kreative Prozesse, die durch die KI ungleich schwieriger zu ersetzen ist. Als besonders gefährdet sieht Lee (vgl. ebenda, S. 155) bei den geistigen Tätigkeiten die des Kundenaußendienstes, den Verkäufer, den Radiologen, den Steuerberater, den Versicherungssachbearbeiter, den Kreditsachbearbeiter und den Übersetzer einfacher Texte. Alle diese Berufsgruppen könnten gemäß Lee durch die KI in ihren täglichen Aktivitäten weitgehend ersetzt werden. Auf der sicheren Seite hingegen stehen Berufsgruppen wie Staatsanwälte, Vorstandsvorsitzende, Psychiater, Sozialarbeiter oder auch in Deutschland weniger verbreitete Tätigkeiten als Concierge. Als nur teilweise oder in einzelnen Abläufen gefährdet gelten Jobs wie Hochzeitsplaner, Lehrer, Allgemeinmediziner bzw. Hausarzt, Reiseführer, Finanzplaner oder Tutor, da hier der soziale Kontakt noch überwiegt. Gleiches gilt für Berufe, die eine „handwerkliche" Geschicklichkeit benötigen und daher auch nicht komplett von maschineller Intelligenz ersetzt werden können, etwa der Künstler, der Journalist, der Grafikdesigner, der Wissenschaftler, der Finanzanalyst etc.

Bei den physischen Tätigkeiten unterscheidet Lee in der vertikalen Achse nach wie vor nach der sozialen Tätigkeit („social/asocial"), in der horizontalen allerdings nach dem Kriterium der „geringen Geschicklichkeit erforderliche und strukturierte Umgebung (low dexterity and structured environment)" und „hohe Geschicklichkeit erforderliche und unstrukturierte Umgebung (high dexterity and unstructured environment)". Als gefährdet sieht Lee (vgl. ebenda, S. 156) den Bankschalterbeamten, den Zubereiter von Fast Food, den Koch im Restaurant, den Textilarbeiter, den Erntehelfer, den Tellerwäscher, den Kontrolleur einer Montagelinie im Werk und sogar den LKW-Fahrer. Zu den relativ sicheren physischen Berufen zählt Lee dagegen die Pflegekraft im Altersheim, die Krankenschwester, den Krankenpfleger, den Friseur und den Hundetrainer. Weniger gefährdet aber mit Änderungen im Berufsprofil durch die KI sieht Lee die Bartender, den Rezeptionisten in einem Luxushotel, den Kellner im Café aber auch den Taxifahrer, den Klemptner, den Mechaniker, den Nachtwächter oder den Hausbauer. In der ersten Kategorie der Pfleger etc. spielt die menschliche, soziale Komponente eine überdurchschnittliche Rolle, in der letzteren die handwerkliche Geschicklichkeit. Dennoch bleibt festzuhalten, dass durch die rasante Entwicklung in der KI nicht nur viele Jobs wegfallen, sondern sich auch *nahezu alle Tätigkeiten durch die KI verändern* oder zumindest angereichert werden.

Wie sieht nun die Zukunft der KI aus? Lee unterscheidet vier „Wellen" der KI (vgl. Lee 2018, S. 104 ff.): Die *erste Welle ist die Internet-KI*. Sie begann bereits vor etwa 16 Jahren und umfasst vor allem die Analyse der Benutzerdaten im Internet. Datengestützt und mit Hilfe intelligenter Algorithmen können so personalisierte Angebote für den Nutzer aufbereitet werden, Werbungen geschaltet werden, bei YouTube Filme oder bei Amazon Bücher mit ähnlichem

Adressatenkreis vorgeschlagen werden: „Kunden, die dieses Video sahen oder dieses Buch kauften, sahen bzw. kauften auch …". Kleinere Texte können selbst verfasst werden, Zusammenfassungen maschinell erledigt und sogar falsche Nachrichten, sogenannte „fake News", erkannt werden.

Die *zweite Welle ist die „Business-KI"*: Unternehmen gehen dazu über, zum Teil jahrzehntelang gehaltene Daten mit modernen Datenanalysewerkzeugen und Algorithmen auszuwerten, um Verhaltensweisen in der Zukunft zu prognostizieren. So geben Gewichts- und Body-Mass-Index Daten von Personen einen guten Indikator ab, um die Wahrscheinlichkeit zu errechnen, dass diese Personen einmal an Diabetes erkranken (vgl. Lee 2018, S. 110). In China werden WeChat-Daten ausgelesen, um die Kreditwürdigkeit von Kreditnehmern zu berechnen. Kundendaten werden nach allen Regeln der Kunst ausgewertet, um auf Basis von Käufen der letzten Jahre proaktiv Produkte anzubieten, von denen die Kunden noch nicht einmal wussten, dass sie Bedarf danach haben. KI kann in dieser Welle ebenfalls den Richter eines Prozesses unterstützen (vgl. Lee 2018, S. 115): Sämtliche Beweise und Zeugenaussagen können in schriftlicher Form aber auch über Audiodateien und Spracherkennungssoftware in eine Maschine mit KI gefüttert werden. Diese deckt dann Inkonsistenzen in den Zeugenaussagen, in den Dokumenten etc. auf und warnt den Richter rechtzeitig vor der Verkündung des Urteils.

Die *dritte Welle der KI ist die „Wahrnehmungs-KI"*. KI ist nun in der Lage, ähnlich dem menschlichen Gehirn, Bilder zu erkennen und mit Sinn zu erfüllen. Anstelle von reinen Daten „sieht" die intelligente Maschine nun, ob eine bestimmte Person, ein Tier, ein Fußball oder ein Auto auf dem Bild abgebildet ist. Sie kann also die Daten „wahrnehmen und interpretieren". Die gesamte physische Welt wird nun mit Hilfe von Sensoren und intelligenten Geräten in eine Datenwelt übertragen, die Maschinen wahrnehmen und „lesen" können. Einfache Anwendungen sehen wir schon aktuell bei der Entsperrung von Smartphones durch Gesichtserkennung. Heute bereits kann man Gebäude nur nach Gesichtserkennung passieren und braucht künftig keinen Mitarbeiterausweis mehr. In diese Kategorie fallen auch Audioerkennungsgeräte wie Alexa von Amazon, das einzig mit Hilfe von Sprache bedient werden kann, um z. B. Produkte von Amazon so einfach wie möglich zu bestellen.

Die Online- und Offlinewelten verschmelzen zunehmend. Lee fragt konkret: „When you order a full meal just by speaking a sentence from your couch, are you online or offline?" (Lee 2018, S. 118) Also alleine die menschliche Sprache in der privaten Umgebung löst als Konsequenz einen digitalen Prozess aus, in diesem Fall die Bestellung einer Mahlzeit vom Sofa aus. Man kann gedanklich diese Verbindung zwischen Online- und Offline-Welt noch weiterspinnen, etwa die Bezahlung mit dem Gesicht (vgl. Lee 2018, S. 118). Eine US-amerikanische Kette (KFC) pilotiert dies in einem Restaurant in China mit dem Online-Bezahldienst Alipay. Kunden bestellen an einer digitalen Kasse und die Gesichtserkennung der KI gleicht die Bestellung mit dem Alipay-Konto des Kunden ab. Einkaufswägen im Supermarkt begrüßen die Kunden persönlich mit Computerstimme (vgl. Lee 2018, S. 119). Gesichtserkennung macht's möglich. Nicht nur das. Der Einkaufswagen kennt die normalen Kaufgewohnheiten der letzten Jahre, gleicht dies mit dem Bestand im Kühlschrank ab und zeigt auf, wo die präferierten Produkte sich im Supermarkt befinden oder ob sie ggfs. nicht mehr auf Lager sind (vgl. Lee 2018, S. 119).

Im Dialog mit ihrem Einkaufswagen können Kunden die Shoppingreise durch den Supermarkt fortsetzen. Produkte werden erläutert, ebenso die Angebote und Preise. Die fantasievollen Dialoge der Zukunft mit der weiterentwickelten Wahrnehmungs-KI kann man sich lebhaft vorstellen. Ähnliches gilt für den Einsatz solcher Technologien in der Bildung (vgl. Lee 2018, S. 122). Gesichtserkennung kann in der Klasse während des Unterrichts von zum Teil audiovisuell vorgestellten Lehrinhalten von exzellenten Lehrern mit Spezialthemen herausfiltern, welche Schüler bei welchem Niveau noch mitkommen oder abgelenkt bzw. überfordert oder gelangweilt sind. Eine individuelle Ansprache inklusive auf die Bedürfnisse des einzelnen Schülers zugeschnittenes online/offline-Lernprogramm für Zuhause inkl. Klausuren und Aufgabenprogramm sind dann möglich. Auch hier ist der Einsatz von Dialogen zwischen Maschine und Lernenden möglich.

In der *vierten und letzten Welle, der „Autonomen KI"*, sieht Lee die vollkommene Autonomie der Maschinen erreicht (vgl. Lee 2018, S. 128): Die intelligenten Maschinen hören und sehen alles um sie herum, wandeln dies in digitale Daten um, lesen und interpretieren diese und können sich sicher durch diese Umgebung navigieren bzw. effizient arbeiten. Dabei ist der Unterschied zwischen *automatisch und autonom* entscheidend (vgl. Lee 2018, S. 129): *Automatisch* arbeitende Maschinen können repetitive Tätigkeiten immer wieder ausführen. Sie arbeiten so wie sie programmiert wurden. *Autonom* arbeitende Maschinen können *selbstständig auf ändernde Umweltbedingungen reagieren* und sich entsprechend anpassen. Roboter können nun Erdbeeren pflücken (vgl. zu den Beispielen Lee 2018, S. 130 ff.) und dabei selbstständig entscheiden, wo sie am besten zu finden sind und ob sie den entsprechenden Reifegrad haben z. B. bewertet anhand der Intensität der Rotfärbung. Lagerhallen werden durch Roboter bestückt und entladen. Drohnen-schwärme löschen effizienter das Feuer als es Feuerwehren aus der Luft könnten. Schließlich natürlich ermöglichen autonom agierende intelligente Maschinen das autonome Fahren. Anfänglich mit Assistenztechnologien bewaffnet, steuern das Auto, der LKW, die Busse etc. künftig vollkom-men autonom durch die Stadt und werden aufgrund ihres maschinengesteuerten Verhaltens bei ausgereifter Technik vermutlich fehlerfreier unterwegs sein als der Mensch.

Was wie ein utopisches Szenario anmutet – vor allem das Beispiel mit dem sprechenden Einkaufswagen – kann schon bald Realität werden. Online- und Offline-Welt werden zu-nehmend verschmelzen. Natürlich wird der Mensch mit seinen Fähigkeiten, Emotionen und Verhaltensweisen nicht 1:1 kopierbar sein für Maschinen. Gott sei Dank! Aber es wird künftig kaum ein Lebensbereich, eine Berufsgruppe von den Entwicklungen der KI, stellvertretend für die Digi-talisierung, unberührt bleiben. Im Gegenteil, es wird kein Stein auf dem anderen bleiben. Wir werden in den nächs-ten Jahren eine größere digitale Revolution erleben, als es die industriellen Revolutionen zuvor waren. Schon heute wird bereits über die Zeit nach der Digitalisierung gedacht: Der norwegische Wirtschaftsphilosoph Anders Indset (vgl. Indset 2019) sieht gar die Ära der „Quantenwirtschaft" hereinbrechen. Er schreibt in seiner Einleitung (Indset a. a. O., S. 7):

Doch es wird höchste Zeit, ein *Neues Testament* (Kursiv-schreibung im Original) zu formulieren, die Verheißungen und Gesetze eines postmaterialistischen Kapitalismus, der Wohlstand nicht auf den Kontostand reduziert, sondern auch unseren Verstand und unsere Vitalenergie stärkt und uns mit Gütern wie Glück und Liebe versorgt. Dieses post-materialistische System – nach Old und New Economy – bezeichne ich als „Q-Economy", als Quantenwirtschaft.

Unabhängig davon, ob diese Zukunftssicht realistisch und realisierbar ist, ist es Tatsache, dass sich die *Wirtschaft von heute in nur wenigen Jahren mit den neuesten Entwicklungen der Digitalisierung und der Künstlichen Intelligenz dramatisch verändern wird.* Doch zumindest in einem Punkt hat der Wirtschaftsphilosoph und Prognostiker Indset sicherlich recht (Indset a. a. O. 2019, S. 13): „Wir müssen lernen, Ökonomie, Gesellschaft und Ökologie ganzheitlich zu betrachten." Die Ökonomie ist sicher nicht von gesellschaftlichen Entwicklungen zu entkoppeln. Erst recht nicht von der Globalisierung. Daher möchte ich im folgenden Abschnitt vor allem auf die Auswirkungen der globalisierten Ökonomie eingehen.

7.2.3 Von Gewinnern und Verlierern: Die Folgen der Globalisierung

Die Idee der Globalisierung ist nicht neu: Bereits in der Antike gab es einen länderübergreifenden Handel in der damals bekannten Welt. Das Handelsvolk der Phönizier bereiste die Welt. Bereits die Römer und Griechen kannten die Prinzipien des Handels Ware gegen Ware, Ware gegen Geld. Dynastien wie die Fugger im mittelalterlichen Augsburg nahmen ihren wirtschaftlichen Aufstieg mit Beginn des länderübergreifenden Handels. Der britische Ökonom mit portugiesischen Wurzeln David Ricardo entwickelte passen dazu die *Theorie der komparativen Kostenvorteile* (vgl. Kapitel III.3). Weitere Gründe für eine globale Tätigkeit vor allem aus Unternehmenssicht (vgl. Perlitz und Schrank 2013, S. 15 ff.) sind multinationale Handelsabkommen im Rahmen der World Trade Organisation (WTO) oder weiteren regionalen Wirtschaftszonen wie innerhalb der EU oder Mercosur in Südamerika oder ASEAN in Südostasien, die den grenzüberschreitenden Handel begünstigen. Zusätzlich eingerichtete Freihandelszonen oder Präferenzzonen mit teilweisem oder vollständigem Abbau von Handelshemmnissen wie Steuern oder Zölle zwischen den teilnehmenden Staaten fördern zusätzlich den grenzüberschreitenden Handelsaustausch.

Aus Unternehmenssicht macht es natürlich Sinn, ihre Absatz-, Umsatz- und Ertragspotenziale im Ausland zu erweitern. Vor allem globale Konzerne profitieren davon, dass ihre Autos, Maschinen, Software, Laptops, Mobiltelefone etc. in der ganzen Welt beliebt sind und so einen hohen Gewinn mit den globalen Verkäufen erzielen. Nicht nur der Verkauf erfolgt auf den weltweiten Märkten, sondern auch der Einkauf von Arbeits- und Dienstleistungen, Zulieferer von Automobilunternehmen liefern weltweit Teile und Module für die Autos an. Die Autos selbst werden in vielen Teilen der Welt produziert. Ein Hersteller alleine wie Daimler verfügt bereits über ein weltumspannendes Produktionsnetzwerk zur Herstellung ihrer immer weiter differenzierten Produktpalette. Unterstützt wird das Ganze durch das weltweit umspannende Internet, das die Informationen über die Produkte weltweit verbreitet. Globale Kulturen und Bewegungen, wie etwa die Popkultur, Trends in den sozialen Medien, die über Instagram, Facebook etc. etwa über „Influencer" weltweit verbreitet werden und in aller Munde sind, lassen die Welt näher zusammenrücken. Filme aus Hollywood werden in übersetzten und synchronisierten Fassungen weltweit gezeigt, Modelabels strahlen als Marke global, Fernsehformate wie Model- und Musiktalentshows à la „Germanys Next Topmodel" oder „American Idol bzw. Voice of Germany" werden überall auf der Welt gezeigt und helfen, die Fernsehgewohnheiten aber auch Markenwahrnehmung weltweit anzunähern.

Die Vorteile der Globalisierung liegen auf der Hand (vgl. globalisierung-fakten.de): Das Warenangebot, das dem Verbraucher weltweit zur Verfügung steht, wird umfangreicher wie etwa frisches Obst oder generell Lebensmittel aus aller Welt, Mobiltelefone von verschiedenen Herstellern dieser Welt sind ebenso erhältlich wie Autos, Spielzeug etc. Der globale Konkurrenzdruck zwingt die Hersteller, dort zu produzieren, wo die günstigsten Herstellkosten sind, um den wettbewerbsfähigsten Preis zu setzen. Die global agierenden Unternehmen fahren zum Teil hohe Gewinne ein, expandieren weltweit und stellen in diesem Zuge immer mehr Mitarbeitende ein. Die profitieren von den sicheren und gut bezahlten Arbeitsplätzen, konsumieren und erhöhen dadurch die Nachfrage nach den Gütern auf der Welt. Dies wiederum erhöht die Produktion und das Warenangebot der Unternehmen weiter. Neue Anbieter drängen auf den Markt. Die Preise der Güter sinken weiter im Zuge des weltweiten Wettbewerbsdrucks. Das Warenangebot steigt weiter. Darüber hinaus ist die weltweite Mobilität von Gütern und Personen gestiegen. Arbeitsplätze werden nicht nur von Einheimischen bekleidet, sondern zunehmend auch von unterschiedlichen Nationalitäten, die fern der Heimat eine weitere Jobchance finden.

Aber wo Licht ist, ist auch Schatten (vgl. globalisierungfakten.de): Die Wirtschaft ist weltweit miteinander verflochten. Dies bedeutet aber auch, dass ökonomische Krisen in einem Land schnell auf andere Länder übertragen werden können, was wir schmerzlich während der Corona-Pandemie erfahren mussten. Dies war auch schon zu Zeiten der Griechenlandkrise der Fall, bei der Griechenland aufgrund hoher Staatsverschuldung und damit einhergehender Inflation und Arbeitslosigkeit von den anderen EU-Staaten mit Hilfsfonds gerettet werden musste, um die anderen EU-Länder nicht in den Sog der Verschuldung und Konjunkturflaute mit hineinzureißen. Handelskriege wie die, die zum Zeitpunkt des Abfassens dieser Zeilen zwischen

China und den USA drohen, zeigen ebenfalls globale Auswirkungen wie der „Brexit", das Austreten Großbritanniens aus der Europäischen Union. Unternehmen produzieren dort, wo die besten Rahmenbedingungen gegeben sind. Das heißt aber auch, dass vor allem in den Ländern produziert wird, wo die niedrigsten Lohnkosten sind, was wiederum den Druck auf die „Hochlohnländer" erhöht und sich nicht immer positiv auf die Arbeitsbedingungen in den „Billiglohnländern" auswirkt. Der Wettbewerb verschärft sich weiter. Unternehmen, die im weltweiten Wettbewerb um die besten Ressourcen, die niedrigsten Kosten etc. nicht mithalten können, gehen Konkurs und hinterlassen viele Arbeitslose. Die Umwelt wird durch die globalen Logistik- und Transportströme enorm belastet, Umweltstandards und -schutzmaßnahmen müssen weltweit standardisiert und eingeführt werden. Schließlich verschärft sich auch die globale Kriminalität.

In der *Globalisierung gibt es wie überall auch Gewinner und Verlierer.* Eine Studie der Bertelsmann-Stiftung von 2018 (Jungbluth et al. 2018) hat gezeigt, dass die Industrieländer im Vergleich zu den Schwellenländern am meisten von der Globalisierung profitieren. So zeigt der Globalisierungsreport der Prognos AG im Auftrag der Bertelsmann Stiftung (vgl. ebenda), der die Wohlstandsgewinne in 42 Industrie- und Schwellenländern ermittelt hat, dass Deutschland, wenig überraschend, zu den Ländern gehört, die am meisten von der Globalisierung profitiert hat. So hat sich das reale Bruttoinlandsprodukt pro Kopf der Bevölkerung (BIP pro Kopf) zwischen 1990 und 2016 jährlich um 1150 Euro erhöht hat. Das entspricht über den gesamten Zeitraum einer BIP-Erhöhung pro Kopf von etwa 30.000 Euro.

Das bedeutet im Klartext, dass im Schnitt jeder Bürger der betrachteten 42 Länder in den letzten 29 Jahren ein um

30.000 Euro höheres Bruttoinlandsprodukt erzielt hat. Im Schnitt wuchs das BIP pro betrachtetem Land um etwa eine Billion Euro im Jahr. Der größte Globalisierungsgewinner war die Schweiz mit einer jährlichen BIP-Steigerung in Höhe von 1900 Euro pro Jahr. Schlusslicht war Indien mit einer Steigerung des BIP in Höhe von nur 20 Euro pro Jahr. Ebenfalls unterdurchschnittlich schnitten China (BIP-Plus von 80 Euro pro Jahr) und Mexiko (120 Euro pro Jahr) ab. Das bedeutet natürlich, dass vor allem *die Industrieländer*, die bereits vor der Globalisierung über eine deutlich höhere Wirtschaftsleistung verfügt haben, *überproportional von der Globalisierung profitiert* haben. Die Schwellenländer haben nur geringfügig profitiert. Der Abstand der Wirtschaftsleistung zwischen den Industrie- und Schwellenländern ist damit weiter gestiegen, wiewohl unter dem Strich alle betrachteten Länder von der Globalisierung profitiert haben.

Folgt man einer extrem negativen Sichtweise (vgl. globalisierung-welthandel.de), dann hätten vor allem die global agierenden Unternehmen, die „Global Player", überproportional von der Globalisierung profitiert. Die Strategie der Produktion in den „Billiglohnländern" und der Export in die „Hochlohnländer" mit entsprechender Kaufkraft lässt diese Unternehmen zu Gewinnern dieses globalen Handels werden. Vor allem die bekannten Markenunternehmen schöpften die Sahne ab, da sie aufgrund ihres Images quasi eine Monopolstellung genössen. Gewinner seien dabei vor allem deren Manager, darüber hinaus die Akteure auf dem Finanzmarkt wie die „Devisen- und Aktienspekulanten" und etwa die Investmentbanker. *Verlierer seien die 90 Prozent der Normalverdienenden*, da sie im Zuge des weltweiten „Lohndumpings" – aufgrund des weltweiten Lohnkostenwettbewerbs relativ niedrige Löhne – auf die Hälfte der Lohnsteigerungen verzichtet hätten, und vor allem die Zeitarbeitenden, Geringverdienenden, Praktikanten, Arbeitslose, Kurzarbeiter etc. Und schließlich sind es auch die kleinen und mittelständischen Unternehmerinnen und Unternehmer inkl. der Landwirte, die in dem globalen Wettbewerb nicht mithalten können und Konkurs gehen. Der Staat und das Gemeinwesen zahlten durch die hohen Investitionen in die Globalisierung und die damit einhergehenden Haushaltsdefizite und Staatsschulden zusätzlich drauf. Spekulations- und Wirtschaftskrisen wie die in 2008 mit der geplatzten Immobilienblase und den Sub Prime Krediten d. h. Krediten, die aufgrund ihrer Höhe und den mangelnden Gegenwerten nicht oder nur sehr schwer zu bedienen waren, seien die Folge. Selbst wenn man sich dieser *sehr negativen Sichtweise nicht anschließen* möchte und unter dem Strich die positiven Folgen der Globalisierung überwiegen, sind auch die negativen Einflüsse der Globalisierung in der Summe nicht ganz von der Hand zu weisen.

Wie aber sieht in 2020 die aktuelle Entwicklung der Globalisierung aus? Die *Globalisierung* hat sich mittlerweile „erschöpft" (Hüther et al. 2018): Die Zahl der Länder, deren Wirtschaftswachstum ein Plus von mehr als vier Prozent aufweist, sinkt (vgl. Piper 2019). Es herrschten eher „Endzeitstimmung" (zitiert nach Hüther et al. 2018) und Überdruss über die Globalisierung. China sei zwar mittlerweile Globalisierungsgewinner, teilte aber die Werte des Westens nicht. Die Globalisierung vernachlässige die Verlierer der Globalisierung. (Hüther et al. 2018; vgl. Piper 2019) forderten eine Erleichterung des Kapitalflusses in den Entwicklungsländern, etwa eine „kapitalgedeckte Altersversorgung" für die armen Länder Afrikas.

Das jährlich tagende Weltwirtschaftsforum im Schweizer Davos von 2019 hat unisono konstatiert, dass die Globalisierung die weltweite Ungleichheit verstärkt hat, wiewohl die Armut absolut abgenommen hat. Obwohl sich viele Themen wie der Klimawandel, Umwelt, Finanzkrise etc. nur global lösen lassen, geht der Trend hin in Richtung nationaler Protektionismus, Abschottung, Handelskriege und höhere Zölle. Vor allem die sich anbahnenden Handelskonflikte zwischen China und den USA lassen auf ein Ende der Freihandelszonen und des unbegrenzten Handels hindeuten. Der Brexit und die separaten ökonomischen Bestrebungen Großbritanniens sind ein Alarmzeichen für alle Befürworter des freien Handels. Die Politiker, so scheint es zumindest auf dem Gipfel in Davos zu sein, sind zunehmend ratlos (vgl. Krach 2019).

Stattdessen scheint eine schleichende *De-Globalisierung* Einzug zu halten. Die internationale Verflechtung der Wirtschaft ist eher rückläufig. Gründe sind die strikteren Regulierungen der Finanzwirtschaft. Banken wird es erschwert Kredite im Ausland zu vergeben. China und weitere Schwellenländer sind gesättigt, fertigen selbst auf hohem Niveau bei höheren Löhnen. Es existieren Handelskriege zwischen China und USA und protektionistische Politik allerorten. In vielen Ländern auch innerhalb der EU sind nationale, populistische Regierungen an der Macht, die vor allem an den nationalen Handel denken und weniger an die internationale Verflechtung. Dabei ist Deutschland insbesondere von ausländischen Nachfragern abhängig (vgl. Müller 2019). Wo soll das hinführen, so fragt man sich, wenn alle Regierungen der Welt ihr Land und Wirtschaft hochhalten („Country X, Y or Z first") und an erster Stelle ihrer Prioritäten setzen? Wo bleiben dann noch das *Gemeinschaftsgefühl* und der Wille zu einem *gemeinschaftlichen Wohlstand* auf Basis globaler Handelsbeziehungen à la Ricardo? Der Protektionismus, die weltweite Abschottung der heimischen Märkte hält zunehmend Einzug und verstärkt den Trend zur De-Globalisierung (vgl. Zinke 2019). Gerade in der Coronakrise konnte man erkennen, dass die Globalisierung mit ihren internationalen Lieferketten zunehmend zugunsten der nationalen Grenzen an Bedeutung verloren hat (vgl. Heuser 2020). An den Grenzen feststeckende LKWs und internationale Abhängigkeiten in der Produktion waren in dieser Zeit kurzfristig kontraproduktiv für die Ertragslage der Unternehmen.

Die Globalisierung wird zunehmend kritischer gesehen. Manche Stimmen fordern sogar, die Globalisierung „müsse nachhaltiger, sozialer und weiblicher werden" (vgl. Kohlmann 2019) Wenn die Globalisierung ausbleibt, dann ist die Wirtschaft betroffen. Zudem befinden sich wichtige Branchen, die in der Vergangenheit besonders von der Globalisierung profitiert haben wie etwa die Automobilbranche, in einem gigantischen Transformationsprozess, dessen Ausgang Stand heute noch nicht klar ist (vgl. Spiegel online 2018, Globalisierung Profiteur). Zudem fremdeln vor allem die Deutschen mit der Globalisierung. Sie bringe zwar grundsätzlich einen weltweiten Warenhandel, der positiv gesehen wird. Allerdings sei es auch schlecht für die Arbeitsplatzsicherheit, da Jobs und Kapital schnell ins Ausland verlagert werden können. Dies folgte einem weltweiten Trend: Die Globalisierung wird daher zunehmend kritischer gesehen (vgl. Böcking 2018). „Die Globalisierung hat in meinem Land die Grenzen der Akzeptanz erreicht" – dieser Aussage stimmten in den USA 70 Prozent und in der EU 56 Prozent der Wirtschaftsexperten zu, die das Münchner Ifo-Institut für seinen aktuellen „World Economic Survey" befragt hat (vgl. Becker 2019).

Denn die Voraussetzungen der Globalisierung seien die Reduktion der Transport- und Kommunikationskosten, der Energiekosten, niedrige Zölle und der Abbau der Handelshemmnisse. Im Augenblick sei aber, ausgehend von den USA und China inkl. Brexit ein genau gegenteiliger Trend zu beobachten. Zwar gebe es nach wie vor eine bessere Vernetzung durch Sprachkenntnisse, Tourismus, EU Freizügigkeit, Informations- und Kommunikationstechnologie. Multinationale Unternehmen sind nach wie vor global miteinander verflochten (vgl. Bundeszentrale für politische Bildung 2019, Entwicklung des grenzüberschreitenden Warenhandels). Dennoch seien die Probleme der ungleichen Verteilung zwischen den Ländern, Industrie- versus Schwellenländer, und innerhalb der Länder zwischen den Top 10 Prozent und dem Rest der Bevölkerung mitnichten gelöst. Flucht und Vertreibung, Armut trotz Arbeit, Unterernährung, Kinderarbeit, fehlendes Trinkwasser und Sanitäreinrichtungen seien nach wie vor in den ärmsten Ländern der Welt, hauptsächlich in Subsahara-Afrika, an der Tagesordnung.

Der Trend gehe zu *Megacities*, d. h. einem globalen Trend hin zu den sehr großen Städten. Sogar die Teilhabe an dem Fortschritt, etwa gemessen an dem Anteil der Haushalte mit Internetzugang an total nach Ländergruppen d. h. „Digital Divide" sei weltweit äußerst unterschiedlich (vgl. Probleme bpb.de). Fazit ist, dass die Globalisierung neben den Nachteilen eines verschärften Wettbewerbs und einer verstärkten Ungleichheit der Länder auch eine Reihe von Wohlstandsgewinnen gebracht hat, die allerdings neuerdings zunehmend kritischer gesehen werden. Aktuell zu beobachtende Tendenzen zur Abschottung nationaler Märkte und drohende Handelskriege lassen alles andere als ermutigt in die Zukunft der Globalisierung schauen. Die Globalisierung scheint tatsächlich „erschöpft" zu sein.

7.3 Die Wirtschaft braucht ein neues Narrativ: Ein „gutes" Leben für alle

7.3.1 Ein gutes Leben: Was ist das und wie können wir es erreichen?

Der US-amerikanische Wissenschaftler und Träger des Alfred Nobel-Gedächtnispreises für Ökonomie, Robert Shiller, unterstreicht die Bedeutung von Narrativen in der Ökonomie (Shiller 2020, S. 43):

> Wir brauchen eine Revolution in der Wirtschaftswissenschaft. Ökonomen müssen auch Narrative studieren. Wir müssen die Realität von populären Geschichten und menschlichem Denken akzeptieren und eine Möglichkeit entwickeln, sie zu quantifizieren, aufzulisten oder ihren Fortschritt im Laufe der Zeit zu beobachten.

Eines dieser Narrative könnte das „gute Leben" sein. Seit der Antike streben die Menschen nach einem guten Leben, nach einem Leben in „Glückseligkeit" oder in den Worten der alten Griechen der *Eúdaimonía* (vgl. etwa Aristoteles, Nikomachische Ethik 1179a, Aristoteles 2007, S. 449 ff.). Dabei verbanden die griechischen Philosophen des Abendlandes diesen Begriff mit einem eher selbstgenügsamen Leben, einem Leben im Einklang mit sich selbst und in Harmonie mit der Natur. Die Frage war von jeher, wie man einen solchen Zustand der Glückseligkeit oder, etwas tiefer gehängt, Zufriedenheit mit dem Leben erreichen könne. Die Zufriedenheit im Leben hängt nicht unmittelbar vom Vorhandensein materieller Güter ab: Es schade zwar nichts, alles an Nahrung zu haben, was zum Bedarf des Lebens gehört. Allzu viele äußere Güter seien aber nicht erforderlich,

Überfluss schade eher. Man könne auch mit mäßigen Mitteln der Tugend gemäß handeln (vgl. Aristoteles, Nikomachische Ethik 1179a, Aristoteles 2007, S. 449). Platon lässt seinen Lehrer Sokrates im Dialog das gute Leben weniger als ein Leben mit einem Reichtum an materiellen Gütern, sondern eher ein Leben gemäß den vier Kardinaltugenden der Besonnenheit, Weisheit, Gerechtigkeit und Tapferkeit definieren (vgl. Poller 2005, S. 75). Höchstes Ziel des Menschen ist es, die Idee des Guten zu erkennen (vgl. ebenda). Sokrates erarbeitete diese Definition wie es seine Art war im Dialog mit seinen griechischen Landsleuten, die er so zum Denken und zum Entdecken der Wahrheiten aufforderte.

Überträgt man diese Diskussion auf die heutige Zeit, vor allem aus dem Blickwinkel der hier vor allem interessierenden ökonomischen Fragestellung, so findet man sicher einige Überschneidungen zur Antike. Unstrittig dürfte sein, dass Gesundheit (gerade zu Zeiten von Corona!) ein hohes Gut ist, dessen man auch heute noch zwingend für ein gutes, gelungenes Leben benötigt. Was nutzt einem all der Reichtum, Erfolg und Ansehen, wenn man nicht gesund ist? Dehnt man die Gesundheit auch auf alle die Menschen aus, die man liebt oder die einem wichtig sind im Leben, dann ist sicher eine Grundbedingung des „glückseligen" Lebens erfüllt. Doch das ist sicher erst der Anfang. Der US-amerikanische Psychologe Abraham Maslow hat eine nach ihm benannte *Bedürfnispyramide* entwickelt, die versucht, die menschlichen Bedürfnisse in einer hierarchischen Struktur abzubilden und darzustellen (vgl. Maslow 2020). Zu aller erst müsse der Mensch, so Maslow, die physiologischen Bedürfnisse des Lebens stillen. Dies sind vor allem alle existenziellen Grundbedürfnisse des Menschen nach Nahrung, ausreichend Wasser, Kleidung, ein Dach über den Kopf zu haben oder auch ausreichend zu schlafen.

In heutigen Zeiten des industriellen Zeitalters kommt sicherlich noch das Bedürfnis nach einer Arbeit, die zumindest einigermaßen befriedigt und mit dem man sein Leben auskömmlich fristen kann. Schließlich zählt dazu auch ein Grundbedürfnis nach Aus- und Weiterbildung, die Chance, über eine ausreichende Bildung kompetent am gesellschaftlichen Leben teilnehmen zu können. Auch die zweite Stufe in der Bedürfnispyramide Maslows konzentriert sich auf die Sicherheitsbedürfnisse des Menschen, dem Streben nach einer ausreichenden finanziellen und materiellen Versorgung, eine Unterkunft für die Familie abzusichern etc. Erst danach kämen die sozialen Bedürfnisse an der Teilhabe am gesellschaftlichen Leben, das Gefühl der Geborgenheit in der Familie, im Bekannten- und Freundeskreis, im Kollegenkreis bei der Arbeit. Schließlich folgen in einer späteren Ausbaustufe Dinge wie der Wunsch nach Ansehen, Wertschätzung, Erfolg aber auch schließlich – und das ist die höchste Ausbaustufe der Bedürfnishierarchie, die Selbstverwirklichung. Frei definiert könnte man sagen, das sind die wenigen Menschen, die sich ganz darauf konzentrieren können, sich gemäß ihren Anlagen und Fähigkeiten frei zu entfalten und ihr Potenzial maximal möglich zu nutzen.

Doch wem ist das in der heutigen Zeit schon vergönnt, in Abwesenheit aller anderen Sorgen und Nöte, sich voll auf seine maximale Potenzialausschöpfung zu konzentrieren? Häufig fehlt es an dem Nötigsten. Jetzt ist Deutschland ein reiches Land und in dieser Frage sicherlich nicht repräsentativ für die Weltbevölkerung. Doch auch hier gibt es viele Menschen, die nicht ausreichend zu essen haben, und wenn, dann nur das nötigste, von gesunder, ausgewogener Ernährung ganz zu schweigen. Nicht alle haben ein Dach über dem Kopf und diejenigen, die (noch) eines haben, sind durch die ständig steigenden Mieten vor allem in den Ballungsräumen armutsgefährdet. Kommen sie in den Zeiten ihrer Berufstätigkeit noch einigermaßen über die Runden, wird es im Alter immer schwieriger, da die Renten für die ehemaligen Gering- oder auch Mittelverdiener kaum noch zum Überleben reichen. Nur dank so karitativen Einrichtungen wie den Missionen und Tafeln mit den kostenlosen Essenausgaben und der zum Teil kostenlosen Verteilung von Lebensmitteln gelingt das Überleben der Menschen im Alter. Aber nicht nur alte Menschen sind auch im reichen Deutschland von Armut bedroht, auch Kinder und Jugendliche haben nicht immer ausreichend Ernährung und Unterkunft.

Ein gelungenes, glückliches Leben ist sicherlich zunächst eines, das die existenziellen Grundbedürfnisse nach Ernährung, Kleidung und Unterkunft sicherstellt. Wer dazu noch einen guten Zugang zu einer gehobenen Bildung hat, eine interessante, das Leben sichernde Arbeit hat, kann sich bereits glücklich schätzen. Schließlich trägt eine intakte Familie und ein Freundes- und Bekanntenkreis, in dem man sich geborgen und aufgehoben fühlt, zu einem glücklichen Leben bei. Der bereits an anderer Stelle erwähnte US-Ökonom Joseph Stiglitz sieht in einem „auskömmlichen Leben für alle" („a decent life for all", Stiglitz 2019, S. 209) ein wesentliches Ziel der kapitalistischen Wirtschaft. Ein solches auskömmliches Leben, das die Ökonomie mit staatlicher Unterstützung sicherstellen muss, beinhaltet vor allem folgende vier Elemente (vgl. Stiglitz 2019, S. 212 ff.):

1. Zugang zu einer *bezahlbaren Gesundheitsvorsorge* für alle Bürger eines Landes analog der Regelung des früheren US-Präsidenten Barack Obama („Obama Care").
2. Eine *auskömmliche Rente* („decent retirement", ebenda, S. 214) für Menschen, die ein Leben lang gearbeitet haben.
3. Ein *bezahlbares Dach* über den Kopf, idealerweise Eigentum („home ownership", a. a. O., S. 216) und

4. eine *Ausbildung*, die *nicht nach dem Geldbeutel differenziert*, sondern einzig nach der Leistungsfähigkeit und
-bereitschaft der Heranwachsenden. Dies könnte durch
einen stärkeren Ausbau von Stipendien oder einer deut-
lichen Reduzierung der Studiengebühren, ggfs. subventioniert durch den Staat, erreicht werden.

Dabei hat sich die materielle Orientierung in ihrem Beitrag zu einem glücklichen Leben im Laufe der Jahre geändert. Galt vor 50 Jahren der erfolgreiche Manager und
Unternehmer mit allen seinen Vorzügen wie Macht, Ansehen, Prestige und Reichtum zu den erstrebenswerten Zielen, will die heute nachwachsende Generation der „Milleni-
als", also der um das Jahr 2000 herum geborenen, mehr
vom Leben haben. Mann und Frau teilen sich die Kinder-
erziehung, man nimmt wechselseitig mehrmonatige Auszeiten vom Job („Sabbaticals"), um ganz für die Familie
und die Kinder da zu sein. Status in Form eines Luxusautos
ist weniger wichtig, zur Not wird ein Auto bei einem der
vielen Car Sharing-Anbieter geteilt – wenn man ein Auto
überhaupt benötigt – oder es werden Mitfahrzentralen genutzt. In den Urlaub geht es in geteilte Wohnungen à la
Airbnb. Im Job ist der „Purpose", also der Sinn und Zweck
der Arbeit wichtiger als die Rangstufe und die Karriereaus-
sichten mit dem ansteigenden Gehalt.

Die ausreichende „Work-Life-Balance", also das ausgewogene Verhältnis zwischen Arbeit und ausreichende Freizeit steht immer mehr im Fokus. Unternehmensberater mit
ihren 80–100 Stunden-Wochen müssen umdenken und
mit geplanten Auszeiten ködern, um überhaupt noch genügend High Potenzials an Bord zu bekommen (vgl. Scherer 2017, vor allem „Der Aussteiger"). Der Chef klassischer
Prägung hat ausgedient: Anstelle eines von oben herab be-
fehlenden Chefs autokratischer Prägung in seinem Einzel-
büro und Vorzimmerdame steht der mitfühlende kompe-

tente ältere Coach, der über mehr Erfahrung verfügt und kraft Fachkompetenz und Lebenserfahrung Tipps gibt und die jungen Nachwuchsmitarbeiter unterstützt. Die Anrede des „Sie" ist genauso verpönt wie die Krawatte und häufig auch der Anzug, das Kostüm alten Schlages. Die „Start-up" Kultur hält aller Orten Einzug. Doch nicht alle Menschen kommen überhaupt so weit, aufgrund der Ausbildung und der Zielstrebigkeit, einen solchen Job zu ergattern, der einem diese Freiräume ermöglicht.

7.3.2 In Deutschland leben wir ökonomisch sorgenfrei

Noch im Jahr 2012 lebten weltweit knapp 900 Millionen Menschen in extremer Armut, d. h. Menschen, die von einem Einkommen pro Tag und Kopf von weniger als 1,90 Dollar leben müssen (vgl. Bundeszentrale für politische Bildung 2017, Stichwort Armut). Davon lebten 43,4 Prozent im Afrika südlich der Sahara. Wenn es ein lohnenswertes Ziel für eine globale Ökonomie gäbe, dann sicherlich dieses, dass diese Menschen auf der Welt ihre existenziellen Grundbedürfnisse befriedigt bekommen. *Niemand sollte auf dieser Welt mehr hungern müssen!* Es sind sicherlich nicht nur die physischen Bedürfnisse nach Nahrung, die in diesen von Armut betroffenen Ländern fehlen, sondern auch die ausreichende medizinische Versorgung, die Sicherstellung von ausreichend sauberem Trinkwasser und die Unterkünfte. Dort fehlt es praktisch an allem. Die ökonomische Forschung aber vor allem das ökonomische Handeln sollte versuchen, sich diesen Themen und Ländern stärker zu widmen.

Natürlich gibt es bereits sehr ermutigende Initiativen und Organisationen, die versuchen, sich der extremen Armut anzunehmen und die Lebensbedingungen in diesen

Ländern zu beseitigen. Beispiele dafür sind u. a. das Internationale Arbeitsamt mit seinen Zielen, ein Pro-Kopf-Wirtschaftswachstum von mindestens 7 Prozent in den am wenigsten entwickelten Ländern zu erreichen, die Förderung von Unternehmertum und Schaffung von menschenwürdigen Arbeitsplätzen. Ferner versucht man, die Zwangsarbeit abzuschaffen und durch technologische Modernisierung etc. eine höhere Produktivität zu erzielen (vgl. Internationales Arbeitsamt 2016, S. 7). Hervorragend geeignet sind aber auch Führungskräfte großer und kleiner Unternehmen, die ihre Mitarbeitenden unterstützen und ermutigen, in diesen Ländern in ihrer Freizeit tätig zu werden, zum Teil unterstützt mit finanziellen Mitteln. Es sollte ein permanentes ökonomisches Ziel sein, diese Länder von der extremen Armut und Hungersnot dahin zu führen, wo die Industrieländer schon sind: Dass niemand mehr hungern muss und alle ausreichend zu essen und trinken haben, die medizinische Versorgung Mindeststandards aufweist und jeder ein Dach über den Kopf hat. Ein hehres, sicherlich kurzfristig unerreichbares Ziel, an dem aber im Sinne der Menschen weiter gearbeitet werden sollte. Wenn wir uns jetzt die eher reichen Industrieländer wie die USA, Europa oder Australien ansehen, welche Zielsetzung sollte hier verfolgt werden?

In Deutschland muss heute Gott sei Dank niemand mehr verhungern. Allerdings ist schon die Frage, wie viele Kinder hierzulande hungrig ins Bett gehen müssen, nicht so einfach zu beantworten. Trotz zahlreicher, von Privatpersonen z. B. Uschi Glas und karitativen Organisationen getragenen Initiativen für kostenlose Schulspeisungen, müssen auch im reichen Deutschland noch etwa 10 Prozent der Grundschülerinnen und -schüler hungrig zur Schule gehen (vgl. Seidel 2019). Es gibt nach einer Schätzung der Bundesarbeitsgemeinschaft Wohnungslosenhilfe etwa 678.000 Menschen ohne Wohnung, davon 8 Prozent Kinder und Jugendliche, die alleine oder mit ihren Eltern auf der Straße leben (vgl. Brummerloh 2019). Und dies nicht in einem entfernten Land, sondern hier bei uns im reichen Deutschland. Natürlich ist die viel diskutierte Frage der Bildung der Kinder generell und vor allem der Kinder aus unterprivilegierten Schichten nach wie vor ein drängendes Thema. Aber wer nicht genügend zu essen bekommt und keine Unterstützung von zu Hause erhält, der kann sich auch in der Schule nicht auf das Lernen konzentrieren. Kinderarmut hat viele Facetten, die wir hier nicht alle skizzieren können. Es reicht die Aussage, dass auch Kinder, die morgens einigermaßen gesättigt in den Unterricht kommen, bei vielen Schulausflügen fehlen, da es sich die Eltern nicht leisten können. Ich denke hier bspw. an einen Landschulheimaufenthalt – bisweilen wird von den anderen Eltern für diese armen Kinder gespendet, doch sind die betroffenen finanziell benachteiligten Eltern häufig zu stolz, ihre Lage zuzugeben oder die Spenden anzunehmen. Manche Eltern sind bereits bei der Anschaffung von Schulbüchern überfordert so sie nicht von der Schule gestellt werden.

Kinderarmut darf in Deutschland genauso wenig existieren wie die Altersarmut. Die Kinderarmut und Obdachlosigkeit von Kindern könnte man z. B. mit einer monatlichen „Kinderrente", die deutlich über dem Kindergeld liegen und die Kosten für Ernährung, Kleidung und ein kleines Hobby umfassen sollte, bekämpfen. Ferner würde ein gesetzlich verbrieftes Recht auf bezahlbares Wohnen helfen, die Obdachlosigkeit zu bekämpfen. Dagegen existieren bereits für die Altersarmut eine Reihe von Konzepten, die schon zum Teil ausgearbeitet werden wie etwa die Grundrente. Es kann nicht sein, dass Menschen, die ein Leben lang gearbeitet haben und sich, vor allem in den Metropolen unseres Landes, kaum die Mieten leisten können, im

Alter aus ihren Wohnungen ausziehen müssen, da die Rente nicht mehr reicht. Hier reichen die Ideen von einer bedingungslosen Grundrente bis hin zu Aufstockungsmodellen oder einem generellen Grundeinkommen ohne Vorbedingungen für alle Bürger. Würde dieses Modell greifen, hätte man gleich viele Themen wie die Alters- und Kinderarmut in Deutschland gleichzeitig gelöst. Ich werde im Abschn. 7.3.3 noch einmal explizit auf das bedingungslose Grundeinkommen zu sprechen kommen.

Ein *gesetzlich gesicherter Anspruch für alle in Deutschland lebenden Menschen auf ein Dach über den Kopf* analog des Anspruchs auf einen Kitaplatz würde schlagartig die Bemühungen forcieren, auch in den Metropolen ausreichend bezahlbaren Wohnraum zu schaffen. Joseph Stiglitz bringt es aus US-amerikanischer Sicht auf den Punkt, wenn er für alle Bürgerinnen und Bürger eine hochwertige Bildung, ausreichende Gesundheitsversorgung, Sozialversicherung, Unterkunft und faire Löhne fordert (vgl. Stiglitz 2020a, S. 237). Hier ist vor allem der Staat gefordert, entweder genügend Sozialwohnungen zu bauen und sie nach Prüfung der Bedürftigkeit der armen Bevölkerung zur Verfügung stellen oder mit staatlichen Bauanreizen z. B. durch Steuererleichterungen, dafür zu sorgen, dass Bauunternehmen verstärkt in sozialen Wohnbau investieren. Die zwischenzeitlich geforderten Enteignungen von Wohnungen sind dagegen kein probates Mittel, da sie potenzielle Investoren eher abschrecken und keinerlei Rechtssicherheit verschaffen. Im Klartext bedeutet dies, dass die Ökonomie und alle ihre Aktivitäten darauf abzielen sollten, den *Wohlstand der Menschen auf der Welt auf ein neues Niveau zu heben*: In Deutschland muss man nicht nur nicht mehr hungern, sondern jeder hat ein auskömmliches Leben und kann seine primären Bedürfnisse nach Sicherheit, ein Dach über den Kopf befriedigen und hat gleichzeitig noch Geld, in Extremfall ein Leben ohne Arbeit führen zu können. In den ärmsten Teilen der Welt, etwa in den Ländern Subsaharas muss kein Mensch, kein Kind mehr sterben, weil es nicht ausreichend zu essen und zu trinken hat oder etwa die medizinische Versorgung nicht gewährleistet werden kann. Dies wäre doch zumindest ein Ziel für das es sich lohnen würde zu kämpfen! Wie aber könnte ein solcher Ausweg aus der Armut zumindest in Deutschland aussehen?

7.3.3 Ein Ausweg aus der Armut? Das bedingungslose Grundeinkommen

Schon in der Antike träumte man davon, für seinen Lebensunterhalt nicht mehr arbeiten zu müssen. Die oberste Schicht des Staates stellten sowieso gemäß Platon die Philosophen dar, die sich den ganzen lieben Tag lang Gedanken machten, wie die Welt entstanden ist, wie sie aufgebaut ist, was der Mensch ist und wie wir es mit den Göttern halten. Sokrates war der Prototyp des antiken Philosophen, der täglich das Gespräch mit seinen Mitbürgern suchte, um sie zum eigenen Denken anzuregen und ihr Scheinwissen aufzuzeigen. Platon verherrlichte in seinem Werk „Der Staat" die „Philosophenkönige", die an Weisheit allen Mitbürgern überlegen waren und daher zu Recht die Geschicke des Staates in die Hand nehmen sollten. Überhaupt galt das Leben, das der Muße und Besinnung anhing, die „Vita contemplativa" als wertvoller als die „Vita activa", das tätige Leben, das die Philosophin Hannah Arendt in einem ihrer Hauptwerke (vgl. Arendt 2019) glänzend beschrieb. Warum sollte sich dieses Prinzip mehr als zwei Jahrtausende später so grundlegend überholt haben?

Selbstverständlich war bereits in der Antike das philosophierende Leben in den Wandelhallen der Stoa oder der Epikureer leider nur den Vermögenden und natürlich Intellektuellen ihrer Zeit vorbehalten. Der wohl bekannteste und einflussreichste Staatsmann und Philosoph der Römer, Cicero, der die griechische Philosophie in lateinische Begriffe übersetzte und so seinen Landsleuten nahebrachte, war auch nur aufgrund seiner finanziellen Mittel in der Lage zu philosophieren. Legendäre sind seine *philosophischen Gespräche aus Tusculum* (vgl. Cicero 1998), die er in seinem Landgut südöstlich von Rom in den Albaner Bergen verfasste. Fast alle Menschen müssen heute allerdings zumeist hart arbeiten, um ihren Lebensunterhalt zu verdienen. Niemand hat ständig Zeit, seinen Hobbies zu frönen oder den lieben langen Tag nur das zu tun, wozu er oder sie Lust hat. Wie wir bereits gesehen haben, ist das Leben teuer und nicht allen gelingt es trotz harter und intensiver Arbeit, sein Auskommen zu finden. So ist es nicht überraschend, dass seit einiger Zeit in Deutschland das sogenannte „bedingungslose Grundeinkommen" diskutiert wird. Manchmal wird es auch „solidarisches Grundeinkommen" so die Formulierung von Berlins Regierendem Bürgermeister Michael Müller, oder „Garantieeinkommen", die Grünen, genannt (vgl. Zawatka-Gerlach 2018; Grüne Buchholz 2020). Hinter dem *bedingungslosen Grundeinkommen*, kurz *BGE* genannt, steckt die Idee, dass alle Bürgerinnen und Bürger in Deutschland unabhängig von ihrem Alter, Bedürftigkeit, Geschlecht etc. den gleichen monatlichen Betrag vom Staat zur Verfügung gestellt bekommen, und zwar ohne Gegenleistung.

Die Vorbehalte gegen das BGE waren zunächst, nicht überraschend, sehr groß: Das Prinzip von Leistung und Gegenleistung würde durchbrochen, das Einkommen würde auch den Reichen und Leistungsfähigsten zugutekommen. Es berücksichtige ferner keine regionalen Unterschiede z. B. die Lebenshaltungskosten von Rostock und München im Vergleich und verstärke so die Ungleichheiten und Ungerechtigkeiten. Mittlerweile kann sich etwa die Hälfte der Deutschen mit einem BGE anfreunden. Der Riss geht allerdings durch die gesamte Bevölkerung: Die eher jungen Deutschen bis 25, die finanziell schlechter gestellten und vor allem die politisch „links" verorteten Bürgerinnen und Bürger liebäugeln eher mit einem solchen Konzept als die älteren, zum Teil besser ausgebildeten und vor allem die Rentner. Die letzteren haben ein Leben lang hart gearbeitet und genießen jetzt zu Recht die Früchte ihrer jahrzehntelangen Arbeit und stehen einem BGE, das einem ohne Gegenleistung in den Schoß fällt, naturgemäß skeptisch gegenüber. Konservative halten den Wert der Arbeit hoch und sehen Leistung immer nur in der Koppelung mit einer Gegenleistung.

Mittlerweile gibt es bereits ganze wissenschaftliche Abhandlungen zum Sinn und Unsinn von BGE (vgl. etwa Korn 2019; Stiglitz 2020a, S. 251 ff.). Dort wird zu Recht darauf verwiesen, dass im Zuge der Digitalisierung unweigerlich Millionen Arbeitsplätze wegfallen und die negativen Einkommenswirkungen durch ein BGE zumindest zu einem Teil kompensiert werden könnten (S. 90). Dies dürfe natürlich nicht dazu führen, dass Menschen mit „Geld abgefunden werden" (Hubertus Heil, zitiert nach Korn 2019, S. 90). Der Armutsforscher Christoph Butterwege befürchtet, dass das BGE weder die Armut verringere noch die Gerechtigkeit erhöhe (vgl. Korn 2019, S. 95). Besser seien da u. a. noch die Mindestlöhne (a. a. O., S. 95). Weitere kritische Einwände beschäftigen sich mit der ansteigenden Bürokratie (a. a. O., S. 96) zur Auszahlung des BGE und der Zielgruppe der Leistungen.

Dies alles sind sicherlich gewichtige Gegenargumente. Doch auf der anderen Seite gibt es kaum ein genanntes Problem, das nicht je nach Ausgestaltung des BGE gelöst werden könnte. Wenn man unbedingt die Reichen beim BGE außen vor lassen möchte, kann man *Einkommens- und Vermögensgrenzen* festsetzen, über denen keine Leistungen ausgezahlt werden. Regionale Unterschiede, Rostock versus München, können ebenso Berücksichtigung finden wie die Anzahl der Kinder, deren BGE auch gemäß Lebensalter variieren kann, da die Lebenshaltungskosten nach Lebensalter ebenfalls variieren. Menschen mit Behinderung, die naturgemäß ein höheres monatliches Budget benötigen, um über die Runden zu kommen sollten auch differenziert gesehen werden. Das könnte man alles machen, würde das Modell allerdings unnötig komplizieren. Der Charme dieses Ansatzes liegt vor allem in der einfachen Handhabung: Jeder Bürger in Deutschland erhält den gleichen Betrag vom Staat und kann ihn für sich nutzen. Manche werden es zum Leben benötigen und den Arbeitsalltag mit der Familie erleichtern.

Andere wiederum, vor allem junge Leute und Singles werden die Zeit vielleicht wirklich nutzen, um Muße zu treiben, weiter zu lernen oder sich sonst wie weiterzubilden. Oder einfach nichts tun und das Leben zu genießen ohne sich die täglichen Sorgen um die Mahlzeiten zu machen. Manche werden den Eingang des BGE gar nicht bemerken, da ihnen bei der Höhe ihres Vermögens und des monatlichen Haushaltseinkommens dieser Betrag von etwa 1000–1500 Euro gar nicht auffällt oder nicht ins Gewicht fällt. Die Vorstellung allerdings, sowohl in der Jugend als auch im Alter einigermaßen sorgenfrei zu leben, wenn man sparsam ist, hat schon seinen Reiz. Selbst wenn nicht jeder die freie Zeit zum Philosophieren nutzen mag, sondern zum Beispiel ehrenamtlich oder karitativ tätig wird oder einfach gar nichts tut. Wie aber soll dieses BGE finanziert werden und vor allem von wem?

So charmant die Idee des BGE daherkommt, so schwierig sind die Diskussionen zur Finanzierung dieser staatlichen Transferleistungen. Prinzipiell sind zwei generelle Finanzierungsquellen denkbar: *Erstens* der Ersatz der staatlichen Sozialleistungen wie etwa Sozialhilfe, Arbeitslosengeld etc. d. h. vor allem Hartz IV-Leistungen oder *zweitens* die Deckung über Steuererhöhungen oder Erhebung einer neuen Steuer (vgl. Raddatz 2019, S. 43). Bei einem BGE von 1000 Euro pro Person der deutschen Bevölkerung werden etwa rund 90 Mrd. Euro benötigt (vgl. Raddatz 2019, S. 44). Das würde das gesamte Sozialstaatsbudget um 10 Prozent übersteigen (vgl. a. a. O., S. 44). Aber selbst die unterstellten 1000 Euro im Monat sind noch in manchen Gegenden von Deutschland, vor allem in den Ballungsräumen wie Berlin, München, Frankfurt oder Stuttgart bei weitem nicht ausreichend, um sorgenfrei leben zu können, geschweige denn, wenn man Sonderbelastungen hat in Form von pflegebedürftigen Angehörigen oder selbst Behinderungen aufweist.

Die Finanzierung über indirekte Steuern wie etwa die Mehrwertsteuer ist sicher nicht zielführend, da auch die schwächeren den gleichen Anteil an der Finanzierung zu tragen hätten oder umgekehrt die finanziell besser ausgestatteten Haushalte die zusätzlichen Kosten einfacher zu tragen hätten. Würde man das BGE mit einer erhöhten Spitzensteuer oder einer Vermögens- bzw. höheren Erbschaftssteuer koppeln, würde man unweigerlich der gesellschaftlichen Umverteilung das Wort reden und fast ausschließlich die Leistungsstarken zur Kasse bitten, was die Akzeptanz des Modells naturgemäß reduzieren würde. Abgesehen davon, dass einige bei der höheren Abgabenlast ihre Arbeitszeit reduzieren würden, um insgesamt weniger Steuern zu zahlen, was insgesamt aber das Steueraufkommen zur Finanzierung des BGE reduzieren würde. Bei allen Überlegungen zur Finanzierung des BGE muss immer das Verhalten der Marktteilnehmer wie der Bürgerinnen und

Bürger zur Vermeidung der erhöhten Steuern mitgedacht werden. Eine zusätzliche Steuer für alle proportional zu ihrem Einkommen würde mit der einen Hand das Geld den Menschen wegnehmen, um es dann mit der anderen Hand in Form des BGE wieder zurückzugeben. Da wäre nicht viel gekonnt. Im Zuge der Klimawandeldiskussion wird auch immer wieder eine Ökosteuer, etwa eine CO_2-Steuer ins Feld geführt, die auch u. a. zur Finanzierung eines BGE herangezogen werden könnte.

Häufig wird zur Finanzierung des BGE die Finanztransaktionssteuer angeführt (vgl. hierzu exemplarisch Precht 2018, S. 135 und Stiglitz 2020a, S. 202 ff., vor allem S. 205). Eine Finanztransaktionssteuer ist eine Steuer auf alle außerbörslichen Finanztransaktionen wie etwa die Börsenumsatzsteuer. Sämtliche Wertpapiergeschäfte unterlägen gemäß diesem Ansatz dann der Steuer. Dies kann sowohl für Neuemissionen als auch für die bestehenden Wertpapiere gelten. Frankreich und Italien haben seit 2012 bzw. 2013 bereits eine Finanztransaktionssteuer im Einsatz. In einem Entwurf der EU-Kommission zu einer EU-weiten Transaktionssteuer für 2014 war von einem Steuersatz von 0,1 Prozent auf den Aktien- und Anleihenhandel die Rede und 0,01 Prozent für Derivate von Anleihen oder Aktien (vgl. Kafsack 2011). Damit ließen sich in internen Berechnungen der EU-Kommission etwa 55 Milliarden Euro jährlich einnehmen (über alle EU-Mitgliedsländer, vgl. ebenda). Die Argumentation von Befürwortern dieses Modells lautet folgendermaßen (vgl. Precht 2018, S. 135):

Spekulationen am Finanzmarkt seien lohnenswerter als Investitionen in die Realwirtschaft d. h. mit ihnen kann schneller und mehr Geld verdient werden; sie schaffen aber keine Arbeitsplätze und sind eher als „Glückspiele" zu betrachten (Anmerkung des Autors DP). Außerdem sollen Finanzblasen und Börsencrashs vermieden werden. Precht

folgt hier der Argumentation des großen britischen Ökonomen des 20. Jahrhunderts, John Maynard Keynes. Außerdem hätten solche Steuern kaum Konsequenzen auf den
Normalbürger, da etwa 90 Prozent der eingenommenen
Summen aus der Finanzwirtschaft stammten. Precht ver-
weist hier auf einen Vorschlag des ehemaligen Schweizer
Vizekanzlers, der eine Mikrosteuer in Höhe von 0,05 Prozent auf den gesamten Geldtransfer in der Schweiz vorschlägt, mit deren Hilfe ein Grundeinkommen in der
Schweiz in Höhe von 2500 Franken finanzierbar wäre, (vgl.
Precht 2018, S. 135).

Vollends zur Sozialutopie scheint die Finanzierung des
BGE zu werden, wenn man mal darüber nachdenkt, einen
„Solidarfonds" zu schaffen, der über eine „freiwillige Soli-
daritätsabgabe" vor allem der reicheren Bürgerinnen und
Bürger finanziert wird. Was sich im Augenblick als Sozial-
märchen anhört, könnte sich relativ schnell in die Realität
umsetzen lassen (vgl. Pietsch 2019, S. 390 f.):

Beispielsweise könnte es in der Steuererklärung die Möglichkeit geben, einen *freiwilligen Betrag in diesen Solidarfonds* zu leisten. Die Steuerbehörden haben dafür ein ge-
sondertes Feld vorgesehen, in dem ein Betrag eingetragen
werden kann. Das Geld kann dann in einen Solidarfonds
konsolidiert werden und dem Budget zur Finanzierung des
BGE zugeführt werden. Wenn man als Größenordnung
0,1–1 Prozent des jährlichen Einkommens jedes Steuerzah-
lers zugrunde legt, kommt schon eine beträchtliche Größenordnung zusammen. Die Spendenbereitschaft gerade
der wohlhabenderen Schicht der Deutschen, den sogenannten 1 Prozent der Reichsten, ist viel größer als man
glauben mag. Es wäre zumindest einen Versuch wert. Ganz
egal wie man das BGE finanzieren möchte, es würde auf
jeden Fall helfen, die materielle Situation vieler Bürgerinnen und Bürger in Deutschland zu erleichtern und eine

bessere gesellschaftliche Teilhabe zu ermöglichen. Dies gilt für die älteren Mitmenschenund vor allem für die Kinder. Ein Versuch wäre es sicher wert.

7.3.4 Ausblick: Zukunft wagen nach Corona – packen wir es gemeinsam an!

Die Ökonomie ist für den Menschen da und nicht der Mensch für die Ökonomie. Auch wenn wir mittlerweile in einem reichen Land leben, in dem die Arbeitenden nicht mehr ausgebeutet werden oder unter unsäglichen Bedingungen arbeiten und leben müssen wie zu Zeiten von Karl Marx im 19. Jahrhundert, sind wir alle gefordert, ökonomisch neue Wege für das 21. Jahrhundert zu gehen. Die viel beschworene *Digitalisierung* wird sicher Arbeitsplätze kosten, da viele einfache, repetitive Jobs wegfallen und von Maschinen oder der Künstlichen Intelligenz übernommen werden können. Die Arbeit an sich wird sich ändern, mehr dezentral von verschiedenen Orten dieser Welt, vernetzt, teamorientiert und weniger hierarchisch international stattfinden. Und vor allem wird sie immer weniger im Zentrum der Menschen stehen. Freizeit, qualitativ sinnvolle Zeit mit Freunden, der Familie etc. wird immer wichtiger werden und zunehmend ein knappes Gut.

Bereits die junge Generation will viel intensiver als frühere Generationen ihre Kinder groß werden sehen und begleiten können auf ihrem Weg. Sie werden sich nicht mehr jahrzehntelang an einen und denselben Arbeitgeber binden, sondern ihren Job und ihre Einsatzmöglichkeiten vielfach wechseln: vom Mitarbeitenden eines Großkonzern zum Start-up Angestellten, von der Führungskraft eines mittelständischen Unternehmens zum eigenen Unternehmen und wieder zurück. Für alle diese unterschiedlichen Lebensmodelle und -stile wird es vor allem eines brauchen: genügend Geld, um in aller Ruhe diesen Weg der freien Entfaltung, der Maslowschen „Selbstverwirklichung" zu gehen. Ein Weg, der abgesichert werden muss durch ein *bedingungsloses Grundeinkommen*, in das alle nach ihrer Leistungsfähigkeit einzahlen. Geld, das die Kinderarmut einerseits aber auch die Altersarmut verhindern hilft und ein Leben in Muße in allen Lebensphasen ermöglicht. Menschen, die nach wie vor ambitioniert sind und im Leben etwas erreichen wollen und über überdurchschnittliche Talente verfügen, werden auch bei diesem Lebensmodell des *Grundeinkommens*, der *Grundrente* oder auch der *Kinderrente*, egal wie man diese Konzepte letztlich nennt, weiterhin nicht daran gehindert werden, reich zu werden und in diesem Reichtum ihr persönliches Glück zu finden.

Nur: Es kann jeder sicherer leben und seine individuelles Lebensmodell verwirklichen, ohne auf die drohenden Mieterhöhungen oder die zu niedrige Rente im Alter zu achten. Natürlich ist jeder „seines eigenen Glückes Schmied". Man könnte als freier Mensch nach wie vor auch ein Grundeinkommen „verzocken" oder für übermäßigen Konsum von Alkohol, Tabak, Drogen etc. ausgeben. Aber *jeder hat jetzt die Chance auf ein selbstbestimmtes, auskömmliches Leben.* Wenn wir jetzt noch die Umwelt um uns herum, die Tierarten und vor allem das Klima schonen und konsequent schützen, darf uns vor der Zukunft nicht bange sein. Selbst eine Zeit ohne Job lässt sich so überbrücken und man kann sich je nach seinem Talent in der Gesellschaft einbringen. Denn jeder Mensch verfügt über ein Talent, was für die Gesellschaft nützlich ist. Dies gilt es entsprechend zu finden. Nicht alle Leserinnen und Leser werden meiner gerade beschriebenen Zukunftsvision oder dem Zielbild folgen. Das ist auch nicht meine Absicht. Was wir aber brauchen ist ein *Narrativ für die Ökonomie.* Welcher Erzählung folgt unser

Wirtschaftsmodell? Wenn wir uns zumindest in großen Teilen daran orientieren, die Ungleichheit zu reduzieren, die Folgen von Digitalisierung und Globalisierung abzufedern und künftig die Ökonomie stärker mit der Ökologie verheiraten, sind wir meiner Meinung nach richtig unterwegs. Packen wir es gemeinsam an!

Literatur

Alcff, II.-J. (2002). *Die Dimension Zeit im Dienstleistungsmarke-ting*. Dissertation Universität Potsdam, Wiesbaden: Deutscher Universitätsverlag.

Alltag in Schweden. (2020). *Kindertagesstätten in Schweden*. In: Alltag in Schweden online, o.V. https://www.alltag-in-schwe-den.de/kindertagesstaette.php. Zugegriffen am 22.03.2020.

Alvaredo, F., Chancel, L., Piketty, T., Saet, E., & Zucman, G. (2018). *Die weltweite Ungleichheit. Der World Inequality Report 2018*. München: C.H. Beck.

Amanatidis, G. (2019a). *Biologische Vielfalt, Landnutzung und Landwirtschaft.* https://www.europarl.europa.eu/ftu/pdf/de/FTU_2.5.3.pdf. Zugegriffen am 13.04.2020.

Amanatidis, G. (2019b). *Nachhaltigkeit in Produktion und Ver-brauch.* https://www.europarl.europa.eu/ftu/pdf/de/FTU_2.5.7.pdf. Zugegriffen am 13.04.2020.

Amanatidis, G. (2020). *Bekämpfung des Klimawandels*. https://www.europarl.europa.eu/ftu/pdf/de/FTU_2.5.2.pdf. Zugegriffen am 13.04.2020.

© Der/die Herausgeber bzw. der/die Autor(en), exklusiv lizenziert durch **323** Springer Fachmedien Wiesbaden GmbH, ein Teil von Springer Nature 2020
D. Pietsch, *Prinzipien moderner Ökonomie*,
https://doi.org/10.1007/978-3-658-31586-3

American Dream. (2020). *Definition of the american dream.* https://www.artikel33.com/englisch/1/definition-of-the-american-dream-.php. Zugegriffen am 19.04.2020.

Anzenbacher, A. (1998). *Christliche Sozialethik.* Paderborn/München/Wien/Zürich: Schöningh (UTB).

Appinio. (2020). *Corona-Studie: Konsumverhalten der Deutschen in Zeiten des Coronavirus.* https://www.appinio.com/de/blog/corona-studie-konsumverhalten-deutschland-corona-krise. Zugegriffen am 14.04.2020.

Arbeitslosengeld USA. (2020). *Arbeitslosengeld – so regeln es andere Länder (USA).* In: RP online. https://rp-online.de/politik/deutschland/arbeitslosengeld-so-regeln-es-andere-laender_iid-23668183#7. Zugegriffen am 05.04.2020.

Arendt, H. (2019). *Vita activa oder vom tätigen Leben* (20. Aufl.). München: Piper.

Aristoteles. (2007). *Nikomachische Ethik. Griechisch-deutsch* (2. Aufl.) Übersetzt von Olof Gigon, neu herausgegeben von Rainer Nickel. Düsseldorf: Artemis & Winkler.

Arnold, F. (01. April 2012). Lernen von Joseph Schumpeter. Der Unordnungspolitiker. *Spiegel online.* https://www.spiegel.de/wirtschaft/oekonom-joseph-schumpeter-und-der-prozess-der-schoepferischen-zerstoerung-a-823853.html. Zugegriffen am 16.04.2020.

Atanango. (2020). *Die 50 Länder mit der niedrigsten Lebenserwartung von Männern der Erde.* https://www.atanango.com/laendervergleich/niedrigste-lebenserwartung-maenner. Zugegriffen am 12.04.2020.

Atkinson, A. B. (2015). *Inequality – What can be done?* Cambridge: Harvard University Press.

Augurzky, B., & Kolodziej, I. (2018). *Fachkräftebedarf im Gesundheits- und Sozialwesen 2030.* Arbeitspapier 06/2018. RWI- Leibniz Institut für Wirtschaftsforschung. https://www.sachverstaendigenrat-wirtschaft.de/fileadmin/dateiablage/gutachten/jg201819/arbeitspapiere/Arbeitspapier_06-2018.pdf. Zugegriffen am 07.04.2020.

Augustinus. (o. J.). *Zweiundzwanzig Bücher über den Gottesstaat.* Aus dem Lateinischen übersetzt von Alfred Schröder. http://www.unifr.ch/bkv/bucha91.htm. Zugegriffen am 11.04.2020.

Backhaus, K., Erichson, B., Plinke, W., & Weiber, R. (2018). *Multivariate Analysemethoden: Eine anwendungsorientierte Einführung* (15. Aufl.). Wiesbaden: Springer Gabler.

Banerjee, A. V., & Duflo, E. (2019). *Good economics for hard times*. New York: Public Affairs.

Bartneck, C., et al. (2019). *Ethik in KI und Robotik*. München: Hanser.

Bartz, T., & Kaiser, S. (20. Januar 2020). Weltwirtschaftsforum in Davos. Top-Manager im Klima-Dilemma. *Spiegel online*. https://www.spiegel.de/wirtschaft/unternehmen/topmanager-im-klima-dilemma-a-66e981d3-f8a9-4c36-8a7c-403af 4d5f011. Zugegriffen am 13.04.2020.

Bartz, T., Sauga, M., & Traufetter, G. (28. März 2020). Systemfrage. Kapitalismus. Die Regierung darf sich in großem Stil an gebeutelten Firmen beteiligen. Wird die Wirtschaft schleichend verstaatlicht? *Der Spiegel*, Nr. 14, S. 74.

Bauchmüller, M. (17. August 2018). Ende der Steinkohle-Förderung. Der Steiger kommt nicht mehr. *Süddeutsche Zeitung online*. https://www.sueddeutsche.de/wirtschaft/ende-der-steinkohle-foerderung-der-steiger-kommt-nicht-mehr-1.4094582. Zugegriffen am 08.04.2020.

Becker, A. (29. Mai 2019). Studie. Globalisierung: Die Grenzen der Akzeptanz. *Deutsche Welle online*. https://www.dw.com/de/globalisierung-die-grenzen-der-akzeptanz/a-48958024. Zugegriffen am 13.04.2020.

Behncke, N. (02. Juni 2017a). Das ökonomische Prinzip. Was sagen Minimal- und das Maximalprinzip aus? *thinkaboutgeny.com*. https://thinkaboutgeny.com/oekonomische-prinzip. Zugegriffen am 02.02.2020.

Behncke, N. (02. Juni 2017b). Wettbewerb in der Wirtschaft: So funktioniert er (mit Vor- und Nachteilen). *thinkaboutgeny.com*. https://thinkaboutgeny.com/wettbewerb. Zugegriffen am 01.03.2020.

Bente, K. (2017). Umweltschutz. 10 Tipps wie wir die Umwelt schützen können (30.08.2019). *Antenne Niedersachsen online*. https://www.antenne.com/niedersachsen/tipps_und_service/verbrauchertipps/10-Tipps-wie-wir-die-Umwelt-schützen-können-id306380.html. Zugegriffen am 13.04.2020.

Bentham, J. (1776). A fragment on government. In J. H. Burns & H. L. A. Hart (Hrsg.), *A comment on the commentaries and a fragment on government* (The collected works of Jeremy Bentham, S. 391–551). London, 1977.

Bergerhoff, S., & Maas, J. (2019). *ZDFcheck19. Jugendarbeitslosigkeit in der EU*. In: ZDF online vom 19.05.2019. https://www.zdf.de/nachrichten/heute/statistik-jugendarbeitslosigkeit-in-der-eu-zdfcheck-100.html. Zugegriffen am 07.04.2020.

Berlemann, M. (2011). *Methoden der empirischen Makroökonomik. Zum Nobelpreis für Wirtschaftswissenschaften an Thomas Sargent und Christopher Sims.* In: Wirtschaftsdienst EU online. Analysen und Berichte. 91. Jahrgang, 2011 Heft 12, S. 858–862. https://www.wirtschaftsdienst.eu/inhalt/jahr/2011/heft/12/beitrag/methoden-der-empirischen-makrooekonomik.html. Zugegriffen am 08.04.2020.

Bernau, P. (28. Juni 2017). Technologiekonzern. Warum zahlt Apple so wenig Steuern? *Frankfurter Allgemeine Zeitung online.* https://www.faz.net/aktuell/wirtschaft/recht-steuern/technologiekonzern-warum-zahlt-apple-so-wenig-steuern-15063714.html?printPagedArticle=true#pageIndex_2. Zugegriffen am 11.04.2020.

Bernau, P. (09. Februar 2020a). Lasst die Preise in Ruhe! *Frankfurter Allgemeine Sonntagszeitung*, Nr. 6, S. 20.

Bernau, P. (29. März 2020b). Der Kapitalismus lebt. *Frankfurter Allgemeine Sonntagszeitung*, Nr. 13, S. 19.

Beuster, M. (2001). *Gerechter Preis und Wucher.* https://www.grin.com/document/104716. Zugegriffen am 14.04.2020.

Beutter, F. (1989). *Thomas von Aquin.* In J. Starbatty (Hrsg.), *Klassiker des ökonomischen Denkens* (Bd. 1, S. 56–75). München: C.H. Beck.

Bick, A. (2012). *Die Steinzeit.* 2. korrigierte und aktualisierte Auflage. Darmstadt: Theiss in Wissenschaftliche Buchgesellschaft (WBG).

Bitkom. (2017). *Künstliche Intelligenz. Wirtschaftliche Bedeutung, gesellschaftliche Herausforderungen, menschliche Verantwortung.* Bundesverband Informationswirtschaft, Telekommunikation und neue Medien e.V. Berlin. https://www.dfki.de/fileadmin/

user_upload/import/9744_171012-KI-Gipfelpapier-online.
pdf. Zugegriffen am 08.04.2020.

BMF Monatsbericht. (2018). *Staatsquoten im internationalen Vergleich.* In: Bundesfinanzministerium online. https://www.bundesfinanzministerium.de/Monatsberichte/2018/02/Inhalte/Kapitel-6-Statistiken/6-1-19-staatsquoten-im-internationalen-vergleich.html. Zugegriffen am 22.03.2020.

BMU. (2019). *5-Punkte-Plan des Bundesumweltministeriums für weniger Plastik und für weniger Recycling.* „Nein zur Wegwerfgesellschaft". https://www.bmu.de/download/5-punkte-plan-des-bundesumweltministeriums-fuer-weniger-plastik-und-mehr-recycling/. Zugegriffen am 13.04.2020.

BMU. (2020). *Themen.* Bundesumweltministerium online. https://www.bmu.de/themen/. Zugegriffen am 13.04.2020.

Böcking, D. (26. Mai 2017). Handelsüberschüsse. Was an Trumps Deutschland-Kritik dran ist. *Spiegel online.* https://www.spiegel.de/wirtschaft/unternehmen/donald-trump-kritik-an-deutschem-handelsueberschuss-was-ist-dran-a-1149382.html. Zugegriffen am 23.02.2020.

Böcking, D. (19. April 2018). Internationale Studie. Deutsche fremdeln mit der Globalisierung. *Spiegel online.* https://www.spiegel.de/wirtschaft/soziales/welthandel-deutsche-sehen-globalisierung-kritisch-a-1203374.html. Zugegriffen am 13.04.2018.

Bohmeyer, M., & Cornelsen, C. (2019). *Was würdest Du tun? Wie uns das bedingungslose Grundeinkommen verändert.* Berlin: Econ.

Born, K. E. (1989). Jean Baptiste Colbert. In J. Starbatty (Hrsg.), *Klassiker des ökonomischen Denkens* (Bd. 1, S. 96–113). München: C.H. Beck.

BR Weltbevölkerung. (2019). *Weltbevölkerung. Mehr als 7,7 Milliarden Menschen auf der Welt.* In: BR online vom 11.07.2019. https://www.br.de/themen/wissen/weltbevoelkerung-bevoelkerungswachstum-menschen-erde-welt-100.html. Zugegriffen am 07.04.2020.

BR24. (2019). *Söder will beim Klimaschutz glänzen.* In: BR24 online vom 28.07.2019. https://www.br.de/nachrichten/bay-

ern/soeder-will-beim-klimaschutz-glaenzen,RXURBwq. Zugegriffen am 13.04.2020.

Brummerloh, D. (2019). *Wohnungslose Familien. Inzwischen
kann es jeden treffen*. In: Deutschlandfunk Kultur online vom
23.12.2019.   https://www.deutschlandfunkkultur.de/woh-
nungslose-familien-inzwischen-kann-es-jeden-treffen.976.
de.html?dram:article_id=466207. Zugegriffen am 13.04.2020.

Budzanowski, S. (2012). *Kaufentscheidungsprozesse in Familien*. Bachelorarbeit Technische Universität Clausthal. München: Grin.

BUND. (2019). *Artensterben – Ursache & Fakten: Menschenge-
machte Artenausrottung!*. In: BUND Regionalverband Südli-
cher Oberrhein online vom 06.05.2019. http://www.bund-
rvso.de/artensterben-ursachen-fakten-mensch.html.
Zugegriffen am 11.04.2020.

Bundesagentur für Arbeit. (2020). *Kurzarbeitergeld – Informationen für Arbeitnehmer*. In: Bundesagentur für Arbeit online.
https://www.arbeitsagentur.de/finanzielle-hilfen/kurzarbeiter-
geld-arbeitnehmer. Zugegriffen am 06.04.2020.

Bundeskartellamt. (2020a). *Missbrauchsaufsicht*. In: Bundeskartellamt online. https://www.bundeskartellamt.de/DE/Miss-
brauchsaufsicht/missbrauchsaufsicht_node.html. Zugegriffen
am 01.03.2020.

Bundeskartellamt. (2020b). *Fusionskontrolle*. In: Bundeskartellamt
online. https://www.bundeskartellamt.de/DE/Fusionskontrolle/
fusionskontrolle_node.html. Zugegriffen am 01.03.2020.

Bundeszentrale für politische Bildung. (2017). *Armut*. In: bpb
online vom 01.07.2017. https://www.bpb.de/nachschlagen/
zahlen-und-fakten/globalisierung/52680/armut. Zugegriffen
am 13.04.2020.

Bundeszentrale für politische Bildung. (2019). *Entwicklung des
grenzüberschreitenden Warenhandels*. In: bpb online vom 19.09.
2019. https://www.bpb.de/nachschlagen/zahlen-und-fakten/
globalisierung/52543/entwicklung-des-warenhandels. Zugegriffen am 13.04.2020.

Bundeszentrale für politische Bildung. (2020). *Ökologische Probleme*. In: bpb online. https://www.bpb.de/nachschlagen/zah-

len-und-fakten/globalisierung/52723/oekologische-pro-
bleme. Zugegriffen am 13.04.2020.

BWL-Lerntipps. (2020). *Konsum- und Investitionsgüter.* In: bwl-
lerntipps.de. https://www.bwl-lerntipps.de/konsum-und-in-
vestitionsgueter/. Zugegriffen am 02.02.2020.

Carrasco, I. (2020). *Globalisierung sorgt für verstärkte Nachfrage
nach Interim Managern für internationale Mandate.* In: DDIM,
Dachgesellschaft Deutsches Interim Management e.V. online.
Interview mit Girrbach, U. https://www.ddim.de/globalisie-
rung-sorgt-fuer-verstaerkte-nachfrage-nach-interim-mana-
gern-fuer-internationale-mandate/. Zugegriffen am 22.04.
2020.

Cheung, M.-C. (2019). *China Mobile Payment Users 2019.
Moving toward a cashless society.* In: emarketer.com vom
24.10.2019. https://www.emarketer.com/content/china-mo-
bile-payment-users-2019. Zugegriffen am 02.02.2020.

Christ, S. (18. Dezember 2018). Debatte um Social Bots.
Deutschland fehlt Strategie gegen Manipulationsversuche.
Der Tagesspiegel online. https://www.tagesspiegel.de/politik/
debatte-um-social-bots-deutschland-fehlt-strategie-ge-
gen-manipulationsversuche/23775064.html. Zugegriffen am
22.12.2019.

Cicero, M. T. (1998). *Gespräche in Tusculum. Tusculanae Disputa-
tiones* (7. Aufl.). Lateinisch-deutsch. Mit ausführlichen Anmer-
kungen neu herausgegeben von Olof Gigon. Düsseldorf/Zü-
rich: Artemis & Winkler.

Cicero, M. T. (2008). *De officiis. Vom pflichtgemäßen Handeln.
Lateinisch-deutsch. Herausgegeben und übersetzt von Rainer Nickel.* Düsseldorf: Patmos.

Collier, P. (2018). *The future of capitalism. Facing the new anxie-
ties.* London: Allen Lane/Penguin Random House.

Collier, P. (2019). *Sozialer Kapitalismus! Mein Manifest gegen den
Zerfall unserer Gesellschaft.* München: Siedler.

Coronakrise. (02. April 2020). 6,65 Millionen Arbeitslose mehr
in den USA – in einer Woche. *Spiegel online.* https://www.
spiegel.de/wirtschaft/soziales/coronakrise-6-6-millionen-ar-

beitslose-mehr-in-den-usa-in-einer-woche-a-69b5b65b-afb8-4d9b-8141-04eeb88193ec. Zugegriffen am 05.04.2020.

Cremers, A. B., et al. (2019). *Vertrauenswürdiger Einsatz von Künstlicher Intelligenz. Handlungsfelder aus philosophischer, ethischer, rechtlicher und technologischer Sicht als Grundlage für eine Zertifizierung von Künstlicher Intelligenz.* In: Fraunhofer-Institut für intelligente Analyse- und Informationssysteme (IAIS). https://www.iais.fraunhofer.de/content/dam/iais/KINRW/Whitepaper_KI-Zertifizierung.pdf. Zugegriffen am 12.04.2020.

Dachwitz, I., & Reuter, M. (2019). *Kartellamt: Facebook missbraucht seine marktbeherrschende Stellung.* In: netzpolitik org online vom 07.02.2019. https://netzpolitik.org/2019/kartellamt-facebook-missbraucht-seine-marktbeherrschende-stellung/. Zugegriffen am 01.03.2020.

Dachwitz, I., Rudl, T., & Rebiger, S. (2018). *Was wir über den Skandal um Facebook und Cambridge Analytica wissen (Upate).* In: Netzpolitik.org. https://netzpolitik.org/2018/cambridge-analytica-was-wir-ueber-das-groesste-datenleck-in-der-geschichte-von-facebook-wissen/. Zugegriffen am 08.04.2020.

Deißler, H. H., Krieger, H., & Makatsch, A. (1974). *Grundzüge der Geschichte. Band 3. Vom Westfälischen Frieden bis zum Jahr 1890.* Frankfurt a. M./Berlin/München: Moritz Diesterweg.

Deloitte. (2019). *Urbane Mobilität und autonomes Fahren im Jahr 2035. Welche Veränderungen durch Robotaxis auf Automobilhersteller, Städte und Politik zurollen.* Studie von Deloitte. https://www2.deloitte.com/de/de/pages/trends/urbane-mobilitaet-autonomes-fahren-2035.html. Zugegriffen am 12.04.2020.

Denker, H., & Krüger, M. (2018). *Verletzung der Privatsphäre. Alexa nimmt heimlich Gespräch auf und verschickt Aufzeichnung.* In: t-online.de. https://www.t-online.de/digital/id_83827668/amazons-echo-alexa-nimmt-heimlich-gespraech-auf-und-verschickt-die-aufnahme.html. Zugegriffen am 13.04.2020.

Der Jugendrat der Generationen Stiftung. (2019). *Ihr habt keinen Plan. Darum machen wir einen. 10 Bedingungen für die Rettung unserer Zukunft.* München: Karl Blessing.

Di Fabio, U., et al. (2017). *Ethik-Kommission Automatisiertes und Vernetztes Fahren.* Eingesetzt durch den Bundesminister für Verkehr und Infrastruktur. Bericht Juni 2017. https://www.bmvi.de/SharedDocs/DE/Publikationen/DG/bericht-der-ethik-kommission.pdf?__blob=publicationFile. Zugegriffen am 12.04.2020.

Die Linke. (2020). *Themenseite Umverteilen.* In: Die Linke. https://www.die-linke.de/themen/umverteilen/. Zugegriffen am 06.04.2020.

Die Welt online. (02. Oktober 2010). Wirtschaft. Gehaltsobergrenze. 500.000 Euro – Regierung will Bank-Gehälter deckeln. *Die Welt online.* https://www.welt.de/wirtschaft/article10020611/500-000-Euro-Regierung-will-Bank-Gehaelter-deckeln.html. Zugegriffen am 11.04.2020.

Die Zeit. (11. Dezember 2019a). Ethische Standards. Kethik – KI braucht Ethik. *Die Zeit online.* https://www.zeit.de/angebote/weltderdaten/kuenstliche-intelligenz-und-ethik/index. Zugegriffen am 11.04.2020.

Die Zeit. (11. August 2019b). Umweltministerium. Svenja Schulze bereitet Verbot von Plastiktüten vor. *Die Zeit online.* https://www.zeit.de/politik/deutschland/2019-08/umweltministerin-svenja-schulze-plastiktueten-verbot-gesetz. Zugegriffen am 13.04.2020.

Diekmann, F. (23. Januar 2018). Superreiche. 45 Deutsche besitzen so viel wie die ärmere Hälfte der Bevölkerung. *Spiegel online.* https://www.spiegel.de/wirtschaft/soziales/vermoegen-45-superreiche-besitzen-so-viel-wie-die-halbe-deutsche-bevoelkerung-a-1189111.html. Zugegriffen am 16.04.2020.

Diekmann, F. (31. März 2020). Corona-Schock im März: Eine halbe Million Betriebe schicken Mitarbeiter in Kurzarbeit. *Spiegel online.* https://www.spiegel.de/wirtschaft/soziales/coronakrise-eine-halbe-million-betriebe-zeigt-kurzarbeit-an-a-429fc478-59e1-4e75-bb9f-479424201ecb. Zugegriffen am 06.04.2020.

Dönhoff, M. (1997). *Zivilisiert den Kapitalismus. Grenzen der Freiheit.* Stuttgart: Deutsche Verlagsanstalt.

Dörries, B. (04. April 2020). Coronavirus. Afrika steht allein am Abgrund. *Süddeutsche Zeitung online*. https://www.sueddeutsche.de/politik/coronavirus-afrika-1.4865591. Zugegriffen am 19.04.2020.

Dushime, A. (17. Januar 2020). Rassismus im Job. Ein Satz, der wehtut. *Die Zeit online*. https://www.zeit.de/arbeit/2020-01/rassismus-job-arbeitsplatz-alltag-diskriminierung-kollegen. Zugegriffen am 11.04.2020.

DW. (2020). *Historischer Beschluss. Bundestag entscheidet über milliardenschweres Krisen-Paket*. In: dw online vom 25.03.2020. https://www.dw.com/de/bundestag-entscheidet-über-milliardenschweres-krisen-paket/a-52907367. Zugegriffen am 09.04.2020.

Ebert, T. (2015). *Soziale Gerechtigkeit. Ideen. Geschichte. Kontroversen*. In: Bundeszentrale für politische Bildung online. Schriftenreihe Band 1571. http://www.was-ist-soziale-gerechtigkeit.de/download/Soziale_Gerechtigkeit%2D%2DIdeen-Geschichte-Kontroversen_2015.pdf. Zugegriffen am 10.04.2020.

Eckert, D. (16. Februar 2018). Diese Jobs sind besonders von Robotern bedroht. *Welt online*. https://www.welt.de/wirtschaft/article173642209/Jobverlust-Diese-Jobs-werden-als-erstes-durch-Roboter-ersetzt.html. Zugegriffen am 22.12.2019.

Economia48. (2018). *Potentialorientierte Geldpolitik*. In: economia48 online. http://www.economia48.com/deu/d/potentialorientierte-geldpolitik/potentialorientierte-geldpolitik.htm. Zugegriffen am 06.04.2020.

Einkommensteuerrechner. (2020). *Spitzensteuersatz*. https://einkommensteuerrechner.com.de/Spitzensteuersatz.php. Zugegriffen am 12.04.2020.

Ekkernkamp, A. (24. Juli 2019). Künstliche Intelligenz in der Medizin. Am Krankenbett mit Doktor KI. *Der Tagesspiegel online*. https://www.tagesspiegel.de/wissen/kuenstliche-intelligenz-in-der-medizin-am-krankenbett-mit-doktor-ki/24691876.html. Zugegriffen am 22.12.2019.

Elger, C. E. (19. Juli 2014). Hirnforschung, Folge 3. Mit Neuroökonomie aus der Finanzkrise? *Frankfurter Allgemeine Zeitung online.* https://www.faz.net/aktuell/wissen/neurooekonomie-vereint-hirnforschung-und-wirtschaftswissenschaft-13045879.html. Zugegriffen am 10.04.2020.

Eltis, W. (1989). David Ricardo. In J. Starbatty (Hrsg.), *Klassiker des ökonomischen Denkens* (Bd. 1, S. 188–207). München: C.H. Beck.

Endres, M. (19. Dezember 2019). Pharmalogistik. UBS liefert Medikamente per Drohne an Privathaushalte. *Logistik heute online.* https://logistik-heute.de/news/pharmalogistik-ups-lie-fert-medikamente-drohne-privathaushalte-29371.html. Zu-gegriffen am 01.03.2020.

Engelke, A. (29. August 2018). Unzufriedene Mitarbeiter. Fünf Millionen Deutsche haben innerlich gekündigt. *Frankfurter Allgemeine Zeitung online.* https://www.faz.net/aktuell/karrie-re-hochschule/buero-co/merheit-der-arbeitnehmer-haben-in-nerlich-schon-gekuendigt-15753720.html. Zugegriffen am 07.04.2020.

Erhard, L. (1964). *Wohlstand für alle* (8. Aufl.). Bearbeitet von Wolf-ram Langer. https://www.ludwig-erhard.de/wp-content/uploads/wohlstand_fuer_alle1.pdf. Zugegriffen am 22.12.2019.

Erlenkämper, J. (19. August 2017). Lufttaxis heben ab. *Berliner Morgenpost online.* https://www.morgenpost.de/vermischtes/article211632847/Lufttaxis-heben-ab.html. Zugegriffen am 22.12.2019.

Eubel, C. (19. Februar 2020). Das Wichtigste zur Grundrente. Wer von der Reform profitiert - und wer nicht. *Der Tagesspie-gel online.* https://www.tagesspiegel.de/politik/das-wichtigste-zur-grundrente-wer-von-der-reform-profitiert-und-wer-nicht/25559332.html. Zugegriffen am 08.03.2020.

Euchner, W. (Hrsg.). (1991). *Klassiker des Sozialismus. Band I. Von Babeuf bis Plechnow.* München: C.H. Beck.

Eurostat. (2019). *Arbeitslosenquote im Euroraum bei 7,7%.* In: eurostat Pressemitteilung vom 30.04.2019. https://ec.europa.eu/eurostat/documents/2995521/9752723/3-30042019-BP-DE.pdf/c3c6dc2a-d06b-407f-87ff-c30dfb7049a2. Zuge-griffen am 23.02.2020.

Factfish. (2020). *Bruttoinlandsprodukt pro Kopf (US $) – für alle Länder*. In: factfish online. http://www.factfish.com/de/statistik/bruttoinlandsprodukt+pro+kopf. Zugegriffen am 07.04.2020.

Felber, C. (2010). *Die Gemeinwohl-Ökonomie: Das Wirtschaftsmodell der Zukunft* (9. Aufl.). Wien: Deuticke.

Felber, C. (16. August 2013). Was ist Neoliberalismus? *diesseits.de Das Humanistische Magazin online*. http://www.diesseits.de/schwerpunkt/bundestagswahl-2013/1376604000/was-neoliberalismus. Zugegriffen am 06.04.2020.

Felber, C. (2019). *This is not Economy. Aufruf zur Revolution der Wirtschaftswissenschaft*. München: Deuticke.

Finanztools-de. (2020). *Grundfreibetrag 2020, 2019, 2018 & Vorjahre*. https://www.finanz-tools.de/einkommensteuer/grundfreibetrag-tabelle. Zugegriffen am 12.04.2020.

Fischer, J. (2020). *Willkommen im 21. Jahrhundert. Europas Aufbruch und die deutsche Verantwortung*. Köln: Kiepenheuer & Witsch.

Flashar, H. (2013). *Aristoteles. Lehrer des Abendlandes*. München: C.H. Beck.

Frank, J. (11. Juni 2015). Religion und Ökonomie sind untrennbar. *Frankfurter Rundschau online*. https://www.fr.de/kultur/religion-oekonomie-sind-untrennbar-11084171.html. Zugegriffen am 08.04.2020.

Franke, G., & Hax, H. (2009). *Finanzwirtschaft des Unternehmens und Kapitalmarkt* (6. Aufl.). Heidelberg/London/New York: Springer.

Fratzscher, M. (2016). *Verteilungskampf. Warum Deutschland immer ungleicher wird*. München: Hanser.

Freihandel. (14. Juli 2017). Freihandel. Trump droht Deutschland mit Quoten und Zöllen. *Zeit online*. https://www.zeit.de/wirtschaft/2017-07/freihandel-donald-trump-protektionismus-usa-europa. Zugegriffen am 23.02.2020.

Friedman, M. (1962/1982). *Capitalism and Freedom*. Ursprünglich publiziert 1962, mit neuem Vorwort 1982. Chicago: The University of Chicago Press.

Friedman, M. (2016). *Kapitalismus und Freiheit* (11. Aufl.). Mit einem Geleitwort von Horst Siebert. München: Piper.

Friedman, M., & Schwartz, A. J. (1963). *A monetary history of the United States 1867–1960* (Studies in business cycles, Bd. 12). Princeton: National Bureau of Economic Research.

Friedrich, T., & Wiese, J. (2019). *#MeToo in der Wissenschaft „Das will ich für mich nicht mehr".* In: tagesschau.de https://www.tagesschau.de/investigativ/rbb/metoo-111.html. Zugegriffen am 11.04.2020.

Fuest, B. (25. November 2016). Diese Jobs erledigt künftig die künstliche Intelligenz. *Die Welt online.* https://www.welt.de/wirtschaft/article159739614/Diese-Jobs-erledigt-kuenftig-die-kuenstliche-Intelligenz.html. Zugegriffen am 22.12.2019.

Fuest, C. (2019). Armut und Reichtum. Kosten und Nutzen einer deutschen Vermögensteuer. *Frankfurter Allgemeine Zeitung online.* https://www.faz.net/aktuell/wirtschaft/armut-und-reichtum-kosten-und-nutzen-einer-deutschen-vermoegensteuer-16415511.html. Zugegriffen am 10.11.2019.

Funk, A. (06. September 2016). Gewinner und Verlierer der Globalisierung. Die Kurve, die alles erklärt. *Der Tagesspiegel online.* https://www.tagesspiegel.de/politik/gewinner-und-verlierer-der-globalisierung-die-kurve-die-alles-erklaert/14502008.html. Zugegriffen am 08.03.2020.

Gadamer, H.-G. (1960/2010). *Hermeneutik I. Wahrheit und Methode. Grundzüge einer philosophischen Hermeneutik.* 7. Auflage (1. Aufl. 1960). Tübingen: Mohr Siebeck.

Gammelin, C., & Mühlauer, A. (11. März 2019). Bundesregierung setzt sich für Digitalsteuer ein. *Süddeutsche Zeitung online.* https://www.sueddeutsche.de/wirtschaft/digitalsteuer-deutschland-eu-ratsvorsitz-1.4364004. Zugegriffen am 06.04.2020.

Gensch, P. (2017). *Künstliche Intelligenz für Sales, Marketing und Service: Mit AI und Bots zu einem Algorithmic Business – Konzepte, Technologien und Best Practices.* Wiesbaden: Springer Gabler.

Genscher, H.-D., & Lindner, C. (2013). *Brückenschläge. Zwei Generationen, eine Leidenschaft.* Hamburg: Hoffmann und Campe.

Gerke, W. (2006). *Kapitalmarkt ohne Moral?*, Erlanger Universitätsreden Nr. 68/2006, 3. Folge. https://www.zuv.fau.de/einrichtungen/presse/publikationen/erlanger-universitaetsreden/68_unirede_gerke.pdf. Zugegriffen am 18.02.2020.

GetAbstract. (2020). *Zusammenfassung von: Die Grenzen des Wachstums.* In: getAbstract online. https://www.getabstract.com/de/zusammenfassung/die-grenzen-des-wachstums/7825. Zugegriffen am 07.04.2020.

Giddens, A. (2000). *The third way and its critics.* Cambridge: Polity Press 2000 (tbc).

Gillmann, B. (21. Mai 2019). Fachkräfte. Rekordlücke bei IT-Spezialisten belastet die deutsche Wirtschaft. *Handelsblatt online.* https://www.handelsblatt.com/technik/vernetzt/fachkraefte-rekordluecke-bei-it-spezialisten-belastet-deutsche-wirtschaft/24362508.html. Zugegriffen am 07.04.2020.

Globalisierung. (o. J.). *Fakten.* https://www.globalisierung-fakten.de. Zugegriffen am 13.04.2020.

Globalisierung Welthandel.de. (o. J.). *Globalisierung. Ignoranz der Fakten.* http://www.globalisierung-welthandel.de. Zugegriffen am 13.04.2020.

Goebel, H. (22. Oktober 2018). Anstieg der Wohnkosten verstärkt Ungleichheit. *Frankfurter Allgemeine Zeitung online.* https://www.faz.net/aktuell/wirtschaft/arm-und-reich/steigende-mieten-verstaerken-ungleichheit-in-der-gesellschaft-15849609.html. Zugegriffen am 18.02.2020.

Gojdka, V. (18. März 2020). Leerverkäufe. Spekulanten wetten auf Kurscrash. *Süddeutsche Zeitung online.* https://www.sueddeutsche.de/wirtschaft/leerverkaeufe-spekulanten-wetten-auf-kurskrach-1.4849591. Zugegriffen am 08.04.2020.

Graff, B. (29. März 2018). Künstliche Intelligenz. Robo-Journalismus. *Süddeutsche Zeitung online.* https://www.sueddeutsche.de/kultur/kuenstliche-intelligenz-robo-journalismus-1.3921660. Zugegriffen am 22.12.2019.

Graupe, S. (2017). *Beeinflussung und Manipulation in der ökonomischen Bildung – Hintergründe und Beispiele.* https://www.fgw-nrw.de/fileadmin/user_upload/NOED-Studie-05-Graupe-A1-komplett-Web.pdf. Zugegriffen am 08.04.2020.

Grundgesetz für die Bundesrepublik Deutschland. (1949). *Grundgesetz für die Bundesrepublik Deutschland.* https://www.gesetze-im-internet.de/gg/BJNR000010949.html. Zugegriffen am 12.04.2020.

Grüne Buchholz. (2020). *Garantieeinkommen statt Sanktionen.* In: Grüne Buchholz online. https://gruene-buchholz.de/themen/garantieeinkommen-statt-sanktionen/. Zugegriffen am 13.04.2020.

Habeck, R. (2020). *„Im vollen Lauf erwischt",* Interview mit Robert Habeck. In: Die Zeit Nr. 18 vom 23.04.2020, S. 2.

Habermas, J. (1981/2011). *Theorie des kommunikativen Handelns* (2 Bände, 8. Aufl. 2011, 1. Aufl. 1981). Frankfurt a. M.: Suhrkamp.

Hahnzog, S. (2011). *Einstellungen.* http://www.hahnzog.de/organisationsberatung/sozialpsychologie-einstellungen. Zugegriffen am 10.04.2020.

Handelsverband Deutschland. (2019). Online Monitor 2019. https://einzelhandel.de/index.php?option=com_attachments&task=download&id=10168. Zugeriffen am 07.04.2020.

Häuser, K. (1989). Friedrich List. In J. Starbatty (Hrsg.), *Klassiker des ökonomischen Denkens* (Bd. 1, S. 225–244). München: C.H. Beck.

Hayek, F. A. (2007/1944). *The road to serfdom.* Herausgegeben von Bruce Caldwell. Ausgabe von 2007, ursprünglich publiziert 1944. Chicago: The University of Chicago Press.

Heberlein, M. (2019). *Klimaschutz. Wie eine CO2-Steuer funktioniert.* In: Tagesschau online vom 06.05.2019. https://www.tagesschau.de/inland/co-zwei-steuer-101.html. Zugegriffen am 13.04.2020.

Hecking, C. (16. April 2020). Corona-Pandemie. Kapitalflucht aus Schwellenländern stärker als zur Weltfinanzkrise 2008. *Spiegel online.* https://www.spiegel.de/wirtschaft/soziales/corona-krise-kapitalflucht-aus-schwellenlaendern-staerker-als-zur-weltfinanzkrise-2008-a-42132876-7473-4dba-94de-5306e8a60809. Zugegriffen am 16.04.2020.

Hegemann, L. (08. April 2019). Künstliche Intelligenz. Eine Frage der Ethik. *Die Zeit online.* https://www.zeit.de/digital/

internet/2019-04/kuenstliche-intelligenz-eu-kommissi-on-richtlinien-moral-kodex-maschinen-ethik. Zugegriffen am 12.04.2020.

Heidegger, M. (1926/1993). *Sein und Zeit.* Siebzehnte Auflage (ursprünglich 1926). Tübingen: Niemeyer.

Heidenreich, U. (11. Juni 2019). Report zu Ausbeutung. Was gegen Kinderarbeit hilft. *Süddeutsche Zeitung online.* https://www.sueddeutsche.de/panorama/kinderarbeit-terre-des-hommes-1.4481163. Zugegriffen am 26.01.2020.

Heinisch, et al. (2019). *Ihr habt keinen Plan. Darum machen wir einen. 10 Bedingungen für die Rettung unserer Zukunft.* Der Jugendrat der Generationen Stiftung, herausgegeben von Claudia Langer und einem Vorwort von Harald Lesch. München: Blessing.

Heisterhagen, N., & Laurin, S. (2020). *Corona und die ökonomischen Folgen. Bloß keine Postwachstums-Esoterik.* In: Cicero online vom 27.03.2020. https://www.cicero.de/wirtschaft/coronavirus-oekonomische-folgen-postwachstum-industrie-deutschland. Zugegriffen am 14.04.2020.

Herzog, L. (2019). *Die Rettung der Arbeit. Ein politischer Aufruf.* Berlin: Hanser.

Heuser, U. J. (16. April 2020). Wie beweglich ist der Kapitalismus? *Die Zeit,* Nr. 17, S. 19.

Himmelrath, A. (09. Mai 2018). Bildungserfolg. Auf die Eltern kommt es an. *Spiegel online.* https://www.spiegel.de/lebenundlernen/uni/bildung-in-deutschland-arbeiterkinder-studieren-seltener-als-akademikerkinder-a-1206959.html. Zugegriffen am 23.04.2020.

Hoffmann, T. S. (2009). *Wirtschaftsphilosophie. Ansätze und Perspektiven von der Antike bis heute.* Wiesbaden: Matrix.

Hofstede, G. (2001). *Culture's consequences – Comparing values, behaviors, institution and organizations across nations* (2. Aufl.). Thousand Oaks: Sage.

Homburg, C. (2012). *Marketingmanagement. Strategie-Instrument-Umsetzung-Unternehmensführung* (4. Aufl.). Wiesbaden: Springer.

Horn, K. (18. Januar 2017). Der Homo oeconomicus. Ein Miss-verständnis. *Neue Zürcher Zeitung online.* https://www.nzz.ch/meinung/kolumnen/der-mensch-aus-wirtschaftlicher-per-spektive-der-homo-oeconomicus-ein-missverstaend-nis-ld.140399. Zugegriffen am 10.04.2020.

Hülser, K. H. (Hrsg.). (1991). *Platon Werke in zehn Bänden.* Griechisch und Deutsch. Frankfurt a. M./Leipzig: Insel.

Hulverscheidt, C. (13. Februar 2017). Die Legende der Laffer Kurve. *Die Süddeutsche zeitung online.* https://www.sueddeut-sche.de/wirtschaft/wie-steuern-wirken-die-legende-der-laffer-kurve-1.3376623. Zugegriffen am 06.04.2020.

Hüther, M., Diermeier, M., & Goecke, H. (2018). *Die erschöpfte Globalisierung: Zwischen transatlantischer Orientierung und chinesischem Weg* (2., akt. Aufl.). Wiesbaden: Springer.

Immowelt. (23. August 2018). Die Mieten in deutschen Metro-polen explodieren: Berlin heute doppelt so teuer wie vor zehn Jahren. *Presseportal online.* https://www.presseportal.de/pm/24 964/4041878. Zugegriffen am 23.02.2018.

Indset, A. (2019). *Quantenwirtschaft. Was kommt nach der Digi-talisierung?* (2. Aufl.). Berlin: Econ.

Informationszentrum-Mobilfunk. (2020). *Mehr als 2,5 Milliar-den Menschen besitzen ein Smartphone.* In: Informationszentrum-Mobilfunk online. Die Daten beruhen auf einer Befragung des Marktforschungsunternehmens Pew Research Center von 2018. https://www.informationszentrum-mobilfunk.de/arti-kel/mehr-als-25-milliarden-menschen-besitzen-ein-smart-phone. Zugegriffen am 01.03.2020.

Internationales Arbeitsamt. (2016). *Die Initiative zur Beendigung von Armut: Die IAO und die Agenda 2030.* https://www.ilo.org/wcmsp5/groups/public/%2D%2D-ed_norm/%2D%2D-relconf/documents/meetingdocument/wcms_480281.pdf. Zugegriffen am 13.04.2020.

Investor Verlag. (2015). *Lebensmittelspekulationen. Wetten, bis ei-ner stirbt.* In: Investor Verlag online vom 04.02.2015. https://www.investor-verlag.de/rohstoffe/agrar-rohstoffe/lebensmit-telspekulationen-wetten-bis-einer-stirbt/. Zugegriffen am 17.02.2020.

Issing, O. (2006). *Einführung in die Geldtheorie* (14. Aufl.). München: Vahlen.

Jauernig, H. (15. April 2019). Bundesbank Studie. Immobilienbesitzer werden immer reicher. *Der Spiegel online.* https://www.spiegel.de/wirtschaft/soziales/deutsche-immobilienbesitzer-werden-immer-reicher-a-1262923.html. Zugegriffen am 18.02.2020.

Jungbluth, C., Petersen, T., & Weinelt, H. (2018). *Globalisierungsreport 2018: Wer profitiert am stärksten von der Globalisierung?* https://www.bertelsmann-stiftung.de/de/publikationen/publikation/did/policy-brief-201802-globalisierungsreport-2018-wer-profitiert-am-staerksten-von-der-globalisierung. Zugegriffen am 13.04.2020.

Kaden, W. (09. April 2013). Thatchers Wirtschaftspolitik. Die knallharte Kapitalistin. *Spiegel online.* https://www.spiegel.de/wirtschaft/soziales/margaret-thatchers-wirtschaftspolitik-a-893229.html. Zugegriffen am 05.04.2020.

Kafsack, H. (28. September 2011). Vorschlag der EU-Kommission. Finanztransaktionssteuer schon von 2014 an. *Frankfurter Allgemeine Zeitung online.* https://www.faz.net/aktuell/wirtschaft/wirtschaftspolitik/vorschlag-der-eu-kommission-finanztransaktionssteuer-schon-von-2014-an-11372559.html. Zugegriffen am 13.04.2020.

Kahneman, D. (2012). *Schnelles Denken, langsames Denken.* München: Siedler.

Kant, I. (1995). Kritik der praktischen Vernunft und andere kritische Schriften. In *Immanuel Kant, Werke in sechs Bänden* (Bd. 3). Köln: Könemann.

KAS. (2020). *Hatte Marx doch Recht? Die Zentralverwaltungswirtschaft der DDR als Modell zur Krisenbewältigung?* In: Konrad Adenauer Stiftung e.V. online. https://www.kas.de/c/document_library/get_file?uuid=98fa31c6-b82a-febc-b115-960b53ae75e8&groupId=252038. Zugegriffen am 05.04.2020.

Käser, A. (26. April 2018). Die Fuggerei in Augsburg – eine Vorstellung der ältesten Sozialsiedlung der Welt. *Politische Bildung Schwaben online.* https://www.politische-bildung-schwaben.

net/2018/04/die-fuggerei-in-augsburg-eine-vorstellung-der-aeltesten-sozialsiedlung-der-welt/. Zugegriffen am 07.04.2020.

Kauffmann, K., & Buschmeier, M. (03. April 2020). Studium zu Coronazeiten. Ungeübt in der digitalen Lehre. *Frankfurter Allgemeine Zeitung online.* https://www.faz.net/aktuell/karriere-hochschule/hoersaal/studium-zu-corona-zeiten-unis-sind-ungeuebt-in-digitaler-lehre-16707420.html. Zugegriffen am 19.04.2020.

Keynes, J. M. (2017). *Allgemeine Theorie der Beschäftigung, des Zinses und des Geldes* (Neuübersetzung von Nicola Liebert). Berlin: Duncker & Humblot.

Kirsch, J. (2019). *Ebay stagniert weiter und bleibt im US-Geschäft unter Vorjahr.* In: more exciting commerce online. https://excitingcommerce.de/2019/01/29/ebay-stagniert-weiter-und-bleibt-im-us-geschaft-unter-vorjahr/. Zugegriffen am 02.02.2020.

Knobloch, E. (2015). *Mathematiker des Monats Januar 2015. Joseph Louis Lagrange.* In: Berliner Mathematische Gesellschaft e.V. online. http://www.math.berlin/mathematiker/joseph-louis-lagrange.html. Zugegriffen am 08.04.2020.

Koerth, K., & Wahnbaeck, C. (20. März 2020). Restaurantkette Vapiano vor der Insolvenz. Ofen aus. *Spiegel online.* https://www.spiegel.de/wirtschaft/unternehmen/vapiano-ist-pleite-corona-opfer-oder-hausgemachte-krise-a-05af220a-d88b-4c87-aa9c-c5c0980f067e. Zugegriffen am 19.04.2020.

Kohl, W. (2020). *Welche Zukunft wollen wir? Mein Plädoyer für eine Politik von morgen.* Freiburg: Herder.

Kohlmann, T. (25. Januar 2019). Davos 2019. Globalisierung auf dem Prüfstand. *Deutsche Welle online.* https://www.dw.com/de/davos-2019-globalisierung-auf-dem-prüfstand/av-47233548. Zugegriffen am 13.04.2020.

Kohlmann, T. (19. März 2020). Corona: Verstaatlichung von Unternehmen als letztes Mittel? *Deutsche Welle online.* https://www.dw.com/de/corona-verstaatlichung-von-unternehmen-als-letztes-mittel/a-52825967. Zugegriffen am 06.04.2020.

Korn, J. (2019). Bedingungsloses Grundeinkommen. Ein politisches Instrument zur Überwindung oder Aufrechthaltung imperialer Lebensweisen? Masterarbeit. Lüneburg. http://opus.

uni-lueneburg.de/opus/volltexte/2019/14551/pdf/Masterarbeit_Jonas_Korn_2019.pdf. Zugegriffen am 13.02.2020.

Krach, W. (25. Januar 2019). Globalisierung. Den Mächtigen fehlen die Ideen. *Süddeutsche Zeitung online.*

Krall, M. (2020). *Die Bürgerliche Revolution. Wie wir unsere Freiheit und unsere Werte erhalten.* Stuttgart: LangenMüller.

Krankenversicherung in den USA. (2020). *Krankenversicherung in den USA.* In: The American Dream online. https://www.info-usa.de/versicherung-usa/ Zugegriffen am 05.04.2020.

Krelle, W. (1989). Jean-Baptiste Say. In J. Starbatty (Hrsg.), *Klassiker des ökonomischen Denkens* (Bd. 1, S. 172–187). München: C.H. Beck.

Kretschmann, W. (2018). *Worauf wir uns verlassen wollen. Für eine neue Idee des Konservativen.* Frankfurt a. M.: S. Fischer.

Kröger, M. (06. April 2019). Geplantes Volksbegehren in Berlin. Was würde die Enteignung von Immobilienkonzernen bringen? *Der Spiegel online.* https://www.spiegel.de/wirtschaft/soziales/berlin-welche-folgen-die-enteignung-der-deutsche-wohnen-haette-a-1261142.html.   Zugegriffen   am 10.04.2020.

Krol, B. (2019). *Die Kehrseite des Konsums.* In: Planet Wissen online, Stand vom 28.10.2019. https://www.planet-wissen.de/gesellschaft/wirtschaft/konsum/pwiediekehrseitedeskonsums100.html. Zugegriffen am 11.02.2020.

Küng, H. (2010). *Anständig wirtschaften. Warum Ökonomie Moral braucht.* München: Piper.

Kurzweil, R. (1993). *KI – Das Zeitalter der künstlichen Intelligenz.* München: Carl Hanser.

Laky, Z. (2019). *Schutz und Bewirtschaftung von Gewässern.* https://www.europarl.europa.eu/ftu/pdf/de/FTU_2.5.4.pdf. Zugegriffen am 13.04.2020.

Lee, K.-F. (2018). *AI Super-Powers. China, Silicon Valley, and the new world order.* New York: Houghton Mifflin Harcourt Publishing Company.

Leubecher, M. (15. April 2019). Fachkräftemangel. Zahl der ausländischen Altenpfleger ohne Job steigt. *Die Welt online.* https://www.welt.de/politik/deutschland/article191986117/

Fachkraeftemangel-Zahl-der-auslaendischen-Altenpfleger-ohne-Job-steigt.html. Zugegriffen am 16.04.2020.

Lindner, C. (2017). *Wohlstand erst erwirtschaften, dann verteilen.* In: FDP online vom 09.02.2017 mit Bezug auf ein Interview im Deutschlandfunk. https://www.fdp.de/_wohlstand-erst-erwirtschaften-dann-verteilen. Zugegriffen am 06.04.2020.

Lüüs, S. (04. Januar 2020). Arbeit. Die Suche nach dem Sinn. *Süddeutsche Zeitung online.* https://www.sueddeutsche.de/karriere/arbeit-job-sinn-motivation-goodjobs-1.4742550?reduced=true. Zugegriffen am 17.02.2020.

Mankiw, N. G., & Taylor, M. P. (2012). *Grundzüge der Volkswirtschaftslehre* (5. Aufl.). Stuttgart: Schäffer-Poeschel.

Markt und Mittelstand. (2018). *Trigema-Chef Wolfgang Grupp. „Ich mache ständig Fehler – stehe aber auch selbst dafür gerade".* In: Markt und Mittelstand online vom 30.01.2018. https://www.marktundmittelstand.de/personal/ich-mache-dauernd-fehler-stehe-aber-auch-selbst-dafuer-gerade-1263951/. Zugegriffen am 10.04.2020.

Martinez, M. E. (2013). *Future bright. A transforming vision of human intelligence.* New York: Oxford University Press.

Marx, K. (2009). *Das Kapital. Kritik der politischen Ökonomie.* Ungekürzte Ausgabe nach der zweiten Auflage von 1872. Köln: Anaconda.

Marx, R. (2008). *Das Kapital. Ein Plädoyer für den Menschen.* München: Pattloch.

März, E. (1989). Joseph Alois Schumpeter. In J. Starbatty (Hrsg.), *Klassiker des ökonomischen Denkens* (Bd. 2, S. 251–272). München: C.H. Beck.

Maslow, A. (2020). *Bedürfnispyramide. Definition und Erklärung.* http://www.abraham-maslow.de/beduerfnispyramide.shtml. Zugegriffen am 13.04.2020.

Mazzucato, M. (2014). *Das Kapital des Staates. Eine andere Geschichte von Innovation und Wachstum.* München: Antje Kunstmann.

Mazzucato, M. (2015). *The entrepreneurial state. Debunking public vs. Private myths* (Revised Aufl.). New York: Public Affairs.

Meadows, D. (1972). *Die Grenzen des Wachstums. Bericht des Club of Rome zur Lage der Menschheit.* Stuttgart: Deutsche Verlagsanstalt.

Meffert, H. (1998). *Marketing. Grundlagen marktorientierter Unternehmensführung. Konzepte – Instrumente – Praxisbeispiele.* Wiesbaden: Gabler.

Menge, H. (1981). *Langenscheidts Taschenwörterbuch Lateinisch. Lateinisch- Deutsch. Deutsch-Lateinisch* (33. Aufl.). Bearbeitet von Pertsch, E. Berlin: Langenscheidt.

Menkens, S. (27. November 2019). Kostenlose Kita. „Für eine so kostspielige Maßnahme ein maues Ergebnis". *Die Welt online.* https://www.welt.de/politik/deutschland/article203866196/Kostenlose-Kita-Fuer-eine-so-kostspielige-Massnahme-maues-Ergebnis.html. Zugegriffen am 06.04.2020.

Merlot, J. (18. Juli 2019). Bayern. Landtag nimmt Volksbegehren „Rettet die Bienen" ins Gesetz auf. *Spiegel online.* https://www.spiegel.de/wissenschaft/natur/bayern-landtag-nimmt-volksbegehren-rettet-die-bienen-an-a-1277873.html. Zugegriffen am 11.04.2020.

Middelhoff, T. (2019). *Schuldig. Vom Scheitern und Wiederaufstehen.* Asslar: Adeo.

Misselhorn, C. (2018). Roboterethik. In N. Arnold & T. Wangermann (Hrsg.), *Digitalisierung und Künstliche Intelligenz: Orientierungspunkte* (S. 96–109). Berlin: Konrad Adenauer Stiftung online. https://www.kas.de/documents/252038/452 1287/Taschenbuch+Digitalisierung+und+Künstliche+Intelligenz.pdf/864e3c1d-1273-a2a4-18c4-c5699f19900a. Zugegriffen am 11.04.2020.

Motortalk. (2015). *Autopreise aus aller Welt: Ford Mustang und VW Golf – Wucher in Kopenhagen, Wahnsinn in Singapur.* In: motortalk online vom 23.03.2015. https://www.motor-talk.de/news/wucher-in-kopenhagen-wahnsinn-in-singapur-t5248850.html. Zugegriffen am 23.02.2020.

Mühlauer, A. (10. Oktober 2019). Dyson. Chef gibt Pläne für E-Auto auf. *Süddeutsche Zeitung online.* https://www.sueddeutsche.de/wirtschaft/dyson-chef-gibt-plaene-fuer-e-auto-auf-1.4636234. Zugegriffen am 22.04.2020.

Müller, H. (26. Mai 2019). Handelskrieg. Verloren im großen Streit der Mächte. *Spiegel online.* https://www.spiegel.de/wirtschaft/soziales/europa-handelskrieg-verloren-im-streit-der-grossen-maechte-a-1269278.html. Zugegriffen am 13.04.2020.

Müller-Armack, A. (1990). *Wirtschaftslenkung und Marktwirtschaft* (Sonderausgabe). München: Kastell.

München. (2020). *Das Integrierte Handlungsprogramm Klimaschutz in München (IHKM).* In: München.de. https://www.muenchen.de/rathaus/Stadtverwaltung/Referat-fuer-Gesundheit-und-Umwelt/Klimaschutz_und_Energie/Klimaschutzstrategie/IHKM.html. Zugegriffen am 13.04.2020.

Nestlé, E. und E., & Aland, B. und K. (1995). *Das Neue Testament Griechisch und Deutsch.* Griechischer Text: 27. Auflage des Novum Testamentum Graece. Deutsche Texte: Revidierte Fassung der Lutherbibel von 1984 und Einheitsübersetzung der heiligen Schrift 1979. Stuttgart: Deutsche Bibelgesellschaft.

NeuesWort.de. (2020). Frugal. https://neueswort.de/frugal/. Zugegriffen am 11.02.2020.

Neumann, D. (2016). *Internet der Dinge: Eine kurze Definition mit 4 Beispielen.* In: Digitaler Mittelstand online vom 29.01.2016. https://digitaler-mittelstand.de/trends/ratgeber/internet-der-dinge-eine-kurze-definition-mit-4-beispielen-20287. Zugegriffen am 13.04.2020.

New Work FAZ. (2019). *New Work. Die Zukunft der Arbeit.* Frankfurter Allgemeine Verlagsspezial.

Nienhaus, L. (2009). *Die Blindgänger: Warum die Ökonomen auch künftige Krisen nicht erkennen werden.* Frankfurt a. M.: Campus.

Nienhaus, L. (2015). Nikolaj Kontradjew. Der Herr der Wellen. In L. Nienhaus (Hrsg.), *Die Weltverbesserer. 66 große Denker, die unser Leben veränderten* (S. 49–53). München: Hanser.

Niskanen, W. A. (2020). *Reaganomics.* In: Library of Economics and Liberty online. https://www.econlib.org/library/Enc1/Reaganomics.html. Zugegriffen am 05.04.2020.

Oberhuber, N. (23. Juli 2018). Rente. Die große Rentenangst. *Die Zeit online.* https://www.zeit.de/wirtschaft/2018-07/rente-niedrigrente-altersarmut-entwicklung. Zugegriffen am 06.04.2020.

Oxfam. (2019). *Oxfam-Bericht zur sozialen Ungleichheit.* In: Oxfam.de. https://www.oxfam.de/presse/pressemitteilungen/20 19-01-21-superreiche-gewinnen-25-milliarden-dollar-pro-tag-haelfte Zugegriffen am 10.04.2020. Factsheet Deutschland als Download auf dieser Seite. Ebenso die Studie: Public good or private health?

Paech, N. (2009). *Grundzüge einer Postwachstumsökonomie.* In: postwachstumsoekonomie.de. http://www.postwachstumsoekonomie.de/material/grundzuege/. Zugegriffen am 07.04.2020.

Paech, N. (2012). *Befreiung vom Überfluss. Auf dem Weg in die Postwachstumsökonomie.* München: Oekom.

Papst Franziskus. (2013). *Die Freude des Evangeliums. Das Apostolische Schreiben „Evangelii Gaudium" über die Verkündigung des Evangeliums in der Welt von heute.* Freiburg: Herder.

Pätzold, J., & Baade, D. (2012). *Stabilisierungspolitik. Grundlagen der nachfrage- und angebotsorientierten Wirtschaftspolitik* (7., vollst. überarb. Aufl.). München: Franz Vahlen.

Pech, C. (03. Dezember 2019). Amazon ist für ein Drittel der deutschen Online-Umsätze verantwortlich. *Onlinehändler News.* https://www.onlinehaendler-news.de/online-handel/marktplaetze/132085-amazon-drittel-deutschen-online-umsaetze-verantwortlich. Zugegriffen am 02.02.2020.

Perlitz, M., & Schrank, R. (2013). *Internationales Management* (6. Aufl.). Konstanz/München: UVK.

Peters, R.-H. (2008). *Heuschrecken-Investoren. Kaufen, plündern, wegwerfen.* In: Stern online vom 22.09.2008. https://www.stern.de/wirtschaft/news/heuschrecken-investoren-kaufen%2D%2Dpluendern%2D%2Dwegwerfen-3754228.html. Zugegriffen am 11.02.2020.

Peyrolón, P. (2020). *Grundzüge der Neuroökonomie. So entstehen Entscheidungen.* Wiesbaden: Springer Gabler.

Pierce, A. (2008). *The Queen asks why no one saw the credit crunch coming.* In: The Telegraph online vom 05.11.2008. https://www.telegraph.co.uk/news/uknews/theroyalfamily/3386353/

The-Queen-asks-why-no-one-saw-the-credit-crunch-coming. html. Zugegriffen am 08.04.2020.

Pietsch, D. (2014). *Mensch und Welt. Versuch einer Gesamtbetrachtung.* Köln/Lohmar: Eul.

Pietsch, D. (2017). *Grenzen des ökonomischen Denkens. Wo bleibt der Mensch in der Ökonomie?* Köln/Lohmar: Eul.

Pietsch, D. (2019). *Eine Reise durch die Ökonomie. Über Wohlstand, Digitalisierung und Gerechtigkeit.* Wiesbaden: Springer.

Piketty, T. (2014). *Das Kapital im 21. Jahrhundert.* München: C.H. Beck.

Piketty, T. (2020). *Kapital und Ideologie.* München: C.H. Beck.

Piper, N. (05. Februar 2019). Wirtschaft. Überdruss, Weltschmerz, Endzeitstimmung. *Süddeutsche Zeitung online.* https://www.sueddeutsche.de/kultur/wirtschaft-institut-der-deutschen-wirtschaft-gloablisierung-globalisierungskritik-wirtschaftspolitik-1.4313052. Zugegriffen am 13.04.2020.

Plurale Ökonomik. (2020). *Das Netzwerk. Ziele.* https://www.plurale-oekonomik.de/das-netzwerk/ziele-und-aktivitaeten/. Zugegriffen am 09.04.2020.

Pokraka, D., & Betz, T. (2019). *Pro & Contra. Wie sinnvoll ist eine CO2-Steuer?* In: BR24 online vom 08.05.2019. https://www.br.de/nachrichten/deutschland-welt/pro-and-contra-wie-sinnvoll-ist-eine-co2-steuer,RPnZCSM. Zugegriffen am 13.04.2020.

Poller, H. (2005). *Die Philosophen und ihre Kerngedanken. Ein geschichtlicher Überblick.* München: Olzog.

Pötter, B. (26. März 2019). Ökobilanz. „Bei der Umweltpolitik ist Deutschland Entwicklungsland". *Spiegel online* . https://www.spiegel.de/wissenschaft/natur/umweltpolitik-was-deutschland-von-anderen-laendern-lernen-kann-a-1259518. html. Zugegriffen am 13.04.2020.

Precht, R. D. (2018). *Jäger, Hirten, Kritiker. Eine Utopie für die digitale Gesellschaft.* München: Goldmann.

Precht, R. D. (2020). *Künstliche Intelligenz und der Sinn des Lebens: Ein Essay.* München: Goldmann.

Raddatz, G. (2019). *Das bedingungslose Grundeinkommen – ein Luftschloss?* https://www.stiftung-marktwirtschaft.de/fileadmin/user_upload/Zeitthemen/ZT_02_Grundeinkommen_2019.pdf. Zugegriffen am 13.04.2020.

Randers, J. (2012). *2052. Eine globale Prognose für die nächsten 40 Jahre. Der neue Bericht an den Club of Rome. 40 Jahre nach den „Grenzen des Wachstums".* München: oekom.

Rawls, J. (1971). *A theory of justice* (Revised edn.). Cambridge: Harvard University Press. http://www.consiglio.regione.campania.it/cms/CM_PORTALE_CRC/servlet/Docs?dir=docs_biblio&file=BiblioContenuto_3641.pdf. Zugegriffen am 12.04.2020.

Rieter, H. (1989). Alfred Marshall. In J. Starbatty (Hrsg.), *Klassiker des ökonomischen Denkens* (Bd. 2, S. 135–157). München: C.H. Beck.

Rohls, J. (1999). *Geschichte der Ethik* (2., umgearb. u. ergänz. Aufl.). Tübingen: Mohr Siebeck.

Rössler, M. (2005). *Wirtschaftsethnologie. Eine Einführung* (2. Aufl.). Berlin: Reimer.

Rousseau, J.-J. (2011). *Der Gesellschaftsvertrag oder Grundlagen des Staatsrechts.* In: Deutsche übertragen von Fritz Roepke. http://www.welcker-online.de/Texte/Rousseau/Contract.pdf. Zugegriffen am 11.04.2020.

Rudnicka, J. (2020a). *Bruttonationaleinkommen pro Kopf in Deutschland bis 2019.* In: Statista online vom 26.02.2020. https://de.statista.com/statistik/daten/studie/161330/umfrage/entwicklung-des-bruttonationaleinkommens-bne-in-deutschland-pro-kopf/. Zugegriffen am 07.04.2020.

Rudnicka, J. (2020b). *Staatsquote: Ausgabe des Staates in Relation zum Bruttoinlandprodukt (BIP) in Deutschland von 1991 bis 2019.* In: Statista online vom 31.01.2020. https://de.statista.com/statistik/daten/studie/161337/umfrage/staatsquote%2D%2D-gesamtausgaben-des-staates-in-relation-zum-bip/. Zugegriffen am 08.04.2020.

Rudnicka, J. (2020c). Statistiken zum Durchschnittseinkommen. de.statista.com. Zugegrifffen am 17.08.2020.

Sandel, M. J. (2015). *Moral und Politik. Gedanken zu einer gerechten Gesellschaft.* Berlin: Ullstein.

Sauerland, D. (2018a). *Kapitalismus. Definition: Was ist „Kapitalismus"?* In: Wirtschaftslexikon Gabler online vom 19.02.2018.

https://wirtschaftslexikon.gabler.de/definition/kapitalismus-37009/version-260454. Zugegriffen am 08.03.2020.

Sauerland, D. (2018b). *Marktwirtschaft. Definition: Was ist „Marktwirtschaft"?* In: Wirtschaftslexikon Gabler online vom 19.02.2018. https://wirtschaftslexikon.gabler.de/definition/marktwirtschft-38124/version-261550. Zugegriffen am 08.03.2020.

Schäuble, J. (16. April 2020). Coronavirus in den USA. 22 Millionen Amerikaner melden sich binnen vier Wochen arbeitslos. *Der Tagesspiegel online.* https://www.tagesspiegel.de/wirtschaft/coronavirus-in-den-usa-22-millionen-amerikaner-melden-sich-binnen-vier-wochen-arbeitslos/25747142.html. Zugegriffen am 20.04.2020.

Schefold, B. (1989). Platon und Aristoteles. In J. Starbatty (Hrsg.), *Klassiker des ökonomischen Denkens* (Bd. 1, S. 19–55). München: C.H. Beck.

Scherer, K. (22. August. 2017). Unternehmensberater. Work hard! Work hard! *Zeit Campus.* https://www.zeit.de/campus/2017/05/unternehmensberater-karriere-privatleben/komplettansicht. Zugegriffen am 23.04.2020.

Scherer, K. (2019). *Kleines Wirtschaftslexikon Skandinavien.* In: Internationale Politik, Berlin Policy Journal online. https://internationalepolitik.de/de/kleines-wirtschaftslexikon-skandinavien. Zugegriffen am 29.03.2020.

Scherff, D. (16. März 2020). Kapitalmärkte. Ausnahmezustand für Anleger. *Frankfurter Allgemeine Zeitung online.* https://www.faz.net/aktuell/wirtschaft/kapitalmaerkte-in-zeiten-von-corona-ausnahmezustand-fuer-anleger-16679504.html. Zugegriffen am 14.04.2020.

Schieritz, M. (28. Februar 2019). Hoch die Steuern. *Die Zeit,* Nr. 10, S. 20.

Schlicht, A. (25. April 2019). Die drei wichtigsten Punkte zur Grundrente: Höhe, Anspruch, Einführung. *Finanzen online.* https://www.finanzen.de/news/die-drei-wichtigsten-punkte-zur-grundrente-hoehe-anspruch-einfuehrung. Zugegriffen am 06.04.2020.

Schmitter, E. (11. April 2020). Die Stunde des offenen Herzens. *Der Spiegel,* Nr. 16, S. 118–119.

Schneider, A. (2014). *Nutzung von Big Data im Marketing. Theoretische Grundlagen, Anwendungsfelder und Best Practices.* Bachelorarbeit an der Universität Koblenz/Landau. https://kola.opus.hbz-nrw.de/opus45-kola/frontdoor/deliver/index/docId/922/file/Alexander_Schneider_Nutzung_von_Big_Data_im_Marketing.pdf. Zugegriffen am 13.04.2020.

Schulmeister, S. (2018). *Der Weg zur Prosperität.* Salzburg/München: ecowin.

Schwarz, G. (16. August 2014). Milton Friedman. Konsequent liberal. *Frankfurter Allgemeine Zeitung online.* https://www.faz.net/aktuell/wirtschaft/wirtschaftswissen/die-weltverbesserer/milton-friedman-war-liberal-auch-bei-drogen-und-prostitution-13089920.html. Zugegriffen am 09.04.2020.

Seibel, K. (22. Januar 2018). Oxfam Bericht. 42 Milliardäre besitzen so viel wie die halbe Welt. *Die Welt online.* https://www.welt.de/wirtschaft/article172684758/Oxfam-42-Milliardaere-besitzen-so-viel-wie-die-halbe-Welt.html. Zugegriffen am 22.12.2019.

Seidel, C. (17. August 2019). Viele Kinder gehen hungrig zur Schule. *Sächsische Zeitung online.* https://www.saechsische.de/viele-kinder-gehen-hungrig-zur-schule-5107635.html. Zugegriffen am 13.04.2020.

Seith, A. (10. November 2018). Mit 40 in Rente – so geht's. *DER SPIEGEL*, Nr. 46, S. 72 ff.

Sen, A. (2000). *Ökonomie für den Menschen. Wege zu Gerechtigkeit und Solidarität in der Marktwirtschaft.* München: Hanser.

Serif, M. (25. März 2020). Gegen die wirtschaftlichen Folgen der Coronakrise: Bedingungsloses Grundeinkommen, jetzt! *Frankfurter Rundschau online.* https://www.fr.de/meinung/corona-wirtschaftskrise-bedingungsloses-grundeinkommen-olaf-scholz-freie-kuenstler-musiker-13601317.html. Zugegriffen am 06.04.2020.

Shiller, R. (2020). *„Wir werden mehr Kameradschaft erleben."* Interview mit Lindenblatt, R. und von Buttlar, H. In: Capital 05/2020, S. 41–44.

Sinus-Milieus. (2020). *Sinus Milieus Deutschland*. In: Sinus Institut.de. https://www.sinus-institut.de/sinus-loesungen/sinus-milieus-deutschland/. Zugegriffen am 10.04.2020.

Skidelsky, R. (2020). *What's wrong with economics? A primer for the perplexed*. New Haven/London: Yale University Press.

Smith, A. (2009). *Wohlstand der Nationen*. Nach der Übersetzung von Max Stirner, herausgegeben von Heinrich Schmidt. Köln: Anaconda.

Smith, A. (2010). *Theorie der ethischen Gefühle*. Übersetzt von Walter Eckstein, neu herausgegeben von Horst D. Brandt. Hamburg: Felix Meiner.

Spiegel online. (13. Dezember 2011). Klimawandel. Kanada verabschiedet sich vom Kyoto-Protokoll. *Spiegel online*. https://www.spiegel.de/wissenschaft/natur/klimawandel-kanada-verabschiedet-sich-vom-kyoto-protokoll-a-803321.html. Zugegriffen am 13.04.2020.

Spiegel online. (14. Januar 2017). Bundestagswahlkampf. Linke will Besserverdiener schröpfen. *Spiegel online*. https://www.spiegel.de/politik/deutschland/bundestagswahlkampf-linke-will-besserverdiener-schroepfen-a-1130030.html. Zugegriffen am 12.04.2020.

Spiegel online. (08. Juni 2018). Studie. Wer von der Globalisierung profitiert – und wer nicht? *Spiegel online*. https://www.spiegel.de/wirtschaft/soziales/wer-von-der-globalisierung-profitiert-und-wer-verliert-a-1211759.html. Zugegriffen am 13.04.2020.

Spiegel online. (07. Mai 2019). Trendwende bei Digitalisierung. Ministerin fordert umweltfreundliche Algorithmen. *Spiegel online*. https://www.spiegel.de/politik/deutschland/svenja-schulze-fordert-umweltschutz-in-algorithmen-a-1266205.html. Zugegriffen am 13.04.2020.

Statista. (2020a). *Entwicklung des DAX in den Jahren von 1987 bis 2020*. In: Statista online vom 02.01.2020. https://de.statista.com/statistik/daten/studie/199158/umfrage/jaehrliche-entwicklung-des-dax-seit-1987/. Zugegriffen am 18.02.2020.

Statista. (2020b). *Handelsbilanzsaldo in Deutschland von Januar 2019 bis Januar 2020*. In: Statista online vom 09.03.2020.

https://de.statista.com/statistik/daten/studie/156597/umfrage/handelsbilanzsaldo-in-deutschland-nach-monaten/. Zugegriffen am 06.04.2020.

Statistisches Bundesamt. (2020a). *Volkswirtschaftliche Gesamtrechnungen. Gesamtwirtschaftliches Gleichgewicht durch „magisches Viereck"*. In: Statistisches Bundesamt online. https://www.destatis.de/DE/Themen/Wirtschaft/Volkswirtschaftliche-Gesamtrechnungen-Inlandsprodukt/magisches-viereck.html. Zugegriffen am 18.02.2020.

Statistisches Bundesamt. (2020b). *Verdienste 2019: durchschnittlich 3994 Euro brutto im Monat*. https://www.destatis.de/DE/Themen/Arbeit/Verdienste/Verdienste-Verdienstunterschiede/verdienste-branchen.html. Zugegriffen am 16.04.2020.

Statistisches Bundesamt. (2020c). *Deutschlands Versorgungsdichte mit Intensivbetten im internationalen Vergleich hoch*. Pressemitteilung Nr. 119 vom 02.04.2020. https://www.destatis.de/DE/Presse/Pressemitteilungen/2020/04/PD20_119_231.html. Zugegriffen am 19.04.2020.

Statistisches Bundesamt/Die Zeit. (31. Oktober 2018). Statistisches Bundesamt. Fast jeder Fünfte in Deutschland ist von Armut bedroht. *Die Zeit online*. https://www.zeit.de/gesellschaft/zeitgeschehen/2018-10/statistisches-bundesamt-armut-soziale-ausgrenzung-deutschland. Zugegriffen am 12.04.2020.

Stelter, D. (2020). *Coronomics: Nach dem Corona-Schock: Neustart aus der Krise*. Frankfurt a. M.: Campus.

Steuer, H. (2017). *Gesundheitssysteme weltweit. Schweden: Eine Krankenversicherung für alle*. In: Handelsblatt online vom 23.06.2017. https://www.handelsblatt.com/politik/deutschland/gesundheitssysteme-weltweit-schweden-eine-krankenversicherung-fuer-alle/19579606-5.html. Zugegriffen am 22.03.2020.

Stiglitz, J. E. (2019). *People, power and profits. Progressive capitalism for an age of discontent*. New York/London: W.W. Norton & Company.

Stiglitz, J. E. (2020a). *Der Preis des Profits. Wir müssen den Kapitalismus vor sich selbst retten*. München: Siedler.

Stiglitz, J. E. (2020b). *Rewriting the rules of the European Economy. An agenda for growth and shared prosperity.* New York/London: W.W. Norton & Company.

Stöhr, J. (2019). *Sinnsuche – Wie Arbeit erfüllend wird.* In: Expedition Wirtschaft, Blog vom 25.03.2019. https://www.expedition-wirtschaft.de/blog/2019/03/25/sinnsuche-wie-arbeit-erfuellend-wird/. Zugegriffen am 16.02.2020.

Streminger, G. (2017). *Adam Smith. Wohlstand und Moral – Eine Biographie.* München: C.H. Beck.

Stüber, J. (2018). *Wie Viessmann mit einem Generationswechsel die Digitalisierung schaffen will.* In: Gründerszene online vom 20.04.2018. https://www.gruenderszene.de/business/wie-die-milliarden-firma-viessmann-mit-einem-generationswechsel-die-digitalisierung-schafft. Zugegriffen am 07.04.2020.

van Suntum, U. (2015). Hermann Heinrich Gossen. Immer mehr bringt immer weniger. In L. Nienhaus (Hrsg.), *Die Weltverbesserer. 66 große Denker, die unser Leben verändern* (S. 45–49). Hanser: München.

SZ online. (07. März 2018). Pauschalreisen werden zunehmend online gebucht. *Süddeutsche Zeitung online.* https://www.sueddeutsche.de/leben/tourismus-pauschalreisen-werden-zunehmend-online-gebucht-dpa.urn-newsml-dpa-com-20090101-180307-99-377330. Zugegriffen am 02.02.2020.

SZ online. (03. April 2019). Precht: Digitalisierung macht Millionen Jobs überflüssig. *Süddeutsche Zeitung online.* https://www.sueddeutsche.de/wirtschaft/industrie-hannover-precht-digitalisierung-macht-millionen-jobs-ueberfluessig-dpa.urn-newsml-dpa-com-20090101-190403-99-667091. Zugegriffen am 13.04.2020.

SZ online. (12. März 2020). Geldpolitik. EZB beschließt umfassendes Notfallpaket. *Süddeutsche Zeitung online.* https://www.sueddeutsche.de/wirtschaft/ezb-coronavirus-leitzins-massnahmen-1.4841783. Zugegriffen am 14.04.2020.

Tartler, J. (22. Februar 2019). Klimaschutzgesetz. Schulze will Minister zum CO2-Sparen zwingen. *Tagesspiegel online.* https://www.tagesspiegel.de/politik/klimaschutzgesetz-svenja-schulze-will-minister-zum-co2-sparen-zwingen/24026424. html. Zugegriffen am 13.04.2020.

Timmler, V. (26. Juli 2017). Zufriedenheit. So macht Geld doch glücklich. *Süddeutsche Zeitung online.* https://www.sueddeutsche.de/wirtschaft/zufriedenheit-so-macht-geld-doch-gluecklich-1.3603926. Zugegriffen am 07.04.2020.

Timmler, V. (03. Januar 2020). Arbeitslosigkeit sinkt erstmals auf unter 2,3 Millionen. *Süddeutsche Zeitung online.* https://www.sueddeutsche.de/wirtschaft/arbeitslosigkeit-arbeitsmarkt-1.4743909. Zugegriffen am 26.01.2020.

Tirole, J. (2017). *Economics for the common good.* Princeton/Oxford: Princeton University Press.

Tönnesmann. (06. November 2019). Unternehmenseigentum. Biete Firma, suche Sinn. *Die Zeit online.* https://www.zeit.de/zeit-fuer-unternehmer/2019/04/unternehmenseigentum-eigentumsfrage-mitarbeiter-beteiligung. Zugegriffen am 10.04.2020.

UN Umweltbericht. (13. März 2019). Millionen Tote durch Umweltverschmutzung. *Deutschlandfunk online.* https://www.deutschlandfunk.de/un-umweltbericht-millionen-tote-durch-umweltverschmutzung.676.de.html?dram:article_id=443539. Zugegriffen am 13.04.2020.

Urmersbach, B. (2019a). *Staatsquote in den USA bis 2024.* In: Statista online vom 12.12.2019. https://de.statista.com/statistik/daten/studie/158267/umfrage/staatsquote-in-den-usa/. Zugegriffen am 05.04.2020.

Urmersbach, B. (2019b UK). *Staatsquote in Großbritannien bis 2024.* In: Statista online vom 12.12.2019. https://de.statista.com/statistik/daten/studie/158265/umfrage/staatsquote-in-grossbritannien/. Zugegriffen am 05.04.2020.

Veblen, T. (2007). *Theorie der feinen Leute: Eine ökonomische Untersuchung der Institutionen.* Berlin: Fischer Taschenbuch.

VeeK. (2014). *Leitbild de Ehrbaren Kaufmanns im Verständnis der Versammlung eines Ehrbaren Kaufmanns zu Hamburg e.V.* Stand Januar 2014. https://www.tropag.com/fileadmin/tropag/Dokumente/leitbild.pdf. Zugegriffen am 11.04.2020.

Vorlesetag. (2020). *Vorlesestudien*. In: Vorlesetag.de. https://www.vorlesetag.de/vorlesetag/studien-zum-vorlesen/. Zugegriffen am 10.04.2020.

Wagener, H.-J. (2009). Vilfredo Pareto. In H. D. Kurz (Hrsg.), *Klassiker des ökonomischen Denkens* (Bd. 2, S. 26–47). München: C.H. Beck.

Wagenknecht, S. (2011). *Freiheit statt Kapitalismus*. Frankfurt a. M.: Eichborn.

Wagenknecht, S. (2016). *Reichtum ohne Gier. Wie wir uns vor dem Kapitalismus retten*. Frankfurt a. M.: Campus.

Wagner, F. (2019). *Rente mit 40. Finanzielle Freiheit und Glück durch Frugalismus*. Berlin: Econ.

Wanner, C. (04. September 2019). So teuer sind die Umverteilungspläne der neuen britischen Linken. *Die Welt online*. https://www.welt.de/wirtschaft/article199670528/Grossbritannien-So-teuer-sind-die-Umverteilungsplaene-von-Labour.html. Zugegriffen am 05.04.2020.

Weber, M. (2006). *Die protestantische Ethik und der Geist des Kapitalismus* (2. Aufl.). Vollständige Ausgabe. Herausgegeben und eingeleitet von Dirk Kaesler, Beck'sche Reihe. München: C.H. Beck.

Webhandel. (16. September 2008). Web-Handel. Online-Schnäppchenjagd ist Volkssport. *Spiegel online*. https://www.spiegel.de/netzwelt/web/web-handel-online-schnaeppchen-jagd-ist-volkssport-a-578489.html. Zugegriffen am 23.02.2020.

Wehnert, A. (29. August 2017). Arbeitslosengeld Q, kostenlose Bildung, europäisches FBI. Was Martin Schulz fordert und wie teuer das werden kann. *Focus online*. https://www.focus.de/politik/deutschland/bundestagswahl_2017/arbeitslosengeld-q-kostenlose-bildung-europaeisches-fbi-was-schulz-schon-alles-im-wahlkampf-gefordert-hat-und-wie-teuer-das-waere_id_7525174.html. Zugegriffen am 08.03.2020.

Weidenfeld, U. (2020). *Insolvenzen und Bankrotte. Viele Firmen werden die Corona-Krise nicht überleben*. In: t-online.de vom 17.03.2020. https://www.t-online.de/finanzen/id_87537976/coronavirus-sorgt-fuer-insolvenzen-viele-firmen-ueberleben-die-krise-nicht.html. Zugegriffen am 19.04.2020.

Weih, U. (15. November 2019). Altersarmut: Das Thema Rente wird „die Gesellschaft überrollen". *Frankfurter Rundschau online.* https://www.fr.de/wirtschaft/altersarmut-steigt-dramatisch-viele-senioren-sind-pleite-13223425.html. Zugegriffen am 07.04.2020.

Wertesysteme. (2020). *Was sind Werte?* In: Wertesysteme.de. https://www.wertesysteme.de/was-sind-werte/. Zugegriffen am 10.04.2020.

Wikipedia. (o. J.). *Liste der Länder nach Armutsquote.* https://de.wikipedia.org/wiki/Liste_der_Länder_nach_Armutsquote. Zugegriffen am 12.04.2020.

Wirtschaftslexikon24. (2018a). *Sowjetisches Wirtschaftssystem.* In: Wirtschaftslexikon24 online, Ausgabe 2018. http://www.wirtschaftslexikon24.com/d/sowjetisches-wirtschaftssystem/sowjetisches-wirtschaftssystem.htm. Zugegriffen am 06.04.2020.

Wirtschaftslexikon24. (2018b). *Ökonometrie.* In: Wirtschaftslexikon24 online, Ausgabe 2018. http://www.wirtschaftslexikon24.com/d/ökonometrie/ökonometrie.htm. Zugegriffen am 08.04.2020.

Wirtschaftslexikon24. (2018c). *Kapitalmarkt.* In: Wirtschaftslexikon24 online, Ausgabe 2018. http://www.wirtschaftslexikon24.com/d/kapitalmarkt/kapitalmarkt.htm. Zugegriffen am 17.02.2020.

Wirtschaftslexikon24. (2020). *Arbeitslosigkeit.* In: Wirtschaftslexikon24 online. http://www.wirtschaftslexikon24.com/d/arbeitslosigkeit/arbeitslosigkeit.htm. Zugegriffen am 17.02.2020.

Wittl, W. (29. Juli 2019). Bayerns Ministerpräsident Söder will Klimaschutz im Grundgesetz verankern. *Süddeutsche Zeitung online.* https://www.sueddeutsche.de/bayern/bayern-soeder-klimaschutz-grundgesetz-1.4542827. Zugegriffen am 13.04.2020.

Zawatka-Gerlach, U. (19. September 2018). Idee von Michael Müller. Warten auf das solidarische Grundeinkommen. *Der Tagesspiegel online.* https://www.tagesspiegel.de/berlin/idee-von-michael-mueller-warten-auf-das-solidarische-grundeinkommen/23087632.html. Zugegriffen am 13.04.2020.

Ziegler, J. (2018). *Was ist so schlimm am Kapitalismus? Antworten auf Fragen meiner Enkelin.* München: C. Bertelsmann.

Zinke, O. (2019). *Agrarfinanztagung 2019. Welthandel: Protektionismus und Ende der Globalisierung?* In: agrar heute vom 12.04.2019. https://www.agrarheute.com/management/finanzen/welthandel-protektionismus-ende-globalisierung-553082. Zugegriffen am 13.04.2020.

Zschäpitz, H. (15. April 2019). Bundesbankstudie. Die ungleichen Vermögen offenbaren drei Probleme Deutschlands. *Welt online.* https://www.welt.de/finanzen/article191951915/Bundesbank-Studie-Die-Vermoegen-offenbaren-Deutschlands-Probleme.html. Zugegriffen am 17.02.2020.

Zuboff, S. (2018). *Das Zeitalter des Überwachungskapitalismus.* Frankfurt a. M./New York: Campus. Amerikanische Ausgabe. (2019). *The age of surveillance capitalism. The fight for a human future at the new frontier of power.* New York: Public Affairs.

Printed in the United States
By Bookmasters